パレオアジア

新人文化の形成

考古学・文化人類学からのアプローチ

西秋良宏・野林厚志
編著

PaleoAsia

新泉社

パレオアジア　新人文化の形成

はじめに

いまから二〇～三〇万年前のアフリカ大陸で誕生したホモ・サピエンス、すなわち新人は、その後、ユーラシア各地へと拡散し、それ以前にアフリカを出て各地に定着していたネアンデルタール人やデニソワ人ら旧人たちを吸収しつつ交替した。われわれの祖先たる新人は拡散の先々で先住者たちとどのように対峙し、どんな経緯で生き延びることができたのだろう。そのドラマはわれわれ自身のルーツを知ることでもある。

従来、この研究は、旧人と新人との間にあった生物学的なちがいに焦点がおかれていた。実際、一般の方々との意見交換においても、ネアンデルタール人は言葉がしゃべれたのですか、とか、ホモ・サピエンスはどういう点で優秀だったのですか、のような質問が定番となっている。しかしながら、近年、急速に進展した遺伝人類学の成果によれば、新人は旧人と交雑（混血）していたことが判明している。つまり、新人は単純に旧人と「交替」したわけではなかった。両者は近しい間柄にあったのである。

もちろん生物学的に異なる種（亜種）と定義されている以上、両集団の生まれながらのちがいについて注目することは当然である。しかしながら、近しい間柄にあったことが明らかになった今日、問い直されねばならない課題が浮かび上がっている。すなわち、新人同士においても繰り返し起こってきた民族集団の交替と新人・旧人交替劇とのちがいである。生物学的に同じ能力をもったホモ・サピエンス集団（民族）同士が対峙して一方を吸収、消失させた記録は歴史時代や近代にあっても枚挙にいとまがない。生物学的なちがいが小さいか等しい集団の交替劇についても、その結果を導いた可能性としては両者の文化的な適応のちがい、つまり交替は両集団の歴史的経緯の産物という可能性もある。新人だけが生き残ったという結果からすれば、問うべきは、私たち新人だけの文化がいかに形成されたかの理解が焦点だということになろう。

本書では、私たちにもなじみの深いアジアを舞台とした新人文化形成プロセスを論じる。「パレオアジア」において、新人たちが、いかに適応し、先住集団と交替したのか。知りたいのは旧人・新人交替劇が起こった数万年前の文化的交替のプロセスであるから、その研究には考古学的アプローチが主たる役割を果たすことは当然である。しかし、歴史資料あるいは現代集団の文化模様を分析する民族誌、あるいは文化人類学的知見を参照することも先史時代の理解について不可欠であるにちがいない。本書においては、その意義と方法論をまず第1章にて述べ、以下、関係する考古学的証拠と文化人類学的証拠を専門的見地から吟味することとした。

ここで言う「パレオアジア」とは私たちの造語である。旧人ら絶滅人類が生き残っていた時代のアジアとして定義している。先年までおこなっていた文部科学省科学研究費補助金新学術領域研究「パレオアジア文化史学―アジア新人文化形成プロセスの総合的研究―」（二〇一六～二〇二〇年、領域代表・西秋良宏）に由来する。総合的研究、とあるように、この大型プロジェクトはネアンデルタール人を専門とする化石人類学者はもちろん、古環境、遺伝人類学、数理モデルなどさまざまな分野を専門とする多くの研究者の参画をもって進めたものであるが、本書においては、特に、考古学、文化人類学（民族学）という文化史系研究の成果の一端を示す。文化形成プロセスの理解に欠かせない証拠を、技術、集団、精神（世界観）という三つの観点を念頭に過去と現在の証拠を行き来しながら吟味する。

編者　西秋良宏・野林厚志

パレオアジア　新人文化の形成　目次

第2部　文化人類学的視点

第3部　パレオアジア　新人文化の形成

第1章

考古学と文化人類学の知見が豊かにするパレオアジア新人文化の理解

野林厚志・西秋良宏

1　パレオアジア世界の新人拡散

問題の所在

本書は、アフリカから出発した新人（ホモ・サピエンス）が拡散したユーラシア大陸、とりわけアジアとその周辺の各地域における考古学的な現象を通した新人の特徴的行動を検証するとともに、文化人類学的もしくは歴史的に検証可能な人間の行動とそれにともなって生じる文化的、社会的現象を調べ、新人拡散の動態、具体的には移動ルートとその要因、環境適応、集団間関係を考えるうえで必要となる、人間行動の解釈の枠組を示すことを目的としている。

旧石器時代におけるアジアの新人拡散の時期や先住集団との関係のシナリオはこの十数年で大きく書き換えられてきた（Reyes-Centeno 2015; Bae et al 2017）。現在考えられている可能性の一つは、アジアにおけるヒトの移動の小さな波が海洋酸素同位体ステージ（ＭＩＳ）５（およそ一三万～七万一〇〇〇年前）あるいはその少し前に始まり（早期拡散）、六万年前以降のＭＩＳ３（およそ五万七〇〇〇～二万九〇〇〇年前）を中心とした時期において大きな波が生じた（後期拡散）というもので、現在のヒト集団の形成には後期拡散が大きく寄与しているというものである（澤藤他 二〇一八）。こうした新人拡散にともなう文化と人口の動態は、先住していた旧人（ネアンデルタールやデニソワ人など）との集団関係を考慮に入れた数理学的なモデルからも支持されている（Wakano et al. 2018; Wakano and Kadowaki 2020）。ここで問題となるのは、ヒト集団の拡散の過程がユーラシア全体において一様なものであったかどうかということである。これには二つの観点からの洞察が各地域において必要となる。それはミクロな自然環境へどのように適応したのかというニッチ、そして先住者との関係である。ニッチとは日本語では生態的地位と翻訳される。生存のために必要なものをあわせた環境の総体であり、動物ならば餌となる植物や他の動物、棲息場所であり、植物であれば、光合成等の同化に必要な二酸化炭素環境や太陽光、アミノ酸やミネラルを得るために根を張るための土壌などが含まれる。

早期拡散のＭＩＳ５初期にあたる時代は地球が比較的温暖であった間氷期にあたる。この時期は新人がアフリカからレヴァントへと進出した時期と重なっており、以前より温暖な気候に変化したことによってアフリカ起源の現生人類がレヴァント地方へ進出することが可能になったと考えてよい。

後期拡散が生じたとされるＭＩＳ３は、前後のＭＩＳ４、ＭＩＳ２と合わせて最終氷期（ヴュルム氷期）とよばれ、地球全体が冷え込む時代にあたる。最終氷期を通じて海岸線や植生は大きく変化していった。たとえば最寒冷期とされる二・一万年前後の日本列島では瀬戸内海が消失し、房総以南の太平洋側の海岸線に沿って照葉樹林が分布したとされている（亀井他 一九八一）。一方で、ジャワ島やボルネオ島では乾燥状態であったことが推定され、オーストラリア北西部ではより湿潤な環境であったと考えられている（Dubois 2014）。

以上を整理すると、新人の拡散は地球全体としては比較的温暖で湿潤な自然環境と冷涼で乾燥した自然環境の下で生じた現象ではあるが、前者は必ずしも定着はせずに、後者が定着に成功したように見える。さらに、拡散していった各地においては異なる気候条件をもつ自然環境の影響を大きく受けていた可能性が強いことも理解できる。

もう一つの問題である先住者との関係はいくつかのパターンに分類できるであろう（西秋 二〇一五）。早期拡散の時期にはすでにユーラシアには原人、旧人が存在し、MIS5以降の状況ではおそらく旧人が先住者の候補として有力となる。また、後期拡散の時期には旧人と先に移住を果たしていた新人、場合によっては旧人と新人とが融合した集団が先住者の候補になりえる。したがって、

（1）地球規模で温暖湿潤な時期（MIS5初期）に

A　新人が先住者のいない地域へ進出した

B　新人が旧人のいる地域へ進出した

（2）地球規模で冷涼乾燥な時期（MIS3以降）に

A　新人が先住者のいない地域へ進出した

B　新人が旧人のいる地域へ進出した

C　新人が新人のいる地域へ進出した

D　新人が旧人と新人とが融合した集団のいる地域へ進出した

という、環境―集団モデルを想定することが可能となる。

こうしたさまざまな自然・社会環境に一様な適応手段をもって新人が進出していったとは考えにくい。新人はおそらく拡散していった先でさまざまなニッチを確立していったのであろう。そして、ニッチ構築に成功したものが生き残り、逆にニッチができなかった集団は淘汰されていったことになる。数万年後の現在、われわれの目前に現れている考古学遺跡はいわば、過去の新人たちのニッチ形成の行動が痕跡としてパッキングされたものであり、そこを利用した人々のニッチの拠点と表現できるかもしれない[1]。ただし、これらの考古学遺跡はニッチの確立に成功しそれを継続させることができた者たちが残したものなのか、失敗者たちの残骸なのかを容易に判断することはできない。考古学遺跡の解釈で必要なことは、その遺跡が従前に示した、（1）Aから（2）Dまでのどの遺跡に相当するかを見極めることである。

新人の現代的行動

とは言うものの、考古学遺跡の性質を精確にとらえることは容易ではない。数万年から十数万年におよぶ堆積を経た遺跡からは石器に加え、限られた量の動物遺存体や植物遺存体しか残らない。こうした状況の中でとられる方法は多くの場合、考古学資料のなかに新人のものと思われる特徴を示しているものがあるかどうかを検証することである。もちろん形態学的、遺伝学的に新人であると同定できる人骨が出土した場合は、その遺跡は新人が残したものであると判断しやすい。そうでない場合には石器タイプの検証、そして、現代的行動（modern human behavior, behavioral modernity）の特徴をもっているとみなされてきた遺物の発見がその根拠とされてきた。

現代的行動の特徴を示す遺物には、組み合わせ道具や小型尖頭器、複雑な骨器技術、顔料やビーズといった象徴行動を示すと解釈される象徴遺物をあげることができ、広域に分布したと考えられる石材や石器形態が地域的に多様化していることからも社会行動の発達が想定できる（McBrearty and Brooks 2000; 門脇二〇一六：一一五）。一方で、これらの現代的行動様式の出現は散発的であり、必ずしも継続的に見られるものではない。したがって、現代的行動様式という定義そのものに対して懐疑的な立場をとる考古学者も少なくない。

J・シェーは旧石器時代の考古学者がすべきこととして、人間の行動を戦略的に概念化し、特定の行動の根底にある動機の費用対効果（cost-benefit）構造を求め、特定の行動戦略が展開される（またはされない）文脈での変異を記録することをあげている（Shea 2011: 14）。そのためには、考古学者は必然的に行動生態学者とより密接に協力しなければならないとし、その理由として、生きている人間や他の種の戦略的・行動的な変動性を記述し、分析するための洗練された言語が開発されていることをあげる。このような人間の行動の戦略的モデル化にむけた協働が考古学と人類学にとっては有意義であるとともに、人類学が希少性の高い言語化、すなわち分野内でしか通じ合えない状況に向かっていくことの解毒剤になるともしている（Shea 2011: 14）。

新人の「現代性」を示す簡便な考古学的指標を求めるよりも、行動の多様性（behavioral variability）の進化を解明する目標を掲げた時、歴史資料も含めた現代の人々の行動様式を探究する一つの意義が見出せることになる。ここに、考古学と民族誌との両方の内容をそなえた本書の意義がある。すなわち、われわれがするべきことは考古学資料から過去を復原するという姿勢から、過去の人間の行動を説明するために考古学資料を使うという発想への方法論的転回と言える。

2　過去の人間の行動復原のための方法論

民族誌による類推

過去の人間の行動を説明するための方法論はもちろん考古学者の間で長らく議論されてきた。この問題に対する考古学者の態度はさまざまであった。一九世紀以降、考古学者は考古学資料を解釈するために、何らかの形で民族誌による類推を用いてきた（David and Kramer 2001; 野林 二〇〇八）。民族誌類推の代表的な方法としてよく知られているのは、直接歴史類推法と普遍比較類推法である。

直接歴史類推法は、特定の民族について書かれた民族誌は、歴史的に系統の同一性が認められる集団が残した考古学資料の解釈に用いることができるというものである（Steward 1942）。しかしながら、直接歴史的研究法を採用するためには、解釈しようとする考古学資料を残した集団と、解釈の材料となる民族誌の対象となった集団の間に歴史的な系統が保証されると同時に、考古学資料の形成に影響を与えるような文化変容が過去と民族誌的現在との間で生じていないという前提が必要となる。これに対し、より自由に民族誌を活用しようとする立場をとるのが普遍的比較類推である。この方法論を積極的に展開させたのは張光直で、現在もしくは近い過去の民族誌や歴史史料を、時間、地域、文化の差を越えて考古学資料の解釈に用いようとする試みであるである（Chang 1967）。経験則による一般化、すなわち命題の妥当性やある文化事象同士の相関関係を示すために肯定的な民族誌の例を数多く並べる方法がとられてきた。

民族誌的な類推による考古学資料の解釈の妥当性は、早い段階から批判的な議論にもさらされてきた。たとえば、M・ウォブストは、狩猟採集民に関する民族誌の性質について論じたうえで、民族誌類推に頼ることは現在の民族誌データを介してのみ推測可能な行動にもとづいて過去を解釈することに考古学者を制限するとし（Wobst 1978）、I・ホッダーは過去を解釈するために現在の民族誌的データを使用することに内在する主観性を認識しなければならないと指摘している（Hodder 1982）。

人間行動をパターン化する方法論としての定量化

民族誌を類推のために恣意的に利用することを避けるための理論化は、一九七〇年代に発展したニューアーケオロジーもしくはプロセス考古学においても積極的に進められた。人間の行動とそこから生じた物質的記録を体系的に記録し、両者の間のパターンを抽出することで、人間の行動とものとの関係に関する仮説を引きだすことを目的とした民族考古学や、制御された条件のもとで、石器や道具に生じる物理的な記録を検証する実験考古学はその代表的な例と言える。

また、民族誌データを通文化的に体系化して考古学の分析に活用することも早くから提唱されてきた。M・エンバーらは、J・マードックが提唱し構築したHRAF（Human Relation Area File）を含めた民族誌データの悉皆的調査から、（1）考古学的に復原可能な民族誌的特徴の指標、それに対応する（2）考古学的指標に関する文化人類学的相関関係を提案し[2]、世界的な文化のサンプルで強い関連性を見つけることができれば、その関連性は人間の行動全般を反映しており、特定の文化や歴史的に関連する文化のグループの習慣ではないと仮定できること、そして、先史時代の文化にもこの一般的な考え方が当てはまらない理由はないと説明する（Ember and Ember 1995, 2001）。

考古学的な課題に民族誌の体系的なデータを利用するうえでしばしば採用されるのが民族誌データの定量化である。W・オズワルトの「技術単位」（technounits）という枠組はその代表例であり、狩猟や漁労にかける時間と生業技術係数との関係、技術の伝達の指導性の違い、環境と生業技術との相関が論じられてきた

（オズワルト 1983[1976]; Torrence 1983; Binford 2001）。

こうした考古学のための民族誌データの定量化に関する一つの到達点がL・ビンフォードの狩猟採集民データベースであろう（Binford 2001）。三九三の狩猟採集民集団の民族誌が、二〇〇あまりの変数（居住地、居住形態、人口、セツルメント、経済、政治、戦争、信仰等々）にもとづき、生業、移動性、集団規模、集団密度に焦点をあてた基本的には線型的な分析がなされ、一三〇あまりの一般則、一一の問題、九〇の命題、八のシナリオが示されている。

人間行動と物質文化の体系の認識

人間中心の見方を覆し、モノの視点から人間と物質的なものとの関係を検証することを目的とする社会学や人類学の理論と軌を同じくするアプローチがとられることもある（ラトゥール 2019[2005]）。こうしたモデルやスキームは人間の行動に関心をよせる考古学者の間では積極的に議論されてきた。ホッダーは、人間に依存するモノ（Things-Human）、モノに依存する人間（Human-Things）、他のモノに依存するもの（Things-Things）、他の人間に依存する人間（Human-Human）という四つの重要な関係を特定し、それらが生み出す「絡まり合い（entanglement）」の観点から遺跡を解釈しようとする（ホッダー 2023[2016]）。興味深いのは、ホダーがこれらの関係のすべてが関与し、同期的にも通時的にも発生することを想定している点である。これら四つの関係のうち三つのセットは、モノとは別個のものとしての人間に関係しているが、彼はまた、人間をある程度はモノであるとも考えている。

ただし、文化人類学や民族誌調査が対象としてきたのは、歴史史料をあわせてみたところで、たかだか数世紀の間に生じた現象やそれを担った人々や集団である。十数万年にもおよぶ過去の新人の拡散を直接検証することはもちろんできない。また、ドメスティケーションによる食物の生産、文明社会における、人、モノ、技術、情報のグローバルな移転を経た現代人の生活様式はパレオアジア文化史学で対象とする時代のそれとはもちろん大きく異なる。アフリカのピグミー系狩猟採集民が森林の中で動物を狩猟する姿を、温暖湿潤な環境が想定できる過去の狩猟採集民にそのままあてはめることができないことは、自然環境が異なるといっただけの理由ではない。現代の狩猟活動は自然環境への適応技術や狩猟活動そのものや猟果に関わる者だけで成り立つものではなく、狩猟具の販売や流通、狩猟を規定する制度、生命観や倫理意識の外部からの作用等、複雑な社会的、文化的要素が関わってくることをつねに意識しておかなければならない。

一方で、文化人類学や民族誌調査の主要な成果である民族誌は、人間がどのような環境のもとで、どのような理由で、どのような行動をとり、どのような生活を成り立たせ、社会をつくり、移動や定着をしてきたかを記述する基本と言える。つまり、人間の行動を説明するための基本的な理論と方法とが民族誌と言えるであろう。したがって、過去の人間の行動を説明するために必要な要素とは何か、ということは民族誌を参照することによってもある程度、理解できることになる。現代の人々の行動に関する知見、すなわち民族誌のメタ情報をパレオアジア文化史学の課題にうまく活かすことができれば、過去の拡散についての説明の仕方はこれまでの考古学資料からのみのものとくらべて、その幅員は格段に広がることが期待される。

3　社会文化的ニッチと新人の行動

筆者らが進めてきたパレオアジア文化史学においては、ニッチという概念をキーワードとしてしばしば取り上げてきた。

生物種は食物連鎖や共生といった相互関係の中で適応し、進化する中で安定した生態系を確立していく。安定した生態系の中には、異なるニッチをもった多様な生物がそれぞれのニッチを犯さないような相互関係の中で存在することになる。一方で、餌の食い分けや棲み分けが起こり、複数の種が共存することは不可能ではない。生態学的に安定した種はある一定の確率で遺伝的な変異を固定させ進化していくことになる。変異の結果が適応的であれば、新たな種としてのニッチが継続していく。適応的でない場合は異なるニッチを確立するか、ニッチ構築に適切な場所へ移動するか、絶滅するかの選択を迫られることになる。

このように、生物種のニッチは生態学的な問題と進化論的な問題の結節点を形成する重要な論点と考えてよい。そして、ニッチの形成過程は、種の分化、集団の形成、地域的、そして地球規模の長期的な多様化の過程など、生物学の多くの分野における研究の基礎となると考えられてきた（Pyron 2016）。ただし、人間のニッチは他の生物のそれとは一線を画することに留意しておく必要がある。それは、人間のニッチの確立は生物学的であることに加えて、きわめて社会的なものであり、社会的に学習され、社会的に実行されるからである。つまり、人間のニッチは生物学的な適応からだけでなく、社会的、文化的に継承されていくことにその特徴があると言ってよい。

人間のこうしたニッチのあり方は、文化的ニッチ（Cultural niche）や社会文化的ニッチ（Sociocultural niche）と、従来のニッチとは区別して呼ばれ、人類進化を考えるうえでの鍵概念にさえなってきた（Boyd et al. 2011; Ellis 2015）。ただし、社会文化的ニッチも人間が生存している自然環境に大きく依存してきたことも否定されるものではない。その一つの例が言語の多様性と生物多様性との関係である。

生物多様性のホットスポットや生物多様性の高い原生地域など、地球上に残された多くの種が存在する地域における言語の多様性を調査したところ、これらの地域には地球上の全言語の七〇％が存在し、かなりの言語的多様性が存在していることが明らかとされた（Gorenflo 2012）。もちろん、言語的多様性と生物学的多様性が共存している理由は複雑であり、地域によっても異なるであろうが、多くの地域で生物学的多様性と言語的多様性が地理的に一致していることから、何らかの形で機能的なつながりがあると考えられている。言語は社会や文化の一つの単位を示すものであり、生物種は文字通りのニッチの単位であることを考えると、社会文化的ニッチの確立は自然環境に相応に依存してきたと考えてよい。

多くの人類学者（文化も自然も）は、進化の過程が人新世の人類集団においても進行中であることに気がつかなかったり、軽視したり、場合によっては無視することさえあった。とりわけ、ポストコロニアルな状況の中で民族誌の記述にさえも懐疑的な時代を経験した文化人類学にその傾向は強いのかもしれない。しかしながら、これは、A・フェンテスが指摘しているように、現代の進化論に対する理解が必ずしも十分ではないことにもその一因を求めることができるであろう（Fuentes 2016: S13）。

従来の進化論的な分析においては、生物と環境の相互作用が中心的な関心事であり、自然淘汰やその他の進化過程がどのような文脈で作用しているかを理解することが、洞察を深めるための鍵とされてきた。多くのネオダーウィニズム的アプローチでも、個体と環境との関係がシステムの最も顕著な特徴であると仮定しており、社会集団や制度が重要な役割を果たすことが明示的に認められている場合でも、基本的な前提は、進化的に関連するプロセスは最終的に個体間の生殖成功のための競争に起因するとされてきた。

一方で、E・エリスが更新世から現代までの出来事を総括させながら指摘しているように、社会文化的システムと人間の生態系内の生物相は、人間の世代を超えた社会文化システムと生態系の持続的な直接的な相互作用によって共進化すると考えることは妥当であろう（Ellis 2015: 304）。したがって、現生人類の生態系はこれらのシステムとその世代を超えた相互作用によって形成され、文化的、物質的、生態学的な継承物のそ

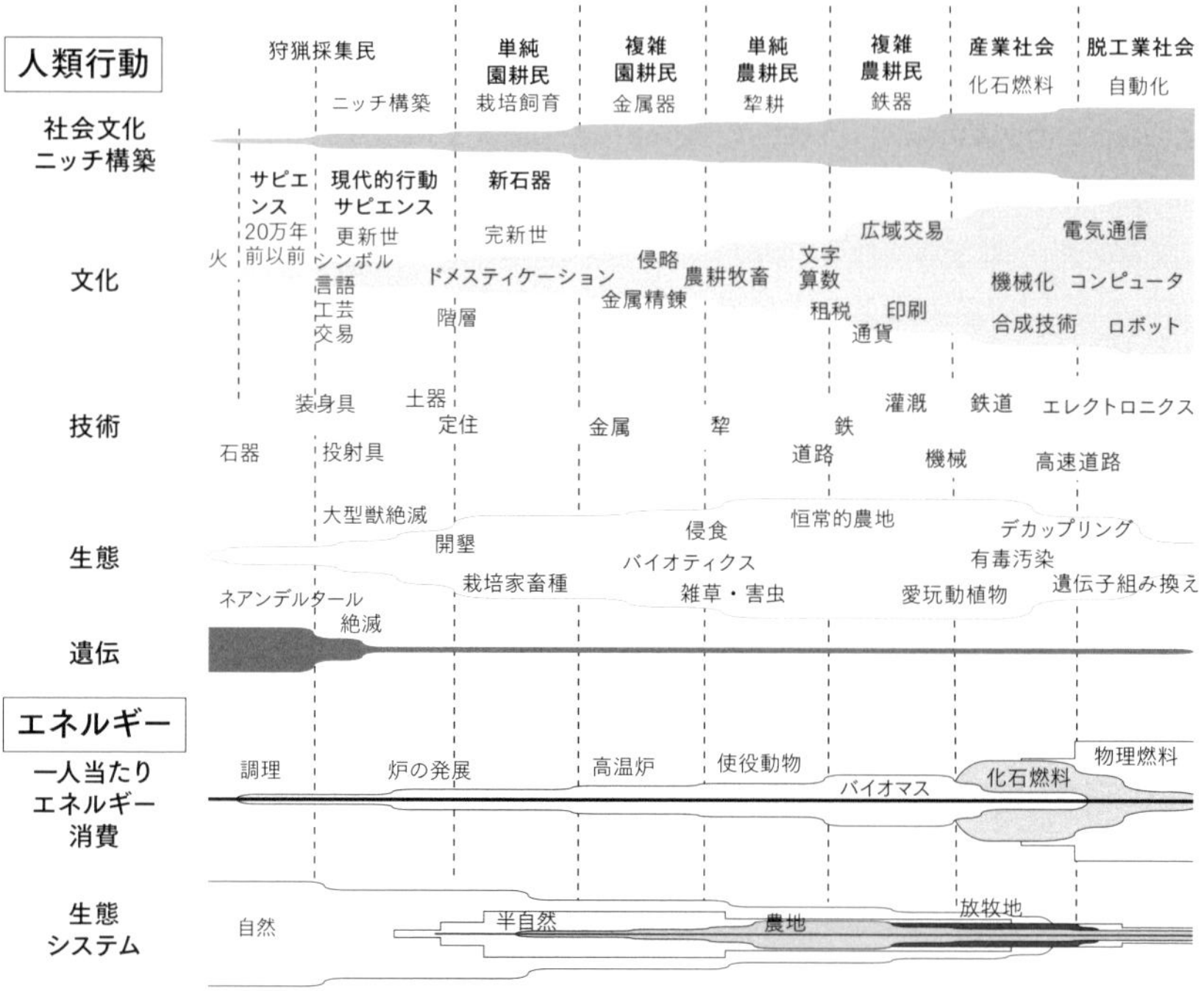

図1　主要なタイプの社会文化システムにおける社会文化ニッチ構築における
レジーム移行の概念モデル（Ellis 2015: 305 を編集）

れぞれに影響を与えるものによる淘汰の過程を経て変化していくことになる。選択、蓄積、欠落、組み換えの段階的な過程を経て、文化的、物質的、生態学的に継承されていくのが人間のニッチ、すなわち社会文化的ニッチと言ってよい［図1］。旧人に新人と同様な社会文化的ニッチが存在していたかどうか議論の余地が残るが、少なくとも新人が社会文化的ニッチを形成することには同意が得られている。したがって、現代の人々のニッチも新人が進化してきた現時点のものであり、連続的な社会文化的ニッチの中で行動を考えていくことは否定されるものではない。新人が現存しているからこそ、新人文化の研究に社会文化的ニッチという観点を取り込むことができ、同時にそれが不可欠と言える。

4　過去の新人の行動理解にむけて

考古学遺跡はある意味では過去の社会文化的ニッチがパッケージされたものととらえることができるだろう。遺跡から得られるものはすべてが過去の人間の行動を説明するための要素になりうる。その核心には、考古学遺跡を見る視点を、個別の資料のみにあてるのではなく、他のニッチの要素とつねに関連づけて考えていくという提案がある。そして、考古学遺跡から得られる何がニッチのどの部分を構成し、それにしたがったどのような行動が過去に生じたのかということを推論するうえで、現代の人々の社会文化的ニッチをあらためて見直し、要素間のつなげかたを理論化していくことが求められることになる。

本書ではこうした問題意識にもとづき、考古学からは資料そのものの分類や分析にとどまらず、それが人間のどのような行動とむすびつくかについての論考を所収した。一方で、文化人類学や民族誌研究からは人間の行動がどのような要素とむすびついて構成されているかに焦点をあてた論考を集めた。

新人は、進化の構造に影響を与える生態学的、社会的、文化的なニッチを構築している。植物や動物の操作、道具や機械の開発、住居の建設や景観の改変、宗教的、法律的、家族的な制度はすべて、進化のプロセスとの相互作用に関して、人間が、個人的にも集団としても資源を利用してきた脈絡や選択肢に影響を与えている。人間のニッチにおける生理学的、社会的、記号論的、認知的、歴史的、制度的なプロセスが絡み合っていることを考えると、人間の理解を深めるためには進化論的アプローチも考古学的アプローチもより広範な人類学的脈絡とよりよく統合される必要はすでに指摘されてきたことである（Ingold and Paalson 2013）。この統合には、制度を含む文化システムやプロセスに、個人や集団の間の流動的で絡み合った進化的な枠組みを、パレオアジアを含めた地球のきわめて広い範囲にひろげていくホリスティックな視点が求められる。そのためには、生物学と歴史の両方を考慮に入れる必要があり、人間の生物学的プロセスと社会的プロセスを別個のものとして考えるのではなく、それらを絡み合い、統合されたものとして見ていかなければならない。本書の目指すところはまさにそこにある。

注

（1）考古学遺跡を生態学的な行動の中心であったとするアプローチは以前からあり、その代表的な手法がキャッチメント分析と呼ばれるものである。遺跡から出土する生態遺物を分析し、それらが遺跡周辺のどのくらいの範囲から獲得されたものかを明らかにし、遺跡を中心とした人間行動や遺跡テリトリーを復元する研究がおこなわれてきた（Akazawa 1989）。

（2）たとえば、具体的な内容として、（1）年に一回以上の定住場所の変更には、（2）共同所有、共有、専門の職人がいない、散発的な貿易、税金がない、階級がない、非公式な社会的統制、霊が最も重要、宗教的な階層がない、個人の宗教的な儀式がある、集団の儀式が少ない、寺院がない、が対応している。

参考文献

B・ラトゥール　二〇一九［二〇〇五］『社会的なものを組み直す―アクターネットワーク理論入門―』伊藤嘉高訳、法政大学出版会

I・ホッダー　二〇二三［二〇一六］『絡まり合うモノと人間―関係性の考古学に向けて―』三木健裕訳、同成社

W・H・オズワルト　一九八三［一九七六］『食料獲得の技術誌』加藤晋平他訳、法政大学出版局

門脇誠二　二〇一六「揺らぐ初期ホモ・サピエンス像―出アフリカ前後のアフリカと西アジアの考古記録から―」『現代思想』五月号、一一二―一二六頁

亀井節夫・ウルム氷期以降の生物地理総研グループ　一九八一「最終氷期における日本列島の動・植物相」『第四紀研究』二〇巻三号、一九一―二〇五頁

澤藤りかい・木村亮介・石田肇・太田博樹　二〇一八「アジアにおけるヒトの拡散―近年の研究成果と動向―」西秋良宏編『アジアにおけるホモ・サピエンス定着プロセスの地理的編年的枠組み構築―二〇一七年度研究報告―』東京大学総合研究博物館

Akazawa, T. 1989 The Middle Paleolithic occupation at Douara Cave: Site catchment analysis. *Les Annales Archeologique Arabes Syrienne* 36-37: 9–39 e.

Bae, C. J. et al. 2017 On the origin of modern humans: Asian perspectives. *Science* 358(6368): 9067-9069.

Binford, L. R. 2001 *Constructing Frames of Reference: An Analytical Method for Archaeological Theory Building Using Ethnographic and Environmental Data Sets*, Berkley: University of California Press.

Boyd R. et al. 2011 The cultural niche: Why social learning is essential for human adaptation. *Proceedings of the National Academy of Sciences of the United States of America* 108 (Supplement 2): 10918-10925.

Chang, K. C. 1958 Study of the Neolithic social groupings: Examples from the New World. *American Anthropologist* 60: 298-324.

Dubois, N. et al. 2014 Indonesian vegetation response to changes in rainfall seasonality over the past 25,000 years. *Nature Geoscience* 7: 513–517.

Ellis, E. C. 2015 Ecology in an anthropogenic biosphere. *Ecological Monographs* 85(3): 287–331.

Ember, M. and C. R. Ember 1995 Worldwide cross-cultural studies and their relevance for archaeology. *Journal of Archaeological Research* 3(1): 87–111.

Fuentes, A. 2016 The extended evolutionary synthesis, ethnography, and the human niche toward an integrated anthropology. *Current Anthropology* 57: Supplement, 13-25.

Gell, A. 1998 *Art and Agency: An Anthropological Theory*, Oxford: Oxford University Press.

Gorenflo, L. J. et al. 2012 Co-occurrence of linguistic and biological diversity in biodiversity hotspots and high biodiversity wilderness areas. *Proceedings of the National Academy of Sciences of the United States of America* 109 (21): 8032-8037.

Hodder, I. 1982 *Symbols in Action: Ethnoarchaeological Studies of Material Culture* (New Studies in Archaeology). New York: Cambridge University Press.

Ingold, T. (ed.) 2013 *Biosocial Becomings: Integrating Biological and Social Anthropology*. Cambridge: Cambridge University Press.

McBrearty, S. and A. S. Brooks 2000 The revolution that wasn't: a new interpretation of the origin of modern human behavior. *Journal of Human Evolution* 39: 453-563.

Pyron A. 2016 Niche Evolution. *Oxford Bibliographies* (DOI: 10.1093/OBO/9780199941728-0075, see 2021 Jan. 8th)

Reyes-Centeno, H. et al. 2015 Testing modern human out-of-Africa dispersal models and implications for modern human origins. *Journal of Human Evolution* 87: 95-106.

Shea, J. J. 2011 Homo sapiens is as Homo sapiens was: Behavioral variability versus 'behavioral modernity in Paleolithic Archaeology. *Current Anthropology* 52(1): 1-35.

Steward, J. H. 1942 The direct historical approach to Archaeology. *American Antiquity* 7: 337-343.

Torrence, R. 1983 Time budgeting and hunter-gatherer technology. In P. Halstead and J. O. Shea (eds.) *Bad Year Economics: Cultural Responses to Risk and Uncertainty*, pp. 11-22. Cambridge: Cambridge University Press.

Wakano, J. Y. et al. 2018 Ecocultural range-expansion scenarios for the replacement or assimilation of Neanderthals by modern humans. *Theoretical Population Biology* 119: 3-14.

Wakano, J. Y. and S. Kadowaki 2021 Application of the ecocultural range expansion model to modern human dispersals in Asia. *Quaternary International* 596: 171–184.

Wobst, M. 1978 The archaeo-ethnography of hunter-gatherers or the tyranny of the ethnographic record in Archaeology. *American Antiquity* 43: 303–309.

第1部

考古学的視点

第2章 人類の進化と狩猟技術の発達

佐野勝宏

1 狩猟の始まり

狩猟採集は、人類の発達段階の最初の生業活動とされる。採集は、類人猿の主要生業活動であり、初期人類も採集が生業において高い比重を占めていたことは疑いようもない。アウストラロピテクス属も、彼らの発達した咀嚼器から、堅い植物を主要な食糧としていたと考えられる。

それでは実際のところ、人類はいつから狩猟をしていたのだろうか？　エチオピアのゴナ遺跡では、約二六〇万年前の地層からチョッパー、石核、剥片等で構成される確かな石器が見つかっており、この考古文化はオルドワンと呼ばれる。人類は、この頃には恒常的な石器製作をしていたと考えられ、堅く消化に時間のかかる植物性食物に加え、肉を切って食糧とする頻度が増えていったと考えられる。

ゴナ遺跡で見つかった動物化石には、解体時についたと考えられるカットマークがある（Domínguez-Rodrigo et al. 2005）。これ以降のオルドワン遺跡では、動物化石に解体痕跡が見つかる事例が複数あることから、この時期の人類が動物を石器で解体していたことはまちがいなさそうである（Blumenschine and Pobiner 2007）。二九〇万年前以降の気候の乾燥化にともない、アウストラロピテクスの一部が咀嚼器をさらに発達させて頑丈型へと進化するのに対し、二四〇万年前以降に出現する最初のホモ属であるホモ・ハビリスが、しだいに咀嚼器を退縮させていくのは（諏訪 二〇〇六）、肉食の比重が高まっていったことを反映している可能性が高い。

では、当時の人類は動物を狩猟していたのだろうか？ 昔から、初期ホモ属は、積極的なハンターでなく、屍肉漁りをするスキャヴェンジャーだったとする説がある。しかし、少なくとも一八〇万年前以降は、屍肉漁りだけでなく、狩猟によって獲物を捕らえていたことが近年わかりつつある（Bunn and Gurtov 2014）。通常、肉食獣は老体や幼体を選ぶ傾向があるため、その屍肉を漁っていたとした場合、老体や幼体の比率が自然界の群れよりも高くなる。しかしながら、タンザニアのオルドヴァイ渓谷のFLK Zinj遺跡では、ヌーなどの大型哺乳類動物の化石が多数見つかり、その年齢構成は若い成体の割合が高い。これは、現生狩猟採集民のハッザ族の対象獣の年齢構成の範囲に入り、当時の人類が大型哺乳類動物を狩猟していたことを示している。こういった事例は、他の遺跡でも見つかっている（Dominguez-Rodrigo 2002）。

一八〇万年前は、ちょうど東アフリカでホモ・ハビリスからホモ・エレクトスへの進化が起こり、ハンドアックス等の大型切断石器を指標とするアシューリアンが出現する時期である（Beyene et al. 2013）。長く鋭い刃をもつハンドアックスの出現は、肉の需要の高まりを反映しているものと考えられるが、この時期にホモ・エレクトスに起きた解剖学的な変化は、彼らが動物資源をより容易に獲得できるように進化したことを示唆している。D・リーバーマンは、エレクトス段階で起きた解剖学的変化により人類は持久走が可能となり、獲物を追い続けることで最終的に疲れ果てた動物を追い詰めて仕留めることができたとする「持久走狩猟仮説」を提唱している（Bramble and Lieberman 2004）。

ケニアのトゥルカナ湖で見つかったホモ・エレクトス（KNM-WT 15000）のほぼ全身骨格により、ホモ・エレクトスは下肢が長く、上肢と下肢の長さの比率が現代人並みに進化していることがわかる［図1］。これは、長距離移動において有利な進化と指摘される。ところが、リーバーマンによれば、エレクトス段階には、歩行にはさほど有利とはならないが、走行にとって有利に働く進化も複数認められるという。発達した大臀筋、項靱帯の出現、大きな三半規管、短い足の指がそうで、いずれもより安定した走行を可能にする。これらの形質的変化は、エレクトス段階、あるいはホモ・ハビリスの段階で出現する。リーバーマンは、このような形質変化は、走行が屍肉漁りや特に狩猟において有利であり、結果として走行において優れた個体に淘汰された結果だと考えている。

投擲も、初期ホモ属の段階で起きた形質的な変化により可能になったとする説がある。槍を投げる時、われわれは胴体を横にひねり、肘を曲げて腕を後ろに引いた後、今度は胴体を回転させながら肩、肘、腕を前方に振り下ろす。これにより強いエネルギーを投射物に伝えることができる。N・ローチは、現代人とチンパンジーの骨格を比較し、現代人にだけ認められる三つの解剖学的特徴、可動域が大きく回転する腰、ねじれの少ない上腕骨、横向きの肩関節が、肩で弾性エネルギーを蓄え解き放つことを可能にするとしている

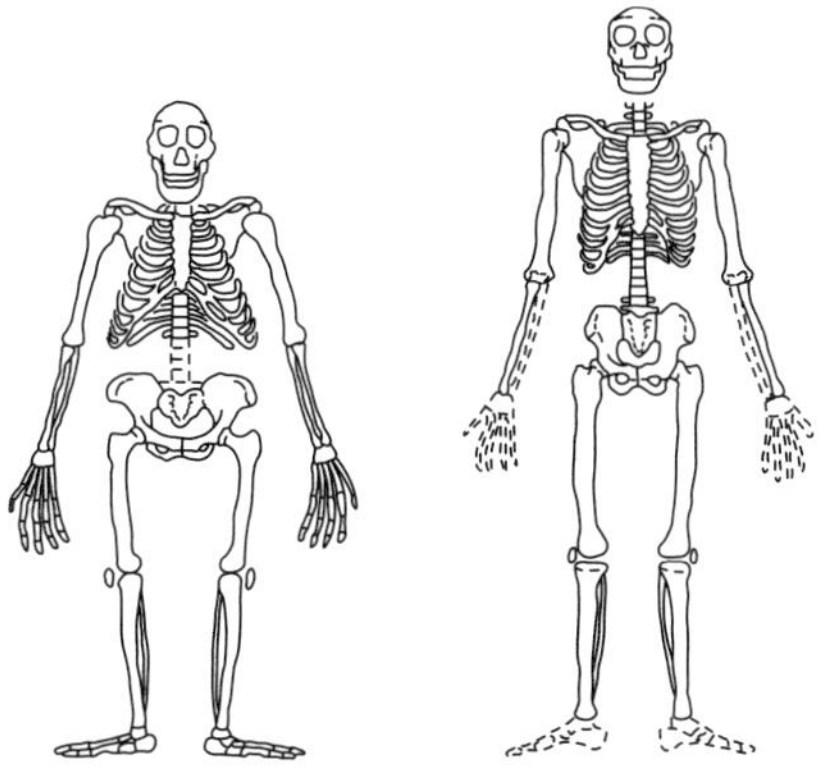

図1　アウストラロピテクス・アファレンシス（左）とホモ・エレクトス（右）の骨格比較
（Bramble and Lieberman 2004: Figure 3 を基に作成）

(Roach et al. 2013)。上記の解剖学的な特徴の内、ねじれの少ない上腕骨等いくつかの特徴はすでにアウストラロピテクスに認められるが、すべてが完全な形でそろうのはホモ・エレクトスになってからである。ローチは、このような形質的な変化は、投擲に対する自然選択の結果だとしている。

持久走にしても、投擲にしても、そういった能力が狩猟において有利に働くことはまちがいない。しかし、上記の初期ホモ属に認められる解剖学的特徴の出現が、狩猟による自然選択の結果とは限らない。走行は、肉食獣から素早く逃げる時や、屍肉を素早く獲得する際にも有利であるため、走行を可能にする形質的特徴は、仮に当時の人類が走行しながら狩猟をしていなかったとしても選択される可能性は高い。また、投擲を可能にする解剖学的特徴も、当初は効率的な直立二足歩行や走行への適応として出現した形質が、結果として投擲を可能にしたのかもしれない。先の動物化石の年齢構成からいっても、ホモ・エレクトスが屍肉漁りだけでなく、何かしらの方法で狩猟もしていた可能性は高い。しかしながら、初期段階のホモ・エレクトスが、仮に持久走で獲物を追い詰めることがあったとしても、当時の狩猟においてそれがどの程度の比重を占めていたのかを知ることはむずかしい。一方、初期ホモ・エレクトスが尖った棒状のものを獲物に向かって投げることがあったとしても、槍を投げる狩猟が当時の人類の狩猟の主要な戦略だった可能性は、後述する理由によりほぼないであろう。

ハンドアックスを投げて狩猟していたとする仮説もあるが（O'Brien 1981)、それではハンドアックスにあの対称性をもたせる意味がない。また、球状石器等の礫塊石器を投げて狩猟に使ったとしても、致命傷を負わせるのはむずかしいだろう。しかし近年、長らく停滞的と解釈されてきたホモ・エレクトスのアシューリアン技術が、徐々に発達していく過程が明らかになってきた。特に一四〇万年前以降は、求心状石核やコンベワ方式も認められ、この時期のホモ・エレクトスは階層構造の理解を必用とする石器製作をおこなっていた（Beyene et al. 2015; Sano et al. 2020）。さらに近年、一四〇万年前の骨製のハンドアックスも報告され、該期の人類が石以外の素材でも精巧な道具を作る技術を有していたことが明らかとなった（Sano et al. 2020）。したがって、ホモ・エレクトスは、その進化過程のどこかで木の棒の先端を尖らせ、簡単な作りの槍を製作していたとしても不思議ではないと考えている。しかし残念ながら、いまのところエレクトス段階の木製の槍は出土していない。

2 最古の狩猟具

それでは、狩猟の直接的な証拠となる狩猟具は、いつ出現するのか？ 確実な狩猟具の証拠は、ドイツのシェーニンゲン遺跡で出土した木製槍である（Thieme 1996）。シェーニンゲンの年代は、地質編年、花粉層序、泥炭の^{230}Th/U年代測定（Sierralta et al. 2012）、被熱石器の熱ルミネッセンス年代測定（Richter and Krbetschek 2015）の結果から、MIS9の間氷期に相当する約三〇万年前とされている。シェーニンゲン遺跡では全部で一〇点の木製槍が出土しており、ほぼ全体が残っている四点はいずれも二メートル前後の長さがある［図2］（Schoch et al. 2015）。一〇点中、九点はトウヒ、一点はマツ製である。先端は鋭く加工され、節もていねいに取り除かれている。共伴する石器は抉入石器や鋸歯縁石器が多く、これらの石器の一部が木製品加工に使われたと考えられている。ほぼ完形の槍四点の内、三点

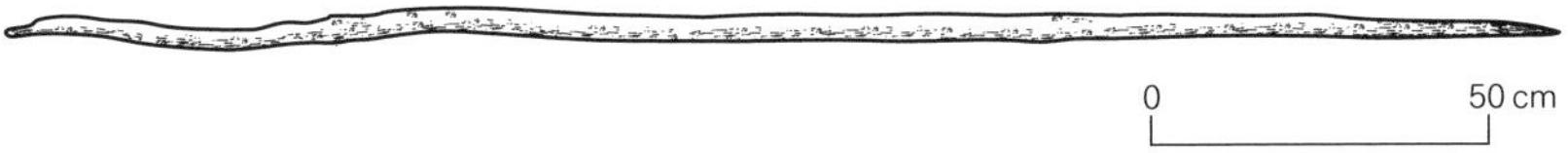

図2 シェーニンゲン遺跡から出土した約30万年前の木製槍（Spear II）
（Thieme 1996: Abb. 9（2）を再トレース）

(Spear I ~ III) は競技用の槍の重心に近いため、投げ槍として使われたと解釈されている。一方、一番長くて太い Spear IV は、重心が異なるため突き槍と考えられている。

投げ槍といっても、槍投げ競技のように弧を描いて遠くに投射していては、俊敏に動く獲物を狩猟することはできない。民族事例からも、狩猟時はできるだけ獲物に接近し、槍を突いて狩猟することが知られている (Churchill 1993)。陸上では、槍を手で投げて狩猟すること自体が稀で、手で投げる場合の有効射撃距離は八メートル前後とされている。また、追い込み猟を除き、基本的に突き槍用と投げ槍用の明確な使い分けはなく、同じ槍がどちらにも使われる。おそらく、旧石器時代においても、狩猟時に槍を投げる行為は、突き槍猟のオプション的位置づけにあり、離れた場所から槍を投げて狩猟する行為を恒常的におこなっていたわけではない。このことは、ネアンデルタール段階においても、彼らの肩に恒常的な投射行為で起こる後屈の変形が認められないことからもわかる (Rhodes and Churchill 2009)。ネアンデルタールの段階ですら、槍を投射する狩猟はメインではなかったのである。したがって、ホモ・エレクトスへの進化過程で起きた形質変化が、投擲による自然選択の結果だとするローチの解釈には無理がある。

シェーニンゲンの槍は、褐炭の採掘場内の泥炭層にパックされる形で発見された (シェーニンゲン遺跡の詳細は、小野 二〇〇一を参照)。シェーニンゲンの槍は、泥炭層内の還元状態という特殊な環境下にあったからこそ、奇跡的に現在まで保存されていたのであり、通常はほとんどの木製遺物は分解されて失くなってしまう。いまのところ、シェーニンゲン以前に確実な槍の証拠はないが、証拠の不在は不在の証拠ではない。シェーニンゲンの木製槍は、その洗練された作りからも、おそらく人類が作った最初の槍ではない。

シェーニンゲン以前の槍の候補として、イギリスのクラクトン・オン・シー遺跡で出土した先端が尖ったイチイ製の棒状の木器がある [図3]。クラクトン・オン・シー遺跡は、約四〇万年前のMIS11の間氷期の遺跡である。この時期のヨーロッパは、考古学的な文化段階としてはアシューリアン段階に相当するが、中央ヨーロッパから東ヨーロッパにかけての地域では、間氷期には小型の抉入石器や鋸歯縁石器を主体とする小型剝片石器群が卓越した。ＭＩＳ11の間氷期には、少数ながらイギリスにも小型剝片石器群があり、クラクトン・オン・シー遺跡もその一つである。Ｈ・ブリュイは、小型剝片石器群をクラクトン・オン・シーの名前をとってクラクトニアンと呼んだ。クラクトン・オン・シー遺跡の木器は、遺跡の前浜の淡水域堆積物中の泥炭層から出土した（Oakley et al. 1977）。やはり、特殊な環境下だからこそ今日まで残されたのである。途中で折れているため、残念ながら槍と断定することはできないが、シェーニンゲン以前の段階で、既に人類が木製槍を使っていた可能性を示唆する証拠である。

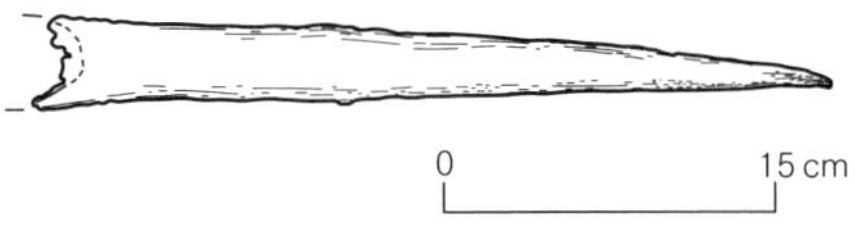

図3　クラクトン・オン・シー遺跡から出土した約40万年前の木器
（Oakley et al. 1977: Plate 1を基に作成）

　シェーニンゲン遺跡の木製槍のように、誰もが認める確実な証拠ではないが、もしかしたら狩猟具の一部として使われたかもしれない間接的な証拠が、南アフリカの約五〇万年前のカトゥ・パン1遺跡で見つかっている（Wilkins et al. 2012）。カトゥ・パン1遺跡では、三層からＭＳＡ（Middle Stone Age）、四ａ層からフォーレスミス文化、四ｂ層からアシューリアンが出土している。フォーレスミス文化は、ルヴァロワ的特徴をもつ石核や尖頭器がハンドアックスと共伴する文化で、ＭＳＡとアシューリアンの移行期段階と捉えられている。カトゥ・パン1の四ａ層は、ＯＳＬ年代とウマの歯のウラン／ＥＳＲ年代から約五〇万年前と年代づけられた。

　四ａ層のフォーレスミス文化層からは、縞鉄鉱石製の尖頭器が数多く出土しており［図4ａ］、その中に衝撃剝離と思われる痕跡をもつ資料がある［図4b］。剝離痕が小さいため、踏み付けや他の要因で発生した可能性を排除することはできないものの、先端部に認められる割れはベンディングで始まってステップで終わる衝撃剝離の特徴をもつ。一方、他の部位はそういった特徴を示す剝離が統計的に有意なほど少ないことが定量的な分析で示されている。

縞鉄鉱石製のように硬くて割れにくい石材の尖頭器は、突き槍や投げ槍では規模の大きな衝撃剝離が発生しにくい（Sano and Oba 2015）。この時期は、仮に狩猟時に槍を使っていたとしても、その槍は主に突き槍として使われ、必要に応じて投げられる程度であったと考えられる。したがって、そもそも規模の大きな衝撃剝離は起きにくく、カトゥ・パン1の尖頭器の先端にある割れが、獲物との衝突でできた衝撃剝離である可能性は低くない。

3 組み合わせ狩猟具の出現

もし、フォーレスミス文化の尖頭器が、槍先として使われていたとすると、この時期にはすでに木の柄と石器を組み合わせる着柄技術が存在していたことを意味する。組み合わせ道具は、それまでの石器製

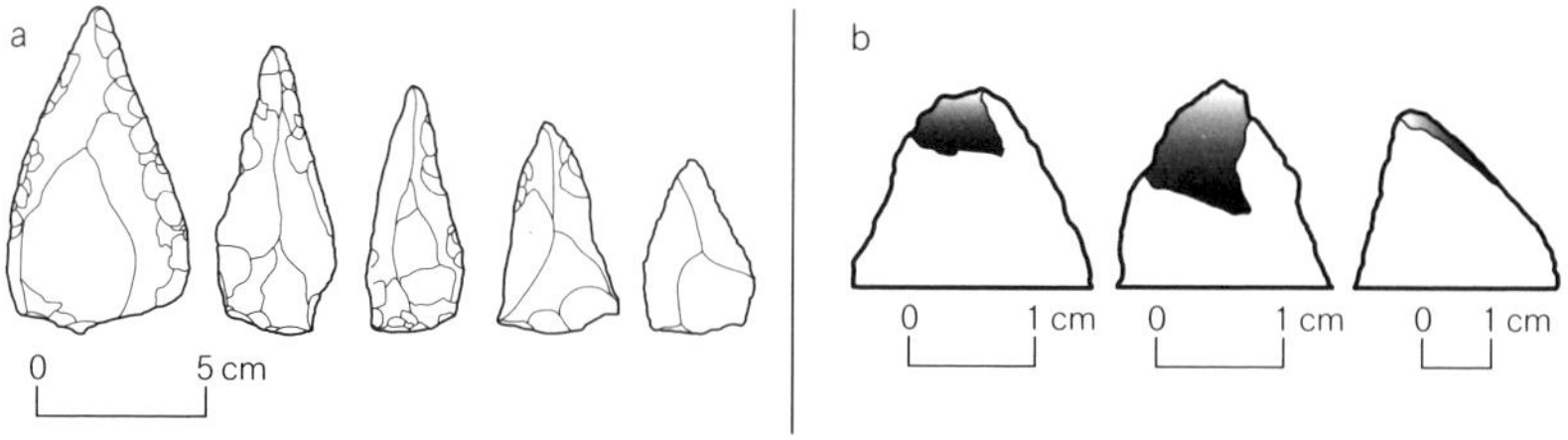

図4 カトゥ・パン1遺跡から出土した約50万年前の尖頭器（a）と尖頭器の先端部に認められた衝撃剝離の可能性をもつ欠損（トーン部）（b）
（Wilkins et al. 2012: Figs. 1, 2 を基に作成）

作が素材を減少させていくことで形作られる方法だったのに対し、加えていくことで道具を作り上げる点においてまったく異なる。異素材のモノを組み合わせるには接着剤も必要であり、旧石器時代には天然アスファルトの他に、シラカバ樹皮を燃やして作ったタールが使われることもある。石器や木器の製作も、それぞれ複雑な工程が必要なうえに、さらに接着剤を用意して二つのモノを組み合わせなくてはならない。したがって、組み合わせ道具の製作は、複雑な階層構造を理解する認知能力と、いくかの工程を記憶して遂行する能力（planning depth）が必要である。

確実な組み合わせ道具の証拠は、ネアンデルタールの時代、二〇万年前以前にさかのぼるイタリアのカンピテーロ採石場遺跡で見つかっている（Mazza et al. 2006）。カンピテーロ採石場からは中期旧石器時代のルヴァロワ剥片が、基部がシラカバ樹皮のタールにおおわれた状態で出土した。そのため、このシラカバ樹皮のタールは、柄に固定するための接着剤として使われたと考えられている。他にも、同じく中期旧石器時代のシリアのウム・エル・トゥレル遺跡では、七万年前とされるⅥ3c層から天然アスファルトが基部に付着したルヴァロワ尖頭器が出土している（Boëda et al. 2008）。同じ遺跡の五万年前以前のⅣ3b層からは、ルヴァロワ尖頭器が野生ロバの頸椎に突き刺さった状態で出土している（Boëda et al. 1999）。中期旧石器時代になると、ヨーロッパやレヴァントの各地で、ルヴァロワ尖頭器やムステリアン尖頭器の基部にシラカバ樹皮のタールや天然アスファルトが付いた状態で見つかる事例が複数ある（佐野・大森 二〇一六）。ヨーロッパでは、恒常的に火を使っていた証拠が四〇万年前以降に増えはじめるが（Roebroeks and Villa 2011）、この時期の人類が、接着剤の製作に必要な火をコントロールする技術をもっていたことを示している。

同じ四〇万年前頃、ヨーロッパではハンドアックスから剥片を取り除くルヴァロワ的な石器製作が出現し、三〇万年前以降になるとルヴァロワ方式によって製作されたルヴァロワ尖頭器やムステリアン尖頭器が増えはじめる。これらの器種には、衝撃剝離が認められる事例が少なからず報告されているため、この時期の人類は尖頭器を槍先に装着し、狩猟具として使っていたと考えられる［図5］。三〇万年前は、ホモ・ハイデルベルゲンシスからネアンデルタールへの進化が進行していく時期であり、ヨーロッパではこのタイミングで着柄技術が出現したものと考えられる。ただし、ネアンデルタールは、先端に石器を装着しない、シェーニンゲン型の木製槍も製作している。ドイツにあるマールの採掘場であるレーリンゲン遺跡では、MIS5e（一二万年前前後）の地層からイチイ製の槍が出土している（Thieme and Veil 1985）。土圧で変形し、分断されてしまっているが、繋ぎ合わせると二メートル以上になる［図6］。ちなみに、この木製槍は、重心の位置から投げ槍としては機能せず、突き槍であったと解釈されている。

アフリカでは、いまのところ接着剤が石器に付いている資料は、MIS4の六万年前を少しさかのぼる時期以降になってから見つかる（佐野・大森 二〇一六）。しかし、基本的には約三〇万年前に始まるMSA以降は、尖頭器が出現するため、この時期から石器を槍の先端に付けて狩猟具にしていたと考えられている（Brooks et al. 2006）。これはアフリカでホモ・ハイデルベルゲンシスからホモ・サピエンスへと進化する頃と一致する。このことは、ヨーロッパではネアンデルタールへ、アフリカではホモ・サピエンスへの進化が進行する中で、地理的に遠く離れた二つの地域で着柄技術が出現したことを示唆するかのようである。

それでは、着柄技術は、異なる二つの種が、あるいはネアンデルタールやホモ・サピエンスへの進化過程のホモ・ハイデルベルゲンシ

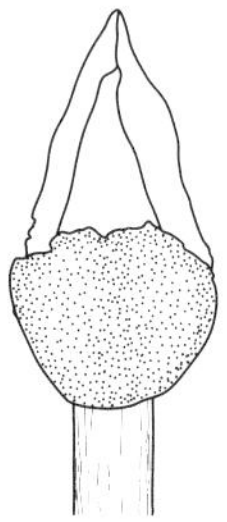

図5 ネアンデルタールの狩猟具の復元図
シラカバ樹皮を燃やして作ったタール製の接着剤で、ルヴァロワ尖頭器と木の柄を固定。

スが、約三〇万年前頃に異なる二つの地域で別々に発明した技術なのであろうか？　この従来のビジョンを覆すかもしれない証拠が、先ほどのカトゥ・パン1遺跡の槍先として使われた可能性のある尖頭器である。五〇万年前のカトゥ・パン1遺跡の尖頭器が槍先として使われていたのであれば、着柄技術の起源は従来よりも二〇万年もさかのぼることとなる。したがって、着柄技術がアフリカで先行して出現し、やがてヨーロッパに拡散した可能性が出てくる。

　近年の古代人骨のDNA分析の結果は、その可能性が十分にあることを示唆している。ドイツのホーレンシュタイン・シュターデル遺跡は、中期旧石器時代のネアンデルタール時代の遺跡だが、そこで出土していた大腿骨のミトコンドリアDNA分析をおこなった結果、その人骨はネアンデルタールに属し、約一二万四〇〇〇年前のものと推定された（Posth et al. 2017）。さらに、ホーレンシュタイン・シュターデルの人骨は、他のネアンデルタールから早い段階で別系統に分かれ、約二七万年前に分岐したと考えられた。一方、約四三万年前のスペインのシマ・デ・ロス・ウエソス遺跡で出土した人骨のミトコンドリアDNAは、デニソワンにより近いことが示されていた（Meyer et al. 2014）。これらの結果は、四三万年前から二七万年前の間に、ネアンデルタールのミトコンドリアDNAが形成されていったことを意味する。C・ポストらは、この時期にアフリカからヨーロッパへの遺伝子流入があり、その結果デニソワタイプのミトコンドリアDNAからネアンデルタール

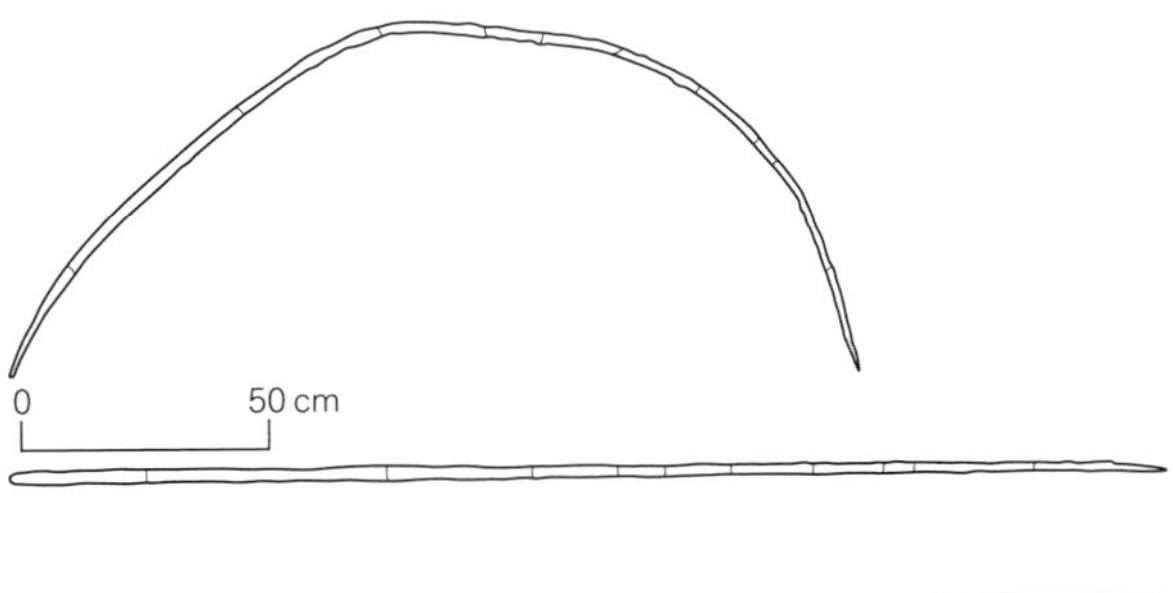

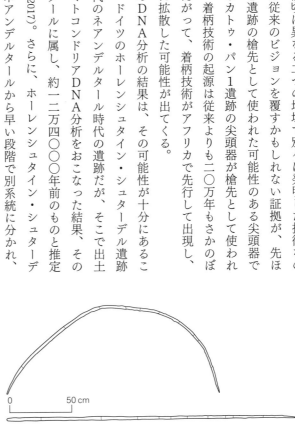

図6　レーリンゲン遺跡から出土した約12万年前の木製槍
（Thieme and Veil 1985: Abb. 15 を再トレース）

タイプのミトコンドリアDNAへの置換が起こったと推察している。

したがって、着柄技術も、この時期のアフリカからヨーロッパへの人類移動にともなって伝わった可能性がある。この仮説が正しければ、約四〇〜三〇万年前に起きたアフリカからヨーロッパへの人と技術の拡散により、ヨーロッパでも先端に尖頭器をつけた破壊力のある槍が狩猟に使われるようになったこととなる。

4 複合化・多様化したホモ・サピエンスの狩猟具

ヨーロッパのネアンデルタールの狩猟具は、三〇万年前以降、絶滅する四万年前までほとんど変化しない。一方、アフリカのホモ・サピエンスの狩猟具は、七万年前以降大きな変化をみせる。いわゆる細石器の出現で、東アフリカや南アフリカでは、七〜六万年前に三日月の細石器（以下、三日月形石器）を指標とするハウィソンズ・プールト文化が出現する。J・シェイは、ポーク・エピック遺跡の三日月形石器を含めた出アフリカ直前のMSAの尖頭器の中には、横断面外周（TCSP）が北米民族の投槍器で投射された尖頭器（ダート）に近い資料があることから、これらの石器が投槍器で投射された可能性を指摘していた（Sisk and Shea 2011）。一方、南アフリカのスィブドゥ洞窟のハウィソンズ・プールト文化層から出土した三日月形石器は、直線刃部に直交する衝撃剝離が入り、反対側の歯潰し加工部には着柄に使われたと考えられる残滓が見つかっている。M・ロンバードらは、これらの石器が北米民族の石鏃よりもさらに小さいほど小型であるため、矢の先端に付ける直揃鏃として機能したと考えている（Lombard and Wadley 2016）。最近、ロンバードはシェイと共著で、アフリカでは投槍器使用の民族事例や考古遺物が皆無であることから、アフリカで最初に開発される投擲具は弓で、投槍器が使われることはなかったと指摘している（Lombard and Shea 2021）。

このようにアフリカでは七万年前以降になると、弓あるいは投槍器で狩猟具を投射する投擲技術が出現した可能性がある。一方、先述の通り、ネアンデルタールは基本的に槍を投射する行為を恒常的におこなっていなかったと考えられるので、彼らが投槍器や弓を使っていたとは考えがたい。また、彼らが槍先として使用したルヴァロワ尖頭器やムステリアン尖頭器は大きく、北米民族のダートや石鏃に比較すると、基本的には統計的に有意なほどに大きい。オーストラリア・アボリジニの事例のように、大きい（長い）石器が投槍器で投射されることがないわけではないが（Newman and Moore 2013）、いまのところネアンデルタールの石器が投槍器や弓で投射されたことを示す積極的な証拠は見つかっていない。稀に「マイクロ・ムステリアン」（Rust 1950）と呼ばれるように、小型尖頭器がまとまって出土することがあるが、これらの石器に衝撃剝離が見つかった事例はなく、狩猟具として使われたのかわかっていない。

ユーラシア大陸各地に拡散したホモ・サピエンスの文化と考えられている、後期旧石器時代初頭文化（Initial Upper Palaeolithic: IUP）の遺跡では、ルヴァロワ方式を基盤とした尖頭器が出土するが、それらの尖頭器はネアンデルタールの尖頭器よりも小型化している［図7］。近年、ＩＵＰを代表するイスラエルのボーカー・タクチット遺跡で出土したＩＵＰ尖頭器の大きさや衝撃剝離のパターンの分析がおこなわれ、同遺跡から出土した約五万年前のＩＵＰ尖頭器は速い速度で投射された可能性が高いことが指摘された

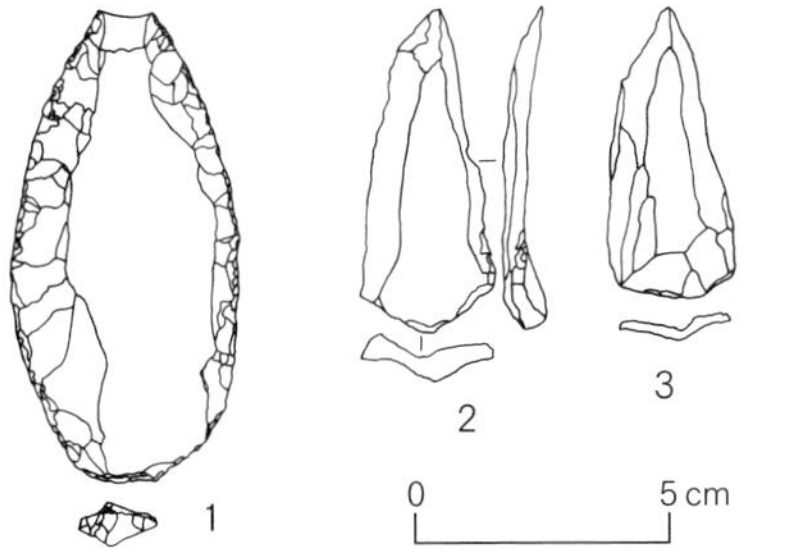

図7 ネアンデルタールのムステリアン尖頭器（1）とホモ・サピエンスの IUP 尖頭器（2・3）
1：ラインダーレン＝オストエッケ遺跡（ドイツ）出土、2：ボーカー・タクチット遺跡（イスラエル）出土、3：ストランスカ・スカーラ遺跡（チェコ）出土（佐野 2015: 図3を改変）。

(Yaroshevich et al. 2021)。ＩＵＰは、いまだヨーロッパにネアンデルタールがいた時にバルカン半島に進出し、さらにチェコやポーランドの一帯まで拡散する。約四万七〇〇〇年前のハンガリーのバチョ・キロ遺跡で見つかった人類化石は、ＤＮＡ分析の結果ホモ・サピエンスに属することがわかった (Hublin et al. 2020)。先のボーカー・タクチットの分析事例は、この時期にレヴァントからヨーロッパに拡散したホモ・サピエンス集団のＩＵＰ尖頭器が投槍器や弓のような投擲具で投射された可能性を示唆するが、ヨーロッパのＩＵＰ尖頭器の投射方法に関する研究はなく、その妥当性の検証は今後の課題である。[1]

一方、ヨーロッパでその後に現れるウルッツィアンの三日月形石器は、その衝撃痕跡と投射実験データとの比較分析から、投擲具で投射された可能性が高いことがわかってきた (Sano et al. 2019)。イタリアのカヴァロ洞窟では、ホモ・サピエンスの臼歯が見つかっており、共伴の問題が指摘されたこともあったが (Zilhão et al. 2015)、その後、共伴の信頼性が高いことが明示された (Moroni et al. 2018)。カヴァロ洞窟のウルッツィアン層は、炭素一四年代とテフラとの層序関係から四万五〇〇〇～四万年前に位置づけられる。この層から、ホモ・サピエンスの臼歯にともなって出土した一四六点の三日月形石器（あるいはその破片）を分析したところ、二六点の石器に指標的な衝撃剝離が見つかり、多くの石器に規模が大きく複合的な衝撃剝離が観察された。このような衝撃剝離のパターンは投槍器や弓の投射実験でしか観察されない (Sano and Oba 2015)。また、カヴァロ洞窟の三日月形石器は、その多くに石器を先端部に装着した時に発生する衝撃剝離のパターンが観察された。また、三日月形石器の大きさをシェーニンゲンの木製槍の先端部と比較すると、これらの石器を先端部に付けても槍先として機能しないものと考えられた [図8]。したがって、総合的に判断し、カヴァロ洞窟の三日月形石器は投槍器か弓のいずれかの方法で投射された可能性が高い。

ウルッツィアンの後、ヨーロッパでは、プロト・オーリナシアンと呼ばれる、小石刃を指標とする文化が出現する。小石刃にも衝撃剝離が付いていることから、この石器は狩猟具として使われていたと考えられる。より新しい時代のマグダレニアン期では、小石刃が角製尖頭器の側縁に複数埋め込まれた状態で出土している。したがって、小石刃は片側あるいは両側の溝に複数埋め込んで使われたと考えられる。このように、遅くともマグダレニアン期のホモ・サピエンスは、小石刃を骨角製尖頭器に埋め込み、さらにそれを木製の柄に装着する、三つの異なる素材からなる複合的狩猟具を製作していたことがわかる［図9ａ］。

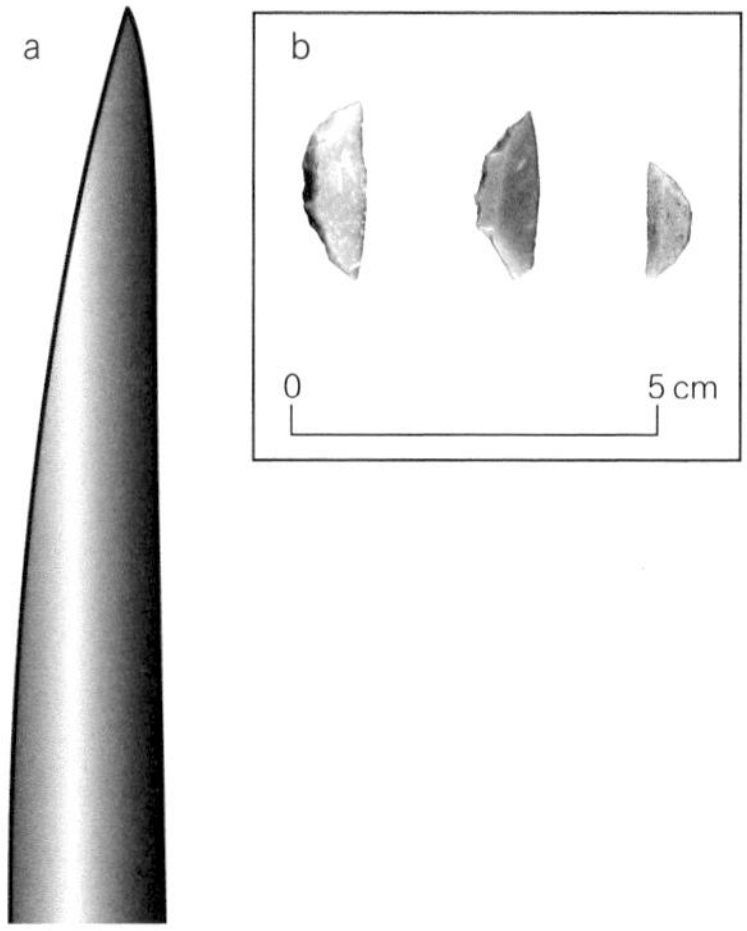

図8　シェーニンゲンの槍先端部の復元（a）とカヴァロ洞窟から出土した三日月形石器（b）（Sano et al. 2019: Supplementary Fig. 7 を改変）

小石刃を骨角製尖頭器の側縁に複数埋め込み、さらにそれを木の柄の先端部に装着し、それを投槍器あるいは弓で投射するホモ・サピエンスの狩猟スタイルは複雑で手間がかかる。しかし、このタイプの狩猟具は、それに見合うメリットがある。まず、投槍器や弓を使うことにより獲物を安全な距離から、より確実に狩猟することができる。さらに、速い投射速度により俊敏に動く中・小動物の狩猟も可能になる。また、三つの素材を組み合わせた複合的狩猟具は破損した小石刃だけを取り替えればすみ、骨角製の尖頭器は石製の尖頭器よりも破損しにくいため、メンテナンスが簡易化し、石材消費も軽減される（佐野 二〇一五）。また、一つの原石から大量の小石刃を製作することができる点においても石材効率がよい。さらに、小さいために大量に持ち運ぶことができ、軽量であるために持ち運びしやすい。長距離移動し、移動先で計画的に石材を消費していく狩猟採集民には、最適な狩猟技術といえる。小石刃は、ユーラシア大陸の他の地域でも広く見られ、レヴァントでもプロト・オーリナシアンと同じ時期の前期アフマリアン期から使用されはじめる（門脇二〇一五）。また、シベリアや北東アジアでは、細石刃と呼ばれる小石刃に似た機能を果たしたと思われる石器が後期旧石器時代の途中から現れ、その後長い期間にわたって広大な地域で使われつづける。

小石刃や細石刃は、ホモ・サピエンスの狩猟具として重要な役割を果たしたと考えられるが、彼らが使用した狩猟具はこのタイプだけではない。プロト・オーリナシアン以降の後期旧石器時代、ヨーロッパでは小石刃が狩猟具としての機能を担い続けるが、小石刃を埋め込まないタイプの骨角製尖頭器［図9b］や石製の尖頭器［図9c］も使われる時期がある。このような狩猟具は、より簡易に製作することができる。ホモ・サピエンスの狩猟具の多様性は、さまざまな環境下において柔軟に最適な狩猟具を選択したことの反映であろう。ユーラシアの東の地域は、細石刃と骨角製の尖頭器以外では、どのような遺物が狩猟具として使われたかわかっていない地域も多いが、日本では後期旧石器時代に台形様石器と呼ばれる特殊な石器が、弓あるいは投槍器で投射して使われたと考えられる（Sano 2016; Yamaoka 2017）。東ユーラシア

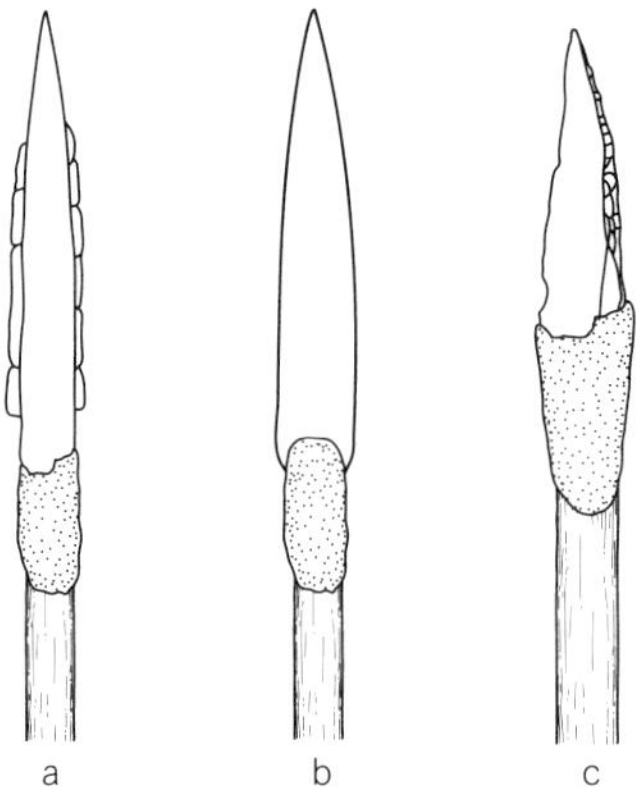

図9　ホモ・サピエンスの狩猟具の復元図
(a) 小石刃あるいは細石刃を骨角製尖頭器の側縁に埋め込み、さらにそれを木の柄に埋め込んだ石器、骨角器、木器からなる狩猟具、(b) 骨角製尖頭器、(c) 石製尖頭器。

でも、おそらくはそれぞれの地域の環境に応じた狩猟具が選択され使用されていたと考えられる。

5 狩猟技術の発達と人類進化

人類の進化史を見ると、食糧における動物性資源の比率が高まり、その解剖学的特徴を変えてきたことがわかる。人類は進化とともに脳を拡大させてきたわけだが、エネルギー消費の大きい脳を維持するため、必然的にカロリーを効率よく獲得できる肉への需要が高まっていったと考えられる。初期ホモ属の段階でも、おそらくは何かしらの方法で狩猟をしていたことが想定されるが、現在のところ明確な考古学的証拠は見つかっていない。一方で、動物解体に使われたと考えられるハンドアックスは、徐々に左右対称性をもった洗練化した形態へと発達していく (Beyene et al. 2013, 2015)。

世界最古の確実な狩猟具の証拠は、約三〇万年前のシェーニンゲンの時代まで下らなければならないが、木製遺物が今日まで残存するかは埋没環境に依存し、人類はそれ以前から狩猟具を使っていたと考えられる。約五〇万年前の南アフリカのカトゥ・パン1遺跡の尖頭器は、シェーニンゲン以前に人類が狩猟具を使っていた可能性を示す有力候補だが、これは木製の柄に石製の槍先を装着する組み合わせ狩猟具であることを考えると、狩猟具の起源はさらにさかのぼる可能性が高い。

カトゥ・パン1遺跡の事例は、アフリカではホモ・ハイデルベルゲンシス段階で異素材のモノを組み合わせる着柄技術が開発されていた可能性を示唆するが、約三〇万年前以降はヨーロッパでも槍先に装着して使ったと考えられる尖頭器が増えはじめる。これは、ヨーロッパでホモ・ハイデルベルゲンシスがネアンデルタールへと進化する時期で、近年のDNA分析の結果を考慮すると、その前にアフリカからヨーロッパへ人類移動があり、それにともなって着柄技術もヨーロッパに伝わったものと考えられる。ネアンデルタールは、着柄技術によって槍先に尖頭器を装着し、破壊力のある狩猟具を使って大型獣を仕留める優れたハンターであったと考えられる。

一方、ホモ・サピエンスは、七万年前頃に弓あるいは投槍器といった投擲具を開発し、獲物を離れた距離からより確実に狩猟することができるようになったと考えられる。彼らは石器、骨角器、木器からなる複合的な狩猟具も開発し、メンテナンス、石材消費、長距離移動に優れた狩猟具を使用した。さらに、狩猟具の種類も多様化し、さまざまな環境に柔軟に適応することができたと考えられる。このような狩猟効率とリスク回避を追求した狩猟技術の開発が、ホモ・サピエンスの生得的な認知能力の高さに由来し、遺伝的に最も近いネアンデルタールでさえも理解しコントロールすることが不可能な技術であったのか、それともネアンデルタールとの文化発展の到達度のちがいによるのかを明らかにすることはむずかしい。しかし、ホモ・サピエンスも約三〇～七万年前までの間、狩猟具をほとんど変化させることはなく、ネアンデルタールと大きく変わらない狩猟具を使っていた。また、サン族の祖先集団の古い分岐年代を考えると（Hollfelder et al. 2021）、七万年前頃にホモ・サピエンスの遺伝子に突然変異が起こり、それによって画期的な認知能力の変化が生じたとも考えがたい。したがって、アフリカにいたホモ・サピエンスの一部の集団が文化発展によって卓越した狩猟技術を開発し、その結果さまざまな地域の多様な環境に適応することが可能となり、そのことが世界中への拡散と集団規模の拡大に有利に働いた可能性がある。

注

（1）本稿投稿後、五万四〇〇〇年前のフランス・マンドラン遺跡の小型ルヴァロワ尖頭器が弓で投射されたとする論文が発表された（Metz et al. 2023）。紙面の都合上、その詳細に触れることはできないが、その評価は今後の課題と考えている。

参考文献

小野昭　二〇〇一『打製骨器論—旧石器時代の探求—』東京大学出版会

門脇誠二　二〇一五「ホモ・サピエンスの地理的分布拡大に伴う考古文化の出現パターン—北アフリカ・西アジア・ヨーロッパの事例—」西秋良宏編『ホモ・サピエンスと旧人3—ヒトと文化の交替劇—』六一書房、三－一九頁

佐野勝宏　二〇一五「複合的狩猟技術の出現—新人のイノベーション」西秋良宏編『ホモ・サピエンスと旧人3—ヒトと文化の交替劇—』六一書房、一二七－一三九頁

佐野勝宏・大森貴之　二〇一六「ナイフ形石器に観察された付着物と使用痕に関する分析」明治大学校地内遺跡調査団編『下原・富士見町遺跡Ⅲ　後期旧石器時代の発掘調査（1）石器群の概要と出土状況』明治大学、一二〇－一二七頁

諏訪元　二〇〇六「化石から見た人類の進化」石川統・斉藤成也・佐藤矩行・長谷川真理子編『シリーズ進化学5　ヒトの進化』岩波書店、一三－六四頁

Beyene, Y. et al. 2013 The characteristics and chronology of the earliest Acheulean at Konso, Ethiopia. *Proceedings of the National Academy of Sciences of the USA* 110: 1584–1591.

Beyene, Y. et al. 2015 Technological and cognitive advances inferred from the Konso Acheulean assemblages. In: *Konso-Gardula Research Project Volume 2. Archaeological Collection: Background and the Early Acheulean Assemblages*, edited by Y. Beyene, B. Asfaw, K. Sano and G. Suwa, pp. 65–81. Tokyo: The University Museum, The University of Tokyo.

Blumenschine, R. and B. Pobiner 2007 Zooarchaeology and the ecology of Oldowan hominin carnivory. In: *Evolution of the Human Diet. The Known, the Unknown, and the Unknowable*, edited by P. Ungar, pp. 167–190. New York: Oxford University Press.

Boëda, E. et al. 1999 A Levallois point embedded in the vertebra of a wild ass (*Equus africanus*): hafting, projectiles and Mousterian hunting weapons. *Antiquity* 73: 394–402.

Boëda, E. et al. 2008 Middle Palaeolithic bitumen use at Umm el Tlel around 70,000 BP. *Antiquity* 82: 853–861.

Bramble, D. M. and D. E. Lieberman 2004 Endurance running and the evolution of *Homo*. *Nature* 432: 345–352.

Brooks, A. S. et al. 2006 Projectile technologies of the African MSA: Implications for modern human origins. In: *Transitions Before the Transition. Evolution and Stability in the Middle Paleolithic and Middle Stone Age*, edited by E. Hovers and S. L. Kuhn, pp. 233–255. New York: Springer.

Bunn, H. T. and A. N. Gurtov 2014 Prey mortality profiles indicate that Early Pleistocene *Homo* at Olduvai was an ambush predator. *Quaternary International* 322–323: 44–53.

Churchill, S. E. 1993 Weapon technology, prey size selection and hunting methods in modern hunter-gatherers: Implications for hunting in the Palaeolithic and Mesolithic. *Archeological Papers of the American Anthropological Association* 4: 11–24.

Domínguez-Rodrigo, M. 2002 Hunting and scavenging by early humans: the state of the debate. *Journal of World Prehistory* 16: 1–54.

Domínguez-Rodrigo, M. et al. 2005 Cutmarked bones from Pliocene archaeological sites at Gona, Afar, Ethiopia: implications for the function of the world's oldest stone tools. *Journal of Human Evolution* 48: 109–121.

Hollfelder, N. et al. 2021 The deep population history in Africa. *Human Molecular Genetics* 30: ddab005.

Hublin, J.-J. et al. 2020 Initial Upper Palaeolithic *Homo sapiens* from Bacho Kiro Cave, Bulgaria. *Nature* 581: 299–302.

Lombard, M. and L. Wadley 2016 Hunting technologies during the Howiesons Poort at Sibudu Cave: what they reveal about human cognition in KwaZulu-Natal, South Africa, between ~ 65 and 62 ka. In: *Multidisciplinary Approaches to the Study of Stone Age Weaponry*, edited by R. Iovita and K. Sano, pp. 273–286. Dordrecht: Springer.

Lombard, M. and J. J. Shea 2021 Did Pleistocene Africans use the spearthrower – and – dart? *Evolutionary Anthropology* 30: 307-315.

Mazza, P. P. A. et al. 2006 A new Palaeolithic discovery: tar-hafted stone tools in a European Mid-Pleistocene bone-bearing bed. *Journal of Archaeological Science* 33: 1310–1318.

Metz, L. et al. 2023 Bow-and-arrow, technology of the first modern humans in Europe 54,000 years ago at Mandrin, France. *Science Advances* 9: eadd4675(2023).

Meyer, M. et al. 2014 A mitochondrial genome sequence of a hominin from Sima de los Huesos. *Nature* 505: 403-406.

Moroni, A. et al. Cavallo (Apulia-Southern Italy). The Uluzzian in the mirror. *Journal of Anthropological Sciences* 96: 125–160.

Newman, K. and M. W. Moore 2013 Ballistically anomalous stone projectile points in Australia. *Journal of Archaeological Science* 40: 2614–2620.

Oakley, K. P. et al. A reappraisal of the Clacton spearpoint. *Proceedings of the Prehistoric Society* 43: 13–30.

O'Brien, E. M. 1981 The projectile capabilities of an Acheulian handaxe from Olorgesailie. *Current Anthropology* 22: 76–79.

Posth, C. et al. 2017 Deeply divergent archaic mitochondrial genome provides lower time boundary for African gene flow into Neanderthals. *Nature Communications* 8: ncomms16046.

Rhodes, J. A. and S. E. Churchill 2009 Throwing in the Middle and Upper Paleolithic: inferences from an analysis of humeral retroversion. *Journal of Human Evolution* 56: 1–10.

Richter, D. and M. Krbetschek 2015 The age of the Lower Paleolithic occupation at Schöningen. *Journal of Human Evolution* 89: 46–56.

Roach, N. T. et al. 2013 Elastic energy storage in the shoulder and the evolution of high-speed throwing in *Homo*. *Nature* 498: 483–486.

Roebroeks, W. and P. Villa 2011 On the earliest evidence for habitual use of fire in Europe. *Proceedings of the National Academy of Sciences of the USA* 108: 5209–5214.

Rust, A. 1950 *Die Höhlenfunde von Jabrud (Syrien)*. Neumünster: Karl Wachholtz Verlag.

Sano, K. 2016 Evidence for the use of the bow-and-arrow technology by the first modern humans in the Japanese islands. *Journal of Archaeological Science: Reports* 10: 130–141.

Sano, K. and M. Oba 2015 Backed point experiments for identifying mechanically-delivered armatures. *Journal of Archaeological Science* 63: 13–23.

Sano, K. et al. 2019 The earliest evidence for mechanically delivered projectile weapons in Europe. *Nature Ecology & Evolution* 3: 1409–1414.

Sano, K. et al. 2020 A 1.4-million-year-old bone handaxe from Konso, Ethiopia, shows advanced tool technology in the early Acheulean. *Proceedings of the National Academy of Sciences of the USA* 117: 18393–18400.

Schoch, W. H. et al. 2015 New insights on the wooden weapons from the Paleolithic site of Schöningen. *Journal of Human Evolution* 89: 214–225.

Sierralta, M. et al. 2012 ^{230}U/Th dating results from opencast mine Schöningen. In: *Die chronologische Einordnung der paläolithischen Fundstellen von Shöningen. Forschungen zur Urgeschichte aus dem Tagebau von Schöningen Band 1*, edited by K. -E. Behre, pp. 143–154. Mainz: Verlag des Römisch-Germanischen Zentralmuseums.

Sisk, M. L. and J. J. Shea 2011 The African origin of complex projectile technology: an analysis using tip cross-sectional area and perimeter. *International Journal of Evolutionary Biology* 2011: 1–8.

Thieme, H. 1996 Altpaläolithische Wurfspeere aus Schöningen, Niedersachsen: ein Vorbericht. *Archäologisches Korrespondenzblatt* 26: 377–393.

Thieme, H. and S. Veil 1985 Neue Untersuchungen zum eemzeitlichen Elefanten-Jagdplatz Lehringen, Ldkr. Verden. *Die Kunde* 36: 11–58.

Wilkins, J. et al. 2012 Evidence for early hafted hunting technology. *Science* 338: 942–946.

Yamaoka, T. 2017 Shooting and stabbing experiments using replicated trapezoids. *Quaternary International* 442: 55–65.

Yaroshevich, A. et al. 2021 Weapons in transition: reappraisal of the origin of complex projectiles in the Levant based on the Boker Tachtit stratigraphic sequence. *Journal of Archaeological Science* 131: 105381.

Zilhão, J. et al. 2015 Analysis of site formation and assemblage integrity does not support attribution of the Uluzzian to Modern Humans at Grotta del Cavallo. *PLOS ONE* 10: 131–181.

第3章 タケ仮説と人類史

山岡拓也

1 タケ仮説と初期現生人類の研究

本章で取り上げるタケ仮説は、アジアの人類が道具の素材とする資源をどのように利用したのかを説明する仮説である。当初は、現生人類に先行する古代型の人類が残した石器やその製作技術のあり方を説明するための仮説だった。しかし、近年までの研究の進展をふまえると、タケ仮説に含まれていたいくつかの論点は、初期現生人類の技術や資源利用に関わる多様性や柔軟性を考えるために重要な視点であると考えられる。筆者は、タケ仮説が提示された経緯や根拠、課題などについてまとめたことがある（山岡 二〇一〇）が、その後、さらに研究が進展し、状況が変わってきた部分がある。本章ではタケ仮説が提示された経緯やその後に進められた研究について説明した後に、タケ仮説と初期現生人類の研究との関わりについて議論する。

2　モヴィウス・ラインとタケ仮説

タケ仮説が提示された背景にはH・モヴィウスJr.の研究がある。インド、ビルマ、マレー半島、ジャワ、中国の資料調査により前期旧石器時代の石器群とその製作技術の概要を明らかにし、ヨーロッパ、アフリカ、西アジアの前期旧石器時代の石器群とのちがいから、旧世界における二つの文化圏の存在を示した［図1］(Movius 1944, 1948)。ヨーロッパ、アフリカ、西アジアでは前期旧石器時代のある時期からハンドアックスやクリーバーが石器群に含まれるのに対して、同時期の東南アジアや東アジアではそうした石器がほとんど含まれず、チョッパーやチョッピング・トゥールなどの礫器と剥片や石核などで石器群が構成される。東南アジアおよび東アジアで継続して認められるチョッパー、チョッピング・トゥール石器群と、アフリカの

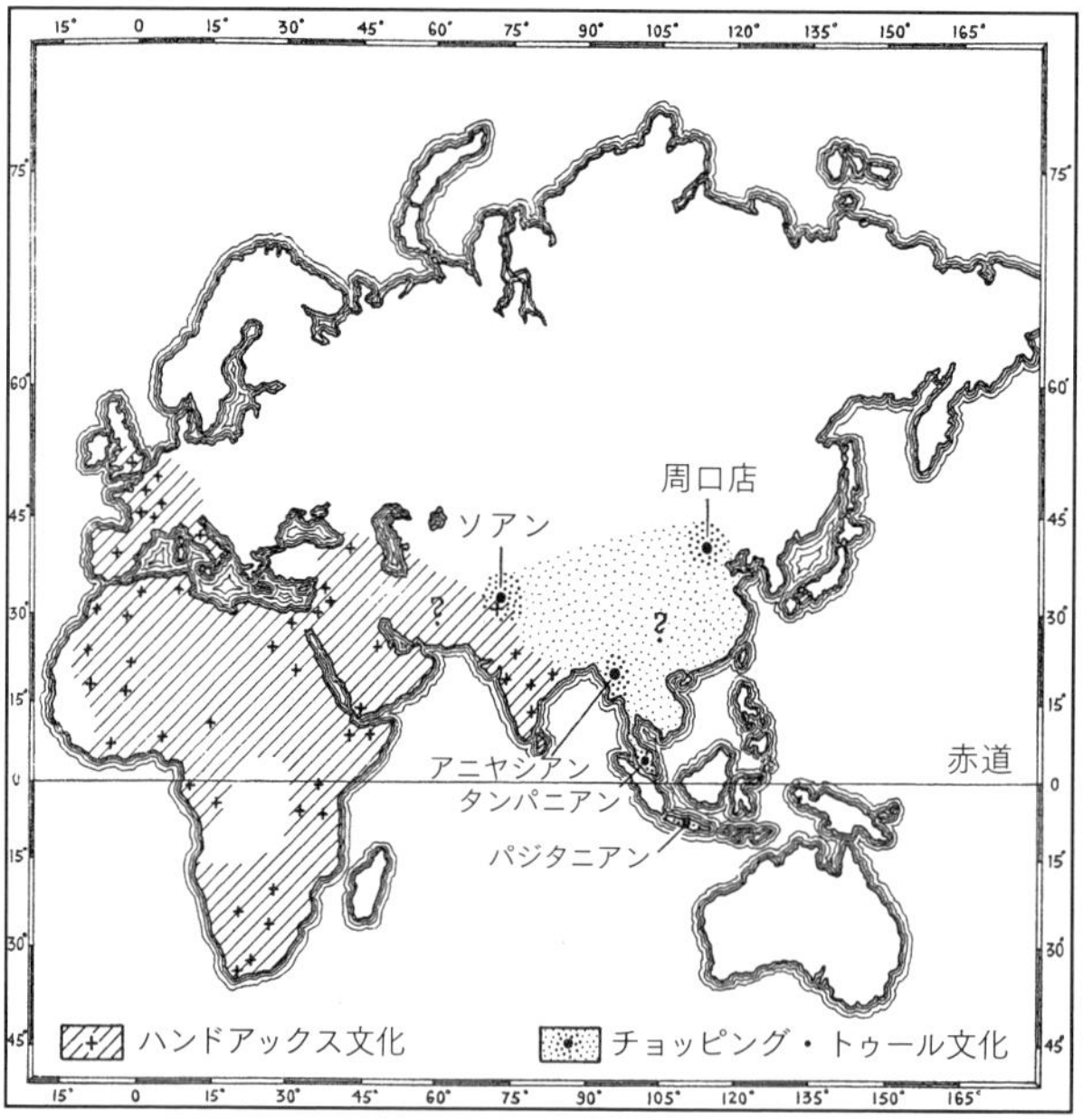

図1　前期旧石器時代の二つの文化圏
(Movius 1948: Map 4 を一部改変)

ハンドアックス石器群に先行するオルドバイ文化期の石器群との間で類似性が見出された。また、ヨーロッパ、アフリカ、西アジアでは中期旧石器時代以降にもルヴァロワ技法などの新しい石器製作技術が現れ、技術の発展が認められるのに対して、東南アジアや東アジアでは更新世を通してそうした技術的な変化が認められず、長期間にわたって石器群の内容がほとんど変化しなかった。こうした現象についてモヴィウスは、文化的停滞を示していると解釈した。

その後、文化的停滞というモヴィウスの解釈への反論の一つとしてタケ仮説が提示された（Boriskovskii 1968; Hutterer 1976; Pope 1989など）。タケ仮説の内容や根拠は研究者によって異なる点があるものの、熱帯雨林という環境に技術的に適応するために、道具製作において植物資源に大きく依存した結果、複雑な石器製作技術を必要としなかったと考える点で共通している。すなわち、東南アジアにおいて文化的停滞と解釈された石器群の特徴やその継続性は、石器製作技術の稚拙さや人類の能力の低さによって生じたのではなく、東南アジアの熱帯雨林での適応戦略に関わって生じたと説明され、タケをはじめとした有用な植物質の道具資源が豊富にあったことにより、石器はそれらの伐採・加工に使われることがおもな用途となったために、単純な製作技術が新しい時代まで継続したとする説である。

石器と植物を素材とする道具の利用との関係、特にタケの利用に関する議論は、一九六〇年代にさかのぼる。P・ボリスコフスキーはヴェトナムの石器時代とその研究史を解説し、その中で石器とタケの相互補完的な利用について言及した（Boriskovskii 1968）。ヴェトナムの先史時代においては河川で採取できる大形の円礫を用いて石器製作がおこなわれていた。それらの岩石はフリントとは異なり、剝離の方向や大きさを制御することがむずかしく、薄くて鋭利な刃を得にくかったために、それを補うようにタケや貝が利用されていたのではないかと推測した。その根拠として、タケには茎が強い、シリカを豊富に含む、火に強い、空洞の茎は比較的割きやすいなどの特性があることや、ヴェトナムのいくつかの民族グループでタケの矢が狩猟で利用されてきたことなどをあげている。また、東南アジア社会の技術や経済でタケは大きな役割を果たしており、先史時代においても広く利用されていたのではないかとも述べている。そして、礫器や剝片石器はタケの伐採や加工などで利用されたと考えられた。その後、石器の役割を補うようにタケをはじめとした植物を用いて道具が製作されていたと他の研究者も推定するようになる（Gorman 1970; Solheim 1970 など）。

K・ハッタラーは熱帯雨林における生態系の特徴と狩猟採集民の適応戦略に関する議論を展開する中で、道具資源の利用のあり方にも言及した（Hutterer 1976）。熱帯環境で生きる狩猟採集民は、温帯や寒冷な環境下で生きる集団と多くの点で適応圧力が異なるとした。熱帯雨林においては、資源がきめ細かく分布するという特徴があり、その環境下では小さな集団、高い移動性、相対的に大きな移動領域で生活することが有利になると考えられ、生業においては特定の動植物に絞らず、幅広い動植物を食料にする必要があるとした。

多様な食物資源を得るためには、特に動物資源を得るためにはさまざまな特殊化した道具が必要となる。現代の例として、動物資源を得るためのタケや鉄の矢じり（ルソン島北部のネグリト）やさまざまな罠（東南アジアの伝統的な民族誌）があげられ、そうした道具の製作では、基本的には多用途のブッシュナイフのようなひとつの種類の道具が使われるということも説明された。食料獲得のための道具の製作では、素材の獲得や維持管理、運搬などで消費されるエネルギーと、それらの道具を使って得られるエネルギーとの間で収支を合わせる必要があり、熱帯雨林ではそれに適した道具の原材料はタケ、蔓、木などのどこにでもある植物になると説明された。先史時代においても特殊化した道具は植物で作られたと予想され、そうした道具の製作には石器が利用されたと考えられる。石器はそうした道具の製作に用いることができればよいため、単純な技術で作られた石器が用いられたとした。

G・ポープは東南アジアの多くの遺跡を発掘し、出土した動物遺存体を分析した(Pope 1989)。その中で、東南アジアの更新世の遺跡からは開けた草原性の土地に棲む動物がまったく出土せずに森林に生息する動物のみが出土したことから、この地域全域が森林でおおわれていたと推定した。さらに、こうした森林棲動物が発見される化石床の分布する地域はチョッパー、チョッピング・トゥール石器群の分布圏とよく一致し、その分布域は中国や朝鮮半島で若干の例外はあるものの、今日のタケの分布範囲とも重なることを指摘した［図2］。タケの種は一〇〇〇〜一二〇〇を数え、それらの六〇パーセント以上がアジアに分布していること、効率的で耐久性があり持ち運びやすいというタケ製の道具の特性や、現代の東南アジアにおいてさまざまな用途でタケ製の道具が用いら

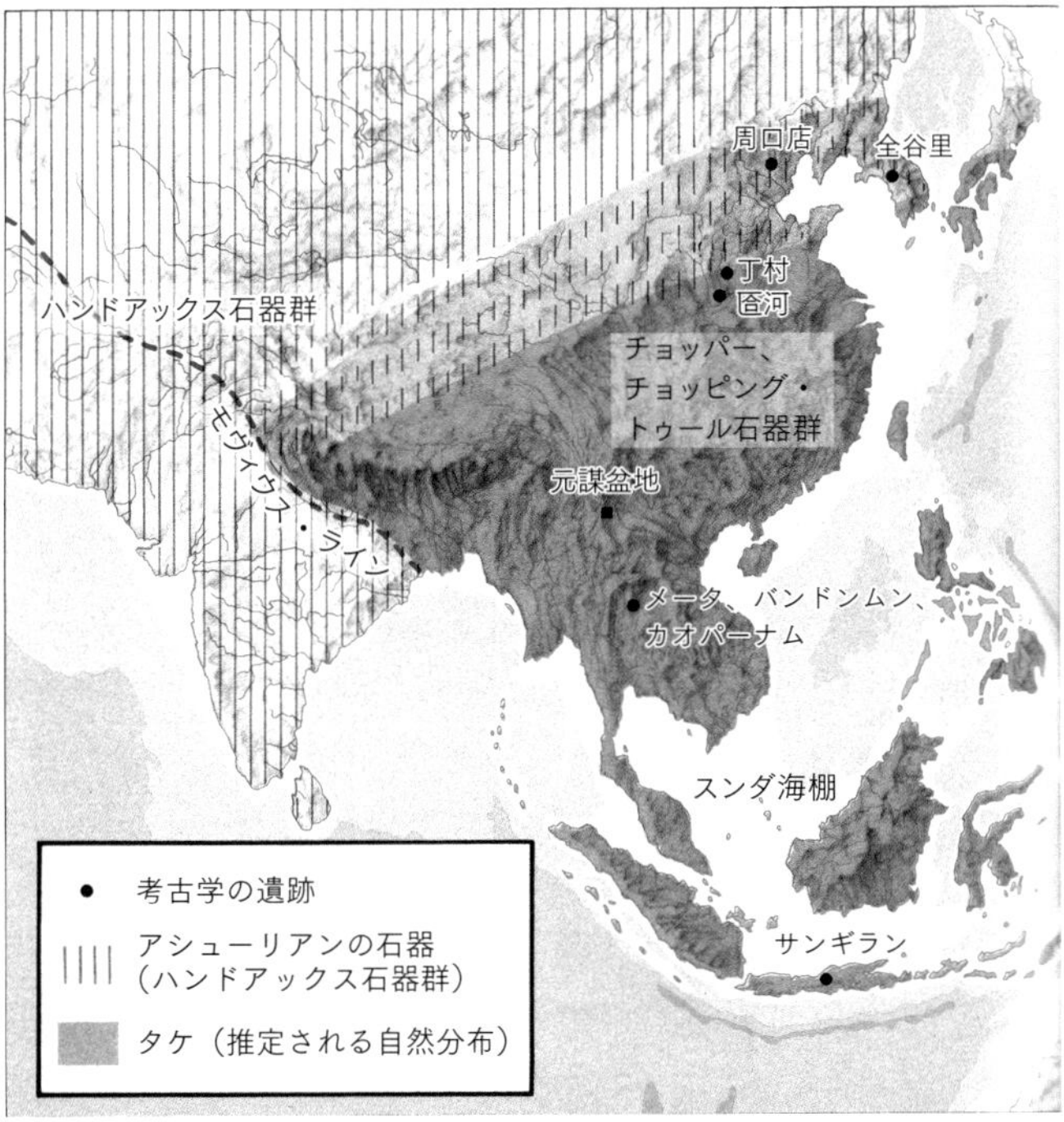

図2　ハンドアックス石器群およびチョッパー、チョッピング・トゥール石器群とタケの分布との関わり
(Pope 1989 掲載図を一部改変)

れていることなどを根拠として、アジアの初期の人類も道具製作などでタケに大きく依存していたと推定した。

渡辺仁は東南アジアの熱帯雨林に住む現代の狩猟採集民の食料資源やアフリカの事例にもとづいて、東南アジアのチョッパー、チョッピング・トゥール石器群を残した人類の石器の利用方法について推定した（Watanabe 1985）。東南アジアの熱帯雨林に住む狩猟採集民は食料資源のほとんどを植物資源に頼っており、動物を狩猟する場合は、小型の動物が中心となる。こうした熱帯雨林での食料資源の利用傾向は、東南アジアのチョッパー、チョッピング・トゥール石器群を残した人類においても同様であったと推測した。さらに、アフリカでは、ハンドアックス石器群よりも古い礫器石器群を残した人類は森林に生息して植物の採集や小型動物の狩猟をおこない、その後に開けた草原環境で大型獣の狩猟をおこなうようになったことでハンドアックスやクリーバーを用いるようになったということを取り上げ、東南アジアの熱帯雨林（森林）に住んでいた人類が礫器を利用したことも彼らが獲得していた食料資源と関わっていたと説明した。利用される食料資源から石器群の差を説明しているので一般的なタケ仮説の内容とは異なるが、タケ仮説に関連する論文として引用されることが多いために前期旧石器時代のタケ仮説の内容を補う議論として取り上げた。

以上で、タケ仮説の概要を確認したが、この仮説は、タケをはじめとした植物質の道具が出土した事例はないものの、民族誌や生態学の知見、古環境の情報などにもとづいて提示されており、間接的ないくつかの証拠によって支えられていたということができる（Pope 1989; West and Louys 2007 など）。

3　モヴィウス・ラインの解釈をめぐる議論の進展

モヴィウス・ラインが提示された後、東アジアの各地にハンドアックスを含む石器群が分布することが明らかにされてきた（Yi and Clark 1983; Hou et al. 2000 など）。ただし、それでもなおモヴィウス・ラインの西側と東側の地域で旧石器時代の石器群の内容にちがいが認められることから、今日においてもその意義が認められている。クリストファー・ノートンらは、①東アジアにおけるハンドアックス出土遺跡が少ないこと、②東アジアの遺跡におけるハンドアックスの割合が少ないこと、③東アジアのハンドアックスと西側地域のアシューリアン・ハンドアックスとの間には形態差があること、④東アジアにルヴァロワ技法が存在しないことを根拠として、広義のモヴィウス・ラインを提示した（Norton et al. 2006; Lycett and Bae 2010b）。前期旧石器時代にモヴィウス・ラインの東西で石器製作技術や石器組成に差があることについては佐藤宏之も指摘している（佐藤 二〇二〇）。佐藤は、モヴィウス・ラインの東側ではルヴァロワ技法は認められないものの、求心剥離の調整石核技術をもつ石器群が認められる北側の地域とそれが認められない南側の地域に分かれることも指摘した。さらに、モヴィウス・ラインの東側と西側での地域差や東側での南北の地域差は後期旧石器時代においても継続するとしている。

それに加えて、モヴィウス・ラインの西側と東側の地域でなぜ石器群に差があるのかについては、タケ仮説以外にもさまざまな説明がなされてきた。具体的には、石器製作に適した石材がモヴィウス・ラインの東側では乏しかったこと、モヴィウス・ライン付近には大河川や山脈などの地理・地形の障壁があり人類の移動を妨げたこと、モヴィウス・ラインの西側と東側では進化の段階が異なる人類種が分布していたこと、モヴィウス・ラインの東側ではより複雑な石器製作技術を維持するための社会的伝達を可能とする人口規模ではなかったこと、などの説明がこれまでに提示されてきた(Schick and Toth 1993; Lycett and Bae 2010b)。このうち石器石材の制約、地理や地形上の障壁、進化の段階が異なる人類種という説明については、それだけでモヴィウス・ラインの西側と東側での石器群の差を説明するのはむずかしいと考えられている(Schick and Toth 1993; Lycett and Bae 2010b)。近年では、五〜四万年前以前の時代(前期旧石器時代と中期旧石器時代)の研究においては、人口規模や社会的伝達からの説明(Lycett and Norton 2010a)がモヴィウス・ラインの解釈として重視されつつある(Lycett and Bae 2010b; 佐藤二〇二〇)。

4 タケ仮説をめぐる近年までの研究状況

タケ仮説に関わるより直接的な証拠や仮説を補強する情報を得るためにさまざまな研究が進められてきた。動物骨に残されるカットマークの断面形状のちがいから使用された利器の素材(石器かタケか)を推定できるという実験研究の結果が示され、パプア・ニューギニアの完新世の堆積物から出土した動物骨に、タケ製の利器によってついたとみられるカットマークが残されていたことが報告された(West and Louys 2007)。また、フサオマキザル(*Cebus apella*)によるタケ製の採り棒と切断具の製作、使用の実験では、フサオマキザルも手や歯を用いてタケを加工して使用したことから単純な技術と認められるとされ、東アジアのホモ・エレクトスにも同等かそれ以上の技術があったと推定された(Westergaard and Suomi 1995)。複製した礫器や剝片石器を用いて(人間が)タケを伐採し加工する実験もおこなわれ、石器を用いてタケ製の道具を製作できることが示された(Bar-Yosef et al. 2012)。

石器の使用痕分析や残渣分析からも手がかりが得られている。東南アジア島嶼部では四万年前以降のいくつかの遺跡から出土した剝片石器の刃部に光沢が認められ、それらの石器はシリカを豊富に含む植物の加工に用いられたことが予測されていた（Glover 1981）。近年までに、スラウェシ島のリアンブルン2洞穴（Sinha and Glover 1984）、同トポガロ洞穴（小野ほか 二〇二二）、ボルネオ島のニア洞穴（Barker et al. 2007）、ルソン島のカラオ洞穴（Mijares 2007）、パラワン島のイリ洞穴（Pawlik 2010）、同タボン洞穴（Xhauflair and Pawlik 2010）、タラウド諸島サリババブ島のリアンサル岩陰（Fuentes et al. 2019）、フローレス島のリアンブア洞穴（Hayes et al. 2021）の後期旧石器時代（に相当する年代）の文化層から出土した石器の使用痕分析が実施され、植物を加工したとみられる痕跡が残されていることが確認された。それに加えて残渣分析の成果も発表されており、ニア洞穴の後期旧石器時代（に相当する年代）の文化層から出土した石器からは、植物の繊維や細胞組織、ヤシ科の植物由来とみられるデンプン粒が検出され（Barton 2016）、リアンサル岩陰の後期旧石器時代（に相当する年代）の文化層から出土した石器からは植物の繊維や細胞組織が検出され、その中には単子葉植物の細胞組織が含まれていた（Fuentes et al. 2020）。

一方、伝統的な植物加工技術の民族誌調査によって確認された植物加工作業を、複製した石器を用いておこなうという実験研究もなされている（Xhauflair et al. 2016）。遺跡から出土した石器と実験に用いた石器に残された痕跡を比較して、植物加工技術の実態に迫ろうとする試みである。実験に用いた石器とタボン洞穴から出土した石器の比較研究の成果も発表されている（Xhauflair et al. 2020, 2023）。これと類似した実験使用痕研究はリアンサル岩陰から出土した石器を対象としてもおこなわれている（小野ほか 二〇二二）。また、熱帯地域での植物利用に関する民族誌調査から、先史時代にも適用できる植物資源の利用の新たな論点を提示した研究もある（上羽ほか 二〇一九・二〇二〇、小野ほか 二〇二二）。タケとヤシそれぞれに多くの種類があるが、用途に適した特性を見きわめてさまざまな使い分けをしていること、タケとヤシを組み合わせることでさらに広範な用途の道具を製作できること、タケやヤシで生活全般にわたる道具が製作されていること、タケやヤシは手や単純な刃物を用いるだけで加工できること、などが示されている。タケに加えてヤシの有用性についても指摘され、東南アジアの熱帯地域には道具資源として利用できる植物がより豊富にあることやそれぞれの植物の物理的特性に応じてさまざまな用途に使い分けられていることなどが、タケ仮説に関わる新しい論点として付け加えられたといえよう。

5　タケ仮説に関する現状での評価

タケ仮説は五～四万年前以前の時代の研究において、当初、好意的に受け取られたようである。一九八三年に開催された南アジアと東アジアの前期旧石器時代を扱ったシンポジウムのプロシーディングスでは、タケをはじめとした植物質の道具資源の利用とチョッパー、チョッピング・トゥールなどの礫石器の利用とを結びつける解釈を多くの研究者が取り入れ、岩石以外の道具素材の利用があったことに注意が促された(Ikawa 1978)。先に示したフサオマキザルの実験研究でもタケ仮説は支持され(Westergaard and Suomi 1995)、その後も肯定的に評価されてきた。

しかし、近年、タケ仮説を批判する論文(Brumm 2010)が発表された。古環境の証拠は更新世を通して(特に前期・中期更新世については)、東南アジア全体が熱帯雨林であったことを示しているわけではないことや、アメリカ大陸やアフリカ大陸、また新石器時代以降の東南アジアなど、熱帯雨林でも先史時代に複雑な石器製作技術が存在していた地域や時代があることがその根拠である。先に示したように、五～四万年前以前の時代の研究では、モヴィウス・ラインの東西での石器群のあり方の差は人口規模や社会的伝達に起因するという説明が重視されつつあり、その仮説を提示した研究者らもタケ仮説を否定的にとらえている(Lycett and Bae 2010b)。

その一方で、東南アジアの五〜四万年前以降の研究では、タケ仮説は、依然として技術適応を説明するための重要な仮説として多くの研究者に支持されている。更新世の温暖期には現在と同じような植物相が展開し、亜氷期においてもタケやその他の有用な植物を含む熱帯雨林はレフュージアで存続しており、先史時代の狩猟採集民もタケなどの植物を利用できたと推定されている(Xhauflair et al. 2017)。植物資源の利用の直接的な証拠を得るために石器の使用痕分析や残渣分析が実施され、五〜四万年前以降の狩猟採集民が植物資源の加工をおこなっていた証拠が得られている。熱帯地域の先史時代で、より複雑なつくりの石器が利用されていた地域や時代があったことは事実であるものの、五〜四万年前以降、東南アジアではさまざまなかたちで植物が道具資源として利用されており、それらを加工するために単純な作りの石器が使われていたということはまちがいないだろう。

6　タケ仮説に含まれていた初期現生人類の道具資源利用に関わる視点

ここまで説明してきたように、タケ仮説は五〜四万年前以前の研究では否定的に捉えられている一方で、それ以降の時代の研究では現在も支持されている。境となるその時期は、東南アジアで古代型の人類から初期現生人類に交代した時期にあたると考えられる。これをふまえると、タケ仮説は初期現生人類の道具資源利用に関わるいくつかの重要な視点を含んでいると考えられる。

タケ仮説では間接的な情報にもとづいて、タケなどの植物が道具として利用されていたことが想定された。

先史時代、とりわけ旧石器時代の遺跡から遺物として出土することが非常に少ない植物を議論の俎上にあげ、間接的な情報も含めて検討し、資源利用の全体像をとらえようとする視点が得られたことになる。タケ仮説には、利用される資源の構成は環境条件によって異なり、利用できる他の資源との関わりで資源利用のあり方も変わるという考えが含まれていた。それは、初期現生人類の技術や資源利用の多様性や柔軟性を考えるために重要な視点である。

そうした考え方をふまえて、日本列島の武蔵野台地の後期旧石器時代前半期を検討したところ、落葉広葉樹林から針葉樹林への植物相の変化と、木の伐採や加工に用いられていたとみられる斧形石器などの大形の石器が含まれなくなるという石器組成の変化が認められたことから、利用された道具資源の構成（植物資源を利用する程度）が変化したと考えられた（山岡 二〇一二）。その一方で、後期旧石器時代のヨーロッパや北アジア、あるいはＬＧＭ期のタスマニアなど、骨角器や皮革（毛皮）など動物資源の利用がより顕著な時代・時期や地域もある（Mellars 1989; Gilligan 2010 など）。大まかにでも資源の構成や利用のしかたを研究し、時空間での道具資源の利用の差を明らかにすることで、初期現生人類の資源利用の多様性や柔軟性の実態がさらに見えてくると思われる。

また、タケ仮説が提示された初期から、タケのさまざまな特性について指摘されてきた。そうした特性のために東南アジアでは広くタケが利用され、先史時代においても利用されていたのではないかと考えられた。具体的には、軽いこと、刃物として利用できること、火に強いこと、しなやかなこと、加工しやすいことなどの特性について先行研究で指摘されてきた（Boriskovskii 1968; Pope 1989; 上羽ほか 二〇一九など）。こうしたタケの特性を人類はどの段階で使いこなせるようになったのかという点も重要な論点となる。

旧石器時代の研究においては、初期現生人類はある段階から、製作や用途との関係において、道具資源の物理的特性をより細かく認識して有用化する能力を強化したことを示す証拠がある。ヨーロッパでは後期旧石器時代が始まるおよそ四万年前以降に磨製骨角器が製作されるようになり、狩猟具の先端部などとして利用されるようになった（Mellars 1989）。アフリカではこうした磨製骨角器は八〜七万年前までには出現していたことが示されている（McBreaty and Brooks 2000）。ヨーロッパなどでは後期旧石器時代の期間中に磨製の骨針も出現した（Mellars 1989; Gilligan 2010）。これらはこれまで新しい技術の出現ということで評価されてきたが、前期・中期旧石器時代には打製石器と類似した技術で打製骨器が製作され、岩石と骨で類似した道具が製作されていた（小野 二〇〇一）ことをふまえると、後期旧石器時代に入ってからのそれらの変化は、初期現生人類が製作や用途との関係において、骨や角の物理的な特性を認識して有用性を高めるようになった証拠として捉えることができる。骨角器の磨製技術の出現は、そうした道具資源の利用の質的な変化と関連して出現した新しい技術であるように思われる。東南アジアにおいては、四万年前以降に動物の骨や貝殻を素材とした道具の製作や利用が認められるようになる（山岡 二〇二一）。

こうした資源の物理的特性をより細かく認識して活かす道具（資源）の利用は、日本列島の後期旧石器時代初頭（前半期前葉）でも確認できる。台形様石器と刃部磨製斧形石器はその時期に特徴的な石器である。沼津市土手上遺跡から出土した台形様石器を分析したところ、それらのほとんどは黒曜石製であり、狩猟具先端部として利用されるとともに動物の解体にも使用されていたことがわかってきた。台形様石器を着柄していた狩猟具には衝撃を緩和する仕組みがあったと推定され、非常に鋭いけれども脆い黒曜石の（剥片縁辺の）刃の特性に合わせて道具が製作され、それを用いるのに適した柔らかい対象物に特化した道具として利用されていたといえる（山岡 二〇二〇）。これに対して、（大形の）刃部磨製斧形石器は木の伐採や加工に用いられたと考えられているが（堤 二〇〇六）、近年特殊な石材で作られているものがあることがわかってきた。

透閃石岩は比重が重くたいへん丈夫な岩石であり、富山・長野・新潟県境付近で産出する。産出地近くに位置する遺跡から出土した刃部磨製斧形石器の多くはこの石材で作られており、富山・長野・新潟県以外のより離れた地域の遺跡からも透閃石岩製の斧形石器が出土している（中村 二〇一五）。より強い負荷がかかる用途で使用される石器では、丈夫な岩石が用いられていたことがわかる。

以上で示してきた事例は、初期現生人類がある時点から、現在のわれわれと同じように、製作や用途との関係において道具資源の物理的特性をより細かく認識して有用化するようになり、それより前の人類（古代型の人類や八〜七万年前以前の初期現生人類）とは質的に異なる道具資源の利用をおこなうようになった証拠になると考えられる（山岡 二〇二二）。このことをふまえると、五〜四万年前の東南アジアの初期現生人類も現在と同じようにタケのさまざまな物理的特性を認識して活用できたのではないかと思われ、ヤシなどの他の植物についても同じように活用していたと考えられる。東南アジアにおいては、タケなどの植物の加工で残されたとみられる石器の使用痕やヤシのデンプン粒は、今のところ五〜四万年前以降に残された石器からしか検出されていない。このことは、熱帯地域の植物を道具資源として十分に活用できるようになったのは、五〜四万年前以降の初期現生人類の時代からだったという可能性を示している。このように考えると、提示された時点では意図されていなかったものの、タケ仮説には、初期現生人類に特有の道具資源の物理的特性の認識や活用に関する視点も含まれていたということになる。

本章では、タケ仮説が提示された経緯や現在の研究状況について説明した。モヴィウス・ラインの解釈をめぐって提示されたタケ仮説は、五〜四万年前以前の研究では否定的に捉えられている一方で、五〜四万年前以降の研究ではそれを補強するさまざまな証拠が得られてきていることを示した。このように旧石器時代のより古い時代と新しい時代、古代型の人類と初期現生人類の時代で、タケ仮説への評価やモヴィウス・ラインの解釈が異なっている。これは進化の段階における人類の能力のちがいと関わる問題である。タケ仮説は初期現生人類の道具資源利用の特性を理解するための重要な視点を含んでおり、それを説明するための重要な仮説であると考えられる。今後の調査研究でそれを支持する証拠がさらに得られていくのか注視していきたい。

参考文献

上羽陽子・中谷文美・金谷美和　二〇一九「道具としての植物利用―インド北東部アッサム地域を中心に―」野林厚志編『パレオアジア文化史学計画研究B01班　二〇一八年度報告』五－九頁

上羽陽子・中谷文美・金谷美和・山岡拓也　二〇二〇「道具としての植物利用（二）―インドネシア東部西ティモールを中心に―」野林厚志編『パレオアジア文化史学計画研究B01班　二〇一九年度報告』五－一一頁

小野昭　二〇〇一『打製骨器論―旧石器時代の探求―』東京大学出版会

小野林太郎・R フエンテス・中谷文美・金谷美和・上羽陽子　二〇二二「「タケ仮説」再考―ウォーレシアにおける植物利用からみた石器の機能論―」『国立民族学博物館研究報告』四六巻三号、三七五－四九九頁

佐藤宏之　二〇二〇「東アジア旧石器社会の歴史的変遷と愛鷹旧石器文化の意義」池谷信之・佐藤宏之編『愛鷹山麓の旧石器文化』敬文舎、三四一－三七八頁

堤隆　二〇〇六「後期旧石器時代初頭の石斧の機能を考える―日向林B遺跡の石器使用痕分析から―」『長野県考古学会誌』一一八巻、一－一二頁

中村由克　二〇一五「後期旧石器時代における透閃石岩製石斧の広がり」『旧石器研究』一一巻、六五－七八頁

山岡拓也　二〇一〇「東南アジアにおける更新世から完新世前半の考古学研究とタケ仮説」『論集忍路子』三巻、七五－八八頁

山岡拓也　二〇一二『後期旧石器時代前半期石器群の研究―南関東武蔵野台地からの展望―』六一書房
山岡拓也　二〇二〇「台形様石器の分析からわかる初期現生人類の技術と行動」御堂島正編『石器痕跡研究の理論と実践』同成社、八五－一一〇頁
山岡拓也　二〇二一「東南アジアにおける初期現生人類の資源利用と技術」西秋良宏編『パレオアジア文化史学計画研究A01班　二〇二〇年度報告』八二－九一頁

Barker, G. et al. 2007 The 'human revolution' in lowland tropical Southeast Asia: the antiquity and behaviour of anatomically modern humans at Niah Cave (Sarawak, Borneo). *Journal of Human Evolution* 52: 243-261.
Barton, H. 2016 Functional analysis of stone tools from the West Mouth. In: *Archaeological Investigations in the Niah Caves, Sarawak the Archaeology of the Niah Caves, Sarawak Vol. 2*, edited by G. Baker and L. Farr, pp. 279-300. Cambridge: McDonald Institute for Archaeological Research, University of Cambridge.
Bar-Yosef, O. et al. 2012 Were bamboo tools made in prehistoric Southeast Asia? An experimental view from South China. *Quaternary International* 269: 9-21.
Boriskovskii, P. I. 1968 Vietnam in primeval times. *Soviet Anthropology and Archaeology* 7(2): 14-32.
Brumm, A. 2010 The Movius Line and The Bamboo Hypothesis: Early Hominin Stone Technology in Southeast Asis. *Lithic Technology* 35(1): 7-24.
Fuentes, R. et al. 2019 Technological and Behavioural Complexity in Expedient Industries: The Importance of Use-Wear Analysis for Understanding Flake Assemblages. *Journal of Archaeological Science* 112: 1-14 (105031).
Fuentes, R. et al. 2020. Stuck within notches: Direct evidence of plant processing during the last glacial maximum to Holocene in North Sulawesi. *Journal of Archaeological Science: Reports* 30: 102207.
Gilligan, I. 2010 Clothing and Modern human behavior in Australia. *Bulletin of the Indo-Pacific Prehistory Association* 30: 54-69.
Glover, I. C. 1981 Lean Burung 2: An Upper Paleolithic rock shelter in south Sulawesi, Indonesia. *Modern Quaternary*

Research in Southeast Asia 6: 1-38.

Gorman, C. F. 1970 Excavation at Spirit Cave, north Thailand: Some Interim Interpretations. *Asian Perspectives* 13: 80-107.

Hayes, E. et al. 2021 Use-polished stone flakes from Liang Bua, Indonesia: Implications for plant processing and fibrecraft in the Late Pleistocene. *Journal of Archaeological Science: Reports* 40(Part A): 1-17.

Hou, Y. et al. 2000 Mid-Pleistocene Achulean-like Stone Technology of the Bose Basin, South China. *Science* 287: 1622-1626.

Hutterer, K. L. 1976 An Evolutionary Approach to the Southeast Asian Cultural Sequence. *Current Anthropology* 17 (2): 221-242.

Ikawa-Smith, F. 1978 *Early Paleolithic in South and East Asia,* The Hague: Mouton Publishers.

Lycett, S. J. and C. J. Norton 2010a A demographic model for Plalaeolithic technological evolution: the case of East Asia and the Movius Line. *Quaternary International* 211: 55-65.

Lycett, S. J. and C. J. Bae 2010b The Movius Line controversy: the state of the debate. *World Archaeology* 42(4): 521-544.

McBrearty, S. and A. S. Brooks 2000 The Revolution that wasn't: a New Interpretation of the Origin of Modern Human Behavior. *Journal of Human Evolution* 39: 453-563.

Mellars, P. 1989 Technological changes at the middle-upper Paleolithic transition: economic, social and cognitive perspectives. In: *The Human Revolution: Behavioral and Biological Perspectives in the Origin of Modern Humans,* edited by P. Mellers, pp. 338-365. Edinburgh: Edinburgh University Press.

Mijares, A. S. B. 2007 *Unearthing Prehistory: The archaeology of Northeastern Luzon, Philippines Islands. BAR International Series,* Oxford: John and Erica Hedges Ltd.

Movius, H. L., Jr. 1944 Early Man and Pleistocene Stratigraphy in Southern and Eastern Asia. *Papers of the Peabody Museum of American Archaeology and Ethnology* 19(3): 1-125.

Movius, H. L., Jr. 1948 The Lower Paleolithic Cultures of Southern and Eastern Asia. *Transaction of the American Philosophical Society, New series* 38(4): 329-420.

Norton, C. J. et al. 2006 Middle Pleistocene handaxes from Korean Peninsula. *Journal of Human Evolution* 51: 527-536.

Pawlik, A. F. 2010 Have we overlooked something? Hafting traces and indications of modern traits in the Philippine Paleolithic. *Bulletin of the Indo-Pacific Prehistory Association* 30: 35-53.

Pope, G. G. 1989 Bamboo and Human Evolution. *Natural History* 10/89: 49-56.

Schick, K. D. and N. Toth 1993 *Making Silent Stones Speaks: Human Evolution and the Dawn of Technology*, New York: Touchstone.

Sinha, P. and I. Glover 1984 Changes in stone tool use in Southeast Asia 10,000 years ago: a microwear analysis of flakes with use gloss from Leang Burung 2 and Ulu Leang 1 Caves, Sulawesi, Indonesia. *Modern Quaternary Research in Southeast Asia* 8: 137-164.

Solheim, W. G. II 1970 Northern Thailand, Southeast Asia, and World Prehistory. *Asian Perspectives* 13: 145-162.

Watanabe, H. 1985 The chopper-chopping tool complex of eastern Asia: an ethnoarchaeological-ecological reexamination. *Journal of Anthropological Archaeology*, 4-1, 1-18.

West, J. A. and J. Louys 2007 Differentiating bamboo from stone tool cut marks in the zooarchaeological record, with a discussion on the use of bamboo knives. *Journal of Archaeological Science* 34: 512-518.

Westergaard, G. C. and S. J. Suomi 1995 The Manufacture and Use of Bamboo Tools by Monkeys: Possible Implications for the Deveropment of Material Culture among East Asian Hominids. *Journal of Archaeological Science* 22: 677-681.

Xhauflair, H. and A. F. Pawlik 2010 Usewear and residue analysis: contribution to the study of the lithic industry from Tabon Cave, Palawan, Philippines. *Annali dell'Università di Ferrara Museologia Scientifica e Naturalistica* 6: 147-154.

Xhauflair, H et al. 2016 Characterisation of the use-wear resulting from bamboo working and its importance to address the hypothesis of the existence of a bamboo industry in prehistoric Southeast Asia. *Quaternary International* 416: 95-125.

Xhauflair, H et al. 2017 What plants might potentially have been used in the forests of prehistoric Southeast Asia? An insight from the resources used nowadays by local communities in the forested highlands of Palawan Island. *Quaternary International* 448: 169-189.

Xhauflair, H et al. 2020 Plant processing experiments and use-wear analysis of Tabon Cave artefacts question the intentional character of denticulates in prehistoric Southeast Asia. *Journal of Archaeological Science: Reports* 32: 102334.

Xhauflair, H. et al. 2023 The invisible plant technology of Prehistoric Southeast Asia: Indirect evidence for basket and rope making at Tabon Cave, Philippines, 39–33,000 years ago. *PLOS ONE* 18(6): e0281415. https://doi.org/10.1371/journal.pone.0281415 :1-28.

Yi, S. and G. A. Clark 1983 Observations on the Lower Palaeolithic of Northeast Asia. *Current Anthropology* 24(2): 181-202.

第4章 島への移住と水産資源の開発
――ウォーレシアにおける現生人類の漁労技術と海洋適応

小野林太郎

1 サピエンス集団の島嶼域への進出

アフリカが起源地とされる私たち現生人類＝ホモ・サピエンス（以後はサピエンスとのみ表記）は、一〇万年前頃までには出アフリカを果たし、やがて地球のほぼ全域への移住・拡散に成功する。出アフリカのタイミングや時期については複数回あった可能性が明らかとなりつつある（西秋 二〇二〇）。しかし、島嶼地域となるアジアやオセアニアの海域世界へのサピエンスの到達は六万年前以降、現時点より確実なのは五万年前以降と考えられている。本章では、そんなサピエンスによる海を越えての移動と島嶼環境への移住や適応について、水産資源の利用との関わりから議論する。特に本章で取り上げる島嶼地域は、島嶼東南アジアに位置するウォーレシアと、その先に広がるオセアニアの二つの海域世界である［図1］。

このうちサピエンス集団による移住が最初におこなわれたのは、より西に位置し、アフリカ大陸に近いウォーレシアの島々が想定される。ウォーレス・ハクスリー線の東に位置するウォーレシアの島々は、いまよりも海面高が低かった更新世の最終氷期においても島嶼域として形成されていた。ゆえにこの海域世界に到達したサピエンス集団は、何らかの方法で数キロから数十キロにおよぶ海を越え、島から島へと移動・拡散する必要があったことになる。さらにウォーレシアの最東端に位置するマルク諸島やティモール島の先には、約八〇キロメートルの海を隔てて現在のニューギニア島とオーストラリア大陸からなるサフル大陸がある。このサフル大陸から以東がオセアニア圏となる。したがって、サピエンスがオセアニア圏に移住・拡散するには、まずこの八〇キロメート

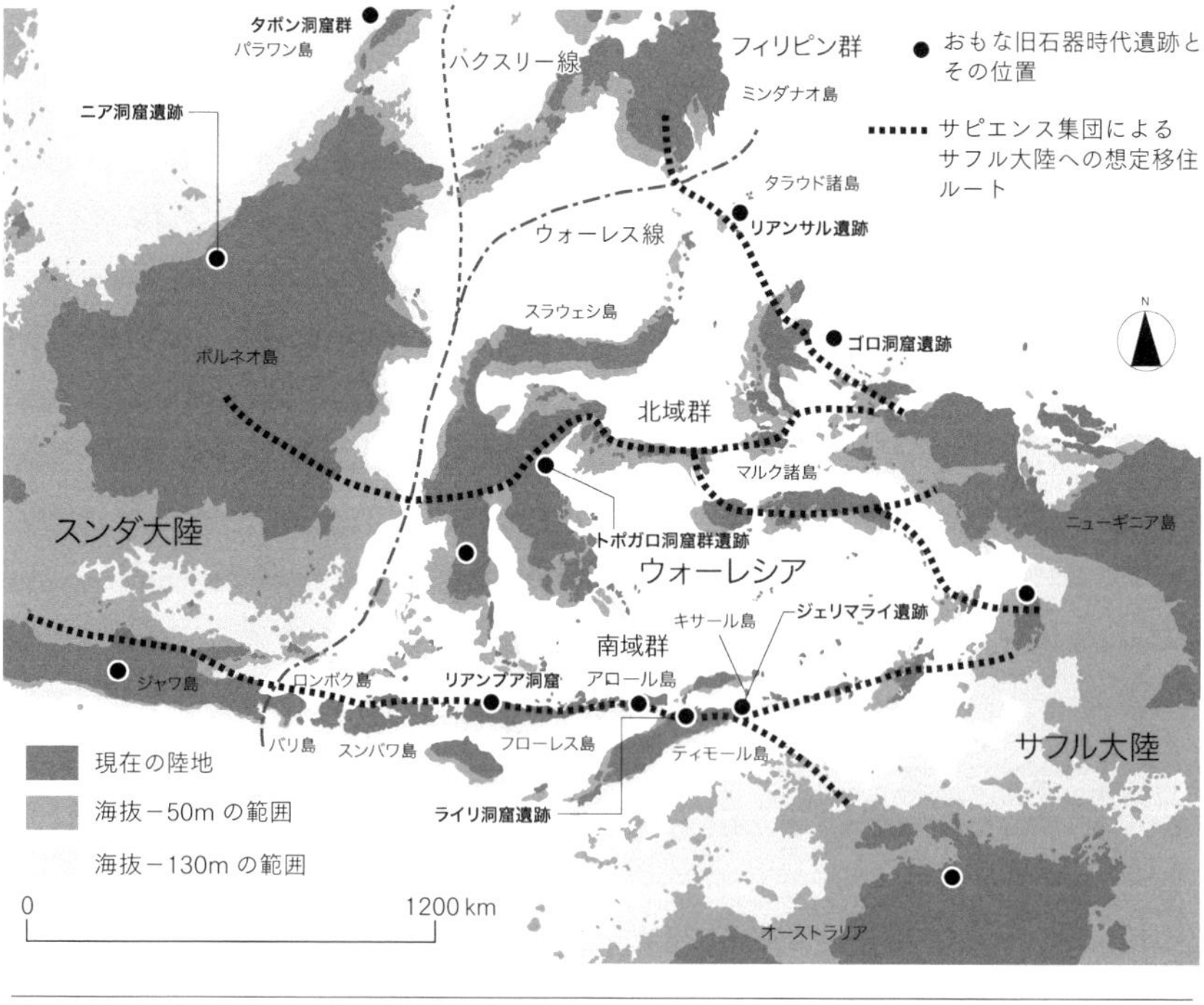

図１　ウォーレシアとサフル大陸の位置および更新世期のおもなサピエンス遺跡

ルの海を渡り、サフル大陸の沿岸にたどり着く必要があった。

本章では、こうしたウォーレシアからオセアニアの海域世界へと移住した最初のサピエンス集団にまず注目する。生業経済的には、これら初期のサピエンス集団は狩猟採集民であったことが想定される。特にウォーレシアの事例において想起されるのは、大小さまざまな無数の島々へと移住し、各々の島嶼環境で暮らした狩猟採集民である。大陸部と異なり、大型動物や哺乳類の種類がきわめて限られるウォーレシアの島々で、サピエンスの狩猟採集集団はいったいどのようにサバイブし、さらなる拡散に成功したのか。

その要因の一つに、水産資源の多様な利用とそれを可能にした漁労技術の発達があったことが、近年の考古学・人類学的研究により明らかになってきた。そこで本章では、考古学的な証拠が最も残されている動物遺存体や貝製品、あるいは石器や骨器も含めた遺物の総合的な検討を通して、島嶼域へと進出した初期サピエンス集団による水産資源の利用と島嶼・海洋適応の実態に迫る。

2 ウォーレシアへの移住とその時期

現在と同じく、最初のサピエンス集団が出現したとされる最終氷期のウォーレシアも多島海域であった。この場合、図1にあるようにウォーレシアの島々は、大きくフィリピン群、北域群、南域群の三つに分けることができる。このうちフィリピン群では更新世期にスンダ大陸と陸橋でつながっていたパラワン島を除くフィリピン諸島の島々が相当する。一方、オセアニア側のサフル大陸への移住と深く関わるのは、おもにインドネシアの島々によって構成される北域群と南域群である。まず北域群は、その西部にあるスラウェシ島から南北マルク諸島を形成する島々が相当し、その先にはサフル大陸の一部を形成していたニューギニア島が続く。スラウェシ島のさらに西にはマカッサル海峡をはさんでボルネオ（カリマンタン）島がある。世界で三番目に大きいこの島は、最終氷期には陸橋でジャワやマレー半島側とつながり、広大なスンダ大陸の一部を形成していた。したがって、陸路で現在のボルネオ島まで進出したサピエンス集団が、ウォーレシア側に位置するスラウェシ島へ移住するには、現在のマカッサル海峡を何らかの手段で渡る必要があった。さらにスラウェシ島からマルク諸島方面に移住する際にも、島から島への渡海が求められたことはまちがいない。

一方、南域群は西からバリ島、ロンボク島、スンバワ島、フローレス島をへて、ティモール島へと連なるスンダ列島の島々からなる。バリ島の西隣にはジャワ島、スマトラ島が連なるが、最終氷期にこれらの島々は先のボルネオ島と同じく広大なスンダ大陸の一部となっていた。またバリ島とジャワ島は、時期によっては海面変動の影響でほぼ陸続きとなっていたが、バリ島とロンボク島の間にあるロンボク海峡は、最終氷期にも約二〇キロメートルの距離があったと推測されている。ただしロンボク島とスンバワ島は陸橋でつながっていた時期が長い。またスンバワ島とティモール島の距離はかなり近く、渡海が必要だった時期でもその移動距離は数キロメートルと短かった可能性がある。このように南域群は、各島が西から東にかけて連なっており、かつその島嶼間の平均距離が短かった点で、少なくともティモール島までの移住はそれほどむずかしくはなかったのかもしれない。

この南域群では、すでにサピエンス以前にジャワ原人かその仲間と考えられる人類が八〇万年前頃までにはフローレス島に到達していたことがわかっている。同じくフローレス島ではその子孫とも考えられている小型のフローレス原人が、五万年前頃までは居住していた可能性が高い（Morwood et al. 2004, 2005; Sutikna et al. 2016）。リアンブア洞窟ではフローレス原人の古人骨や石器、彼らによって利用され廃棄されたと推測されるステゴドンなどの大型動物をふくむ獣骨が多数出土した。しかし五万年前以降の年代値が得られる遺跡の中層や上層からは、原人の古人骨は確認されず、かわりに石器や小型動物を中心とする獣骨等が出土する。この五万年前以降の層のうち、更新世期の層からは古人骨などの直接的証拠は出土していないが、発掘を担当したスティクナらは石器の素材構成や獣骨の変化にもとづき、これらの痕跡は新たに移住したサピエンスによるものと解釈している（Sutikna et al. 2016）。

フローレス島に限らずウォーレシアの島々では、更新世期で二万年前より古い層から、サピエンスの古人骨をともなう遺跡はまだ発見されていない。しかし同時にサピエンス以前の人類による居住痕跡もほとんど見つかっておらず、現時点で石器をともなう最古の年代値が得られている遺跡群は、いずれも四万四〇〇〇～三万五〇〇〇年前頃におさまっている。この年代は人類史的にサピエンスがユーラシア大陸の各地や島嶼域に移住・拡散した時期と重なることから、その遺跡群もサピエンスによる痕跡と認識されているに過ぎない。この点において、どの遺跡も条件はほぼ同じであるが、いまのところ最も古い炭素年代値が得られている更新世遺跡は、ティモール島など南域群により多い傾向がある。

ティモール島の先には、最終氷期においては約八〇キロメートルの海を隔ててオーストラリア大陸北部の海岸線が広がっていた。南域群を経由したサピエンス集団は、最終的にこのティモール島かその周辺域より、サフル大陸への移動を開始したと考えられよう。これに対し、北域群の東端に位置するマルク諸島では、まだ四万年を超える古い更新世遺跡が見つかっていない。現時点で最古となるのは、北マルク諸島のゲベ島に位置するゴロ洞窟遺跡で三万八〇〇〇年前の較正年代が得られている。一方、北域群における移住ルートの起点となるスラウェシ島では、サピエンス集団によって残されたと認識される洞窟壁画が、ウラン系年代で五万一〇〇〇～四万四〇〇〇年前頃までさかのぼることが確認されている（Aubert et al. 2019; Oktaviana et al. 2024）。またわれわれが中スラウェシで発掘中のトポガロ洞窟遺跡では、約四メートルの深度より得られた複数の炭素年代が四万二〇〇〇年前までさかのぼることが確認された（Ono et al. 2023a, b）。遺跡の堆積層は五メートル以上あることも確認ずみのため、今後の調査によってはさらに古い年代値が得られる可能性も十分にある。

いずれにせよ、現時点でのウォーレシアにおける考古学的痕跡からは、五万〜四万五〇〇〇年前頃には北域群と南域群の両地域にサピエンス集団が到達していた可能性を指摘できる。ところが、ウォーレシアのさらに東方に位置するサフル大陸側でも、ニューギニア島で四万九〇〇〇年前までさかのぼる遺跡があり（Summerhayes et al. 2010）、オーストラリア大陸ではさらに六万五〇〇〇年前かそれ以前にまでさかのぼる可能性のある遺跡も報告されている（Clarkson et al. 2017）。ただしオーストラリア大陸の場合、五万年を超える年代値はいずれも光ルミネサンス法（以下、ＯＳＬ法）で得られた年代値であり、遺跡年代については議論が続いてはいる。しかし炭素年代でも四万五〇〇〇年を超える遺跡は複数ある。これらの証拠もふまえるなら、ウォーレシアへのサピエンスの到達は遅くとも五万年前頃までさかのぼることが予想されるが、サフル大陸への初期移住期の問題は今後の研究課題の一つであろう。

3　サピエンス集団による渡海とその手段

ところで、ウォーレシアへと移住したサピエンス集団は、その島々の間をどのような手段で渡海し、さらに最低でも約五〇〜八〇キロメートルの航海が求められるサフル大陸への移住に成功したのだろうか。当時の海流や地理の復元にもとづくバードらによるシミュレーション研究は、サフル大陸への移住が漂流の結果として起きた可能性がきわめて低いことを指摘している（Bird et al. 2019）。つまり、その渡海は意図的なものであり、ウォーレシアへ移住したサピエンス集団の中には、サフル大陸への渡海を可能とするだけの海洋適応を果たした人々がいたことが想定できる。このウォーレシアにおけるサピエンス集団の海洋適応や島嶼適応については次節以降で検討するが、ここではその渡海方法について少し検討しておきたい。

まず考古学的には、その具体的な渡海方法を示唆する痕跡はほぼ残っておらず、不明な点が多い。オーストラリア大陸や日本列島では、局部磨製石器とされる石斧が旧石器遺跡より出土しており、刳りぬき舟の加工に使用された可能性も指摘されてきた（海部 二〇二〇）。しかし、ウォーレシアにおいて現時点で最も支持されているのは、竹筏を利用したとする仮説である（小野 二〇一八、小田・小野 二〇二一）。まず素材として竹が想定される理由としては、（1）イネ科に属する竹が熱帯圏に多く生息し、その種類も豊富であること、（2）海水への耐久性が強いこと、さらに（3）幹が空洞のため比較的軽くて浮力も十分にあること等があげられる。また大型の石器を利用すれば大きめの竹も切り倒すことができ、小型の竹であれば小さい不定形剝片でも切断可能であることが、実験考古学的研究によって証明されている（Bar-Yosef et al. 2012; Fuentes et al 2019, 2020; 海部 二〇二〇）。

つぎに筏が想定される理由としては、（1）切り倒した竹を紐やロープのような道具で束ねていけば製作可能であること、（2）製作に際しての筏サイズの調整も容易であること、（3）航海中の修復や補強という点でも柔軟性がある点などがあげられる。また熱帯圏となるウォーレシアの島々には、ラタンのような紐として利用可能な植物も多い。有機物が考古遺物として出土することはかなり稀だが、石器の使用痕分析では、複数の石器が何らかの植物素材により装着され使用されていた痕跡も見つかっている（Fuentes et al. 2019, 2020）。加えて私たちと同じ思考能力や観察力を携えたサピエンスの狩猟採集民が、こうした有用植物の価値に気がつかなかったとも考えにくい。石器研究におけるタケ仮説に指摘されるように、ウォーレシアを含む東南アジア島嶼部の旧石器時代における石器は、使用痕分析からも多くがタケを含む植物の加工に利用されていた可能性が指摘されつつある（Fuentes et al. 2020; Xhauflair et al. 2016; 小野ほか 二〇二二）。

一方で筏は、進む方向をあまりコントロールできない。基本的には流れにそって漂うことになる。この場合、重要なのは風や海流の方向となる。ウォーレシアではモンスーンの影響で八月頃にニューギニア島南部からオーストラリア大陸の間にあるアラフラ海のやや冷たい海水が、ティモール島やスラウェシ島沖を経由して南シナ海方面へと流れ込む。その反対に一二月頃には日本列島沖の冷たい海流が、南シナ海を経由し水温をあげながら、オーストラリア大陸北岸や南太平洋へと流れ込む（Qu et al. 2005）。最終氷期においても程度の差はあるものの、こうした季節的な海流の変化があったと想定されている。したがって、こうした季節的な海流を利用すれば、漂流に近い筏での渡海も十分に効果があったと考えられよう。とくにサフル大陸への渡海においては、基本的に面積の大きな大陸を目指す航海となるため、進む方向が大まかに調整できていれば、その沿岸部のどこかには到達できたであろう。

ウォーレシアでの島嶼間の渡海の場合、目的地が目視できる有視界航海が可能だったことも重要だ。目的地の方向が明確であり、かつその方向へ向かう海流をある程度に利用できれば、筏などでも十分に渡海できた可能性がある。ただしウォーレシアの東端の島々から、サフル大陸への渡海においては、出発点から目的地を目視できる場合とそうでない場合があった。高い山々が連なるニューギニア島方面への渡海においては、その距離も最長で五〇キロメートルと短いこともあり、ウォーレシア側からも目視しながらの渡海が可能であった。しかし、オーストラリア大陸北岸への渡海においては、出発地の候補となるティモール島等の沿岸部からは、サフル大陸を目視できなかった可能性が高い。ただし南の方向に大陸が存在することは、標高の高いティモール島の高地で確認できた。当時のサピエンス集団がそれを「大陸」と認識したかは不明だが、南にかなり大きな陸地が広がっていることには気がついたはずだ。高い知的好奇心や想像力が私たちサピエンスの特徴であることをふまえるなら、海を越え、そこへ到達しようと試みる者がやがて出現したことは容易に想像できよう。

ところで、筏のもう一つの欠点は、速力が出ないことだ。これを補う道具として利用された可能性があるのが、帆である。ただし、先史時代のウォーレシアにおいて想定されている帆は、ヤシ類の葉やタコの木（パンダナス）の葉を手で編んで作られる原始的なタイプである。いまでもウォーレシアやオセアニアでは、これらの葉を手で編んだマットや入れ物が利用されている。有名なトロブリアンド諸島のクラ交易に使われるカヌーの帆も、かつてはタコの木の葉を編んで製作されていた。帆や植物を素材とした道具類が、更新世期にさかのぼる考古学的な遺物として残り、発見される可能性は熱帯圏ではきわめて小さい。しかし、多様な植物の利用は近年における石器の使用痕研究からも指摘されつつある。また更新世期にさかのぼる釣り針の存在も（e.g. Fujita et al. 2016; O'Connor et al. 2011）、釣り糸となる撚糸のような植物繊維の紐やロープとしての利用を示唆する。オセアニアの民族誌にみられるカヌーの帆は、その多くが装着式であり、利用できる風が吹いた時だけ使えるようになっている。比較的大きめの筏であれば、植物の葉を素材にした脱着式の帆とそれを支える帆柱となる木材を積むことも不可能ではなかったと考えられる（小田・小野 二〇二二）。

それでは筏による航海では、いったいどのくらいの日数でサフル大陸へたどり着くことができたのだろうか。この疑問に対する探究の一つに、一九九八年一二月に試みられたベドナリックらによる筏の航海実験があげられる（Bednarik, Hobman, Rogers 1999）。これは石器を使って製作された竹筏を用い（着脱式のヤシ製帆、六五リットルの水や食糧も積載）、ティモール島の西端（クパン）からオーストラリア大陸北部を目指した実験航海である。その結果、ベドナリックらを乗せた竹筏は平均速度二ノット（強い追い風時の最速時でも五ノット)、約五日間で八〇キロメートル南下し、当時の海岸線と想定される地点に到達した。竹筏はその後もさらに一〇日間におよぶ約五〇〇キロメートルの航海(あるいは漂流)を続け、現在のオーストラリア大陸沿岸で座礁した。

利用された筏のサイズや構造については検討の余地があるものの、ウォーレシアの海域における渡海においては筏が有効である可能性を、この実験は証明したといえる。またウォーレシアとサフル大陸や東アジアの海域世界で更新世期におこなわれた渡海による移住は、旧石器時代の人類が狩猟採集をおもな生業としつつ、新たな生態環境へと移住した明確な痕跡でもある。そこでつぎに、ウォーレシアへ移住したサピエンス集団による島嶼・海洋適応を資源利用との関わりから整理する。

4　ウォーレシアへ進出したサピエンスの水産資源利用

海と島からなるウォーレシアへと進出したサピエンスの狩猟採集民たちは、どのような資源利用を展開し、生存と拡散を継続したのであろうか。この問いに対する一つのキーワードとして注目されつつあるのが水産資源の利用である。これまでウォーレシアで発見・発掘された更新世期のサピエンス遺跡は、図1で確認できるようにまだかなり限られている。しかし、その多くで水産資源と認識できる貝類や魚類等の動物遺存体が出土し、陸産資源となる他の獣骨を数量で大きく上まわる傾向が認められる。ここではウォーレシアを構成するフィリピン群、北域群、南域群の三地域に位置する更新世期の代表的なサピエンス遺跡を取り上げ、各地における水産資源の利用について紹介する。

フィリピン群――ミンドロ島の事例から

フィリピン諸島において知られる最古のサピエンス遺跡は、パラワン島西岸に位置し、海に面した多数の石灰岩洞窟よりなるタボン洞窟群遺跡である。その中でも最も大きいタボン洞窟からは、炭素年代で四万年前、ウラン系年代測定では四万七〇〇〇年前（Detroit et al. 2004）にさかのぼるサピエンスの古人骨や剥片石器が出土した。古人骨をともなうことから、これらが確実にサピエンスによる痕跡であることが指摘できる。しかし先述したように、最終氷期のパラワン島はスンダ大陸の一部であり、陸路での移住が可能であった。また現在は海岸に位置するタボン洞窟群も、最終氷期の海岸部からは七〇キロメートル以上も内陸に位置していた。このためか、遺跡からは魚骨や貝類等の水産資源に関わる動物遺存体はほとんど出土していない。

これに対し、ウォーレス・ハクスリー線の東に位置するルソン島では、その最北端に位置する石灰岩洞窟群（ペニアブランカ）のカラオ洞窟において、サピエンスではない小型人種の古人骨が近年発見された。ウラン系年代で六万七〇〇〇年前頃とされるこの人骨は、まだ指骨と歯の一部しか見つかっていないが、そのサイズや形態から新種の人類と考えられ、ホモ・ルゾネンシスと命名されている（Detroiet et al. 2019）。古人骨の発見によりルソン島北部に残る古い痕跡は、サピエンス以外の人類による可能性が高くなった。ペニアブランカでもサピエンスによる痕跡とされる遺跡の出現は三万年前以降で、それ以前については不明だ。

こうした状況により、ウォーレス・ハクスリー線の東側にあるフィリピン群の中で、現時点で最も古いサピエンス遺跡となるのが、ミンドロ島の離島となるイリン島に位置するブボグ1遺跡である［図2］。ミンドロ島はパラワン島の北方にあり、初期のサピエンス集団がパラワン島経由ルートでフィリピン群に進出した場合、最初に到達した島だった可能性が高い。そこで二〇一一年よりA・パウリックらによるフィリピン国立大学の発掘が継続的に実施されてきた（Ono, Pawlik, Fuentes 2020; Pawlik et al. 2014）。イリン島は現在、長さ一七キロメートル、幅七キロメートルしかない小さな離島で、ミンドロ島とは約一キロメートルの海峡で隔たれている［図2D］。しかし、海面がより低かった最終氷期の時代においては、イリン島はミンドロ島と陸続きであった［図2A］。このイリン島の東南端沿岸に位置するのがブボク遺跡群である。このうち更新世までさかのぼる年代が得られたのはブボグ1遺跡である。ブボグ2遺跡はおもに完新世期に利用された貝塚遺跡となるため、ここではブボグ1遺跡の発掘成果について紹介する。

ブボグ1遺跡はイリン島の

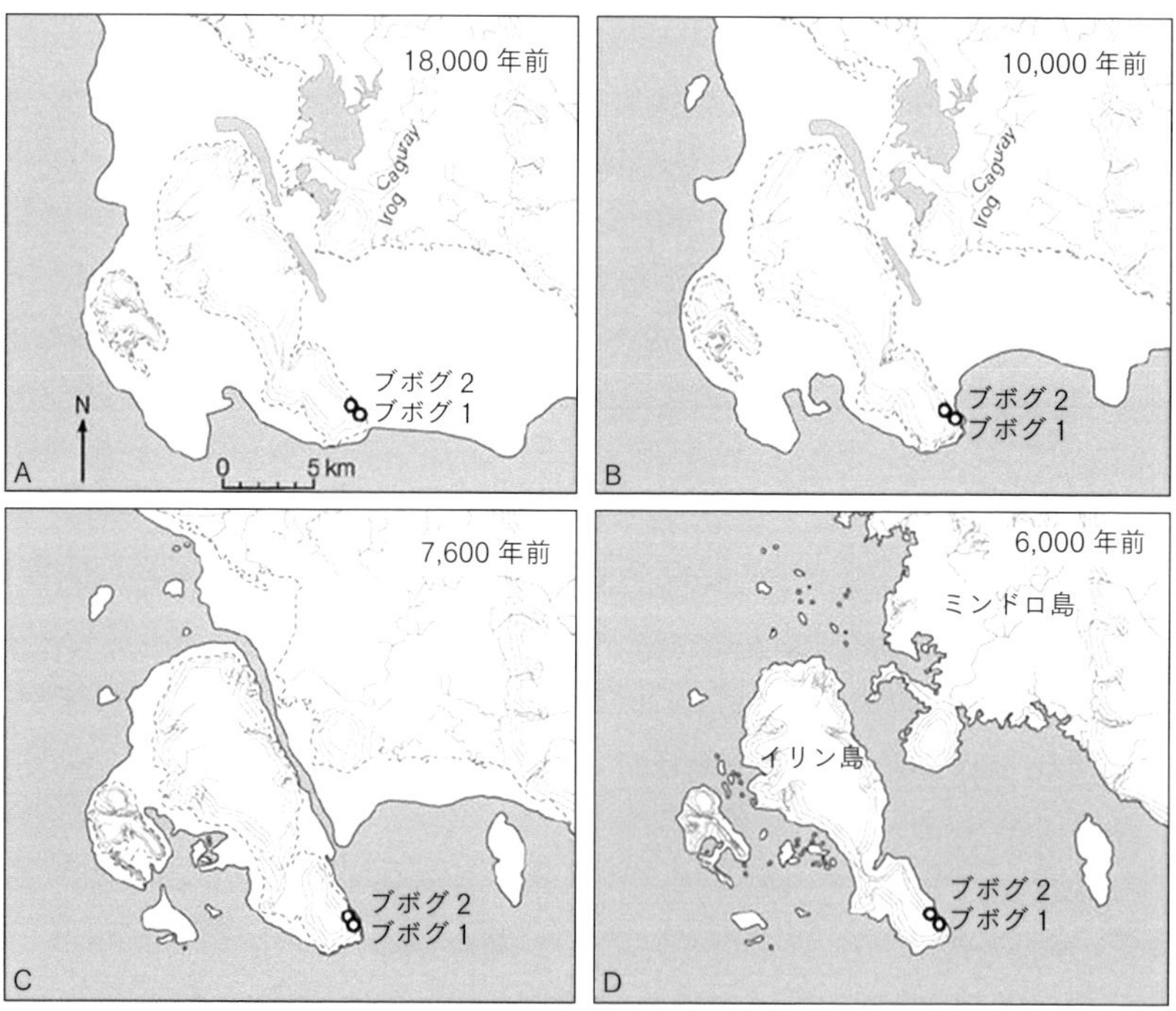

図2 更新世期〜完新世期のイリン島とブボグ遺跡の位置
（Pawlik et al. 2014, Fig.7）

小野林太郎

沿岸に形成される石灰岩の岩陰内にあり、発掘により全一二層からなる三・五メートルの堆積層が確認された。このうち上層となる第一～八層は大量の海産貝類を含む完新世層で、年代的には七五〇〇～四〇〇〇年前頃における痕跡を残している。この貝層はブボグ2遺跡と時期的に並行しており、完新世期におけるサピエンス集団の利用に関わる痕跡と認識できる。第八層からは完形のシャコガイ製斧（局部磨製）も出土し[図3A]、直接に得られた較正年代も7550-7250BPの年代値が得られた（Pawlik et al. 2015）。また、より後世のものと認識できるが、約五〇〇〇年前の年代値をもつ屈葬の完全埋葬人骨も確認されている（Pawlik et al. 2019）。一方、第九層以降が更新世層となり、第九層で得られた炭素年代は三万三〇〇〇～二万八〇〇〇年前頃である。興味深いのは、この遺跡で最も魚骨が出土したのが第九層で、計一九六点の魚骨が確認された。同定分析の結果ではニザダイ科、モンガラカワハギ科、フエフキダイ科、ハタ科といったサンゴ礁付き魚類のほか、カツオやマグロと推測されるサバ科の骨も出土した（Boulanger et al. 2019）。カツオ・マグロ類は一点のみだが、第一〇層からも出土している（Boulanger 2020）。

サバ科魚類の出土は、釣り漁もおこなわれていた可能性を想起させるが、実際、第九層からは調査者らにより釣り用のゴージと推測された骨針が（Boulanger et al. 2019）、一点のみだが出土している[図3B]。しかし遺跡からは魚骨のほかにも少数ながら固有種となるミンドロイノシシやアノアの仲間でタマラウと呼ばれる野生ウシも出土しており、この骨針が漁労に利用されたという確証はない。またこの第九、一〇層からは七点の黒曜石片が出土しており、蛍光X線分析の結果、パラワン島のイレ洞窟遺跡から出土した黒曜石と同じ産地のものであることが判明している（Pawlik et al. 2014）。

完新世層となる第八層より上層は、サンゴ礁付き魚類を主とする沿岸魚種の割合がより高くなるが、遺跡全体では計一九科、二二属、一二種の魚類が同定された。一方、貝類においては第九層ではマングローブに生息するヒルギシジミの仲間やキバウミニナの仲間が主流となり、マングローブカニも多く出土している。これに対し、第七層より上層からは海産の沿岸種が卓越し、マングローブや淡水産の貝種が減少する傾向も報告されている（Pawlik et al. 2014）。また遺跡全体としては計八〇種の貝類が同定された。このほか特筆すべき点としては、完新世層となる第四層から漁錘と推測される二点の石製品［図3C］が出土している（Boulanger et al. 2019）。

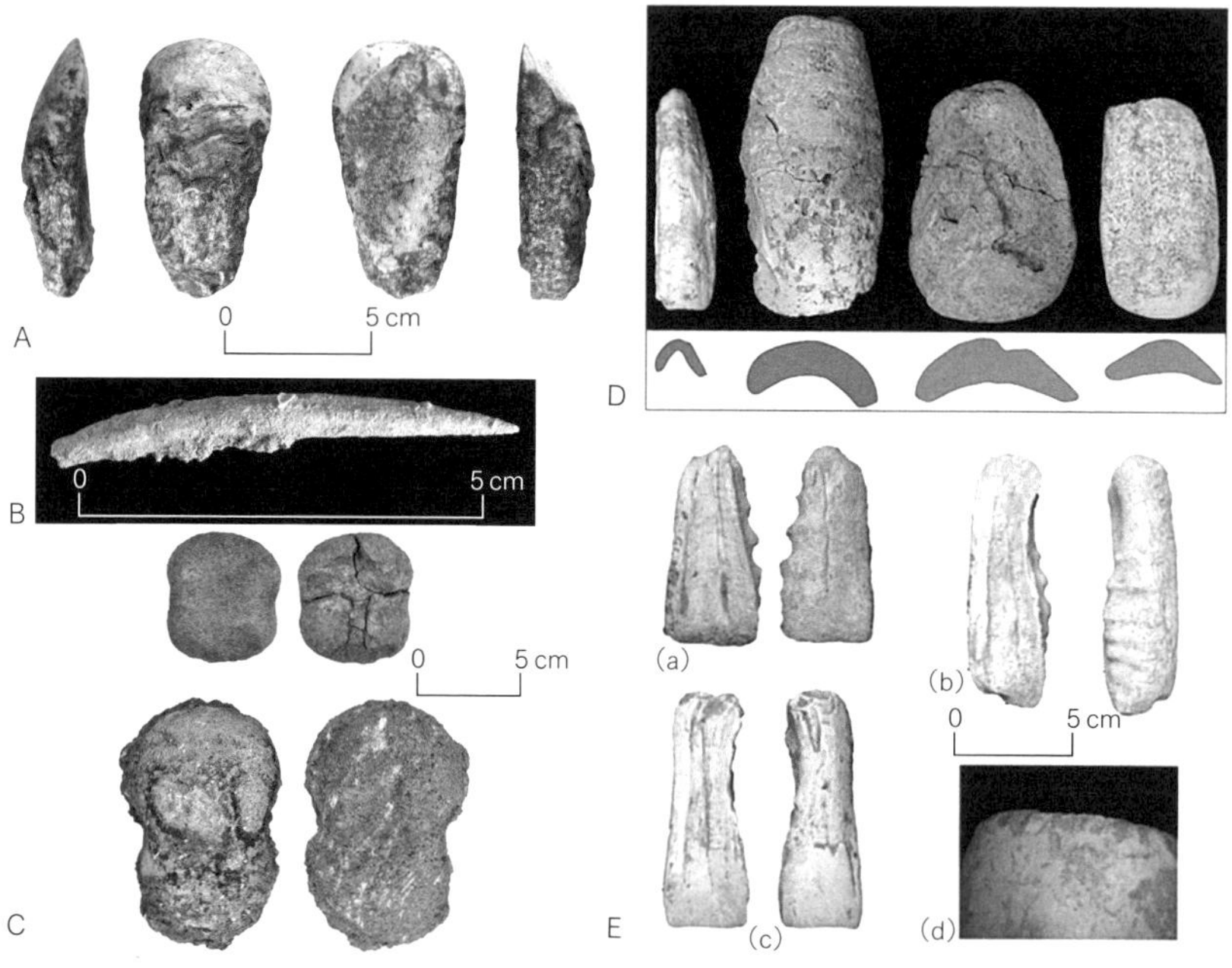

図3　ブボグ1遺跡とゴロ洞窟遺跡より出土した貝製品
A：ブボグ1遺跡出土のシャコガイ製斧、B：ブボク1遺跡出土の骨製ゴージ、C：ブボク1遺跡の完新世層から出土した石製漁錘、D：ゴロ洞窟遺跡から出土したシャコガイ製斧、E：ゴロ洞窟遺跡から出土したトウカムリ製斧。
（A: Alfred Pawlik 博士提供、B-C: Boulanger et al. 2019, Fig. 2,4、D: Peter Bellwood 博士提供、E: Bellwood 2019）

北域群——スラウェシ島・タラウド諸島・ゲベ島の事例から

北域群における最古のサピエンス遺跡群は、先述したようにその西端に位置するスラウェシ島にある。スラウェシ南部のマロス郡にあるタレプ遺跡では、一〇万年前頃にさかのぼる石器群が確認されているが、これらはサピエンス以前にスラウェシ島に移住した別のホモ属によるものと考えられている（van den Bergh et al. 2016）。一方、サピエンスによる最古の遺跡としては、ウラン系年代で五万一〇〇〇年前の壁画年代が得られたマロス郡の石灰岩丘陵地帯にあるリアン・カランプアン洞窟がある（Oktaviana et al. 2024）。同じくマロス郡に位置するリアン・ブル・シポン4洞窟、リアン・ティンプセン洞窟、リアン・ジャリエ洞窟の壁画も、ウラン系年代で四万年前頃の年代値が得られている（Aubert et al. 2014, 2019）。

しかし、これらの遺跡では壁画以外の人類痕跡はまだ見つかっておらず、当時のサピエンスによる資源利用や生業戦略を検討する材料としては不適切である。ただ壁画に描かれる動物の多くはアノアやバビルサといった陸産の哺乳類である点は興味深い。これに対し、現時点でサピエンスによる資源利用の痕跡を残す最古の遺跡が、中スラウェシ州にあるトポガロ洞窟群遺跡である。筆者らの発掘では、炭素年代で四万二〇〇〇年前頃の年代値が得られた第一五、一六層から、チャート製剥片やアノアの獣骨が多数出土した。アノアは約三万年前の年代値が得られている第一〇～一一層でも出土している（Ono et al. 2020, 2023a）。

興味深いことにこのトポガロ洞窟群を含め、スラウェシ島でこれまで発掘された更新世遺跡からは水産資源に関わる動物遺存体が貝類も含めてほとんど出土せず、その多くが陸生の哺乳類や爬虫類で占められる。トポガロ洞窟群は現海岸線から三・五キロメートルの距離に位置し、最終氷期の時代には五キロメートルほど内陸にあったと想定されるが、この距離でも水産資源、特に海産資源がまったくといえるほど出土していない。これに対し、完新世期の層からは大量のマングローブ産貝類が出土し、海産貝類も少量ながら確認された。魚類も出土しているが限定的である。こうした状況から、陸地面積が大きく多様で豊富な陸産資源があるスラウェシ島では、更新世期における海産資源や水産資源の利用は、かなり局地的なものであったことが想定できる。

それでは、より面積の小さい離島の場合はどうだろうか。北域群においてその最適な事例となるのが、スラウェシ島とフィリピンのミンダナオ島の間に位置するタラウド諸島のリアンサル遺跡である。タラウド諸島は現在、ミンダナオとスラウェシ島のどちらからも一〇〇キロメートル以上離れており、比較的面積の大きい三つの島とかなり小さい多数の島々からなる。最大となるカラケラン島でも九七六キロ平方メートルのサイズしかない。リアンサル遺跡は、諸島内で二番目に大きいサリバブ島（九五キロ平方メートル）の東岸に位置する小さな石灰岩の岩陰遺跡である。最終氷期においてもタラウド諸島は離島であり、人類が到達するには約一〇〇キロメートルの渡海が求められた。それにもかかわらず、リアンサル遺跡では三万五〇〇〇年前にさかのぼる下層から多数のチャート製剝片と貝類遺存体が出土した（Ono et al. 2010）。

貝類の多くは海産貝類で、計二七科（巻貝＝一九科、二枚貝＝六科、その他＝二科）に及ぶ。このうち全体を通して最も出土数が多かったのは、リュウテン科、アマオブネ科、ニシキウズ科といった海産種である。またリアンサル遺跡の中層は、最終氷期の最寒冷期（LGM期）に相当する約二万年前の年代値が得られているが、この時期には採集された貝の種類や出土量が増え、貝採集がより活発におこなわれた可能性がある。一方、その上層は一万～八〇〇〇年前の完新世期に相当するが、サンゴ礁に生息するシャコガイ科の割合がやや増加する傾向が認められた。

このようにリアンサル遺跡からは多数の貝類が出土した一方で、魚類や陸産動物の骨がまったく出土しなかった。陸産動物については、離島域となるタラウド諸島には中型以上の動物が生息していない点が要因としてあげられそうだ。実際、人類が食資源に利用できそうな陸産動物は、数種のコウモリと一種のクスクスしかいない。大量に出土した剝片石器の使用痕分析も、これら石器の多くが植物の加工等に利用された可能性を示唆しており（Fuentes et al. 2019）、狩猟や肉の解体がおもな目的ではなかったようだ。同じく遺跡からは漁具と推測できる遺物も出土していない。タラウド諸島の沿岸にはサンゴ礁はそれほど発達しておらず、外洋域での漁労がより重要となるが、それを本格的におこなうには技術的制約があった可能性もある。いずれにせよ、離島のタラウド諸島でも漁労の痕跡は確認できなかった。

北マルク諸島のゲベ島にあるゴロ洞窟遺跡でも、同じような状況が確認されている。この遺跡は先述したように較正年代で三万八〇〇〇年前までさかのぼり、更新世期に相当する下層からは四九種に及ぶ多数の海産貝類が出土した（Bellwood 2019）。これらの貝類の中には食用としての利用だけでなく、道具として利用されたものがあったことも確認されている。これらには、サザエの仲間であるヤコウガイ（リュウテン科）の蓋を素材とした打製貝製品、ツタノハガイを素材にした貝製品等がある（Szabó et al. 2007）。また完新世初期に相当する中層からは、シャコガイ科のシャゴウを素材とした磨製貝斧［図3D］、完新世中期以降の上層ではトウカムリを素材にした磨製貝斧も出土している［図3E］。トウカムリ製貝斧の一点からは約九五〇〇年前という完新世初期を示すAMS年代が得られたが、発掘者のベルウッドらは化石化した古い貝が素材に使われたと解釈している（Bellwood 2019）。

このようにゴロ洞窟遺跡からは、リアンサル遺跡と異なり、多様な貝製品を含む貝類遺存体が多数出土している。しかし、釣り針や漁具と推定される遺物は皆無であり、また魚骨の出土もきわめて限られており、基本的に完新世期に相当する上層でしか確認されていない。陸産動物においても、ゴロ洞窟では有袋類のドルコシプス属やクスクスの仲間、ヘビやネズミも少量ながら出土しているが、これらも完新世層に限られている（Bellwood 2019）。したがって、更新世期における資源利用としては、ゲベ島の事例も貝類の積極的な利用は認められるものの、魚類を含む多様な漁労活動がおこなわれていた痕跡は確認できていない。

南域群——ティモール島・アロール島・キサール島の事例から

フィリピン群や北域群とまったく異なる様相を示すのが、ウォーレシアの南域群に連なる島々である。特にその東部にあたるティモール島とその周辺では近年、多くの更新世遺跡が発掘されつつあり、考古学的データが増えてきた。このうちティモール島では、ウォーレシアでも最古級と認識できる二つのサピエンス遺跡がある。その一つが、その東海岸から内陸一キロメートルに位置するジェリマライ（あるいはアシタウクル）遺跡である。この遺跡では、二〇一七年までの発掘で四万四〇〇〇～三万八〇〇〇年前頃にさかのぼることが確認された下層（第六～八層）から、剝片石器や貝製品、獣骨、貝類とともにカツオやマグロを含む多くの魚骨［図4A］が出土している（O'Connor 2007; Shipton et al. 2019a）。遺跡全体としては、一×一メートルの発掘区（B区）だけで三万八六八七点の魚骨が出土し、二一科に及ぶ魚類が同定された（O'Connor, Ono, Clarkson 2011）。また二〇一七年に発掘された一×一メートルのC区では計一万六六〇〇点の魚骨が出土し、二三科、三〇属、一六種が同定されている（Boulanger 2020）。

この遺跡では、カツオを主とするサバ科の外洋種やギンガメアジ、カスミアジといった大型のアジ科魚類が多くを占める点に大きな特徴がある。ただし同時にブダイ科やハタ科、モンガラカワハギ科、ニザダイ科といったサンゴ礁付きの沿岸魚種もかなり出土している。この結果からは、遺跡を残したサピエンス集団が多様な漁場を利用し、沿岸種から外洋種まで多くの魚類資源に依存していたことを指摘できる。さらに、遺跡からは二万三〇〇〇年前までさかのぼる可能性のあるタカセガイ製釣り針［図4B］が出土したほか

（O'Connor, Ono, Clarkson 2011）、完新世期の層からも計四点の貝製釣り針［図4C］が出土している（Shipton et al. 2019b）。食用に利用された貝類も多く出土しており、先のリアンサル遺跡と同じくリュウテン科、アマオブネ科、ニシキウズ科等の海産種が占めている。貝製品としては、ムシロガイ製やマクラガイ製のビーズやオウムガイを加工し、赤色のオーカーを付着した製品が出土した（Langley and O'Connor 2016; Langley, O'Connor, Piott 2016; Shipton et al.

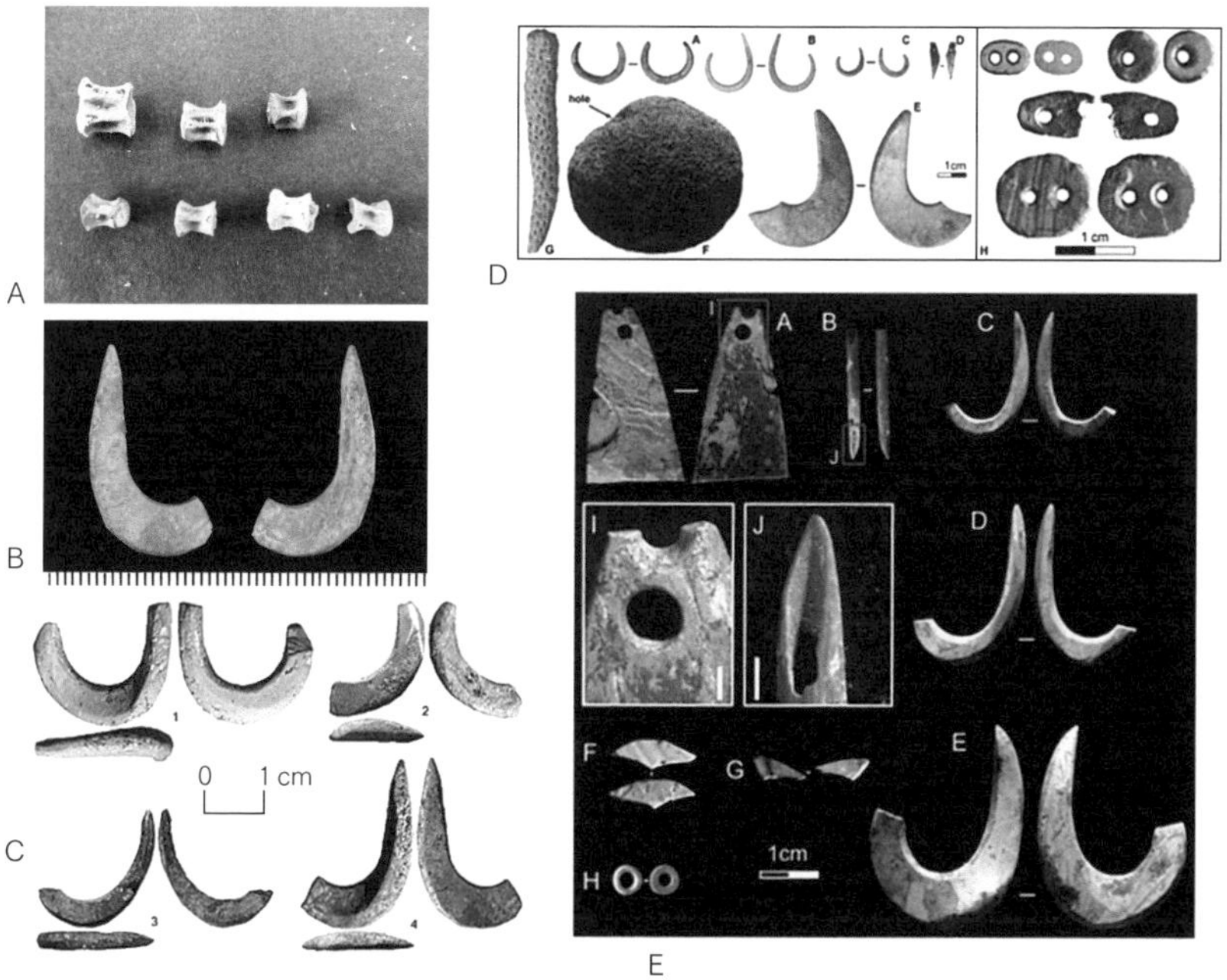

図4 南域群で出土した魚骨・貝製品
A：ジェリマライ遺跡出土のカツオ・マグロ類椎骨、B：ジェリマライ遺跡の更新世層から出土した貝製釣り針、C：ジェリマライ遺跡の完新世層より出土した貝製釣り針、D：マクパン洞窟遺跡出土の貝製品や釣り針、E：ヘレ・ソロット・エンタパ遺跡出土の貝製品や釣り針。
（A: 小野撮影、B: Sue O'Connor 博士提供、C: Boulanger et al. 2023, Fig. 4、D: Kealy et al. 2020, Fig. 12、E: O'Connor et al. 2019, Fig. 7）

2019a)。

最古級となるもう一つは、ティモール島北岸から四・三キロメートル内陸に位置するライリ洞窟遺跡である。二〇一一年と二〇一九年の調査で計五平方メートルが発掘され、約二・五メートルの堆積層が確認された。このうち下層となる第二〇～一六層は、四万四〇〇〇～三万五〇〇〇年前頃、中層が二万二〇〇〇年前頃のLGM期、上層が八五〇〇年前頃の完新世前期に相当する年代値が得られている（Hawkins et al. 2017）。遺跡からは一×一メートルの発掘区（A区）より二万八三二四点と大量の剝片石器が出土したほか、大ネズミを含む多種のネズミ類やフルーツコウモリ、鳥類の動物骨も出土した。ところが、この遺跡から出土した魚類はきわめて少なく、淡水産のウナギと海産の沿岸種となるブダイ科の魚骨のみが確認される程度だ。貝類はマングローブや淡水産種で占められ、またその多くは上層の完新世層に集中する。こうした状況は、同じく沿岸からの距離が四キロメートル前後となるスラウェシ島のトポガロ洞窟ともかなり一致している。

ティモール島とフローレス島の間に位置するアロール島でも、近年、二つの更新世遺跡が発掘された。このうち島の西岸に位置するマクパン洞窟遺跡では、二〇一六年の発掘で最下層となる第一八層より較正年代で四万四〇〇〇～三万八〇〇〇年前にさかのぼる炭素年代が得られた。ただし、その上層となる第一七層から得られた炭素年代の多くは二～一万年前頃のものであり、第一六層より上層はいずれも完新世層であった。よって全体的には完新世期の堆積層が占める割合が多いが、この遺跡からも大量の魚骨、貝類とともに多数の貝製釣り針が出土した［図4D］。特筆できるのは、新石器時代以降のオセアニア域で確認されていた針先が胴のほうに曲がるジャビング型（A）と針先が胴と並行してまっすぐ伸びているロテーティング型（B）と呼ばれる二つの異なる釣り針が約二万年前以降の第一七層より出土したことである（Kealy et al. 2020）。その詳細については後述するが、両タイプが一遺跡より出土したのは初めてである。また完新世層からはルア一軸と推定される貝製品も出土した［図4D－D］。一方、魚類や貝類の多くは完新世層に集中するが、第一七、一八層からも若干ながら出土している。おもな出土魚種はハタ科、ベラ科、モンガワカワハギ科などの沿岸魚種だが、サバ科の出土も確認されている。貝は計三〇種の二枚貝と七種の巻貝が同定され、総計一七三キログラムもの出土量を誇るが、その多くはやはり完新世期層からの出土である（Kealy et al. 2020）。

マクパン洞窟の数十キロ東に位置する石灰岩岩陰となるトロン・ボン・レイ遺跡では、下層となる第一二、一三層より較正年代で二万一〇〇〇～一万八〇〇〇年前のLGM期にさかのぼる炭素年代が得られた。一方、第一一層より上層は一万二〇〇〇～三〇〇〇年前の更新世末～完新世層となる（Samper-Carro et al. 2015）。このうち更新世末期に相当する第一一層からは、サピエンスの埋葬人骨一体とその副葬品として五点のロテーティング型の貝製釣り針と巻貝製ビーズが出土した（O'Connor et al. 2017）。魚骨の出土数も多く、一×一メートルの発掘区（B）から出土した魚骨数は計三万九三四九点に及ぶ。これらからは一三科の硬骨魚類とサメやエイの軟骨魚種が同定された。また興味深いことに、ジェリマライ遺跡と同じようにサバ科のカツオやマグロ類は、LGM期に相当する第一一層でのみ大量に出土し、それ以降の完新世期層では皆無だった。逆に上層ではベラ科やハタ科、ブダイ科やダツ科といった沿岸魚種が多い傾向がある（Samper-Carro et al. 2015）。

キサール島の沿岸に位置するヘレ・ソロット・エンタパ遺跡でも、一万五〇〇〇年前頃までさかのぼる堆積層より、計三五点の貝製ジャビング型釣り針と大量の魚骨や貝類遺存体が出土した（O'Connor et al. 2019）。キサール島はティモール島の北方に位置する小さな離島である。出土した魚骨数は驚く量で、計二平方メートルの発掘区より実に一〇万点以上の魚骨が確認された。これらからは二七科、三九属、九種が同定されているが、興味深いことにカツオやマグロなどのサバ科は見つかっていない（Boulanger 2020）。おもな魚科はハタ科、ベラ科、ブダイ科、モンガワカワハギ科といった沿岸魚種で占められている。遺跡では計九層からなる堆積層が確認されているが、その多くは九五〇〇年前以降の完新世層であり、貝製釣り針や魚骨の多くも完新世層から出土した［図4E］。サバ科の回遊魚種も対象とした多様な漁労がおこなわれていた可能性であり、それを補強するように更新世期より貝製釣り針が多数出現する。

5　島に移住したサピエンスの生業戦略と漁労技術の発展

サフル大陸への渡海に成功したサピエンスの海洋適応を語るうえで、海と島からなるウォーレシアにおける事例は最も重要だ。ここではその最新の考古学的情報を整理してきたが、まず指摘できるのは、いずれの地域や島でも水産資源の利用がおこなわれていたことである。ただしその度合いについては地域差、あるいは島嶼環境による差異があった。外洋魚種をも対象とし、徹底した水産資源の利用と開発を早くから試みたのは、ティモール島やアロール島といった南域群の島々に進出したサピエンス集団であった。特にその沿岸域では、ジェリマライ遺跡やトロン・ボン・レイ遺跡の事例が示すように、マグロ・カツオ類の回遊魚種を含む多様な魚類や貝類が捕獲・採集されている。

しかし、同じ島内にあるライリ洞窟の事例は、当時の海岸線から四、五キロ内陸における遺跡では、水産資源よりも陸生動物の利用に比重が置かれていた可能性も示唆する。またアロール島のマクパン洞窟の事例からは、同じ海岸線に位置する遺跡でも、周辺の海洋環境のちがいにより捕獲・利用される魚種には差異が生じることも確認できる。特にカツオ・マグロといったサバ科の外洋種を狙った漁撈がおこなわれた痕跡がないことは、キサール島の事例と同じく、漁労技術の問題よりも沿岸環境のちがいがその要因だった可能性もある。その証拠に、サバ科魚類の出土が少ない一方で、これらの遺跡から出土した貝製釣り針の数は他の遺跡とくらべても圧倒的に多い。

釣り針に関する先行研究では、新石器時代以降のオセアニアで、ロテーティング型とジャビング型という二つのタイプが存在することは知られていた（小野 二〇二〇）。ロテーティング型は魚がかかり道糸が引かれると針先が逆回転するため、さまざまな魚の捕獲に向いている。一方、ジャビング型は当たりに瞬時に合わせて引く必要があるが、マグロなど表層を速い速度で泳ぐ魚は捕獲しやすい。年代的には、ジェリマライ遺跡で二万年前頃までさかのぼる可能性のあるジャビング型の釣り針が一点出土しているが［図4B］、その他の釣り針はロテーティング型［図4D－A・Cなど］も含め、いずれも更新世末期から完新世前期に集中しており、この頃が全盛期と考えられる。ただし琉球列島に位置する沖縄島のサキタリ洞遺跡から出土した貝製釣り針は、二万三〇〇〇年前頃と推測されているが、ロテーティング型である（Fujita et al. 2016）。興味深いことに、その素材もタカセガイが利用されている点で共通する。もしこれらの年代が正しければ、両タイプともに二万年前頃のＬＧＭ期までには出現していた可能性がある。

南域群ではこのように更新世期にまでさかのぼり多数の釣り針が確認されているのに対し、ウォーレシアの北域群やそのさらに北にあるフィリピン群では、いまのところ類似した単式釣り針は一点も見つかっていない。同じく北域群の島々では、沿岸部においても魚類を対象とした漁労が積極的におこなわれた痕跡がほとんど残っていない。さらに少しでも内陸に位置する遺跡においては、貝類を含めた水産資源の利用痕跡も更新世期においてはきわめて希薄だ。その一方で、北域群の更新世遺跡では、タラウド諸島のリアンサル遺跡を除けば、陸産動物の獣骨が卓越する傾向が認められる。

これらの事例もふまえるなら、更新世期のサピエンス集団による水産資源の利用は、移住先の島嶼環境に応じる形で戦略的に選択されたものであったと指摘できよう。釣り針の利用や魚類資源の積極的な捕獲や利用も、アクセス可能な良好な漁場の有無といった当時の海洋環境によって選択的におこなわれていた可能性が高い。温暖化と海面上昇でマングローブやサンゴ礁がより発達する完新世期になると、ウォーレシアのどの地域においても水産資源への依存度が劇的に高まることも、その可能性を示唆している。

しかしながら、ウォーレシアの南域群でのみ集中的に釣り針が出土している状況は、こうした物質文化がこの海域で新たに生まれた可能性も残している。同時に形態的にきわめて共通性の高いロテーティング型の貝製釣り針が遠く離れた同時代の琉球列島でも発見されている事実は、（1）両地域へ拡散する以前の段階ですでに釣り針が存在していた可能性と、（2）水産資源への強い依存が求められる離島域へ進出したサピエンス集団が、各地で新たに創出した可能性も示唆する。その追究は今後の課題であるが、近年のウォーレシアで得られた考古学情報から明らかとなりつつあるのは、外洋魚種の捕獲も含めた多様な水産資源の利用やその捕獲を可能にしたさまざまな漁労活動が、すでに更新世期より実践されていたことである。完新世期以降、特に新石器時代以降における農耕や動物飼育も営む新たなサピエンス集団による漁労活動には、さらに新たな漁具や漁法の発展も認められるが（Ono 2021; 小野 二〇一八）、その大枠はすでに更新世期にこの地に登場したサピエンスの狩猟採集民によって確立されていたと考えられるのである。

参考文献

海部陽介　二〇二〇『サピエンス日本上陸―3万年前の大航海―』講談社

小田静夫・小野林太郎　二〇二一「サピエンスによる更新世期の島嶼移住と渡海に関する一考察―ウォーレシア・琉球列島における事例から―」『東南アジア考古学』四一号、九三―一〇九頁

小野林太郎 二〇一八『海の人類史―東南アジア・オセアニア海域の考古学―増補改訂版』雄山閣

小野林太郎 二〇二〇「オセアニアの釣り針」、秋道智彌・印東道子（編）『ヒトはなぜ海を越えたのか―オセアニア考古学の挑戦―』雄山閣、一三一－一三八頁

小野林太郎・R フエンテス・中谷文美・金谷美和・上羽陽子 二〇二一「「タケ仮説」再考―ウォーレシアにおける植物利用からみた石器の機能論―」『国立民族学博物館研究報告』四六巻三号、三七五－四九九頁

西秋良宏編 二〇二〇『アフリカからアジアへ―現生人類はどう拡散したか―』朝日新聞出版

Aubert, M. et al. 2014 Pleistocene cave art from Sulawesi, Indonesia. *Nature* 514: 223–227.

Aubert, M. et al. 2019 Earliest hunting scene in prehistoric art. *Nature* 576: 442–445.

Bar-Yosef, O. et al. 2012 Were bamboo tools made in prehistoric Southeast Asia? An experimental view from South China. *Quarter. Int* 269: 9–21.

Bednarik, R. G. et al. 1999 Nale Tasih 2: journey of a Middle Paleolithic raft. *The International Journal of Nautical Archaeology* 28: 25–33.

Bellwood, P. (ed.) 2019 *The Spice Islands in Prehistory Archaeology in the Northern Moluccas, Indonesia*. Canberra: ANU Press.

Bird, M. I. et al. 2019 Early human settlement of Sahul was not an accident. *Nature Scientific Reports* 9 (8220): 1–9.

Boulanger, C. 2020 *Aquatic resources exploitation and adaptation of Anatomically Modern Human in Island Southeast Asia: palaeoenvironmental and cultural implications*, PhD Thesis submitted to The Australian National University.

Boulanger, C. et al. 2019 Coastal Subsistence Strategies and Mangrove Swamp Evolution at Bubog I Rockshelter (Ilin Island, Mindoro, Philippines) from the Late Pleistocene to the mid-Holocene. *Journal of Island and Coastal Archaeology*.

Clarkson, C. et al. 2017 Human occupation of northern Australia by 65,000 years ago. *Nature* 547: 306–310.

Détroit, F. et al. 2004 Upper Pleistocene *Homo Sapiens* from the Tabon Cave (Palawan, the Philippines): Description and Dating of New Discoveries. *C.R. Palevol* 3: 705–712.

Détroit, F. et al. 2019 A New Species of Homo from the Late Pleistocene of the Philippines. *Nature* 568: 181–188.

Fuentes, R. et al. 2019 Technological and behavioural complexity in expedient industries: the importance of use-wear analysis for understanding flake assemblages. *Journal of Archaeological Science* 112.

Fuentes, R. et al. 2020 Stuck within notches: Direct evidence of plant processing during the last glacial maximum to Holocene in North Sulawesi. *Journal of Archaeological Science: Reports* 30, p.102207.

Fujita, M. et al. 2016 Advanced maritime adaptation in the western Pacific coastal region extends back to 35,000–30,000 years before present. *Proceedings of the National Academy of Sciences* 113(40): 11184–11189.

Hawkins, S. et al. 2017 Oldest human occupation of Wallacea at Laili Cave, Timor-Leste shows broad-spectrum foraging responses to late Pleistocene environments. *Quaternary Science Reviews* 171: 58–72

Kealy, S. et al. 2020 Forty-thousand years of maritime subsistence near a changing shoreline on Alor Island (Indonesia). *Quaternary Science Reviews* 249: 106599.

Langley, M. C. and S. O'Connor 2016 An Enduring Shell Artefact Tradition from Timor-Leste: Oliva Bead Production from the Pleistocene to Late Holocene at Jerimalai, Lene Hara, and Matja Kuru 1 and 2. *PLOS ONE* 11(8) : e0161071.

Langley, M. C. et al. 2016 42,000-year-old worked and pigment-stained Nautilus shell from Jerimalai (Timor-Leste): Evidence for an early coastal adaptation in ISEA. *Journal of Human Evolution* 97: 1–16.

Morwood, M. J. et al. 2004 Archaeology and age of a new hominin from Flores in eastern Indonesia. *Nature* 431: 1087–1091.

Morwood, M. J. et al. 2005 Further evidence for small-bodied hominins from the Late Pleistocene of Flores, Indonesia. *Nature* 437: 1012–1017.

O'Connor, S. 2007 New evidence from East Timor contributes to our understanding of earliest modern human colonisation east of the Sunda Shelf. *Antiquity* 81: 523–535.

O'Connor, S. et al. 2019 Kisar and the archaeology of small islands in the Wallacean Archipelago. *The Journal of Island and Coastal Archaeology* 14(2): 198–225.

O'Connor, S. et al. 2017 Fishing in life and death: Pleistocene fish-hooks from a burial context on Alor Island, Indonesia.

Antiquity 91(360), 1451–1468.

O'Connor, S. et al. 2011 Pelagic Fishing at 42,000 Years Before the Present and the Maritime Skills of Modern Humans. *Science* 334: 1117–1121.

Oktaviana, A.A. et al. 2024 Narrative cave art in Indonesia by 51,200 years. *Nature* 631, pp. 814-818.

Ono, R. 2021 Technological and Social Interactions between Hunter-gatherers and New Migrants in the Prehistoric (Neolithic) Islands of Southeast Asia and Oceania. In: *Hunter-gatherers in Asia: From Prehistory to the Present,* edited by K. Ikeya and Y. Nishiaki, pp. 123 –143. SENRI ETHNOLOGICAL STUDIES 106.

Ono, R. et al. 2010 Changing marine exploitation during late Pleistocene in northern Wallacea: shell remains from Leang Sarru rockshelter in Talaud islands. *Asian Perspective* 48(2): 318–341.

Ono, R. et al. 2020 Island migration and foraging behaviour by anatomically modern humans during the late Pleistocene to Holocene in Wallacea: New evidence from Central Sulawesi, Indonesia. *Quaternary International* 554: 90–106.

Ono, R. et al. 2020 Island Migration, Resource Use and Lithic Technology by Anatomically Modern Humans in Wallacea. In: *Pleistocene Archaeology-Migration, Technology and Adaptation,* edited by R. Ono and A. Pawlik, IntecOpen Publisher. Open Access E Book.

Ono, R. et al. 2023a Early modern human migration into Sulawesi and Island adaptation in Wallacea. *World Archaeology.*

Ono, R. et al. 2023b The Goa Topogaro complex: Human migration and mortuary practice in Sulawesi during the Late Pleistocene and Holocene. *Journal L'Anthropologie.*

Pawlik, A. F. et al. 2014 Adaptation and foraging from the terminal Pleistocene to the early Holocene: excavation at Bubog on Ilin Island, Philippines. *Journal of Field Archaeology* 39(3): 230–247.

Pawlik, A. F. et al. 2015 Shell tool technology in Island Southeast Asia: An early Middle Holocene Tridacna adze from Ilin Island, Mindoro, Philippines. *Antiquity* 89(344): 292–308.

Pawlik, A. F. et al. 2019 Burial traditions in early Mid-Holocene Island Southeast Asia: new evidence from Bubog-1, Ilin Island, Mindoro Occidental. *Antiquity* 93(370): 901–918.

Qu, T. et al. Slingo 2005 Sea surface temperature and its variability. *Oceanography* 18(4): 1–12.

Samper Carro, S. C. et al. 2015 Human maritime subsistence strategies in the Lesser Sunda Islands during the terminal Pleistocene-early Holocene: New evidence from Alor, Indonesia. *Quaternary International* 416: 64–79.

Shipton, C. et al. 2019a A new 44,000-year sequence from Asitau Kuru (Jerimalai), Timor-Leste, indicates long-term continuity in human behaviour. *Archaeological and Anthropological Sciences*.

Shipton, C. et al. 2019b Shell Adzes, Exotic Obsidian, and Inter-Island Voyaging in the Early and Middle Holocene of Wallacea. *The Journal of Island and Coastal Archaeology*, 0(0), 1–22.

Summerhayes, G. R. et al. 2010 Human Adaptation and Plant Use in Highland New Guinea 49,000 to 44,000 Years Ago. *Science* 330: 78–81.

Sutikna, T. et al. 2016 Revised stratigraphy and chronology for Homo floresiensis at Liang Bua in Indonesia. *Nature* 532: 366–369.

Szabo', K. et al. 2007 Shell artefact production at 32,000 - 28,000 BP in Island Southeast Asia: thinking across media? *Current Anthropology* 48: 701–723.

van den Bergh et al. 2016 Earliest hominin occupation of Sulawesi, Indonesia. *Nature* 529 (7585): 208–211.

Xhauflair, H. et al. 2016 Characterisation of the use-wear resulting from bamboo working and its importance to address the hypothesis of the existence of a bamboo industry in prehistoric Southeast Asia. *Quaternary International* 416: 95–125.

第5章 考古学にみる集団と社会——西アジア・ネアンデルタール研究からの視点

西秋良宏

1 ネアンデルタール社会への注目

本書のテーマはアジアに展開したホモ・サピエンス集団がどんな社会を営んでいたのか、その特徴はいかにして生まれたのかについて具体的な証拠をもとに議論することにある。ホモ・サピエンスは、約三〇〜二〇万年前のアフリカ、中期石器時代（中期旧石器時代）に誕生したとされる。彼らは誕生直後に、少なくとも西アジア近辺に進出したことがわかっているが（Hershkovitz et al. 2018; Harvati et al. 2019）、本格的なアジア展開をはたしたのは、その後裔であるところの後期旧石器時代ホモ・サピエンス集団である。後裔は、アジア各地への広範な分布拡大をなしとげ、それ以前に展開していた旧人（ないし原人）集団に取って代わった。

本章では、彼らと系統的に最も近しく、かつ取って代わられた側の一集団、ネアンデルタール人の社会をながめてみたい。その試みは、本書の他の章で述べられている後期旧石器時代ホモ・サピエンスの技術や適応のあり方を検討する際に一つの視座を提供するであろう。

過去の集団や社会について考古学的に議論する場合、依拠するのは物的証拠である。それは行動の痕跡であるから、その担い手の社会を直接語るものではない。つまり、担い手を直接、観察し、記録した民族誌や文化人類学による証拠とは性質がちがう。また、考古学的記録はつねに時間幅をもった地層に由来するから、証拠の同時代性の統制も容易ではない。その扱いの困難さは時代をさかのぼるほどに顕著であって、旧石器時代についてはじつに危うい。この点を認識したうえで、ここでは、単位集団と地域集団というシンプルな大別にしたがってネアンデルタール「社会」に関わる証拠を検討する。そして、それをもとに、初期ホモ・サピエンス社会を理解するうえでの展望を述べる。単位集団とは民族誌や文化人類学でいうバンドに相当すると考えるが（Service 1962）、地域集団がどのレベルの「集団」にあたるのかは深入りしない。議論の対象にするのは、筆者が従来、関わってきた西アジアのレヴァント地方旧石器時代遺跡の証拠である。足りない部分は、ヨーロッパや中央アジアなど他地域のネアンデルタール人遺跡で得られた知見を参考にする。

2　アジアのネアンデルタール人

ネアンデルタール人とホモ・サピエンスは共通の祖先集団に由来するとされる。約七〇～六〇万年前頃、アフリカを出た一群がヨーロッパに定着し、そこで独自の進化をとげて登場したのがネアンデルタール人だとみられている。種としての確立は約三〇万年前頃であったらしい（高畑 二〇二〇）。ヨーロッパで誕生し、その後、東方のアジアにも進出したわけだが、どこまで東に拡がっていたかは、ヒマラヤ山脈の北と南で状況が異なっていた可能性が高い。北で見つかっている最東端の化石証拠は、オクラドニコフ洞窟、チャグルスカヤ洞窟、デニソワ洞窟など、ロシアとモンゴルの国境にあるアルタイ山脈諸遺跡のものである（西秋二〇二二）。ただし、ネアンデルタール人に特徴的とされるムステリアン石器群は、さらに東、中国東北部吉林省の金斯太遺跡でも見つかっている（Li et al. 2018）。化石人骨の発見がないとはいえ、ネアンデルタール人はアルタイ以東にも展開していたとみておくのがよいだろう。

一方、ヒマラヤ山脈南での分布はもっと西でとどまっていたようにみえる。ネアンデルタール人化石の出土はイラン、ザグロス山脈中部のビシトゥン洞窟が東限である（Trinkaus and Biglari 2006）。ムステリアン石器群は、イラン南部からパキスタンにかけての南アジアでも見つかっているが（Biagi and Stamini 2018）、それらがネアンデルタール人の所産かどうかは、にわかに判断しがたい。類似の石器技術は同時代のホモ・サピエンスも採用していたからである。しかしながら、控え目に見積もっても、この技術がほぼみられないインド半島東部以東はネアンデルタール人の分布域から外れていたのではないかと推定される。

アジアで進化した旧人にはデニソワ人もいる。遺伝学的証拠によれば、その分布の中心は東アジアや東南アジアだと推定されている。化石証拠の西限はアルタイ山脈やチベット高原であるから（Chen et al. 2019）、そのあたりが西のネアンデルタール、東のデニソワ、という東西旧人の接触域であった可能性があろう。

さて、ホモ・サピエンスは西アジア近辺に早くも約二〇万年前に到来し（第一次出アフリカ）、しばらくとどまった後、ヨーロッパを含むユーラシア各地への本格的拡散を始めた（第二次出アフリカ）。アジアのネアンデルタール人がいつ、ホモ・サピエンス集団に取って代わられたのかは、地域によってちがっていたことがわかっている。最初に交替が起きたと推定されるのは約五万年前の西アジアである。最も新しいムステリアン文化層を有するケバラ洞窟（Abadi et al. 2020）、最初期の後期旧石器時代ホモ・サピエンスの所産とされるイスラエル、ボーカー・タクチト遺跡第四層が、いずれもそのような年代を示しているからである（Leder 2018）。最初期の後期旧石器文化を担った集団は、その後、一気に西ヨーロッパにまで進出したらしい（Slimak et al. 2022）。一方、彼らがアジアの東端にまでいたった時期については諸説ある。六万年前以前にもさかのぼるという意見もあるが、誰もが認める古いホモ・サピエンスの人骨資料は中国北部、田園洞で見つかっている約四万年前の化石である（西秋 二〇二〇）。日本列島の最古の後期旧石器時代遺跡群が三万八〇〇〇年前頃に位置づけられていることとも矛盾しない（Kaifu et al. 2015）。

要するに、確実な証拠にもとづくかぎり、約五〜四万年前頃にアジアのネアンデルタール人集団はホモ・サピエンス集団に急速に吸収され、あるいは交替されたものと考えられる。なぜ、逆ではなかったのか。その背景になった可能性が高い社会のあり方のちがいを整理しておくことは、ホモ・サピエンス社会の特徴を理解することにつながると考える。

3　ネアンデルタール人の単位集団

民族誌が定義する狩猟採集民の最小の集団単位はバンドと呼ばれる血縁集団である。そのサイズは集団、社会によって異なるが、一般には数十名を超えないとされる（Service 1962）。本章ではネアンデルタール人についても同じであったと仮定して、その性質を検討する。参考にするのは米国の人類学者、B・ヘイドン（Hayden 2012）の所論である。ヘイドンは、構成員の数や生業、社会的活動等々、ネアンデルタール・バンドの特徴を多面的に論じているが、ここではバンドの構成と周辺集団との関係という二点にしぼって言及する。また、ヘイドンがもっぱらヨーロッパ遺跡の資料を論じたのに対し、ここでは筆者がフィールドとしている西アジア・レヴァント地方のデータを中心に点検することとする。

まず、ヘイドンはネアンデルタール人のバンドは一二〜二四人くらいで構成されていたのではないかと述べる。その根拠となったのは遺跡データである。ネアンデルタール人の起居の場であったと考えられる洞窟や岩陰遺跡で広域が発掘された事例を対象として、そこにどれだけのヒトが横になって就寝できたかを計算したという。その際には、炉跡の配置が就寝スペース推定の参考にされた。炉の直上では寝られないから、それを避けた空間におけるヒトの配置を計算したのである。

ネアンデルタール人遺跡では複数の炉跡が見つかることが多い。一見、その配置には規則性が見出しがたいことをもって、ネアンデルタール社会では居住空間の組織化がなされていなかったのではないかという見立てが過去にあった（Binford 1983）。「現代人がネアンデルタール人のイエを訪れることがあったら不思議な気がするだろう……なぜ昨日寝た場所で今日、火を焚いているのか」といったコメントすら、かつてはあった（Wason 2011）。

しかしながら、ヘイドンは、炉跡の分布のみで空間構造を推定することの危険性を指摘している。炉のすべてが生活炉ではなかったかもしれないからである。オーストラリア原住民の民族誌などを引いて、ネアンデルタール人遺跡の炉の中にも、夜間に暖をとるために個々人が設けた階炉（sleeping hearth）的な火処が含まれていた可能性があるとみている（Hayden 2012）。したがって、炉跡がバラバラに分布しているからといって、どこに生活の中心があったのか当惑する必要もないというわけである。そして、階炉の存在を考慮してネアンデルタール人遺跡に何人が横になれたかを見積ると、最大でも二十数名だという。この議論は筆者も、たいへん腑に落ちる。炉跡分布の不規則性がただちにネアンデルタール人の空間組織の欠如という解釈につながらないことは、つねづね感じていた（Nishiaki and Akazawa 2015）。ヘイドンの所論は、考古遺跡における炉の分布解釈について急所をついた見方だと思う。

ただし、この方式による集団サイズの見積りは遺跡の大きさに比例するから、仮に、大型洞窟が見つかれば見立ても変わるかと思われる。この点、筆者が関わってきたシリアのデデリエ洞窟は検討に値する［図1］。この遺跡は西アジア随一の巨大洞窟で面積は九〇〇平方メートルほどもある。一畳（約一・六五平方メートル）で一人寝られると計算すれば収容可能人数は五〇〇名以上となる。そこで、ネアンデルタール人が起居した痕跡のある範囲を一九八九年から二〇一一年まで続いた調査成果にもとづいて精査したところ、それは「チムニー（煙突坑）」と呼ばれる天井光が得られる箇所の平坦部のみに限定されており、面積は最大でも一〇〇平方メートルほどであることが

図1　シリア、デデリエ洞窟

わかった［図2］(Nishiaki et al. 2011)。ヘイドンにしたがって炉跡の分布を加味して就寝可能人数を見積もると、おおよそ三十数名という結果を得ている。西アジア最大級の遺跡であっても、居住していたバンドのサイズは先述の推定と大きくちがわないらしいということである。

では、どんな集団がバンドを構成していたのか。血縁集団であったと推定してはいるが、考古学的証拠だけで人員構成は判断しがたいから生物人類学的知見を参照せねばならない。この点、スペインのエル・シドロン洞窟におけるネアンデルタール人骨化石の解析結果データは出色である (Lalueza-Fox et al. 2011)。この遺跡は奥行が三・七キロメートルにもおよぶ鍾乳洞である。開口部から約二二〇メートルあたりの暗闇の中、一二体ものネアンデルタール人遺体がまとまって発見された。堆積状況からみて、それらは同時に亡くなった

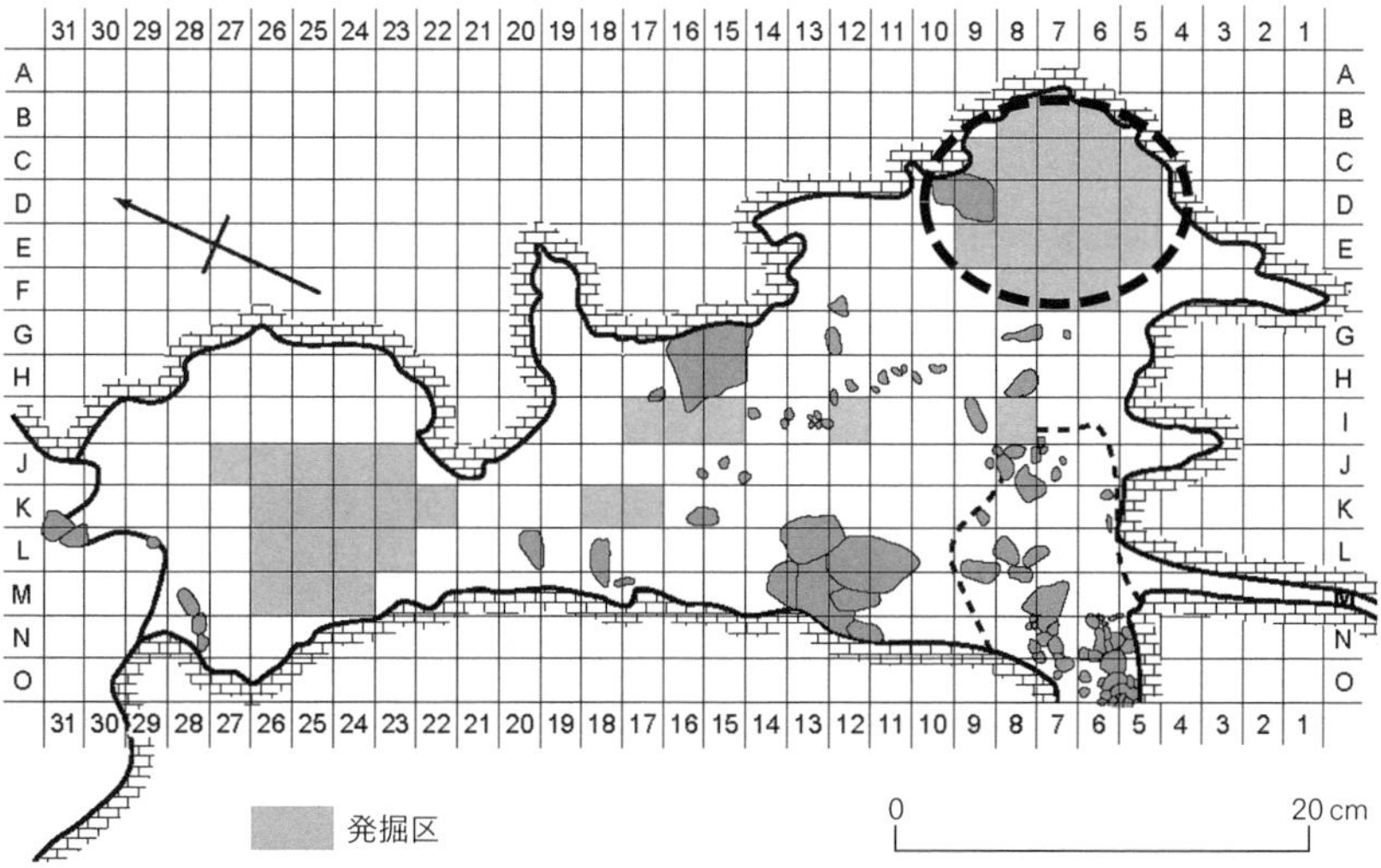

図2　シリア、デデリエ洞窟の発掘区
右上の太破線で囲った部分がネアンデルタール人居住痕跡分布域。

とみられている。かつ、人骨には石器による破砕痕や解体痕がみられたことから、発掘者たちは、この集団が他のネアンデルタール人集団に殺害され、食されたと解釈している。構成は成人男性が三名、成人女性が三名、子どもが六名であった。ちなみに、食人はホモ・サピエンス社会でもめずらしいことではなかったし、現生民族誌でも知られているから、その点はここでは議論しない。

注目すべきは人骨が示す血縁関係である。各個体の母方の関係を物語るミトコンドリアDNA分析の結果によれば、成人男性三人がみな、同じ母方に由来していたのに対し、成人女性三名はすべてよそから来ている。つまり、この「家族」は父系集団であった。また、子どものうち少なくとも二名は同時に亡くなった成人女性の一人の子どもだったらしいこともわかっている。その年齢推定をもとに、当時のネアンデルタール狩猟採集集団は三年くらいの出産間隔だったではないかとの見解も示されている。じつに生々しい鑑定結果ではあるが、この「バンド」のサイズは先の見通しの範囲内におさまっているし、構成員が一定の血縁関係にあったという見通しをも支持していることが重要である。

ところで、この一二名の「バンド」は、成人が半分に過ぎない。かつ、細かくみると成人六名のうち二名は若年個体であるという。これをふまえると、全体の七五パーセント(一二名中八名)が現代社会からみれば比較的若い個体ということになる。

これは、小さな単位集団の構成についての証拠であるが、一方でネアンデルタール人の「メタ」集団は、どのような年齢構成であったのだろうか。その推定に参考となるのは、現生あるいは前近代の諸集団について幼児(四歳以下)の比率を集計したE・トリンカウス(Trinkaus 1995)のデータである[図3]。そこから逆に知られるのは、高齢個体の少なさである。トリンカウスは遊動をむねとする当時の集団において、高齢個体が長寿を全うする機会は限られていたのではないかと述べている。現生の民族誌集団の年齢構成は、周辺の文明集団、あるいはその政治的影響でひずみがでている可能性もあるから、古代集団、たとえば日本列島の縄文時代集団の構成データがより参考になる。若年個体が多いというネアンデルタール人集団の年齢構成がそれらとさほどちがわないことは注目に値しよう。

後期旧石器時代のデータが知りたいところであるが、関係地域のデータは統計に耐えるほどの量に達していないようである。ただし、後期旧石器時代の末、西アジアのナトゥーフ文化期（約一万五〇〇〇～一万一五〇〇年前）の人骨データは大量に蓄積されてきた。たとえば、イスラエルのエル・ワド洞窟、エイナン遺跡などの墓地で一定量の人骨化石が得られている（Bar-Yosef and Valla 2013)。先述のトリンカウス論文とは年齢鑑定の基準がちがうため直接の比較はできないが、若年個体が大半を占めていることはまったく変わりがない。長寿社会あるいは高齢化社会が文化の創造や伝達に独特な影響を与えることは昨今の指摘を

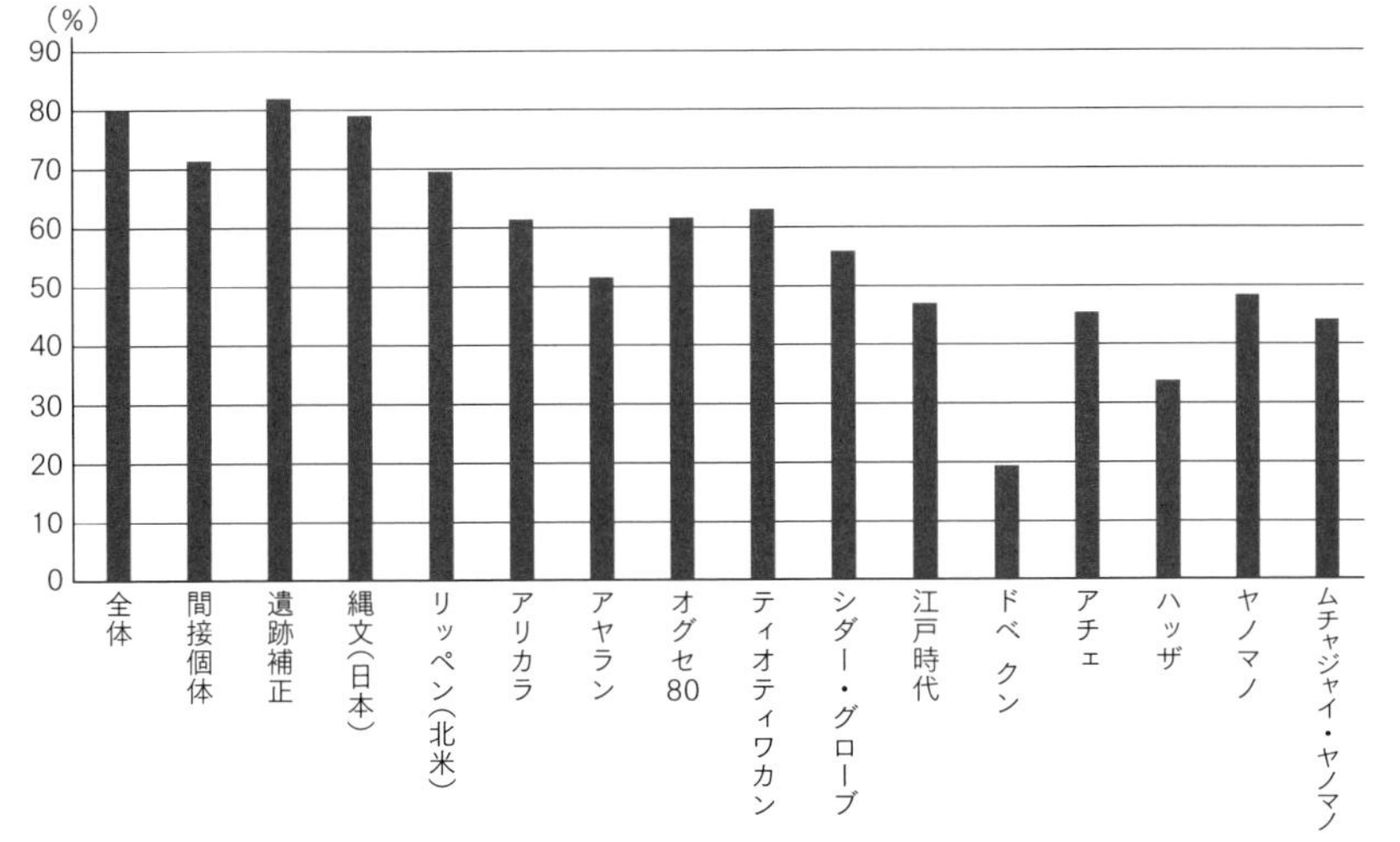

図3　狩猟採集民集団にみる若年個体の割合
（データは Trinkaus 1995 による）

待つまでもなく想像しうるが、ネアンデルタール社会と初期ホモ・サピエンス社会の場合は、年齢構成には極端なちがいがなかったのではなかろうか。

4　ネアンデルタール人の地域集団

当然のことながらネアンデルタール人集団は住処周辺だけで活動を完結していたわけではなかろう。各種の資源を獲得するため他所にでかけ、その際には別の集団と出会い、交流あるいは競合したはずである。彼らのテリトリーや交流範囲を考古学的に推定するのに有用なのが、石器の材料となる原石の調達範囲に関わる調査である。それがネアンデルタール人遺跡について最も進んでいるのはヨーロッパ地域である。それによれば、大半の原石は遺跡の周囲一〇キロメートル圏で得られているという(Féblot-Augustins 1997)。それを超える産地もないわけではなく、三〇〇キロメートルほどもの遠距離産と思われるものも散見されるというが、出土石器数の一パーセントにもならない(Mellars 1996)。後者は、集団が移動の際に長く持ち歩いた石器なのかも知れない。これらをもとに、ヘイドンは、バンドの交流範囲は限定的であったとみている(Hayden 2012)。

状況は、レヴァント地方のネアンデルタール人遺跡についても同じである。周辺の原石産地調査がなされたイスラエルのアムッド洞窟(Ekshtain et al. 2017)、ヨルダンのトール・ファラジ岩陰(Henry and Mraz 2020)とも、原石収集域はほぼ遺跡周辺、せいぜい数十キロメートル圏で完結しているという。筆者らが調べたシリア、デデリエ洞窟の調査結果も、その見解を追認する。この遺跡はアフリン川に注ぐワディに面していて、その上流わずか一〜一・五キロメートルほどのところに良質の原石を産出する露頭が複数ある。デデリエのネアンデルタール人が利用していた原石の大半はそれである。同時に、約二・五キロメートルのところにあるアフリン川沿岸ではたいへんカラフルな各種フリントが採取できる。定量的なことを記すと、一号ネアンデルタール人骨が見つかった第一一層出土石器群は一四〇〇点ほどあるが、これら地元以外の産地で得られたと見込まれる石材はわずか十数点、一パーセント以下であった（Nishiaki et al. 2012）。この洞窟では上層で約一万三〇〇〇年前の後期旧石器時代末ナトゥーフ文化期の文化層が見つかっている。これについて同様の原石分析をおこなってみると、外来の原石利用がじつに、全石器群の四分の一ほどみられた（Nishiaki et al. 2017）。

外来原石が持ち込まれた経緯はさまざまであったであろう。デデリエ洞窟の居住者が遠征によってみずから得たものかもしれないし、他集団との交易を通じて得たものかもしれない。遠征で得たのだとすれば、他の集団と出会い、文化的相互作用が促進された可能性は高かろうと思う。ふだんはばらばらの生活圏を営んでいた諸集団が季節的に集合する拠点遺跡があったことも想像できる（後述）。地域のランドマークになるような大型洞窟であるデデリエについては、その可能性も考え得る。しかし、外来原石の持ち込み率からみると、ネアンデルタール人時代における遠隔地集団との接触の機会はナトゥーフ期とは比較にならないほど少なかったようなのである。

原石の採取範囲以外の観点からも、集団の交流範囲を推定する手がかりはありうる。石器製作伝統、つまり石器インダストリーの地域分布はその一つである。石器インダストリーが過去の社会のどの側面を反映しているのかについては長らく議論があるが（Shea 2013）、その有力な回答は、動作連鎖を共有する集団を示すという解釈であろう（Kadowaki 2013）。すなわち、原石の取得から、その粗割、調整、素材剥離、生産物の加工、使用、廃棄、さらには、それらを見据えた計画を共有する社会を示しているというものである。であれば、一つの石器インダストリーの分布範囲は、その動作連鎖を共有する集団の分布範囲と想定することができる（第一九章参照）。

デデリエ洞窟のネアンデルタール人石器群はレヴァント地方ムステリアン・インダストリーに比定される。さらに言えば、その後期にあたるタブンB型である（Nishiaki et al. 2012）。このインダストリーは、ルヴァロワ技術を多用し、石核を遠端部に向かって収束的に剝離して素材剝片を産出することに特徴がある。結果として、先端が尖る短い剝片が多産される。それらは、そのまま槍先やナイフとして用いられたほか、二次加工され削器などとしても用いられた。

タブンB型の石器群はレヴァント地方にしかみられない。同じ西アジアでも、アラビア半島やザグロス・アナトリア山脈地帯にはいたっていないし、南コーカサスでも異なったインダストリーが定義されている。つまり、アジアに拡がったネアンデルタール人集団は、いわゆる後期ムステリアンの動作連鎖をゆるやかに共有しつつも、詳細にみると、各地で異なった伝統を発展させていたとみられよう。

一方、個々のインダストリーで示される地域社会も一枚岩ではなかった可能性が高い。分布範囲はそれなりに広域にわたるからである。レヴァント地方のタブンB型石器群の分布範囲をざっと計算してみると一〇万平方キロメートルに達する。その域内においては、複数の小地域集団が地域集団を構築していたものと推定される。たとえば、デデリエ洞窟の石器群は約四五〇キロメートル南のケバラ洞窟出土石器群とたいへんよく似ている（Nishiaki et al. 2012; Meignen and Bar-Yosef 2019）。一方、さらに南、六〇〇キロメートルほどのところにあるヨルダン、トール・ファラジ遺跡の石器群は両設打面による剝離が盛んという点で異なっている（Groucutt 2014）。また、レバノン海岸に近いケウエ洞窟のように、きわめて小さなルヴァロワ石器群を特徴とする遺跡もある（Nishiaki and Copeland 1992）。それは、むしろギリシャやアナトリア西南部など、地中海沿岸に展開するマイクロ・ムステリアンの伝統を彷彿とさせる。

　これらは同じインダストリーが分布する、すなわち特定の動作連鎖を共有する域内にあっても、複数の個別の集団があったことを示唆している。このあり方をヘイドンにしたがって見積ってみよう（Hayden 2012）。彼は、ヨーロッパのネアンデルタール社会の人口密度は極北カナダやオーストラリアの砂漠民に匹敵するほど小さかったのではないかと言う。二〇二〇年の日本で最も人口密度が低い都道府県単位である北海道の人口密度が六七人／平方キロメートルであるが、その三〇〇〇分の一以下、〇・〇二人という著しく低い見積りが提出されている。

　この想定のもと、ヘイドンは原石採取の範囲をも勘案して、ヨーロッパのネアンデルタール人は二五名以下のバンドが一〇～二〇ほど干渉しあって地域社会を構成していたと推測している。ならば、地域社会の構成員は最大でも五〇〇名である。レヴァント地方のタブンB型石器群の分布範囲は約一〇万平方キロメートルであるから、先述の人口密度をあてはめれば人口は最大で二〇〇〇名、この範囲に数個の地域集団があったということになる。さて、この推定が妥当かどうか。先に同じくムステリアン後期のタブンB型と分類されている石器群にも複数の地域グループがあった可能性を述べた。各石器が同時代のものかどうかの検討がむずかしいので、地域グループの数の算出はむずかしいのだけれども将来、検討してみたい。

5　ネアンデルタール社会と技術

　いずれにしてもネアンデルタール人は、非常に小さなバンドおよびその連合体で暮らしていたとみられる。そのあり方は地域の生態環境によって異なったはずであるから、ホモ・サピエンス社会と比較する場合は、同じ地域の中でくらべる必要がある。この点、フランス西部でおこなわれた先駆的研究はたいへん参考になる。遺跡から出土する動物骨（＝残飯量）や石器の数が集団の人口を反映していると仮定して、中期旧石器時代ネアンデルタールと後期旧石器時代初頭ホモ・サピエンスの遺跡を比較した研究である（Mellars and French 2011）。それによれば、人口密度は一〇倍以上もちがったという。

レヴァント地方では同様の計算をするのに十分なデータはない。しかしながら、中期旧石器時代後期と後期旧石器時代前半の遺跡数をそれぞれの存続期間で割った比較研究によれば、やはり一〇倍以上のちがいが見出されている（Kadowaki 2013）。後期旧石器時代ホモ・サピエンス集団は、それ以前よりはるかに大きく、かつ多く、複雑な社会を有していたものと思われる。

当時の人口については、ゲノム情報も参考になる。それによれば、ネアンデルタール人のメタ集団はユーラシアに進出以降、人口を減らしたとみられている（高畑　二〇二〇）。特定集団の人口は全体、また地域的に見積る必要があるが、遺伝的計算によって、全ネアンデルタール集団の人口は五〇〇〇人から七万人との試算が提出されている（Bocquet-Appel and Degioanni 2013）。ネアンデルタール人の分布域が西ヨーロッパからアルタイ地方にまで拡がっていたことを考慮すると、その人口見積りは猛烈に小さく、ヘイドンの見積りとも大きくちがわないことになる。

細かいところは人口学的な専門知識のない筆者の数字遊びにすぎない。意は、ネアンデルタール社会がメタにおいても地域においても小さかったということである。アジアのネアンデルタール社会について生物学的なデータが得られているのはアルタイ山地、デニソワ洞窟である。出土人骨第11号がネアンデルタール人の母とデニソワ人の父の混血（交雑）第一世代であったことが注目されているが、同時に、ネアンデルタール集団が近親婚を繰り返していた可能性も示唆されている（Slon et al. 2018）。その第一の原因は人口サイズの小ささであろうとみられる。遠くアジアに進出した集団は、特にその問題に直面したと思われる。なぜ、ネアンデルタール人の社会はそのように小さかったのだろうか。いくつかの理由が考えられる。第一は生物学的な理由である。ネアンデルタール人はホモ・サピエンスよりも肉厚であった。巨体を維持するためにもっぱら動物資源を摂取していたのであろう。であれば、食物連鎖の頂点に立つような肉食中心の集団はそれほど人口が増やせない。もちろん植物食も彼らのメニューに含まれていたに相違ないが、ホモ・サピエンスとくらべれば食生活にちがいがあっておかしくない（Power 2019）。また、そもそも出生率がちがったというのではないかとの説もある（Degioanni et al. 2019）。脳についての研究も興味深い。R・ダンバー（2011）は、大脳の新皮質の割合でもって、そのヒト集団が維持できた知人の数が推測できるというたいへん興味深い研究を発表している。知人とは、たとえて言うと、クリスマスカードや年賀状を出す人の数だという。彼の計算結果によれば、その数は現代人の場合一五〇人、ネアンデルタール人は一二〇人ぐらいとなるそうである。後者の社会交流範囲はホモ・サピエンスよりも若干少ないとみなされている（Pearce et al. 2013）。

第二は、歴史的、個別地域的な要因である。ネアンデルタール人の主たる棲息域であったヨーロッパは、ムステリアン後期（ＭＩＳ４）にはたいへんな厳寒期にあった。人口増につながる要因はなかったと考えられる。実際、中部ヨーロッパでは遺跡発見例が激減しているから、それ以北は氷床におおわれていたのであろう。そもそも、このことで生活圏が縮小したヨーロッパからネアンデルタール人が南下してきたからこそ、西アジアの中期旧石器時代後期にネアンデルタール人遺跡が増加したのではないかとの解釈が早くから示されている（西秋 二〇二一）。実際、近年の編年的研究によれば遺跡数も遺跡で見つかる石器・動物骨の数も中期旧石器時代の前半とくらべて増加していることが指摘されている（Hovers and Belfer-Cohen 2013）。絶対的な数字はともかく、後期旧石器時代とくらべればネアンデルタール社会が、総体的に小さな人数で構成されていたという見方がかわることがなかろう。

「小さな社会」という特徴は彼らの文化にも影響したにちがいない。そこでは革新的な発明は起こりにくいし、堅実な文化伝達もむずかしかったと考えられるからである（Kuhn 2013）。この点、火の利用技術の伝承についての議論が興味深い。ヒトが火を用いるようになったのは百数十万年前にさかのぼるようだが、恒常的な利用は約三五万年前以降とされている（Shimelmitz et al. 2014）。では、たかだか数万年前のネアンデルタール社会において火起こし技術は十分、定着していたのかといえば、そうでもない。フランス西部のネアンデルタール人遺跡では、火の利用痕跡がない遺跡や文化層が多々みられるのである。これをもって、H・ディッブルら（Dibble et al. 2018）は、少なくとも西ヨーロッパの一部ネアンデルタール人集団は火起こし技術を失ったのではないかと推定している。あまりにも集団サイズが小さくなったため、その技術を適確に伝世できなかったのではないかというのである。

アジアのネアンデルタール人についても火の利用は必ずしも普遍的ではなかったらしい。西アジアや中央アジア西部では火の利用はたいへん一般的であったことがわかっているが、中央アジア東部、アルタイ地方のネアンデルタール人遺跡にあっては火の利用痕跡がほとんど見つかっていない（西秋 二〇二一）。このちがいは、両者の文化的系統のちがいとも関係すると思うが（Nishiaki and Aripdjanov 2021）、アルタイ地方のネアンデルタール人口が特に小さかったこととも関係しているのではなかろうか。

火の利用が一般的であったレヴァント地方においても文化伝達が十分に達成されていなかった形跡がある。先にレヴァント地方ネアンデルタール人にはタブンB型インダストリーが特徴的だったと述べた。しかし、この技術も典型的な姿はその前半にしかみられない。後半ではタブンB型石器群のメルクマルともいうべきルヴァロワ石核の収束剝離伝統が崩れてしまったことがレヴァント北部のデデリエ洞窟（Nishiaki et al. 2012）、南部のケバラ洞窟（Abadi et al. 2020）、双方で報告されている。

6　西アジア旧石器時代のホモ・サピエンス社会

ホモ・サピエンスは中期旧石器時代の前半、遅くとも二〇万年前頃には西アジアに進出していた（Hershkovitz et al. 2018）。その後も、一部集団はアラビア半島などにとどまり、南下してきたネアンデルタール人集団と共存した可能性が高い。交雑が起きたのもそのような背景にある。ただし、両集団は入り乱れて生活していたわけではないと考えられる。人骨化石の発見例によれば、同じ遺跡で両者が見つかる例がほとんどないからである。唯一の発見例はタブン洞窟の場合だが（Garrod and Bate 1937）、これは二〇メートル以上、一〇万年以上にもおよぶ分厚い居住堆積における一コマであって、同時共存を裏付けるものではない。基本的には、ネアンデルタール人とホモ・サピエンスは別々の社会を営んでいたのだと考えるのがよいだろう。

レヴァント地方において最終的にネアンデルタール社会を追いやったと考えられるのは、約五万年前以降、急速に分布拡大した後期旧石器時代初頭のホモ・サピエンス集団である。彼らの遺跡は少ないが、そのあり方は中期旧石器遺跡とはいくつかの点で明確に異なっている。まず、中期旧石器時代末から後期旧石器時代にかけて継続して営まれた遺跡はたいへん少ない。レバノンのクサール・アキル岩陰やシリア中部のヤブルド岩陰はその候補とされたこともあるが、石器伝統の層位的連続は認められていない（Marks and Volkman 1986）。確実に連続している遺跡と思われるのは、イスラエル南部のネゲヴ砂漠、アラビアにも近いボーカー・タクチト遺跡くらいであろう（Marks and Kaufman 1983）。連続的に営まれた遺跡が少ないということは、それ自体、後期旧石器時代初頭集団は中期旧石器時代末のネアンデルタール人とは異なるグループであったという見方を支持している。

第二のちがいは、石器伝統における地域性のあり方である。地域性はネアンデルタール人のタブンB型インダストリーにおいてもみられたが、それらは石核剝離の方式など技術的側面に関する特徴にもとづいていた。後期旧石器時代初頭になると製作された石器の型式学的な地域差が顕著になる。明確なのは、レバノン南部あたりを境に、北にシャンフラン石器、南にエミレー石器という対照があらわれることである［図4］(Nishiaki 2018)。また、内陸のシリア沙漠ではウムム・エ＝トレール型尖頭器も出現する(Ploux and Soriano 2003)。ネアンデルタール時代の地域差は石核剝離の技術差を一万年単位の時間幅で指摘していたものであるが、これらはわずか二〜三〇〇〇年間に限って同定できる地域差であることにも留意する必要がある。

三つ目のちがいは、考古学的記録において、石器以外の人工物が急増することである。具体的には、貝類を用いた装身具が出土するようになる。装身具はネアンデルタール人も利用していた可能性が高いが、西アジアでは知られていない。一方で、西アジア

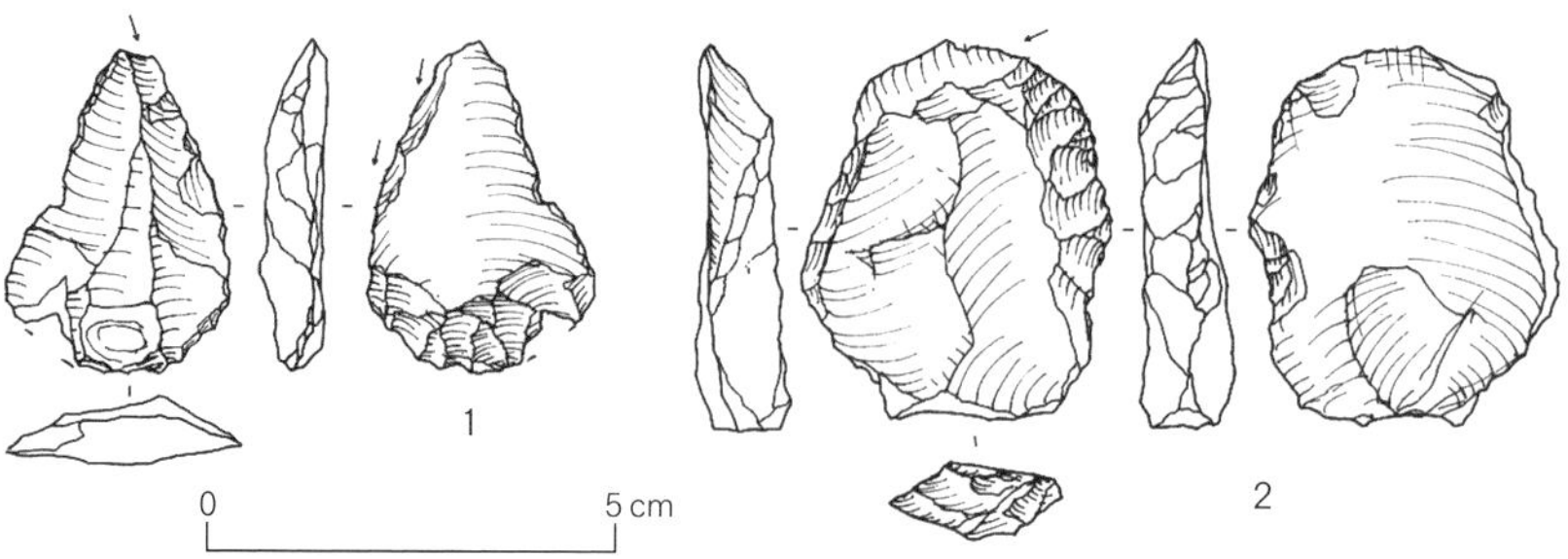

図4　エミレー尖頭器（1）とシャンフラン（2）
(Nishiaki 2018)

中期旧石器時代のホモ・サピエンス集団、たとえば、イスラエルのスフール洞窟やカフゼー洞窟のホモ・サピエンスはアフリカ大陸の中期石器時代ホモ・サピエンス集団と同種の海産貝をビーズとして利用していたことがわかっている。この状況は第七章で述べられているのでここでは詳述はしないが、両集団における社会交流の範囲は重大な研究テーマになろう。

以上の状況証拠からみると、後期旧石器時代初頭のホモ・サピエンス社会は、ネアンデルタール社会とくらべれば集団間の交流が強化されていたようみえる。かつ、その程度は以後、ますます顕著になっていったことが示唆される。四万年前頃に成立したアハマリアン石器群においても地域差は明らかであるし（Kadowaki et al. 2015）、その数千年後には西アジア外で発展したと考えられるオーリナシアン伝統がレヴァント地方にも拡散し、在地の伝統と融合した新たな伝統を作り出しはじめたことがわかっているからである（Goring-Morris and Belfer-Cohen 2018）。これ以降の石器インダストリー変遷はたいへん複雑であって委細を記載する紙幅はとうていない。石割りの動作連鎖だけでなく、地域によって明らかに見た目がちがう石器型式を生産する時代に突入する。石器の社会的意義も変化したように思われる。

この変化のすべてが先に強調した集団サイズの観点から説明できるわけではない。しかし、後期旧石器時代になって初めて大型遺跡が出現したことには注意が必要だろう。約二万五〇〇〇〜二万三〇〇〇年前のイスラエル、オハロII遺跡ではガリレー湖畔に約二〇〇〇平方メートルにわたって小屋型住居が分布する集落が見つかっている（Nadel 2017）。また、ヨルダンの同時期、ハラネIV遺跡では、じつに二ヘクタールを超える居住痕跡が同定されているという。他を圧倒するサイズであるから、狩猟採集集団の季節的集合遺跡ではなかったかとの意見がある（Jones et al. 2016）。

これらの考古学的記録は、約五万年前以降、異なる社会をもったホモ・サピエンス集団がレヴァント地方に展開したことを示唆している。その契機は、中期旧石器時代の大半を通じて、レヴァント地方海岸部にはネアンデルタール社会、内陸部にはホモ・サピエンス社会という棲み分けが維持されていたという拮抗がくずれたことかもしれない（Wakano and Kadowaki 2021）。バランスが崩れた理由の一つは、約四万八〇〇〇年前に生じたハインリッヒ・イベント5の寒冷乾燥期ではなかろうか。これを引き金に、レヴァント地方のネアンデルタール人はホモ・サピエンスと競合する時期を迎えたと思われる。あまりにも小さな社会を作っていたネアンデルタール人は社会性に優れたホモ・サピエンス社会に対応できなかったのであろう。

7　考古学にみる社会

考古学で過去の社会を語ろうとすれば、「社会」をどう定義するのかがまずは問題になる。物質文化のみで、その担い手のまとまりを定義し、彼らの日常的な行動単位とか地域的な交流、対外関係を判断せねばならないのだからむずかしい仕事である。まして、本書で扱っているような旧石器時代遺跡から得られる考古学的証拠の解像度はたいへん低く、現生の民族誌で追究されている細かな証拠はまったく得られない。考古遺跡で見つかる物質文化の地域的変異が当時の集団や社会のどの部分を示しているのかについては、慎重な議論が必要である。その答えは、現状では、個々の証拠の定義や状況によってちがうというしかないと思う。

本章では、新人旧人交替期におけるレヴァント地方ネアンデルタール人とホモ・サピエンスの社会のちがいを相対化してながめた。結論としては、ネアンデルタール人の社会は後期旧石器時代初めのホモ・サピエンス社会よりも小さかったということである。逆に言えば、新人集団はより大きな社会を形成した。その方法は、単位集団であれ地域集団であれ、コミュニケーション・トゥールを用いたネットワーク技術であったように思われる。

考古学の物的証拠の変異が、現生社会を扱う民族誌、文化人類学の概念のどこにあたるかの議論はさけている。示唆するところは、ネアンデルタール人の社会は後期旧石器時代のそれとくらべれば、相対的に小さく、そのためさまざまな制約を受けていたのではないかということである。その原因は、急激な環境変動にもとづく資源減少、寒冷気候、身体骨格、食習慣に起因する集団サイズ、認知能力の潜在的ちがいなど、さまざまに考えられる。そのどれが一番の原因かということになると、これまでは認知能力のちがいのみが強調されてきたようにみえる。考古学的証拠にもとづく「歴史」についての考察も不可欠であろう。ネアンデルタール人の社会はこう、ホモ・サピエンスの社会はこう、というふうに生物種としてまとめて語るのはたいへんむずかしい。どちらも、文化によって適応していたからである。現生狩猟採集民の社会が各地で多様であるように、彼らも多様であったものと思う。ここで述べたのはレヴァント地方という一地域についての見通しであることも強調しておきたい。

参考文献

R・ダンバー　二〇一一『友達の数は何人？』藤井留美訳、インターシフト
高畑尚之　二〇二〇「私たちの祖先と旧人たちとの関わり」西秋良宏編『アフリカからアジアへ—現生人類はどう拡散したか—』朝日新聞出版、一五一 - 一九八頁
西秋良宏編　二〇二〇『アフリカからアジアへ—現生人類はどう拡散したか—』朝日新聞出版
西秋良宏編　二〇二一『中央アジアのネアンデルタール人』同成社
Abadi, I. et al. 2020 Kebara V-a contribution for the study of the Middle-Upper Paleolithic transition in the Levant.

PaleoAnthropology 2020: 1–28.

Bar-Yosef, O. and F. Valla 2013 *Natufian Foragers in the Levant: Terminal Pleistocene Social Changes in Western Asia.* Ann Arbor: International Monographs in Prehistory.

Biagi, P. and E. Starnini 2018 Neanderthals and modern humans in the Indus Valley? In: *The Middle and Upper Paleolithic Archeology of the Levant and Beyond* , edited by Y. Nishiaki and T. Akazawa, pp. 175–197. Singapore: Springer Nature.

Binford, L. R. 1983 *In Pursuit of the Past.* London: Thames and Hudson.

Bocquet-Appel, J. P. and A. Degioanni 2013 Neanderthal demographic estimates. *Current Anthropology* 54(S8): S202–S213.

Chen, F. et al. 2019 A late Middle Pleistocene Denisovan mandible from the Tibetan plateau. *Nature* 569(7756): 409–412.

Degioanni, A. et al. 2019 Living on the edge: Was demographic weakness the cause of Neanderthal demise?. *PLOS ONE* 14(5): e0216742.

Dibble, H. L. et al. 2018 Were Western European Neandertals able to make fire?. *Journal of Paleolithic Archaeology* 1: 54–79.

Ekshtain, R. et al. 2017 Local and nonlocal procurement of raw material in Amud Cave, Israel: The complex mobility of Late Middle Paleolithic groups. *Geoarchaeology* 32(2): 189–214.

Féblot-Augustins, J. 1997 *La Circulation des Matières Premières au Paléolithique.* Liège: University of Liège.

Garrod, D. A. E. and D. M. A. Bate 1937 *Stone Age of Mount Carmel, Vol. I.* Oxford: Claredon Press.

Goring-Morris, N. and A. Belfer-Cohen 2018 The Ahmarian in the context of the earlier Upper Palaeolithic in the Near East. In: *The Middle and Upper Paleolithic Archeology of the Levant and Beyond,* edited by Y. Nishiaki and T. Akazawa, pp. 87–104. Singapore: Springer Nature.

Groucutt, H. S. 2014 Middle Palaeolithic point technology, with a focus on the site of Tor Faraj (Jordan, MIS 3). *Quaternary International* 350: 205–226.

Harvati, K. et al. 2019 Apidima Cave fossils provide earliest evidence of Homo sapiens in Eurasia. *Nature* 571(7766): 500–504.

Hayden, B. 2012 Neanderthal society structure? *Oxford Journal of Archaeology* 31(1): 1–26.

Henry, D. O. and V. Mraz 2020 Lithic economy and prehistoric human behavioral ecology viewed from southern Jordan. *Journal of Archaeological Science: Reports* 29: 102089.

Hershkovitz, I. et al. 2018 The earliest modern humans outside Africa. *Science* 359(6374): 456–459.

Hovers, E. and A. Belfer-Cohen 2013 On variability and complexity: Lessons from the Levantine Middle Paleolithic record. *Current Anthropology* 54(S8): S337–S357.

Jones, M. D. et al. 2016 The environmental setting of Epipalaeolithic aggregation site Kharaneh IV. *Quaternary International* 396: 95–104.

Kadowaki, S. 2013 Issues of chronological and geographical distributions of Middle and Upper Palaeolithic cultural variability in the Levant and implications for the learning behavior of Neanderthals and Homo sapiens. In: *Dynamics of Learning in Neanderthals and Modern Humans. Vol. 1: Cultural Perspectives,* edited by T. Akazawa, Y. Nishiaki and K. Aoki, pp. 59–91. New York: Springer.

Kadowaki, S. et al. 2015 Variability in Early Ahmarian technology and its implications for the model of a Levantine origin of Protoaurignacian. *Journal of Human Evolution* 82: 67–87.

Kaifu, Y. et al. 2015 Modern human dispersal and behavior in Paleolithic Asia: Summary and discussion. In: *Emergence and Diversity of Modern Human Behavior in Paleolithic Asia,* edited by Y. Kaifu, M. Izuho, T. Goebel, H. Sato and A. Ono, pp. 535–566. Texas: Texas A & M University Press.

Kuhn, S. 2013 Cultural transmission, institutional continuity and the persistence of the Mousterian. In: *Dynamics of Learning in Neanderthals and Modern Humans. Vol. 1: Cultural Perspectives,* edited by T. Akazawa, Y. Nishiaki and K. Aoki, pp. 105–114. New York: Springer.

Lalueza-Fox, C. et al. 2011 Genetic evidence for patrilocal mating behavior among Neandertal groups. *Proceedings of the National Academy of Sciences* 108(1): 250–253.

Leder, D. 2018 Lithic variability and techno-economy of the initial Upper Palaeolithic in the Levant. *International Journal of Archaeology* 6(1): 23–36.

Li, F. et al. 2018 The easternmost Middle Paleolithic (Mousterian) from Jinsitai Cave, north China. *Journal of Human Evolution* 114: 76–84.

Marks, A. E. and D. Kaufman 1983 Boker Tachtit: The artifacts. In: *Prehistory and Paleoenvironments in the Central Negev, Israel, Vol. III*, edited by A. E. Marks, pp. 69–125. Dallas: Southern Methodist University Press.

Marks, A. E. and P. Volkman 1986 The Mousterian of Ksar Akil: Levels XXVIA through XXVIIIB. *Paléorient* 12(1): 5–20.

Meignen, L. and O. Bar-Yosef 2019 Kebara Cave, Mt. Carmel, Israel *The Middle and Upper Paleolithic Archaeology. Part II*, Cambridge: Peabody Museum.

Mellars, P. 1996 *The Neanderthal Legacy: An Archaeological Perspective from Western Europe*, Princeton: Princeton University Press.

Mellars, P. and J. C. French 2011 Tenfold population increase in western Europe at the Neandertal–to–Modern Human transition. *Science* 333(6042): 623–627.

Nadel, D. 2017 Ohalo II. In: *Quaternary Environments, Climate Change, and Humans in the Levant*, edited by Y. Enzel and O. Bar-Yosef, pp. 291–294. Cambridge: Cambridge University Press.

Nishiaki, Y. 2018 Initial Upper Paleolithic elements of the Keoue Cave, Lebanon. *The Middle and Upper Paleolithic Archeology of the Levant and Beyond*, edited by Y. Nishiaki and T. Akazawa, pp. 71–86. Singapore: Springer Nature.

Nishiaki, Y. and L. Copeland 1992 Keoue Cave, Northen Lebanon and its place in the Levantine Mousterian context. In: *The Evolution and Dispersal of Modern Humans in Asia*, edited by T. Akazawa, K. Aoki and T. Kimura, pp. 107–127. Tokyo: Hokusensha.

Nishiaki, Y. et al. 2011 Recent progress in Lower and Middle Palaeolithic research at Dederiyeh Cave, Northwest Syria. In: *The Lower and Middle Palaeolithic in the Middle East and Neighbouring Regions*, edited by J.-M. Le Tensorer, R. Jagher and M. Otte, pp. 67–76. Liège: Université de Liège.

Nishiaki, Y. et al. 2012 Temporal variability of Late Levantine Mousterian assemblages from Dederiyeh Cave, Syria. *Eurasian Prehistory* 9(1/2): 3–27.

Nishiaki, Y. and T. Akazawa 2015 Patterning of the early Middle Paleolithic occupations at Douara Cave and its implications for settlement dynamics in the Palmyra basin, Syria. *L'Anthropologie* 119: 519–541.

Nishiaki, Y. et al. 2017 Natufian in the north: The Late Epipalaeolithic cultural entity at Dederiyeh Cave, northwest Syria. *Paléorient* 43(2): 7–24.

Nishiaki, Y. and O. Aripdjanov 2021 A new look at the Middle Palaeolithic lithic industry of Teshik Tash Cave, Uzbekistan, west Central Asia. *Quaternary International* 596: 22–37.

Pearce, E. et al. 2013 New insights into differences in brain organization between Neanderthals and anatomically modern humans. *Proceedings of the Royal Society B: Biological Sciences* 280(1758): 20130168.

Ploux, S. and S. Soriano 2003 Umm el-Tlel, une sequence du Paléolithique supérieur en Syrie centrale. Industries lithiques et chronologie Culturelle. *Paléorient* 29: 5–34.

Power, R. C. 2019 Neanderthals and Their Diet. *eLS*: 1–9.

Service, E. R. 1962 *Primitive Social Organization*, London: Random House.

Shea, J. J. 2013 *Stone Tools in the Paleolithic and Neolithic Near East*, Cambridge: Cambridge University Press.

Shimelmitz, R. et al. 2014 'Fire at will': The emergence of habitual fire use 350,000 years ago. *Journal of Human Evolution* 77: 196–203.

Slimak, L. et al. 2022 Modern human incursion into Neanderthal territories 54,000 years ago at Mandrin, France. *Science Advances* 8(6): eabj9496

Slon, V. et al. 2018 The genome of the offspring of a Neanderthal mother and a Denisovan father. *Nature* 561(7721): 113–116.

Trinkaus, E. 1995 Neanderthal mortality patterns. *Journal of Archaeological Science* 22: 121–142.

Trinkaus, E. and F. Biglari 2006 Middle paleolithic human remains from Bisitun Cave, Iran. *Paléorient* 32(2): 105–111.

Wakano, J. Y. and S. Kadowaki 2021 Application of the ecocultural range expansion model to modern human dispersals in Asia. *Quaternary International* 596: 171–184.

Wason, P. 2011 Encountering alternative intelligences: Cognitive archaeology and SETI. In: *Civilizations Beyond Earth: Extraterrestrial Life and Society*, edited by D. Vakoch and A. Harrison, pp. 43–59. New York: Berghahn Books.

第6章

集団接触による物質文化形成

――東アジア旧石器文化の例

加藤真二

1　中国北部の地域区分と自然環境

本章のおもな舞台は、後期更新世（約一三万〜一万二〇〇〇年前）の中国北半部（以下、中国北部）である。中国北部とは、現在の中国東北地方（以下、東北地方）と華北地方、それに中国西北地方（以下、西北地方）東部のことを指す。地理的には、中国北部の南は、淮河―秦嶺山脈を結んだ線（淮河―秦嶺線）で中国南半部（以下、中国南部）と区分される。また、北は、アムール河（黒龍江、中露国境）、ゴビ砂漠（中蒙国境）で区画される。東は、北半部がウスリー河（中露国境）や長白山ならびに図們江、鴨緑江（中朝国境）で区画され、南半部は渤海、黄海、東シナ海の沿岸となる。そして、西は、六盤山・賀蘭山などの山系で区画したい。現在の行政区分でいえば、東北地方：黒龍江省、吉林省、遼寧省、内蒙古自治区東部、華北地方：河北省、北京市、天津市、山東省、山西省、河南省、西北地方東半部：寧夏回族自治区、甘粛省、陝西省、内蒙古自治区西部がそれぞれ該当する。

自然環境的には、中国北部と南部は積算温度四五〇〇度の線で区分される。中国北部自体は、東北区、華北区、内蒙古区に分けられ、積算温度三〇〇〇度の線で、華北区と東北区・内蒙古区が、また、東北区と内蒙古区は乾燥指数(1)一・二の線で区分される。華北と東北・西北地方の境界は、おおむね長城（長城線）と重なる。そして本来であれば、寒冷湿潤気候で針葉樹林が発達する東北地方北部や乾燥気候で草原地帯の内蒙古西部などを除くと、華北地方から東北地方西部にかけては比較的乾燥した暖温帯から温帯環境下で落葉広葉樹林と森林草原が、また東北地方東部では湿潤温帯下で針葉樹・落葉広葉樹混交林がそれぞれ広がるとされる。これに対して中国南部は湿潤な亜熱帯から熱帯であり、落葉広葉樹・常緑広葉樹混交林、常緑広葉樹林、熱帯モンスーン林などが広がる（任 一九八五）。ただし現在の中国では、長きにわたる人類活動の結果、原生の植生はほとんど残されていない。

後期更新世の温暖期の植生は現在のものに近かったとみられるが、氷期には中国北部では寒冷乾燥化が進んだ。たとえば、最終氷期極寒期（ＬＧＭ）には、現在は東北地方北部、おおむね北緯五〇度以北のホロンバイル高原―大興安嶺山脈北半部―小興安嶺山脈西半部にみられる永久凍土が、沿海部を除く東北地方全域から華北地方の燕山山脈―太行山脈北半部―呂梁山脈北半部―オルドス高原南縁部を結んだ線まで南下した［図1］(Zhao et al. 2013)。その結果、華北地方から東北地方南部では森林草原・草原、東北地方東部では針葉樹林、東北地方西部から内蒙古東半部でステップや砂漠、東北地方北部では乾燥した周氷期環境下での荒野がそれぞれ広がった。これに合わせて中国北部ではサイゴハイエナ、アジアノロバ、モウコノウマ、アカシカ、オーロックス、プルジェワルスキーガゼル、ケサイなどの黄土動物群が繁栄するとともに、東北地方にはマンモス、ケサイ、バイソン、ヘラジカなどのマンモス動物群が南下した。他方、氷期の中国南部では草原が増えるなどの環境変化がみられるものの、寒冷乾燥化の影響は大きくなく、動物群もトウヨウゾウ、タケネズミ、ヤマアラシ、マッカク、ジャイアントパンダなどのジャイアントパンダ・ステゴドン動物群が継続的に生息していた。このように動物地理的にも中国北部と南部では大きくなちがいがみられ、現在、長江から淮河―秦嶺線の間を過渡的地帯としながら、中国北部は旧北区、南部は東洋区にそれぞれ属している（中国科学院『中国自然地理』編集委員会一九八一）。

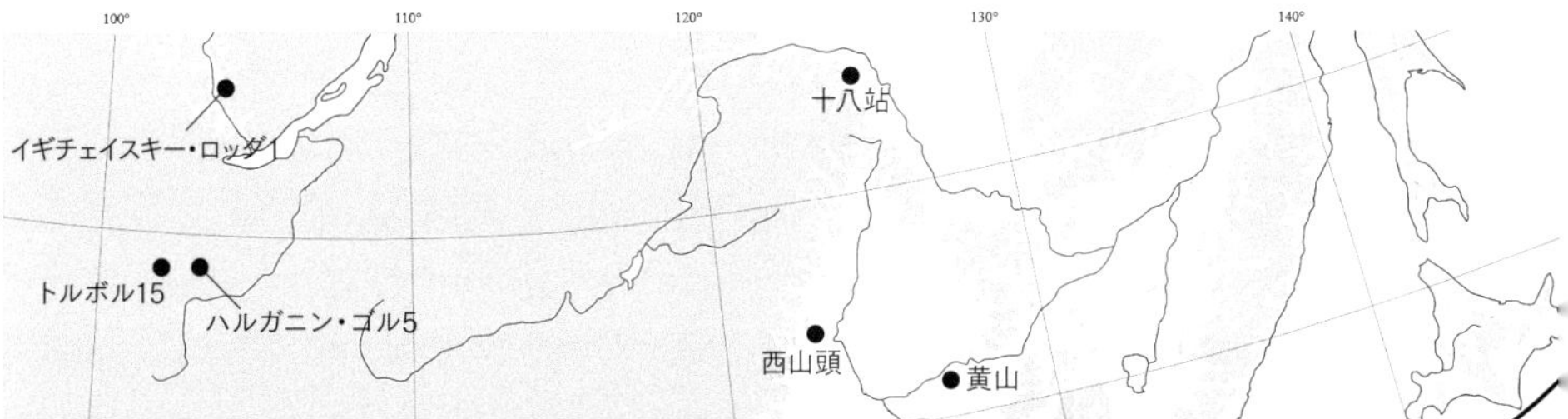

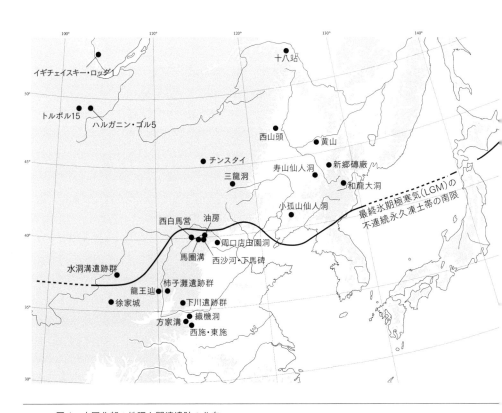

図1　中国北部の地理と関連遺跡の分布

2　中国北部と南部の旧石器文化

前期更新世にさかのぼる原人段階において、すでに中国北部と南部の石器群の間に大きな差異が見られることはよく知られている。中国北部においては小型剝片石器が卓越する石器群が盛行するが、中国南部では礫器やハンドアックスなどのロング・コア・トゥールといった大型重量石器を中心とする石器群が盛行する。中国北部と南部では、様相が大きく異なる石器群がその後も展開する。中国北部では中期更新世後葉（約三〇万年前）以降、鋸歯縁石器類（鋸歯縁石器、ノッチ、ベック）、厚型削器、各種尖頭器などの定形的な剝片石器からなる鋸歯縁石器群が出現、盛行していく。そして後期更新世後葉（四万五〇〇〇～四万二〇〇〇年前）以降、大型石刃石器群および小石刃・中型石刃技術や掻器・彫器・背付き尖頭器などの後期旧石器的石器をもつ石器群が出現した後、細石刃石器群が展開する。一方、中国南部、ことにその東半部では後期更新世後葉に入り、チャートを素材とした不定形剝片で構成される石器群が盛行するまでは、礫器などの大型重量石器を中心とする石器群が展開する。全体として中国北部の石器群は定形的な小型の剝片石器を中心とし、中国南部の石器群は大型重量石器が目立ち、剝片石器は不定形で器種も少ないなど、より南方の東南アジアの旧石器文化と共通する〝素朴な〞印象を与えている（加藤 二〇一九）。

こうした様相が異なる南北の石器群の分布も、地理的、環境的に中国北部と南部を分ける淮河―秦嶺線がおおむね境界線となる。このため南北の石器群の差異も環境差などを背景にすると推測される。

前述したように、更新世においては、長江から黄河の間の地域を過渡地帯としながら、それ以南の中国南部では、氷期でも亜熱帯・熱帯下の森林環境が優占する。このため、この地域は現在の東南アジアの森林環境同様、多種の生物が分散分布するとともに植物生物量が多いのに対して、動物生物量が少ないという状況

(Hutterer 1976: 221-242) にあったと想定される。一方、森林草原や草原が優越する中国北部では、中国南部とは逆に比較的少種類の生物が集中分布するとともに植物生物量が少なく、動物生物量が多かったと考えられる。特に遺跡から出土する動物骨をみると、ウマ、ロバ、ガゼル、オーロックスなどの中・大型の草原性群棲草食獣の比率が高かったといえる。

生物、つまり生物資源の分布状況は、それに依存する石器群の荷担集団のサイズや密度に影響を与える。中国南部の石器群の荷担集団は小規模で分散していた一方、中国北部の荷担集団は規模も比較的大きく、季節的な集合・離散がおこなわれていた可能性を指摘できる。田村光平によれば、文化進化学では、集団のサイズや社会ネットワークの大きさが文化の複雑さや技術水準の動向に影響を与えるか否かが論争になっているという(田村 二〇二〇:一一八―一二五)。影響があるとする意見によれば、集団サイズや社会ネットワークが大きいと、文化や技術水準の複雑さは維持、上昇するのに対して、小さいと下降するという。中国北部と南部の石器群の様相が異なる原因も両地域での集団のサイズや社会ネットワークの差に求められるのかもしれない。

また、K・ハッタラーは、東南アジアの森林のように多種の生物が分散して分布する環境下での道具の製作・管理は広範囲に利用できる原材料を使用することが最も効率的であると指摘している(Hutterer 1976: 221-242)。この指摘をもとにすれば、東南アジアの森林同様の環境特性をもち植物生物量が多かった中国南部では、物質文化の中での竹を含む植物性資源の比率が高まったと考えられる。その結果、石器の役割は鋭い刃縁や重さを利用した植物性資源の加工など補助的なものに限定されることとなり、製作・運用技術や石器そのものの単純化につながったとみることができる。これに対して中国北部では、草原性の群棲草食獣などの動物生物量が多かったことから、狩猟活動や動物性資源の利用の比率が高まったと考えられる。そして狩猟具、皮革加工具、骨角器製作具などの専用的な石器が必要とされた結果、物質文化における石器の比重が高まり、石器の器種分化や定形化、石器製作技術の発達が促されたとみることができる。

このように中国北部と南部の石器群の様相差は、両地域の環境差がもたらした集団や社会ネットワークの大きさ、石器が果たす役割のちがいに起因すると考えられた。このため、もし一方の地域から他の地域に集団が移動・移住したとしても、移住先の環境に合わせて集団サイズや荷担する石器群なども変化することになり、結果として両地域の石器群の様相は維持されることになったといえよう。

3　中国北部における石器群の分布範囲の拡大とムステリアン荷担集団との接触

中国北部での旧石器遺跡の分布の北限は、中国北部最古の旧石器遺跡の一つである河北省馬圏溝Ⅲ（約一六六万年前）で北緯四〇度付近に達して以降、長らく同緯度付近にあった。しかし、最終間氷期以降になると、より北方の地域に分布するようになる。現在、後期旧石器時代以前のものとしては、北緯四五度の内蒙古自治区チンスタイ（下文化層［8層］：四万七〇〇〇～四万二〇〇〇年前）、黒龍江省黄山（三万一〇〇〇年前よりも古い）、北緯四四度の内蒙古自治区三龍洞（約五万年前）、北緯四三度の吉林省寿山仙人洞（下文化層［3層］：約一六万年前より新しい）、新郷磚廠（約六万二〇〇〇年前）などの遺跡が確認されている（加藤二〇一九）。このうち寿山仙人洞、チンスタイからはいずれも鋸歯縁石器群が出土している。さらに、ロシアのバイカル湖西方、アンガラ川流域のイギチェイスキー・ロッグ1（北緯五三度：六万～四万五〇〇〇年前よりも古い）でも鋸歯縁石器群と類似する石器群が検出されている（松本一九八七）。これについては加藤晋平により、石英製の小型両面加工石器の存在から中国の石器群との関連性が指摘されている（加藤一九八八：

八六－八八)。確かに、この小型両面加工石器は、縦稜をもち、断面形が菱形を呈するなど、中国北部の同時期の石器群にみられるカンソン型尖頭器（Gagnepain et al. 2011）もしくは塔水河型尖頭器（Tang and Chen 1990）に類似する。もし、このイギチェイスキー・ロッグ1石器群に対する知見をとるとするならば、北緯四〇度以南にいた石器群の荷担集団がMIS5～3前半の時期に北緯五〇度以北まで一挙に生息域を拡大したとみることができる。これは最終間氷期や亜間氷期の気候の温暖化を背景にするものだろう。ただ、現在の遺跡の検出状況では、北緯四〇度以北の遺跡の密度は四〇度以南にくらべて希薄のようである。

この北方に石器群の分布域が拡大した時期に、中国北部、特に東北地方にムステリアンを荷担した集団が侵入した形跡がみられる。内蒙古自治区南部の三龍洞（約五万年前）では、ムスチエ型尖頭器やキナ型スクレイパーに特徴づけられる石器群が出土したことが報じられている（単ほか 二〇一七）。また、先にあげたチンスタイ遺跡下文化層（8・7層：四万七〇〇〇～三万七〇〇〇年前）では、鋸歯縁石器群に混じって少数ながらルヴァロア技術の存在を示すルヴァロア石核、シャポー・ド・ジャンダルム（山形の調整打面）をもつものを含むルヴァロア剥片・ポイントが出土した（Li et al. 2018）。このほか黒龍江省黄山、遼寧省小孤山仙人洞（2層下底：四万八〇〇〇年前）でもルヴァロアポイントとみられるものが単独出土している。

三龍洞の石器群はムステリアンそのものと思われることから、その荷担集団が中国北部に移住したのにともなって伝播した、いわゆる「移住伝播」によるものとみることができる。一方、チンスタイの石器群は、中国北部の主流の石器群であった鋸歯縁石器群であり、それに少数のムステリアンの技術的要素が付加されたものである。このため中国北部の在地の鋸歯縁石器群荷担集団が東北地方に進入してきた、もしくは隣接するムステリアン分布域のムステリアン荷担集団と接触し、技術を摂取したものとみることができる。「接触伝播」の結果といえよう。(2)

ムステリアンは東北地方以南の地域では片鱗も見出せない[3]。このため中国北部にみられるムステリアンとその技術的要素は、北方・西方に起源をもつと考えられる。北アジアにおけるムステリアンの分布をみると、東ヨーロッパからアルタイ地域を経由して、モンゴル中部（ハルガニン・ゴル5：北緯四九度一四分、東経一〇三度二分）まで広がる（Rybin and Khatsenovich 2020）。三龍洞の石器群は、これがマンモスステップ伝いにさらに東方へ拡散し、東北地方に到達、進入したものといえるだろう。この時、ムステリアンの荷担集団が東北地方に進入できたのは、この地の遺跡＝人口が希薄だったこともあるだろう。なお、E・ルィービンとA・ハッセノビッチは、このムステリアンの荷担者はデニソワ人と考えている（Rybin and Khatsenovich 2020）。

また東北地方では、この後、チンスタイ中文化層（5A層：二万七〇〇〇年前）、黒龍江省十八站C文化層（約二万五〇〇〇年前）などで、盤状石核やそれから剥離された大型石刃が確認されている（李ほか 二〇一六）。これらは、この地に拡散したルヴァロア技法を基盤として成立したものかもしれない。

4　現代型新人の拡散と集団接触

現代型新人の北上

中国北部最古の現代型新人の化石は、北京市田園洞で出土したもの（田園洞人：四万年前）。古代ゲノムの分析からは、この田園洞人を含む東アジア人の先祖集団は東南アジアから北上してきたものとされている（Gakuhari et al. 2020）。

この東アジア人先祖集団の北上を示す可能性があるものとして、河南省織機洞、方家溝などの嵩山東麓遺跡群の大型石器群が注目される。これらの遺跡は、秦嶺山脈の東端にあたる嵩山の東麓が黄河と淮河の間にある黄淮平原に張り出した丘陵地帯に位置する。この地区では約一一万年前の同省霊井以降、三万年前の黄帝口まで石英製鋸歯縁石器群が盛行するが、その中に織機洞8、9層（五万七〇〇〇〜五万年前）、方家溝5、6層（約四万一〇〇〇年前）、同8、9層（約五万六〇〇〇年前）などの石英砂岩の礫を用いた大型石器を主体とする石器群が嵌入する（王 二〇〇八、北京大学考古文博学院・鄭州市文物考古研究院 二〇二〇）。この種の石英砂岩素材の大型石器を主体とする石器群は中国南部に盛行するものであり、そこから中国北部に伝播してきたことをうかがわせるものである。

織機洞8、9層や方家溝8、9層では、MIS3の比較的温暖な環境下でヨモギ属—アカザ科—イネ科の草原と落葉広葉樹・針葉樹の混合林による森林草原が復原されており、黄淮地区は中国北部から南部への過渡的な地帯だったとみることができる（劉編 二〇〇九、北京大学考古文博学院・鄭州市文物考古研究院 二〇二〇）。これらの大型石器を主体とする石器群は、気候の温暖化による森林の拡大にともない北上した森林環境に適応した中国南部の現代型新人に荷担され、中国北部と南部の過渡的地帯だった黄淮地区に出現したものと考えられよう。

この後、中国北部では、大型石器を荷担して中国南部から拡散してきた現代型新人集団が中国北部の森林草原／草原環境に適応する過程で、在地の古代型新人から鋸歯縁石器群を受容、荷担するようになり、約四万年前までには古代型新人と置き換わったようである。

山西省下川富益河圪梁中層文化（四万年前）の石器群では、鋸歯縁石器とともに、砂岩・石英岩製の粗大な礫器、石核が多くみられる（中国社会科学院考古研究所・山西省考古研究所 二〇一六）。通常、鋸歯縁石器群にも礫器などはみられるものの、それほど目立つものではない。中国南部から移動してきた現代型新人集団が中国北部に拡散する過程で、大型石器を主体とする石器群と中国北部の鋸歯縁石器群のハイブリッドな石器群などを生成したことを示すものではないだろうか。また河北省西白馬営（五万〜四万年前）では、典型的な鋸歯縁石器群が出土した。それとともに初源的な磨製骨器や火処での火の管理など現代型新人的な行動様式を見出せることから、その石器群は、現代型新人によって残されたものであったと推定されている（中国社会科学院考古研究所ほか二〇一九）。

後期旧石器時代初頭石器群の出現

中国南部から北上してきた現代型新人集団が中国北部に拡散し、古代型新人との置換が進んでいた頃、盤状石核から剝離された大型石刃とそれを加工したトゥールを特徴とする石刃石器群が中国北部の西辺部で出現する。寧夏回族自治区の水洞溝遺跡群の第1地点下文化層（四万一〇〇〇年前）、第2地点第7文化層（四万一〇〇〇年前）、第9地点などである。その特徴から、これらの石器群を現代型新人集団の拡散にともなってユーラシア各地に伝播した大型石刃石器群：後期旧石器時代初頭石器群（ＩＵＰ）[4]とする見方が有力である。李鋒らはアルタイルート、天山ルート、タリムルートという三つの伝播ルートを想定している（Li et.al 2019）。

中国北部でこの種の石器群が確認されているのは、水洞溝遺跡群を除けば黄河大屈曲部に近い内蒙古自治区清水河遺跡群だけである。このため、この石刃石器群は四万一〇〇〇年前を前後するごく短い期間内に、西方もしくは北方から西北地方東部・華北地方西部に一過的に進入した現代型新人集団が残したものとみることができ、中国北部での後期旧石器時代の開始を示す指標の一つとして重要な意味をもつ。しかしながら、中国北部で主体的な石器群は、それ以前からこの地域で展開してきた鋸歯縁石器群であった。いまのところ、進入してきた水洞溝などの後期初頭の石刃石器群が鋸歯縁石器群に影響を及ぼした明瞭な形跡はみられない。

この点に関してはさらなる事例の蓄積と検討が必要である。

後期旧石器時代前半期における集団接触

四万一〇〇〇年前の大型石刃石器群の出現に先行する四万五〇〇〇～四万二〇〇〇年前以降、鋸歯縁石器群につぎのような技術的、文化的要素が断続的に付加されていく。①小石刃・中型石刃を剥離する石刃技術、②ブランティングによる二次加工、③掻器、彫器、斧形石器などの後期旧石器的なトゥール、④ダチョウの卵殻、貝殻、動物の歯牙などを素材とした装身具、赤色顔料、⑤磨製骨角器、⑥黒曜石などの遠隔地産優良石材の利用などである［表1］。これにともない石器群の構造が変化していく。甘粛省徐家城4A文化層（三万九〇〇〇～二万八〇〇〇年前）では、より古い4C文化層（四万六〇〇〇～四万五〇〇〇年前）、4B文化層（四万三〇〇〇～四万一〇〇〇年前）同様、石英製の鋸歯縁石器群が出土したが、それまで一定の割合（4C、4B文化層ともに二〇パーセント）をもっていた多面体石核が半減し（一二・五パーセント）、単打面石核、二打面石核の比重が高まり、剥片の長幅指数（長さ／幅×一〇〇）もわずかではあるが上昇し（4B文化層：一・〇、4A文化層：一・〇五）、剥片の縦長化がみられる（李ほか 二〇一二）[5]。

こうした石器群の構造変化が進行した結果、鋸歯縁石器群から鋸歯縁石器類（鋸歯縁石器、ノッチ、ベック）が少なく、掻器・彫器など後期旧石器的な石器が顕著な石器群（水洞溝第2地点第2文化層：三万一〇〇〇年前など）やブランティングによる背付き尖頭器、台形様石器、台形石器などをもつ石器群（山西省下川遺跡群上文化層前半：三万六〇〇〇～二万七〇〇〇年前、北京市東方広場：二万九〇〇〇～二万八〇〇〇年前など）が派生する（加藤 二〇一九）。

ところで、この時期に石器群にみられるようになる小石刃を剥離する石刃技術、装身具などは、時間的に

石器群類型	後期旧石器的な要素
細石刃石器群	石刃・細石刃
大型石刃石器群	石刃
鋸歯縁石器群	黒曜石製石器・磨製骨器
細石刃石器群	黒曜石製石器・細石刃・彫器・掻器・磨製石器
台形石器、背付き尖頭器をもつ石器群	小石刃・石刃・背付き尖頭器・剝片尖頭器
鋸歯縁石器群	
鋸歯縁石器群（石英）	磨製骨角器，装身具
鋸歯縁石器群（石英）	装身具
鋸歯縁石器群	ルヴァロワ石刃
礫器を多くもつ鋸歯縁石器群	小石刃製彫器
礫器を多くもつ鋸歯縁石器群	
鋸歯縁石器群（石英）	石刃・磨製骨器・黒曜石
鋸歯縁石器群（?）	掻器・彫器
台形石器、背付き尖頭器をもつ石器群	台形石器・掻器・彫器
鋸歯縁石器群（石英）	磨製骨器・装身具・オーカー・新人化石
細石刃石器群	細石刃
細石刃石器群	細石刃
鋸歯縁石器群	小石刃・掻器・装身具
鋸歯縁石器群（石英）	
鋸歯縁石器群（石英）	ゾウ頭骨安置
鋸歯縁石器群（石英）	
鋸歯縁石器群（石英）	縦長剝片・磨製骨器
鋸歯縁石器群（石英）	
鋸歯縁石器群	小石刃・オーカー・植刃・磨製骨器
細石刃石器群	細石刃・装身具
細石刃石器群	細石刃・装身具・オーカー
細石刃石器群	細石刃・装身具
細石刃石器群	細石刃
鋸歯縁石器群	
礫器を多くもつ鋸歯縁石器群	
台形石器、背付き尖頭器をもつ石器群	台形石器・背付き尖頭器・石斧・オーカー
細石刃石器群	細石刃
鋸歯縁石器群	石刃・小石刃・新人化石
鋸歯縁石器群（石英）	打製骨器
鋸歯縁石器群	石刃・小石刃・装身具?・新人化石
鋸歯縁石器群	オーカー
鋸歯縁石器群	石刃・装身具
後期旧石器的なトゥールをもつ石器群	掻器・装身具
鋸歯縁石器群	装身具
後期旧石器的なトゥールをもつ石器群	掻器
大型石刃石器群	石刃
大型石刃石器群	石刃
大型石刃石器群	石刃
鋸歯縁石器群（石英）	縦長剝片

表1 各石器群にみられる後期旧石器的な要素

地域	省・自治区	遺跡名	年代（cal BP, 2σ）	中央値（cal BP
東北地方	黒龍江	西山頭	27,429-28,273 ～ 27,650- 27,892	27,823 ～ 27,767
東北地方	黒龍江	十八站 C 文化層	24,700 ± 1700 OSL	
東北地方	吉林	寿山仙人洞上文化層	37,705-40,520	39,378
東北地方	吉林	和龍大洞4層	25,338-25,912	25,716
東北地方	遼寧	西八間房		
東北地方	遼寧	農大後山 2 層	24,800 ± 1400 OSL	
東北地方	遼寧	小孤山仙人洞3層	20,497-21,498 ～ 27,564-29,115	21,023 ～ 28,267
東北地方	遼寧	小孤山仙人洞2層	31,643-34,684 ～ 37,041-42,361	33,319 ～ 40,185
東北地方	内蒙古	金斯太洞中文化層	27,118-27,721	27,375
華北東部	河北	四方洞 上層		
華北東部	河北	四方洞 下層	30,117-32,078	31,175
華北東部	河北	水簾洞 2・3 層	ca.28,000 ～ 35,000	
華北東部	北京	東方広場上文化層	27,235-28,408	27,709
華北東部	北京	東方広場下文化層	27,739-29,080	28,347
華北東部	北京	山頂洞	36,246-38,999	37,367
華北東部	河南	西施	25,925-26,350 ～ 25,974-26,494(92.3%)	26,127 ～ 26,281
華北東部	河南	東施	ca.26,000	
華北東部	河南	小南海 6 層	26,853-28,717(91.3%)	27,652
華北東部	河南	黄帝口 5 層	34,217-34,589	34,410
華北東部	河南	趙荘	32,758-33,653(87.1%) ～ 36,960-38,412	33,147 ～ 37,491
華北東部	河南	方家溝 G1	ca.40,000 OSL	
華北西部	河南	龍泉洞　2 層	30,365-31,139 ～ 41,337-42,029	30,859 ～ 41,705
華北東部	山東	黒龍潭下層	25,094-27,224	26,138
華北西部	河北	下馬碑	37,676-40,919 ～ 38,472-41,431	39,585 ～ 40,173
華北西部	河北	西沙河	26,908-27,250(85.0%) ～ 27,081-27276	27,081 ～ 27,333
華北西部	山西	柿子灘 S12A L3	19,774-20,407	20,660
華北西部	山西	柿子灘 S24 L1	19,960-20,460 *	
華北西部	山西	柿子灘 S29 L7	24,253-24,712	24,503
華北西部	山西	柿子灘 S29 L8	28,004-28,679	28,390
華北西部	山西	下川中層	39,000-43,000 *	
華北西部	山西	下川上層下部	29,000-39,000 *	
華北西部	山西	下川上層上部	25,000-27,000 *	
華北西部	山西	塔水河	27,197-30,921	28,916
華北西部	山西	背窰湾洞	31,605-38,653	35,016
華北西部	山西	峙峪	42,332-45,446 ～ 43,070-49,899	43,768 ～ 46,347
華北西部	山西	麻吉洞	37,088-38,220	37,520
西北地方	寧夏	水洞溝 7	27,200 ± 1500 OSL	
西北地方	寧夏	水洞溝 2 CL2	30,322-30,833	30,580
西北地方	寧夏	水洞溝 8 2 層	30,955-31,354	31,141
西北地方	寧夏	水洞溝 2 CL5b/6	34,579-35,220 ～ 39,560-40,940	34,870 ～ 40,246
西北地方	寧夏	水洞溝 2　CL7	40,993-41,793	41,342
西北地方	寧夏	水洞溝 1　LCL	40,954-41,523	41,231
西北地方	寧夏	水洞溝 9	42,500 ± 3200 or 35,900 ± 6200 OSL	
西北地方	甘粛	徐家城4A 層	27,317-27,732	27,525

暦年較正（誤差＝2σ）・中央値は、較正曲線 IntCal 20, 較正プログラム Calib Rev.8.0.1 による。

*がついているものは暦年較正値のみが報告されているもの。

先行する中国北部の中期旧石器時代の鋸歯縁石器群には知られていないが、同時期にモンゴルやシベリアなどの周辺地域に展開した後期旧石器時代前葉（ＥＵＰ）石器群には、しばしばともなう（髙倉 二〇二〇）。いまのところ、プリズム形石核を利用する発達した石刃技術を中核とする石器製作技術と小石刃技術などに特徴づけられるＥＵＰ石器群自体は中国北部では確認されていない。このため周辺地域のＥＵＰ石器群の荷担者と中国北部の石器群の荷担者間で接触がなされ、それを契機にこれらの技術や習俗が周辺地域から中国北部に外的接触伝播したとみることもできる。

以上のような後期旧石器時代前半の中国北部の石器群にみられる諸変化は、約三万年前には開始される最終氷期極寒期（ＬＧＭ）以前の温暖湿潤環境とＬＧＭにともない顕在化した乾燥寒冷環境を背景とすると考えられる。小石刃技術やダチョウ卵殻製装身具などは、こうした環境とその変化に対応するために中国北部の集団が、ＥＵＰ石器群の荷担集団から主体的に選択、受容したものといえよう。

5　細石刃石器群の形成と拡散

ユーラシア東部の細石刃石器群

細石刃とは、押圧剥離で剥離された幅一・〇センチメートル以下の石刃である。直接打撃等で剥離された同様の規格の石刃については、小石刃と呼び、区別する。この細石刃を生産・運用する技術をもつ細石刃石器群の盛行が中国北部、朝鮮半島、日本列島、モンゴル高原、ロシア極東地方、シベリアなどのユーラシア東部の後期旧石器時代の特徴となっている。

いまのところ、ウスチカラコル１（三万九〇〇〇～三万四〇〇〇年前）、アニュイ２（三万二〇〇〇～二万五〇〇〇年前）、トルボル15（三万三〇〇〇年前）などのロシアアルタイ地方やモンゴルの細石核・細石刃様の資料をもつEUP石器群に東アジア各地の細石刃石器群の起源をもとめる説が有力である（kuzumin 2007; Keates 2007; Yi et al. 2016 など）。しかしながら、これらの細石刃様剥片は両側縁が平行でないものも多い。石核に残る剥離痕も同様で、かつ、直接打撃によるもののように凹凸が深い。このため筆者は、これらは直接打撃による小石刃技術のものと判断している。

西山頭と西沙河の石器群

これらアルタイやモンゴルの資料を除くと現在のところ、最古の細石刃石器群は黒龍江省西山頭（吉林大学辺彊考古研究中心・黒龍江省文物考古研究所 二〇一九）、河北省西沙河（Guan et al. 2019）である[(6)]。

西山頭は、黒龍江省西部、嫩江支流チョル河左岸の第二段丘上に位置する（北緯四六度四三分四六秒、東経一二三度〇分四〇秒）。第3層より、炉跡を中心として少数の動物骨と石器一万二三一点が出土した。五五一三点が礫片。幅二～三センチメートルの中型石刃とその石核一点、細石刃、角錐状細石核ならびに細石核のブランクとみられるもの各一点、一側縁加工の斜刃型彫器ならびに彫器スポール各一点、削器、ドリル各三点、ノッチ、扁平礫器各一点などが出土した。

細石核は厚みのある剥片を素材としたもので、細石刃剥離は二つの小口面でなされている。打面は平坦な剥離面で、調整はみられない。また、細石刃には、長さ三センチメートル程度のものと長さ五センチメートル程度のものがある。前者の側縁には細かな調整剥離が施され、背付き尖頭器に加工されているものがみられる。一方、後者に対応する細石核は検出されていない。

二点の動物骨のＡＭＳ年代の平均は、23,620±70^{14}CBP（27,669-27,884calBP, 中央値 27,773calBP：九五パーセ

ント）である。[7]

西沙河は河北省北西部の泥河湾盆地に所在する（北緯三九度五五分一六秒、東経一一四度四七分六秒）。遺跡は壺流河の河岸段丘上に形成され、第3層（黄褐色粘土層：黄土層？）から石器ならびに動物化石が出土した。細石刃石器群はそのうちの上半部である3ａ層から八七八点が出土した。

石器類は石核六点、剝片二七三点、削器一一点、掻器一二点、尖頭石器二点、ドリル二点、彫器一点、細石核一八点、細石刃一〇七点、破片その他四四五点、ハンマーストーン二点が確認された。幅一・五～二センチメートル程度の中型石刃とその石核がみられる。中型石刃はおもに掻器などの素材となっている。彫器は一側縁加工の斜刃型。細石核は比較的大型の角錐状細石核で、厚みのある剝片を素材とし、狭長な小口面から細石刃を剝離しているものが多い。器体調整はみられないものが多いが、打面調整は顕著だという。また、打面再生をした資料も確認される。少数ながら小礫を打割した舟形を呈するものも存在する。このほかダチョウの卵殻製ビーズ一点が出土した。

3ａ層で採取された四点の試料のＡＭＳ年代の平均は、$22{,}800 \pm 40^{14}$CBP（27,081-27,276calBP，中央値27,188calBP：九五パーセント）である。[8]

東北地方における細石刃石器群の出現と拡散

前述したように、いまのところ東アジアにおける最古の細石刃石器群は西山頭（二万七八〇〇年前）である。その石器群は中型石刃を生産する石刃技術を中核とし、それに角錐状細石核を用いる細石刃技術が付加されていた。

西山頭と並行する三万九〇〇〇～二万四〇〇〇年前の時期、ユーラシア東部の広い範囲にマンモスステップが広がり、そこに石刃技術を中核としたＥＵＰ石器群（Zwyns 2012）あるいは後期旧石器中葉（ＭＵＰ）石器群（Rybin et al. 2016; Terry et al. 2016 など）が分布する。西山頭の石器群の構造はこれらと類似する。また、ＥＵＰ／ＭＵＰ石器群の特徴として、小石刃技術ならびに剥離した小石刃を素材とした背付き尖頭器があげられるが、西山頭の細石刃技術と二次加工された細石刃はこれに対応するものだろう。西山頭の扁平礫器は、北方地域に広くみられるスクレイブロと称される大型の削器や礫器にあたる。さらに、東北地方で西山頭の直前に位置づけられるチンスタイ中文化層の石器群は、大型石刃をもつとはいえ、基本的には中国北部で盛行する鋸歯縁石器群であり、中型石刃を中核にする西山頭とは石器群の構造が異なっている。このため西山頭の石器群は、西方のモンゴル高原もしくは北方のシベリア・極東地域のＥＵＰ／ＭＵＰ石器群に起源をもち、マンモスステップを経由した荷担集団の移動にともない東北地方に持ち込まれるとともに、小石刃技術が細石刃技術に置換したものと考えられる。そして、細石刃技術については周辺地域で西山頭と同等の古さのものが知られていないことから、東北地方で発明されたと推定している。

東北地方内を細石刃石器群が伝播する過程で、楔形細石核による細石刃技術、周縁調整斜–横刃型彫器を特徴とする、いわゆる「北方系細石刃石器群」が成立する。既知の最古の北方系細石刃石器群は、東北地方東部の長白山西麓の吉林省和龍大洞四層石器群（二万五七〇〇年前、李ほか 二〇一六、万ほか 二〇一七）とする意見が有力である。(9) この地区の楔形細石核には、北海道の一部の峠下型や広郷型の細石核同様、多面体彫器を思わせる片面調整のものが多く、彫器製作に押圧剥離が導入され、彫器が楔形細石核に転化したことがうかがえる。また、長白山に原産地をもち、この地区のほとんどの石器の素材となっている黒曜石は押圧剥離での細石刃剥離に適しているという（Gomez Coutouly 2018）。これらのことから北方系細石刃石器群は西麓地区を含む長白山周辺の黒曜石地帯で成立したと想定している。

この北方系細石刃石器群は中国北部をはじめとする北東アジアに広く拡散することになるが、長白山周辺はその起源地の一つということができよう。特に隣接する朝鮮半島の北方系細石刃石器群は、長白山産黒曜石の流通とともに拡散していることから、長白山周辺を起源とすることが強く推定される。

華北地方における細石刃石器群の出現と拡散

東北地方の西山頭石器群が出現した後まもなく、華北地方北辺に位置し、華北と東北地方との境界となる泥河湾盆地において、華北最初期の細石刃石器群：西沙河石器群が現れる。西山頭と西沙河は、石刃技術を中核とする石器製作技術、小口面型の角錐状細石核を用いる細石刃技術、一側縁加工の斜刃型彫器などの類似点も多い。その一方、西山頭にはみられない多数の掻器、船底形細石核、ダチョウの卵殻製装身具など、華北地方の石器群の特徴とされる点も見出せる。年代が西山頭：二万七八〇〇年前、西沙河：二万七二〇〇年前と近接することから、約二万七〇〇〇年前までに東北地方で形成された細石刃石器群が、その荷担集団の移動にともない東北地方と華北地方の境界まで拡散、そこで華北の在地集団に接触伝播したとみることができる。

この後、華北地方では河北省油房（二万七〇〇〇〜二万六〇〇〇年前）、陝西省龍王辿5層上部（二万六〇〇〇年前）、山西省柿子灘S29地点第7文化層（約二万六〇〇〇年前）、同省下川遺跡群（約二万六〇〇〇年前〜）、河南省西施（二万六〇〇〇年前）、同省東施（約二万六〇〇〇年前？）などの出現期の細石刃石器群がみられる。それらの年代からみて、華北では二万五〇〇〇年前を前後する時期には細石刃石器群が普及、この地域に盛行していた鋸歯縁石器群、後期旧石器的な石器群、台形石器・背付き尖頭器をもつ石器群は姿を消したと考えられる。これら出現期の細石刃石器群は船底形細石核の比率が高く、多数の小型爪形掻器を保持するなどの地域性を帯びながらも、小口面型を含む角錐状細石核や小・中型石刃を剥離する石刃技術をもっており、西山頭や西沙河などの最初期の細石刃石器群の影響がみられる。と同時に、龍王辿、油房、下川小白樺圪梁地点第2層（二万六〇〇〇～二万五〇〇〇年前を前後する時期）では、北方系細石刃石器群の特徴である楔形細石核や周縁調整斜－横刃型彫器がともなうとされることから、北方系細石刃石器群の影響もうかがうことができる。

これらの様相からみると、東北地方と華北地方の荷担集団間でなされた接触の結果、華北地方に伝播した最初期の細石刃石器群が華北地方内で拡散・普及する過程で、華北の荷担集団により改変されたものと理解できる。またこの段階においては、華北では北方系細石刃石器群を確認できないことから、右に述べた北方系細石刃石器群の要素も華北に接触伝播したものと考えられる。

華北の集団が細石刃技術、細石刃石器群を受容、改変したのは、進行するＬＧＭに対応して頻繁な移動をともなうフォレジャー戦略（Binford 1980）をとったためと考えられる（Kato 2014）。細石刃技術、細石刃石器群は、それがもつ優れた運搬性、効率的な資源消費、草原での狩猟活動における細石刃植刃狩猟具の有効性、遺跡周辺で採集できる良質ながらも極小の石材の資源化などの特長により、フォレジャー戦略に最適だったとみることができる。

最後に、中国北部の東方地域では、約二万年前に古本州島西南部で角錐状細石核石器群が出現する。これについては、華北の角錐状細石核石器群の荷担集団が最終氷期の海退期に広がった三海平原（陸地化した渤海、黄海、東シナ海）に進出し、やはりここに進出してきた北部九州を中心とする古本州島西南部の集団と接触したことにより、その細石刃技術ないしは押圧剥離が伝播したと考えている（加藤・李 二〇一二）。

以上、後期更新世以降、中国北部では古代型新人や現代型新人集団の移動と地域的な石器群荷担集団の形成、それら集団による環境変化への対応、周辺地域の集団の動向などを背景に、集団の移住や集団間の接触による技術、習俗の伝播がなされ、この地域の物質文化形成に大きな役割を果たしてきたといえる。と同時に、集団接触による技術や習俗の伝播に際しては、受容する側——本論では中国北部の集団——による選択あるいは受容後の改変がつねになされていたことにも目を向ける必要があるだろう。

注

（1）張宝堃によるもの。〇・一六×日平均気温摂氏一〇度以上の安定期の積算温度／日平均気温摂氏一〇度以上の安定持続期の降水量。一・〇以下が湿潤気候とされる。

（2）山田哲は、文化伝播をヒトが新しい居住地（領域）へ移住することによって生じる情報やモノの移動である移住伝播と、移住によらない情報やモノの移動である接触伝播に分類したうえで、「ある文化を有する集団および地域内での伝播である」内的伝播、「異なる文化を有する集団および領域の間での伝播である」外的伝播、ある集団が複数の集団に分化する移行期のような中間的な状態での伝播など「内的伝播と外的伝播の両方の性質を併せ持つ」中間伝播を想定し、それぞれに、移住伝播、接触伝播がみられるとした（山田 二〇〇八：六〇－六四）。

（3）貴州省観音洞石器群にルヴァロア技法をはじめとするムステリアン的な技術的要素がみられるとされた（Hu et al. 2019）が、李鋒らは否定した（李ほか 二〇二〇）。筆者の観察では、確かに観音洞石器群中には顕著に打面調整された剝片が存在するが、それらは分厚いもので、ルヴァロア技法によるものとは異なる。

（4）アルタイルートは、ロシアアルタイ地区を起点とし、ジュンガル盆地、アルタイ山脈ならびにゴビアルタイ山脈南麓、秦嶺山脈北麓を経由して中国北部に達するルート。天山ルートは、天山山脈西端部を起点とし、天山山脈ならびにジュンガル・アラタウ山脈北麓、ジュンガル盆地を経由して、アルタイルートに接続するルート。タリムルートは、ザラフシャン山脈とパミール高原の接続部を起点とし、フェルガナ盆地、天山山脈南麓、タリム盆地、青蔵高原北縁部を経由してアルタイ・天山ルートに接続するルート。

（5）本論考の脱稿時（二〇二一年一月）、中国北部の後期旧石器時代の開始年代を水洞溝などの大型石刃石器群の年代（約四万一〇〇〇年前）とした。その後、山西省峙峪（約四万六〇〇〇～四万四〇〇〇年前、Yang et al. 2024）、河北省新廟荘第2地点上文化層（約四万五〇〇〇～四万二〇〇〇年前、王 二〇二四）などの小石刃・中型石刃技術、小石刃素材の背付き尖頭器などをもつ鋸歯縁石器群の調査成果が公表され、中国北部における後期旧石器時代の開始年代がより古くなる可能性が出てきた。このため、これを約四万五〇〇〇～四万二〇〇〇年前に修正した。この修正による論旨の変更はない。

（6）西沙河の資料については、二〇一五年七月一五日、中国科学院古脊椎動物与古人類研究所にて、関瑩研究員のもと観察をおこなった。西山頭の資料については、二〇一八年八月一七日、黒龍江省文物考古研究所にて、李有騫研究員のもと観察をおこなった。

（7）加藤による較正曲線 IntCal 20, 較正プログラム Calib Rev.8.0.1 による平均値の算出と較正。二点の測定値の較正も同様の方法による。23,680±170^{14}CBP（27,429-28,273calBP, 中央値 27,823calBP：九五パーセント）、23,610±80^{14}CBP（27,650- 27,892calBP, 中央値 27,767calBP：九五パーセント）。

（8）加藤による較正曲線 IntCal 20, 較正プログラム Calib Rev.8.0.1 による平均値の算出と較正。四点の測定値の較正も同様の方法による。22,680±80^{14}CBP（炭化物：26,908-27,250calBP, 中央値 27,081calBP：八五パーセント）、22,800±90^{14}CBP（動物骨：26,969-27,311calBP, 中央値 27,173calBP：九五パーセント）、22,690±90^{14}CBP（動物骨：26,907-27,258calBP, 中央値 27,084calBP：八五パーセント）、23,070±90^{14}CBP（動物骨：27,081-27,276calBP, 中央値 27,333calBP：九五パーセント）。

（9）21,350±120^{14}CBP. 加藤による較正曲線 IntCal 20, 較正プログラム Calib Rev.8.0.1 による較正によれば、25,338-25,912calBP, 中央値 25,716calBP：九五パーセント。

参考文献

加藤真二・李占揚　二〇一二「河南省許昌市霊井遺跡の細石刃技術―華北地域における角錐状細石核石器群―」『旧石器研究』八号、三一―四四頁
加藤真二　二〇一九「中国の旧石器―その石器群類型と編年―」『旧石器研究』一五号、九一―一〇五頁
加藤晋平　一九八八『日本人はどこから来たか―東アジアの旧石器文化―』岩波新書
髙倉純　二〇二〇「北アジアの後期旧石器時代初期・前期における玉やその他の身体装飾にかかわる物質資料」西秋良宏編『アジアにおけるホモ・サピエンス定着プロセスの地理的編年的枠組み構築』四号、パレオアジア文化史学A01班二〇一九年度研究報告、一六―二二頁
田村光平　二〇二〇『文化進化の数理』森北出版
中国科学院『中国自然地理』編集委員会編　一九八一『中国の動物地理』朝日稔・三浦慎悟・森美保子・権藤眞禎訳、日中出版
松本美枝子　一九八七「シベリア、イギチェイスキー・ログ1遺跡について」増田精一編『比較考古学試論』雄山閣、四〇三―四四六頁
山田哲　二〇〇八「北海道の細石刃石器群をめぐる伝播現象」『伝播を巡る構造変動―国府石器群と細石刃石器群―』東京大学公開シンポジウム予稿集、六〇―七七頁
北京大学考古文博学院・鄭州市文物考古研究院編　二〇二〇『登封方家溝遺址発掘報告』科学出版社
吉林大学辺彊考古研究中心・黒龍江省文物考古研究所　二〇一九「黒龍江省龍江県西山頭遺址旧石器時代遺存発掘簡報」『考古』二〇一九年一一期、三―一三頁
李鋒・陳福友・王輝・劉徳成・王山・張東菊・李罡・張暁淩・高星　二〇一二「甘粛省徐家城旧石器遺址発掘簡報」『人類学学報』三一巻三期、二〇九―二二七頁
李鋒・陳福友・汪英華・高星　二〇一六「晩更新世晩期中国北方石葉技術所反映的技術拡散与人群遷移」『中国科学：地球科学』四六巻七期、八九一―九〇五頁

李鋒・李英華・高星　二〇二〇「貴州观観音洞遺址石製品剥片技術辨析」『人類学学報』三九巻一期、一－一一頁
李万博・陳全家・方啓・趙海龍・劉徳成・夏正楷　二〇一六「延辺和龍大洞旧石器遺址（二〇〇七）試掘簡報」『辺彊考古研究』二〇集、一－一二頁
劉東生編　二〇〇九『黄土与乾旱環境』安徽科学技術出版社
任美鍔編　一九八五『中国自然地理綱要』商務印書館
万晨晨・陳全家・方啓・王春雪・趙海龍・李有騫　二〇一七「吉林和龙大洞遺址的调查与研究」『考古学報』二〇一七年一期、一－二四頁
王法崗　二〇二四「新廟荘遺址構建晩更新世古人類演化的文化序列」『泥河湾科学発現一〇〇周年国際学術研討会報告摘要匯編』一六－一九頁
王幼平　二〇〇八「織機洞的石器工業与古人類活動」『考古学研究』七集、科学出版社、一三六－一四八頁
王幼平・宝文博　二〇〇八「河南織機洞旧石器遺址的洞穴堆積和沈積環境分析」『人類学学報』二七巻一期、七一－七八頁
単明超・娜仁高娃・周興啓・陳福友　二〇一七「内蒙古赤峰三龍洞発現五万年前旧石器遺址」『中国文物報』二〇一七年一〇月二〇日八版
中国社会科学院考古研究所・河北省文物研究所・陽原県文物管理所　二〇一九「河北陽原県西白馬営旧石器時代遺址二〇一五年試掘簡報」『考古』二〇一九年一〇期、三－一四頁
中国社会科学院考古研究所・山西省考古研究所　二〇一六『下川―旧石器時代晩期文化遺址発掘報告』科学出版社
Binford, L. R. 1980 Willow smoke and dogs' tails: hunter-gatherer settlement systems and archaeological site formation. *American Antiquity* 45: 4–20.
Gagnepain, J. et al. 2011 The Quinson point: new approach following the recent excavations in the eponymous site, La Baume Bonne Cave (Quinson, South-eastern France). In: *Miscellania*, BAR IS2224: 201–214, edited by L. Oosterbeek and C. Fidalgo, Oxford: BAR Publishing.

Gakuhari, T., et al. 2020 Ancient Jomon genome sequence analysis sheds light on migration patterns of early East Asian populations. *Communications Biology* 3, Article number: 437.

Gomez Coutouly, Y. A. 2018 The Emergence of Pressure Knapping Microblade Technology in Northeast Asia. *Radiocarbon* 60(3): 821–855.

Guan, Y. et al. 2019 Microblade remains from the Xishahe site, North China and their implications for the origin of microblade technology in Northeast Asia. *Quaternary International* 535: 38–47.

Hu, Y. et al. 2019 Late Middle Pleistocene Levallois stone-tool technology in southwest China. *Nature* 565: 82–85.

Hutterer, K. L. 1976 An Evolutionary Approach to the Southeast Asian Cultural Sequence. *Current Anthropology* 17(2): 221–242.

Kato, S. 2014 Human dispersal and interaction during the spread of microblade industries in East Asia. *Quaternary International* 347: 105–112.

Keates, S. G. 2007 Microblade technology in Siberia and neighboring regions: an overview. In: *Origin and Spread of Microblade Technology in Northern Asia and North America*, edited by Y. V. Kuzmin, S. G. Keates and S. Chen, pp. 125–146. Burnaby: Archaeology Press, Simon Fraser University.

Kuzumin, Y. V. 2007 Geoarchaeological aspects of the origin and spread of microblade technology in Northern and Central Asia. In: *Origin and Spread of Microblade Technology in Northern Asia and North America*, edited by Y. V. Kuzmin, S. G. Keates and S. Chen, pp. 115–124. Burnaby: Archaeology Press, Simon Fraser University.

Li, F. et al. 2018 The easternmost Middle Paleolithic (Mousterian) from Jinsitai Cave, North China. *Journal of Human Evolution* 114 : 76–84.

Li, F. et al. 2019 History, Chronology and Techno-Typology of the Upper Paleolithic Sequence in the Shuidonggou Area, Northern China. *Journal of World Prehistory* 32(2): 111–141.

Rybin, E. P. et al. 2016 The impact of the LGM on the development of the Upper Paleolithic in Mongolia. *Quaternary International* 425: 69–87.

Rybin, E. P. and A. M. Khatsenovich 2020 Middle and Upper Paleolithic Levallois technology in eastern Central Asia. *Quaternary International* 535: 117–138.

Tang, C. and Z. Chen 1990 Observations on the Industries of the Tashuihe Rockshelt er Site, Shanxi province, North China. The international Symposium, Chronostratigraphy of the Paleolithic in North, Central, East Asia and America. Novosibirsk.

Terry, K. et al. 2016 Emergence of a microlithic complex in the Transbaikal Region of southern Siberia. *Quaternary International* 425: 88–99.

Wang, F., et al. 2022 Innovative ochre processing and tool use in China 40,000 years ago. *Nature* 603: 284–289.

Yang, S. et al. 2024 Initial Upper Palaeolithic material culture by 45,000 years ago at Shiyu in northern China. *Nature Ecology & Evolution* 8(3): 552-563.

Yi, M. et al. 2016 Rethinking the origin of microblade technology: A chronological and ecological perspective. *Quaternary International* 400: 130–139.

Zhao, C. et al. 2021 The emergence of early microblade technology in the hinterland of North China: a case study based on the Xishi and Dongshi site in Henan Province. *Archaeological and Anthropological Sciences* 13: Article number 98 (2021).

Zhao, L. et al. 2013 The extent of permafrost in China during the local Last Glacial Maximum (LLGM). *Boreas* 43: 688–698.

Zwyns, N. 2012 *Laminar technology and the onset of the Upper Paleolithic in the Altai, Siberia,* p.413, Leiden University Press.

第7章

新人のアジア拡散における装身具の出現パターンと役割

門脇誠二

1　新人の装身具とは

私たち新人（ホモ・サピエンス）の祖先がアフリカからアジアへ拡散した時期、装身具が出現したり増加したりした地域が多い。それらは小形で、貝殻や骨、歯牙、ダチョウの卵殻などを素材としており、孔や溝がある。孔や溝の一端が摩耗していることがあるため、そこに紐を通して吊り下げて用いられたと解釈されている（木元ほか 二〇二三）。また、いくつもの民族誌で同様な素材と形のものが装身具として用いられている（池谷 二〇二〇）。このようにビーズやペンダントなどのように紐で吊り下げて身体を装飾したと考えられる遺物をここでは装身具と呼ぶ。

筆者は以前、新人がアフリカで出現してからユーラシアやニア・オセアニアに拡散するまでの時期の装身具（特にビーズ）について概説をした（門脇 二〇二〇b）。その際に扱った地域はアフリカとヨーロッパ、アジア、ニア・オセアニアである。本章はアジアに焦点を絞り、新人がアジアに拡散した時期の遺跡からどのような装身具が見つかっているかを紹介する。そして、新人の拡散と装身具の出現パターンについての地域的なちがいや共通性についてまとめる。

装身具の出現や増加はかつて「現代人的行動」の指標の一つと考えられ（McBrearty and Brooks 2000）、特に象徴能力や認知能力に関する物質文化として解釈されてきた（Henshilwood and Marean 2003; Roberts 2016）。しかし本章では、新人拡散にともなう装身具の出現パターンをより正確に説明する枠組みとして、当時の人々の社会や生業、資源環境との関わりについて考察する。

2　アジアに新人が拡散した頃の装身具

西アジアでの装身具の出現と増加

新人の解剖学的特徴はアフリカにおいて三〇～二〇万年前の間に出現したといわれている。アジアに拡散しはじめたのは約二〇万年前と考えられる。当時、少なくとも西アジアのレヴァント地方（東地中海沿岸域）には分布していたことがミスリヤ洞窟の人骨から示されている（Hershkovitz et al. 2018）。ミスリヤ洞窟からは地中海産の二枚貝を含む一一点の貝殻が出土し、それらには装飾や象徴的価値があったといわれている（Bar-Yosef Mayer et al. 2020）。しかし、いずれにも孔があいておらず、加工された痕跡もないため、本章では装身具に含めない。

アジアで最古の装身具は、一二～九万年前のスフール洞窟とカフゼー洞窟から発見されている［図1－

1・8]。両遺跡ともレヴァント地方のイスラエルに位置する。スフール洞窟から見つかった貝殻は二点で、いずれも巻貝の仲間である。カフゼー洞窟の一〇点の貝殻は二枚貝の仲間である。この時期はアフリカにおいても最古の貝殻ビーズが発生していた（門脇 二〇二〇b）。

貝殻の孔は、他の貝による捕食などによってもあけられるので、人の手によるかどうかの判断がむずかしい。しかし、スフール洞窟は海岸から三・五キロメートル、カフゼー洞窟は四〇キロメートルほど離れてい

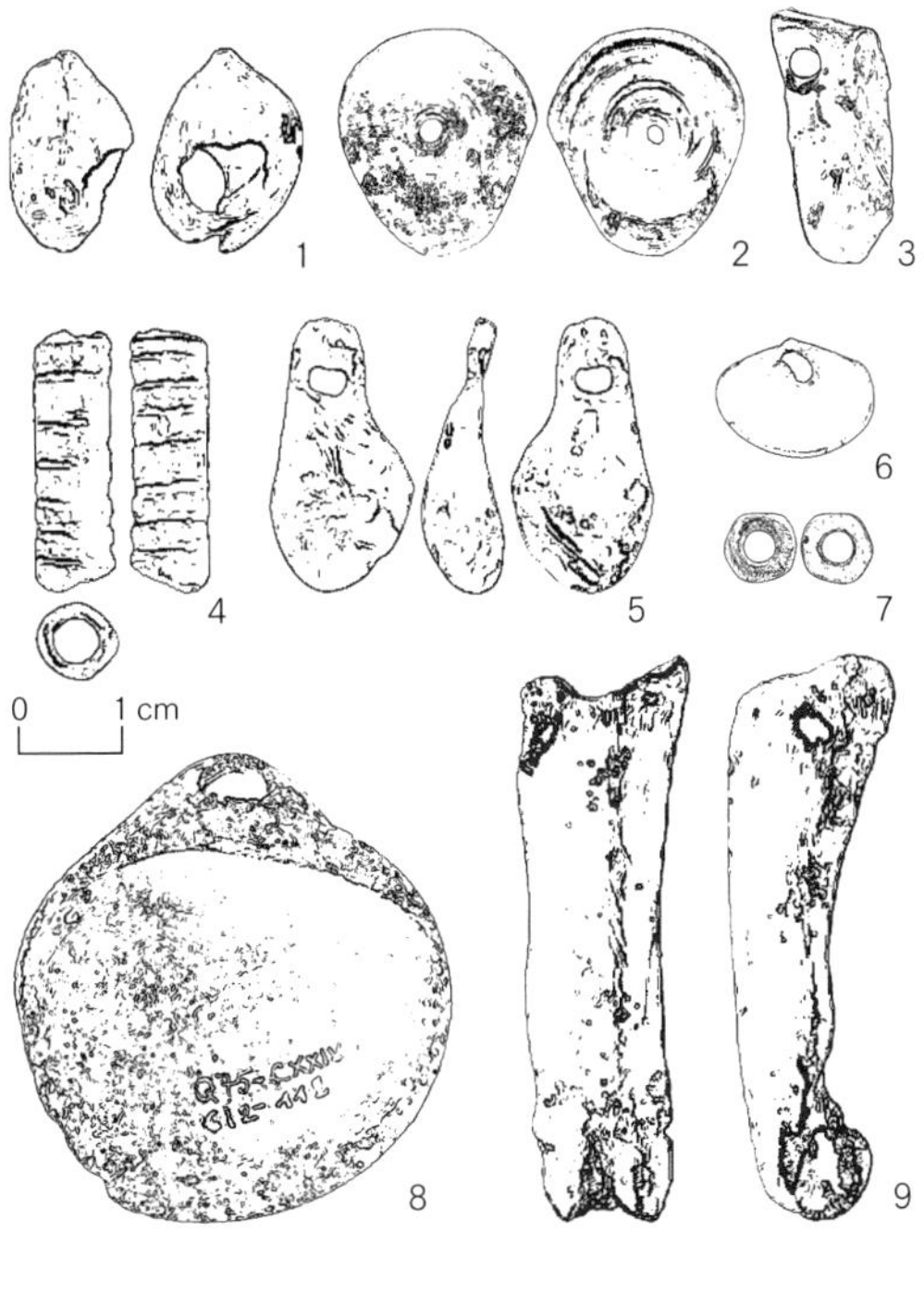

図1　アジアに新人が拡散した時期の装身具
1：巻貝製ビーズ（スフール洞窟、レヴァント地方：Vanhaeren et al. 2006）、2：巻貝製ビーズ（ファ・ヒエン・レナ洞窟、セイロン島：Langley et al. 2020）、3：石製ビーズ（湯の里四遺跡、北海道：北海道埋蔵文化財センター 1985）、4：骨製ビーズ（デニソワ洞窟、南アルタイ：Jacobs et al. 2019）、5：歯製ビーズ（デニソワ洞窟、南アルタイ：Jacobs et al. 2019）、6：二枚貝製ビーズ（サキタリ洞、沖縄：山崎ほか 2021）、7：ダチョウ卵殻製ビーズ（水洞溝遺跡第二地点、中国北西部：Wei et al. 2017）、8：二枚貝製ビーズ（カフゼー洞窟、レヴァント地方：Bar-Yosef Mayer et al. 2009）、9：骨製ビーズ（レアン・ブル・ベトゥエ洞窟、スラウェシ島：Brumm et al. 2017）、以上各報告の写真をトレース。

るため、当時の人が貝殻を運んできた可能性が高い。また、カフゼー洞窟の貝殻の孔の一部には抉りがあり、それは孔に通した紐と擦れた痕と解釈されている（Bar-Yosef Mayer et al. 2020）。そして、赤や黄色の顔料が付着している貝殻もある。スフール洞窟からはホモ・サピエンスの埋葬も発見されており、ビーズはこの埋葬と同じ地点から発見された。カフゼー遺跡でも一〇体以上のホモ・サピエンスの埋葬が見つかっている。ただ、装身具が副葬品だったかどうかは不明である。

四万五〇〇〇〜四万年前になると、レヴァント地方では装身具の数が増加した。クサール・アキル岩陰とウチュアズル洞窟から、それぞれ八〇〇点以上、一〇〇〇点以上の貝殻製ビーズの出土が報告されている。その内のほとんどが海産の貝殻である。巻貝（*Nassarius gibbosulus* と *Columbella rustica*）が主体的だが、二枚貝（*Glycymeris* 属）もある。クサール・アキル岩陰ではホモ・サピエンスの人骨が見つかっている。

アジア各地での装身具の出現

四万五〇〇〇年前以降になると、アジア各地でもビーズが出現するようになる。その中でも記録が増加してきているのが北アジア地域で、南シベリア、ザバイカル、モンゴル、中国北西部のあたりに相当する。この一帯では、上部旧石器時代初期（ＩＵＰ）と呼ばれる石器文化に属する遺跡から骨や歯牙、ダチョウの卵殻製のビーズが報告されている［図１－４・５］（Derevianko and Rybin 2003; Zwyns et al. 2012）。シベリアで四万五〇〇〇年前のホモ・サピエンスの人骨が発見されており（Fu et al. 2014）、それ以降に北アジアで出現したＩＵＰにともなうビーズの担い手はホモ・サピエンスだったと考えられている。例外として、ＩＵＰ石器群と装身具が出土したデニソワ洞窟一一層からデニソワ人の骨二点が報告されているが、下層からの混入の可能性がある（Jacobs et al. 2019）。

三万年ほど前の水洞溝遺跡第二、七、八地点では、ダチョウの卵殻製ビーズが合計九三点見つかっている［図1－7］。このビーズ資料にともなう石器群はＩＵＰではなく、中国北部在地の剝片石器群である。また、北京近郊の周口店上洞部では三万五〇〇〇～三万四〇〇〇年前のホモ・サピエンスの人骨にともなって、海産の貝殻（三点）や石（七点）、動物の歯（一二五点）を素材にしたビーズが見つかっており、そのいくつかは着色されていた（Norton and Gao 2008; Li et al. 2018）。

インド中部のパトネ遺跡（二万五〇〇〇年前）からはダチョウの卵殻製ビーズの出土が報告されている。また、セイロン島のバタドンバ・レナ遺跡（三万五〇〇〇年前頃）とファ・ヒエン・レナ洞窟（四万五〇〇〇～三万四〇〇〇年前の Phase D）では海産貝殻ビーズが見つかっている［図1－2］（野口 二〇一三；Rabett 2012: 108）。これらの装飾品は細石器石器群にともなっており、新人の人骨も見つかっている。

東南アジアでは、ベトナム北部の二万年前頃の遺跡から穿孔された歯が見つかっており、ペンダントと解釈されている（Viet 2015）。スラウェシ島南部のレアン・ブル・ベトゥエ洞窟では、三万年ほど前の地層からバビルサの歯を輪切りにしたものが二点発見されている。その中央部には歯髄の孔があるので、ビーズの素材だったのではないかといわれている（Brumm et al. 2017）。また、クロクスクスという動物の指骨に孔があけられたものがペンダントと解釈されている［図1－9］。これらの歯や骨が利用された遺跡は、居住当時は海岸から六〇キロメートル離れていたと推定されている。

より古い年代の装身具の記録がウォレシアやニア・オセアニア地域で増加しはじめている。東ティモールではオウムガイの貝殻を成形・穿孔したものが四万年前頃、マクラガイ製のビーズが三万七〇〇〇年前頃までさかのぼるといわれている（Langley et al. 2016; Langley and O'Conner 2016）。オーストラリアではツノガイやイモガイ製のビーズが四～三万年前頃に出現したと報告されている［図2］。

日本列島における最古のビーズは三〜二万年前の間で、北海道の湯の里四遺跡、美利河一遺跡、柏台一遺跡から琥珀やかんらん岩製のビーズが見つかっている［図1-3］（仲田 二〇一二）。この内、湯の里四遺跡のビーズは墓と考えられる土壙から発見された。このほか孔があけられたペンダントや垂飾りのような石製品が静岡県富士石遺跡や岩手県柏山館遺跡などから見つかっている（仲田 二〇一二）。遺物の保存が良好な沖縄のサキタリ洞からは、ツノガイ類や二枚貝、巻貝のビーズ合わせて二〇点ほどが、二万三〇〇〇〜一万三〇〇〇年前の地層から発見されている［図1-6］（Fujita et al. 2016; 山崎ほか 二〇一二）。サキタリ洞を含め琉球諸島のいくつかの遺跡からは三万六〇〇〇年前以降の年代の新人の人骨が見つかっている。

3　新人の拡散と装身具の出現パターン

図3は、アジア各地における新人の拡散と装身具の出現パターンをまとめたものである。比較のためにアフリカとヨーロッパの場合も示している。先述したように、アジアにおける最古の装身具は一二〜九万年前の西アジア（特にレヴァント地方）で出現し、その後四万五〇〇〇〜四万年前以降になって他のアジア各地においても出現した。これは新人がアフリカから西アジアにまず拡散し、その後に他のアジア地域へさらに拡散した順序に合っている。

しかしながら、各地に新人が拡散したタイミングと装身具が

図2　巻貝製ビーズ
マンドゥ・マンドゥ・クリーク岩陰、オーストラリア西部。
（Habgood and Franklin 2008 掲載の写真をトレース）

出現したタイミングは一致しないことがほとんどである。図3では各地における新人の出現を二重線（=）で示しているが、それが装身具の出現と一致する地域は少ない。新人の出現後に、ある程度の時間がたってから装身具が出現した場合が多い。ヨーロッパは例外的で、新人の拡散以前から装身具があった。

たとえば、新人がレヴァント地方に最初に拡散したのは約二〇万年前であるが、一二万年前までの間は装身具が見つかっていない。その後、九〜四万五〇〇〇年前の間も装身具が見つかっていない。また、南ルートの早期拡散説が

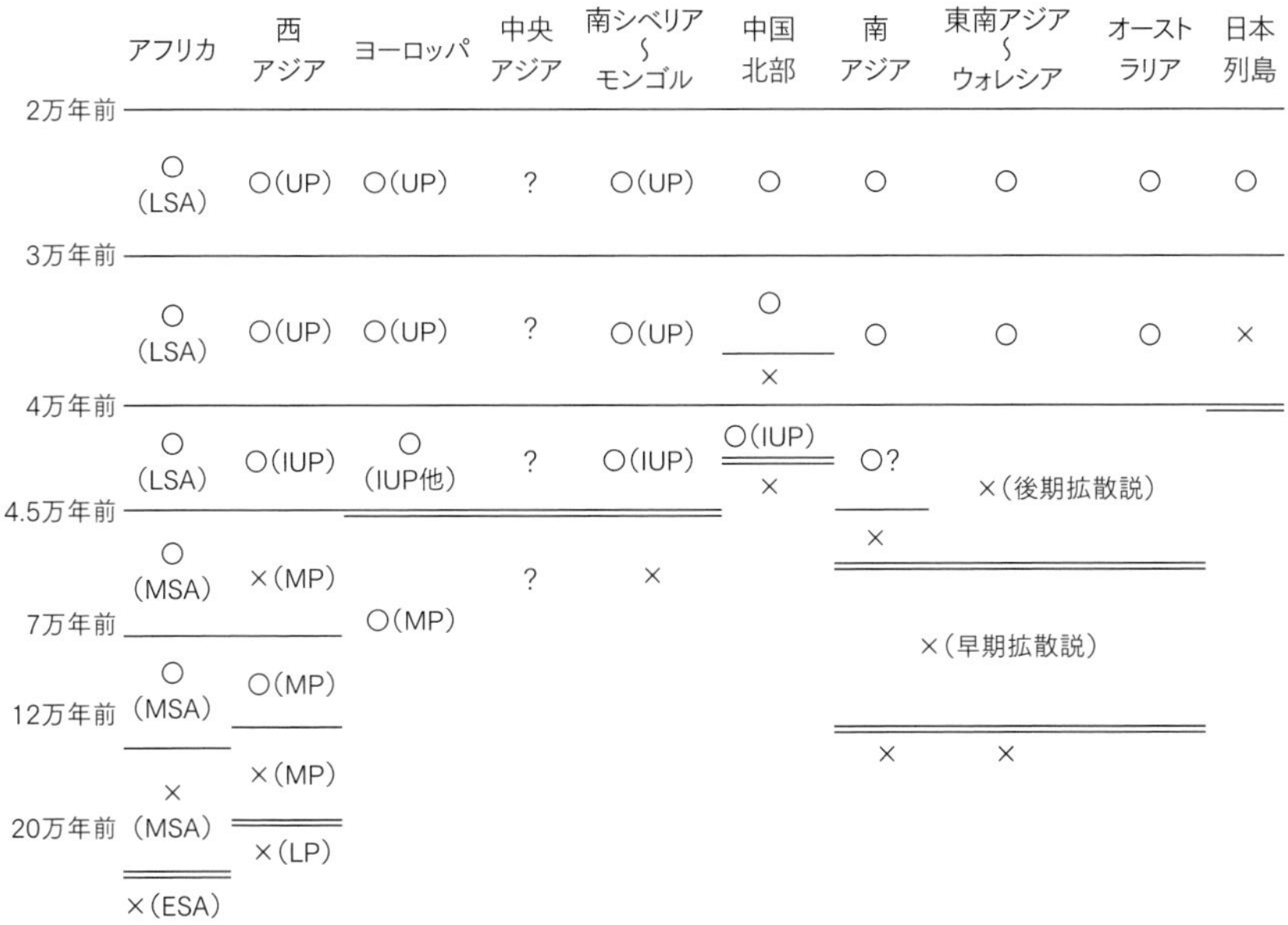
アフリカ
西アジア
ヨーロッパ
中央アジア
南シベリア〜モンゴル
中国北部
南アジア
東南アジア〜ウォレシア
オーストラリア
日本列島
2万年前
3万年前
4万年前
4.5万年前
7万年前
12万年前
20万年前
○（LSA）
○（UP）
○（IUP）
○（IUP他）
○（MSA）
×（MP）
○（MP）
×（LP）
×（ESA）
○（IUP）
○?
×（後期拡散説）
×（早期拡散説）

図3　各地における新人と装身具の出現のタイミングを示す年表
＝（二重線）：新人が出現したタイミング
○：装身具がある　×：装身具がない
ESA：前期石器時代、MSA：中期石器時代、LSA：後期石器時代、LP：下部旧石器時代、
MP：中部旧石器時代、IUP：上部旧石器時代初期、UP：上部旧石器時代（IUPよりも後）

正しければ、新人は一二〜六万五〇〇〇年前の間に西アジアのアラビア半島から南・東南アジアを通ってニア・オセアニアまで拡散したはずである（Bae et al. 2017）。しかし先述したように、これらの地域で装身具が確実に出現したのは四〜三万年前以降である。遺伝学によると、南ルートの新人拡散はより後（五万二〇〇〇〜四万六〇〇〇年前）に生じたと考えられている（ライク 二〇一八：二七九－二八二、高畑 二〇二〇）。また、ボルネオ島のニア洞窟の居住も五万年前近くまでさかのぼるといわれている（Barker et al. 2007）。したがって、後期拡散説の場合でも、装身具の発生は新人の侵入から少なくとも五〇〇〇年以上遅れた可能性が高い。

琉球諸島においても、新人の侵入が三万六〇〇〇年前だとすると、サキタリ洞の装身具は一万年以上遅れて出現したことになる。本州や北海道では有機物の保存が悪いという条件があるが、石製装身具の出現は後期旧石器時代の後半期になってからと指摘されている（仲田 二〇一五）。

新人の拡散に装身具がともなっていた地域の一つが南シベリア〜モンゴルである。上部旧石器時代初期（ＩＵＰ）の遺跡から装身具が出土している。中国北部においても、水洞溝第一地点のＩＵＰ石器群（四万三〇〇〇〜四万年前）（Morgan et al. 2014）にともなってダチョウ卵殻のビーズ一点が見つかっている（加藤 二〇一七）。また、南東ヨーロッパのバチョ・キロ遺跡（ＩＵＰ、約四万五〇〇〇年前）からビーズ一点とペンダント一二点が報告されている（Hublin et al. 2020）。しかし、中国北部とヨーロッパではそれぞれ一遺跡からしか報告されていない。中国北部において装身具が増加したのは三万五〇〇〇年前以降である（加藤 二〇一七、Norton and Gao 2008; Li et al. 2018）。したがって、「新人の拡散と同時にたくさんの装飾品が出土するようになる」という古典的な学説はあてはまらない地域のほうが多い。

4　装身具の多様な出現パターンは何を意味するのか？

装身具のさまざまな役割

装身具はかつて「現代人的行動」の指標の一つと考えられ（McBrearty and Brooks 2000）、特に象徴能力や認知能力に関する物質文化として考察されてきた（Henshilwood and Marean 2003; Roberts 2016）。しかし、新人の出現と装身具の出現パターンは単純に一致しないので、この理論のみで考古記録を説明することには限界がある。装身具の出現パターンをより正確に説明するためには、装身具の使われ方や社会的機能が明らかにされることが重要である。民族誌にみられるビーズの用いられ方や社会的機能は多様である。たんなる装飾に加えて、社会的アイデンティティや立場の表示、儀礼用品、お守り、交換品、情報伝達システムなどの役割がM・ヴァンヘイレン（Vanhaeren 2008）や池谷（二〇二〇）によってあげられている。これらのどの役割が新人の拡散期に関わっていたのかを明らかにすることが大きな課題として残されている。

その例として、カゴ形ビーズが広域社会ネットワークの形成に関わっていたという仮説を以前に紹介した［図4］（門脇 二〇二〇b、Stiner 2014）。長さ一・五センチメートル前後のカゴ形ビーズは、西アジアのレヴァント地方からヨーロッパ南部にかけて上部旧石器時代前半（四万五〇〇〇～三万年前）に増加した。地域ごとに貝の生物学的分類は異なっても、同様なサイズと形の貝殻が用いられている。この時期は四〇〇～

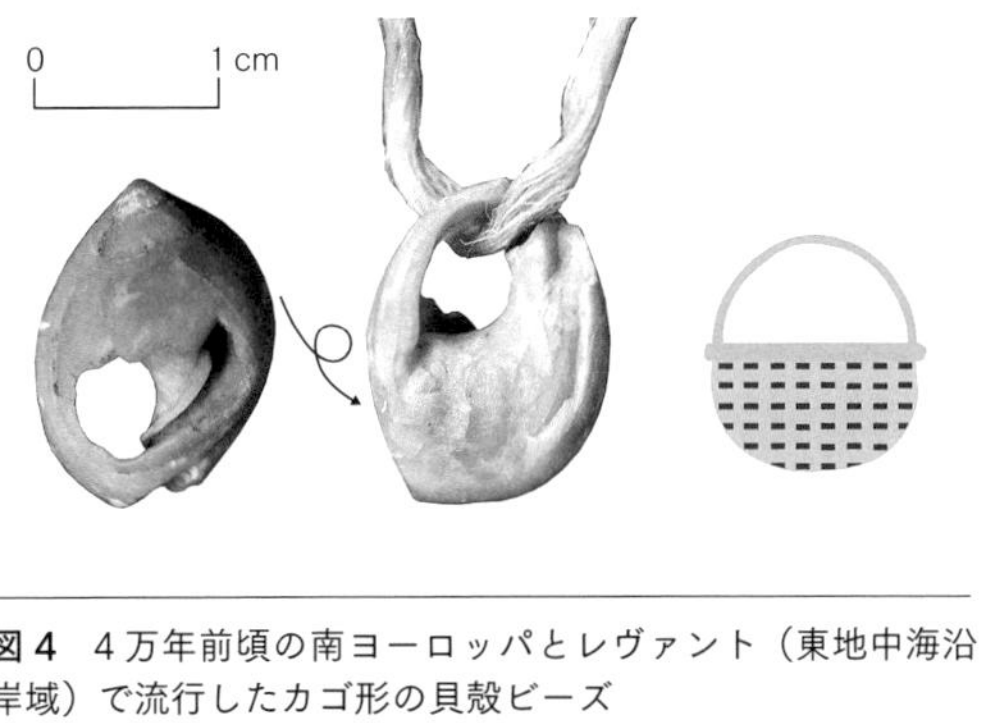

図4　4万年前頃の南ヨーロッパとレヴァント（東地中海沿岸域）で流行したカゴ形の貝殻ビーズ
巻貝にあけられた穴に紐を通し貝殻をぶら下げると、ひっくり返ってカゴのような形になる。

一〇〇〇点ほどのビーズが発見された遺跡が少なくとも五つある。こうした規格的ビーズ形態の広がりは、近隣集団の間でビーズの交換などを通して築かれた社会ネットワークが広範囲に連続した結果と解釈されている（Stiner 2014）。このネットワークが、民族誌の狩猟採集社会でみられるような互恵的な関係網だったとすると、協力的ネットワークへの参加によって環境上、社会上のリスクが分散されたと思われる。

こうした社会ネットワークには地域的な単位があったと考えられる。ヨーロッパの上部旧石器時代前期には、カゴ形貝殻以外の種類のビーズも作られており、地域ごとにビーズの種類が異なったといわれている（Vanhaeren and d'Errico 2006）。そうしたビーズの地理的変異は複数の社会ネットワークを示すと考えられる。そうだとすれば、異なるビーズ流通圏の境界地域では、ビーズの種類が集団帰属を示す役割を果たしたかもしれない。

一方、地域集団の中において社会的立場の表示にビーズが用いられた可能性もある。というのも、上部旧石器時代は食料資源の幅が広がり、骨角器など工芸活動も多様化したことが特徴だからである。こうした生業や工芸活動の変化には集団内における分業の発達がともなっていたと提案されている（Kuhn and Stiner 2006）。具体的には、性別や年齢にもとづいたグループごとに別の活動がおこなわれるようになった可能性が指摘されている。たとえば、小動物の獲得は子どもでもある程度おこなうことができる。こうした状況で装身具が増加した場合は、集団内の社会的立場の表示に装身具が用いられていたかもしれない。

西アジアにおける貝殻ビーズの流通

筆者が遺跡調査を進める南ヨルダン（南レヴァント地方）でも、上部旧石器時代から続旧石器時代にかけて装身具が増加した［図5］（門脇 二〇二〇a）。その素材はほとんどが海産の貝殻であるが、調査地は紅海から五五キロメートル、地中海からは一八五キロメートル離れている。そのため装身具の素材の希少性が認識されていたと思われる。実際、装身具の出現直前の時期には、未加工の海産貝殻が流通していたことがわかった［図6］(Kadowaki et al. 2019a, 2019b)。この時期は上部旧石器時代初期（四万五〇〇〇〜四万年前）で、北レヴァントの地中海沿岸ではカゴ形貝殻ビーズが増加していた。しかし、南レヴァントではカゴ形とは異なる形の貝殻が用いられていた。

その後、四万年前以降になると、南ヨルダンでも地中海産のカゴ形貝殻ビーズが出現するようになる。最初はレヴァント地方の北部と南部で別の社会ネットワークだったものが、しだいにつながっていったと解釈される。ただ、南ヨルダンに地中海産のカゴ形ビーズが入ってくるようになるといっても、それが主体になることはなく、南ヨルダンにより近い紅海産の貝殻ビーズがほとんどである［図5］（木元ほか二〇二三）。したがって、異なる種類の装身具の流通圏がレヴァント地方の南部（紅海側）と北部（地中海側）で保たれつつ、その間をつなぐ交流もあった状態が考えられる。

南ヨルダンは現在、年間降水量が五〇ミリメートル以下の乾燥地帯で、水源や野生食料は非常に限られて

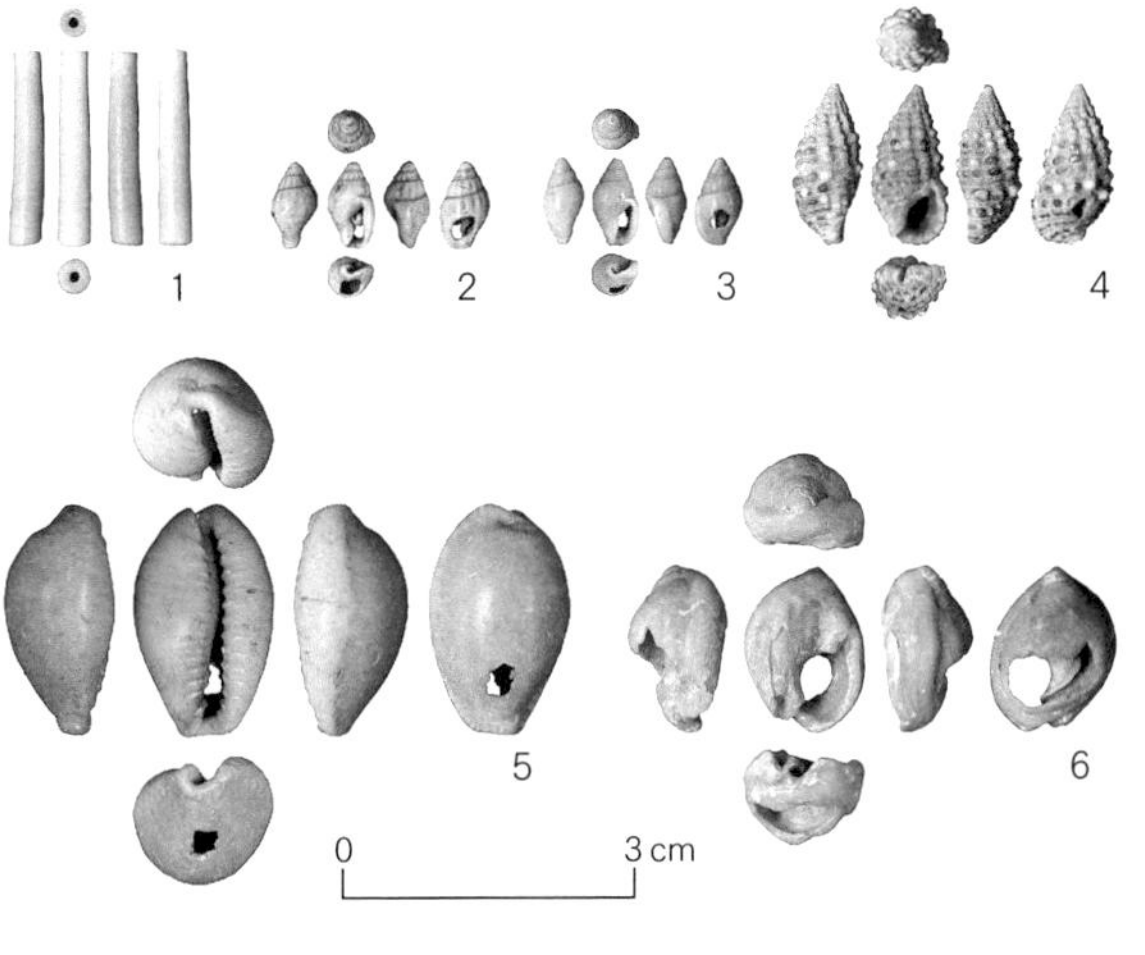

図5　続旧石器時代の貝殻ビーズ（トール・ハマル遺跡、南ヨルダン）
おもに紅海産だが、6のカゴ形貝殻は地中海産。

いる。そのため狩猟採集による生活はとても難しいと思われる。しかし、約六万五〇〇〇～一万五〇〇〇年前の間はより湿潤で、草原が広がる環境だった（Miebach et al. 2019）。ちょうどその時期に遺跡の数が増えており、遺跡からはガゼルやヤギなどの骨やダチョウの卵殻も見つかっている（Henry 1995）。しかし、その間にも気候変動があったので、水や食料不足が何度も生じたと思われる。また、南ヨルダンにおける人類居住が数千～数万年継続し、その間に人口が増加したことによって、もともと豊富ではない動植物資源がしだいに枯渇した可能性がある（Hirose et al. 2022）。このように食料資源が不安定な乾燥内陸地帯の人々にとって、海岸部など異なる環境を含む広い領域を移動したり、他の地域の集団と関係を維持したりすることが、生活上のリスクを低減する手段だったと考えられる。こうした資源獲得領域の拡大や社会ネットワークの維持が、海産貝殻ビーズの流通にともなっていたと思われる。

装身具がない社会とは？

一方、装身具があまり見つかっていない時代や地域はどのような社会だったのだろうか？　上記で考察したような社会ネットワークや異集団との遭遇、社会的立場のちがいが明確でなかったのだろうか？　しかし、これらの社会的要因を考える前に、まずは装身具の素材が保存されにくいものだった可能性を

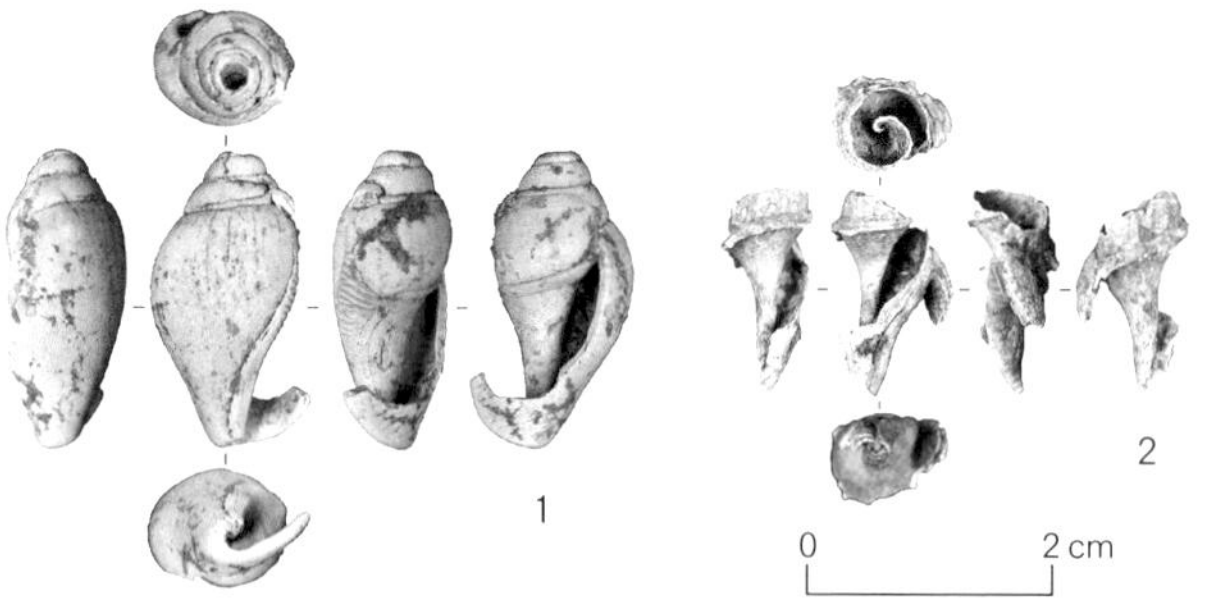

図6　上部旧石器時代初期に紅海から遺跡まで55kmの距離を運ばれた貝殻（ワディ・アガル遺跡、南ヨルダン）

考慮しなければならない。民族誌では多様な素材のビーズが報告されている（池谷 二〇二〇）。石や貝殻にくらべて骨や植物質の装身具は保存されにくいと考えられる。

南アジアから東南アジア、ニア・オセアニア、日本列島では、新人が拡散してきた後でも装飾品が見あたらない時期が少なくとも数千年（早期拡散説の場合は数万年以上）ある［図3］。その理由の一つとして、遺物の残りにくさや素材の要因を考慮する必要がある。東南アジアでは、植物を素材にしたさまざまな工芸活動が現在も行われており（第11章参照）、更新世でも石器が植物加工に用いられていたことを示す使用痕の証拠が増加している（Fuentes et al. 2019; Pawlik 2021 など）。特に日本列島のように石製の装身具が見つかっている場合、より加工しやすい骨や貝殻なども用いられていた可能性が高い。ヨーロッパや北アジアから北東アジアなどで石製の装身具がある場合は、必ず骨や歯牙などの素材がより多く用いられているからである。

保存とは関係がなく、本当に装身具が用いられなかった場合はどうだろう？　民族誌によると、ビーズが使われなくなった要因の一つとして、それに代わる物質文化（衣服など）の導入や発達が報告されている（戸田 二〇二〇）。これを考慮すると、旧石器時代では顔料による身体装飾などが考えられる。しかし、顔料はビーズよりも出現が古く（アフリカでは遅くとも三〇万年前、ヨーロッパでは二〇万年前、西アジアでは一二万年前）、装身具が登場する以前から顔料で身体装飾されていた可能性が高い。装身具が登場した後は、それと一緒に顔料が出土することが多い。

装身具かどうかにかかわらず、社会ネットワークや社会的立場の表示に何の道具も用いられなかった社会とはどのようなものであろうか？　たとえば、西アジアに新人が拡散した直後の二〇〜一二万年前（中部旧石器時代前期）には装身具がなかった。その頃は遺跡における遺物の堆積密度が低く、炉跡が少ないのが特徴である。また小型動物の利用が少なく、捕獲されたリクガメのサイズが大きいことから、遺跡周辺の狩猟圧が低かったと推定されている。これらの記録は人口密度が低かったことを示すと解釈されている（Stiner 2013）。

このように、新人の拡散先で人口密度が低かった状況は他所でも生じていたと思われる。日本列島の後期旧石器時代前半期は、後半期にくらべて人口サイズが小さかったといわれている（仲田 二〇一五）。また、南・東南アジアからウォレシア、ニア・オセアニアにおいては、新人の早期拡散の時期（一二～五万年前）は人口密度が低かったと思われる。その一方、ヨーロッパや南シベリアからモンゴルでは、ネアンデルタール人やデニソワ人といった先住集団の遺跡が多く見つかっている。そうした地域では、新人の拡散とほぼ同時期から装身具が用いられていた傾向がある。

この傾向に合うかどうかわからないのが、南・東南アジアからウォレシア、ニア・オセアニアにおける新人の後期拡散の時期（五万年前以降）である。この時期は遺跡も増加し、熱帯林や海洋の食料・道具素材が新たに利用されたことを示す考古記録が増加してきている（小野 二〇一七など）。また、スラウェシ島の洞窟壁画が四万五〇〇〇年前までさかのぼることが最近報告された（Brumm et al. 2021）。しかし、装身具の数や広がりは限定的である。この状況が今後の調査によってどのように検証されるのかが注目される。

また、装身具の有無を説明する社会的要因は人口密度に限られないかもしれない。実際、レヴァント地方の七～四万五〇〇〇年前の間は、ネアンデルタール人と新人の両方が拡散してきた証拠があり、遺跡数が多い。また遺物の堆積密度が高く、炉跡も増加した。これらの記録は人口密度の上昇と解釈されているにもかかわらず、この時期からはこれまで装身具が一点も見つかっていない。

装身具の機能として社会ネットワークや社会的立場の表示があった可能性を先述した。社会ネットワークの形成が生活上のリスクを低減する機能があったとすれば、資源がより不安定な環境においてそれが発達したと考えられる。あるいは集団帰属を示す機能があったとすれば、異集団との接触機会が多かった状況において装身具の利用が増加したと考えられる。たとえば、食料資源が豊富で移動の頻度や範囲が小さい場合は、社会ネットワークの形成や異集団との接触機会が少ないと予想される。

レヴァント地方の七~四万五〇〇〇年前は気候が湿潤化し、内陸部にステップが出現した。そのため人類の居住に適した範囲が拡大し、南ヨルダンでもこの頃から遺跡が増加した。新たに出現した好適環境に人々が分散し、それぞれの地域の資源が安定的に利用できていたと思われる。実際、この時期の人類による資源獲得範囲は狭く、遠距離物資の流通も少なかったといわれている(Hovers and Belfer-Cohen 2013)。こうした状況では、社会ネットワークの形成や異集団との接触の機会が限られていたため、装身具が用いられる必要が少なかったと理解できる。

5 多様な自然と社会環境と装身具

本章では、新人がアジアに拡散した時期の遺跡からどのような装身具が見つかっているかを紹介し、新人の拡散と装身具の出現パターンの地域的なちがいや共通性についてまとめた。多くの地域において、装身具の記録が現れるのは新人の出現後ある程度の時間がたってからである。例外として、南シベリアからモンゴルでは新人の拡散とほぼ同時期に装身具が出現した。

こうした装身具の多様な出現パターンを説明するために、装身具の使われ方や社会的機能について考察した。装身具がたくさん見つかっているヨーロッパやレヴァント地方の上部旧石器時代では、装身具の形態や数量、広がり、素材の希少性などの記録を参考にすると、社会ネットワークの形成や集団帰属の表示、集団内における社会的立場の表示という役割が考えられる。

装身具の記録がない場合は、調査数のほかに保存されにくい素材が使われていた可能性も考える必要がある。一方、保存の問題ではなく実際に装身具や顔料が用いられていなかった場合は、社会ネットワークの形成や異集団との接触の機会が少なかった状況などが考えられる。そうした状況は、人口密度や食料資源の安定性、さらに居住移動の範囲や頻度に関わるだろう。つまり、社会や生業、資源環境などの側面である。

これらの側面は、認知能力の側面よりも考古記録や古環境記録から具体的に検討が可能である。新人が拡散した広大なアジアにおける多様な自然と社会環境（先住集団との関係も含む）を考慮すると（西秋二〇一五）、新人が各地で形成した社会文化ニッチ（Ellis 2015: 第1章参照）も多様だったはずである。その多様性を具体的に描く記録の一つとしてビーズの出現パターンや役割が明らかにされていくことが望まれる。

謝辞

本研究は、ＪＳＰＳ科研費JP16H06409, JP20H00026, JP24H00001および三菱財団の助成を受けたものです。図と文献リストの作成には渡邉綾美氏から協力をいただきました。

参考文献

D・ライク　二〇一八『交雑する人類』日向やよい訳、ＮＨＫ出版
池谷和信編　二〇二〇『ビーズでたどるホモ・サピエンス史―美の起源に迫る―』昭和堂
小野林太郎　二〇一七『海の人類史―東南アジア・オセアニア海域の考古学―』雄山閣
加藤真二　二〇一七「中国北部の旧石器時代装身具」門脇誠二編『文部科学省科学研究費補助金・新学術領域研究

門脇誠二　二〇一六－二〇二〇―パレオアジア文化史学第二回研究大会―』予稿集、名古屋大学、一八－一九頁
門脇誠二　二〇二〇ａ「現生人類の出アフリカと西アジアでの出来事」西秋良宏編『アフリカからアジアへ―現生人類はどう拡散したか―』朝日新聞出版、七－五二頁
門脇誠二　二〇二〇ｂ「人類最古のビーズ利用とホモ・サピエンス―世界各地の発見から―」池谷和信編『ビーズでたどるホモ・サピエンス史―美の起源に迫る―』昭和堂、二三－三六頁
木元菜奈子・黒住耐二・門脇誠二・Ｓ　ドナルドヘンリー　二〇二三「摩耗痕分析による旧石器時代の貝製ビーズの利用法の検証―南ヨルダン、トール・ハマル遺跡出土の海産貝類の分析―」『西アジア考古学』二四巻、一－二四頁
高畑尚之　二〇二〇「私たちの祖先と旧人たちとの関わり」西秋良宏編『アフリカからアジアへ―現生人類はどう拡散したか―』朝日新聞出版、一五一－一九八頁
戸田美佳子　二〇二〇「アフリカに渡ったガラスビーズ―ビーズ文化を受容した社会、しなかった社会―」池谷和信編『ビーズでたどるホモ・サピエンス史―美の起源に迫る―』昭和堂、一五九－一七四頁
仲田大人　二〇一二「日本旧石器時代の装飾品―集成と予備的検討―」西秋良宏編『考古資料に基づく旧人・新人の学習行動の実証的研究　二（「交替劇」Ａ01班二〇一一年度研究報告）』、六二－七一頁
仲田大人　二〇一五「日本旧石器時代の現代人的行動と交替劇」『現代思想』四四巻一〇号、一五〇－一六四頁
西秋良宏　二〇一五「ヒトと文化の交替劇、その多様性」西秋良宏編『ホモ・サピエンスと旧人3―ヒトと文化の交替劇―』六一書房、一七六－一八九頁
野口淳　二〇一三「現代人は、いつ、どのようにして世界へ広がっていったのか―出アフリカ・南回りルートの探求―」『古代文化』六五巻三号、一一七－一二九頁
北海道埋蔵文化財センター　一九八五『湯の里遺跡群』北海道埋蔵文化財センター調査報告書一八巻
山崎真治・澤浦亮平・黒住耐二・藤田祐樹・竹原弘展・海部陽介　二〇二一「サキタリ洞遺跡の貝製ビーズと顔料利用に関する新たな知見―沖縄の旧石器文化をめぐる特殊性と普遍性―」『旧石器研究』一七巻、五七－七七頁

Bae, C. J. et al. 2017 On the Origin of Modern Humans: Asian Perspectives. *Science* 358 (6368): eaai9067.

Barker, G. et al. 2007 The 'Human Revolution' in Lowland Tropical Southeast Asia: The Antiquity and Behavior of Anatomically Modern Humans at Niah Cave (Sarawak, Borneo). *Journal of Human Evolution* 52: 243–261.

Bar-Yosef, M. et al. 2009 Shells and Ochre in Middle Paleolithic Qafzeh Cave, Israel: Indications for Modern Behavior. *Journal of Human Evolution* 56: 307–314.

Bar-Yosef, M. et al. 2020 On Holes and Strings: Earliest Displays of Human Adornment in the Middle Palaeolithic. *PLOS ONE* 15(7): e0234924.

Brumm, A. et al. 2017 Early Human Symbolic Behavior in the Late Pleistocene of Wallacea. *PNAS* 114(16): 4105–4110.

Brumm, A. et al. 2021 Oldest Cave Art Found in Sulawesi. *Science Advances* 7: eabd4648.

Derevianko, A.P. and E. P. Rybin 2003 The Earliest Representations of Symbolic Behavior by Paleolithic Humans in the Altai Mountains. *Archaeology, Ethnology and Anthropology of Eurasia* 3(15): 27–50.

Ellis, E. C. 2015 Ecology in an Anthropogenic Biosphere. *Ecological Monographs* 85(3): 287–331.

Fu, Q. et al. 2014 Genome Sequence of a 45,000-Year-Old Modern Human from Western Siberia. *Nature* 514: 445–449.

Fuentes, R. et al. 2019 Technological and Behavioural Complexity in Expedient Industries: The Importance of Use-Wear Analysis for Understanding Flake Assemblages. *Journal of Archaeological Science* 112: 105031.

Fujita, M. et al. 2016 Advanced Maritime Adaptation in the Western Pacific Coastal Region Extends Back to 35,000–30,000 Years before Present. *PNAS* 113(40): 11184–11189.

Habgood, P. J. and N. R. Franklin 2008 The Revolution That Didn't Arrive: A Review of Pleistocene Sahul. *Journal of Human Evolution* 55: 87–222.

Henry, D. O. 1995 *Prehistoric cultural ecology and evolution*, New York: Plenum Press.

Henshilwood, C. S. and C. W. Marean 2003 The Origin of Modern Human Behavior: Critique of the Models and Their Test Implications. *Current Anthropology* 44: 627–651.

Hershkovitz, I. et al. 2018 The Earliest Modern Humans Outside Africa. *Science* 359: 456–459.

Hirose, M. et al. 2022 Epipaleolithic Hunting in an Arid Area of the Levant: Faunal Remains from Tor Hamar, Southern Jordan. *Orient* 57: 21–42.

Hovers, E. and A. Belfer-Cohen 2013 On Variability and Complexity: Lessons from the Levantine Middle Paleolithic Record. *Current Anthropology* 54: Supplement 8, S337–S357.

Hublin, J.-J. et al. 2020 Initial Upper Palaeolithic Homo sapiens from Bacho Kiro Cave, Bulgaria. *Nature* 581: 299–302.

Jacobs, Z. et al. 2019 Timing of Archaic Hominin Occupation of Denisova Cave in Southern Siberia. *Nature* 565: 594–599.

Kadowaki, S. et al. 2019a Marine Shells from Tor Fawaz, Southern Jordan and their Implications for Behavioral Changes from the Middle to Upper Paleolithic in the Levant. In: *Learning Among Neanderthals and Palaeolithic Modern Humans*, edited by Y. Nishiaki and O. Joris, pp. 161–178. Singapore: Springer Nature.

Kadowaki, S. et al. 2019b Lithic Technology, Chronology and Marine Shells from Wadi Aghar, Southern Jordan and Initial Upper Paleolithic Behaviors in the Southern Inland Levant. *Journal of Human Evolution* 135: 102646.

Kuhn, S. L. and M. C. Stiner 2006 What's a Mother To Do? The Division of Labor Among Neandertals and Modern Humans in Eurasia. *Current Anthropology* 47(6): 953–980.

Langley, M. C. et al. 2020 Bows and Arrows and Complex Symbolic Displays 48,000 Years Ago in the South Asian Tropics. *Science Advances* 6: eaba3831.

Langley, M. C. and S. O'Conner 2016 An Enduring Shell Artefact Tradition from Timor-Leste: Oliva Bead Production from the Pleistocene to Late Holocene at Jerimalai, Lene Hara, and Matja Kuru 1 and 2. *PLOS ONE* 11(8): e0161071.

Langley, M. C. et al. 2016 42,000-Year-Old Worked and Pigment-Stained Nautilus Shell from Jerimalai (Timor-Leste): Evidence for an Early Coastal Adaptation in ISEA. *Journal of Human Evolution* 97: 1–16.

Li, F. et al. 2018 Re-Dating Zhoukoudian Upper Cave, Northern China and its Regional Significance. *Journal of Human Evolution* 121: 170–177.

McBrearty, S. and A. S. Brooks 2000 The Revolution that Wasn't: a New Interpretation of the Origin of Modern Human Behavior. *Journal of Human Evolution* 39: 453–563.

Miebach, A. et al. 2019 A New Dead Sea Pollen Record Reveals the Last Glacial Paleoenvironment of the Southern Levant. *Quaternary Science Reviews* 214: 98–116.

Morgan, C. et al. 2014 Redating Shuidonggou Locality 1 and Implications for the Initial Upper Paleolithic in East Asia. *Radiocarbon* 56(1): 165–179.

Norton, C. J. and X. Gao 2008 Zhoukoudian Upper Cave Revisited. *Current Anthropology* 49(4): 732–745.

Pawlik, A. 2021 Technology, Adaptation, and Mobility in Maritime Environments in the Philippines from the Late Pleistocene to Early/Mid-Holocene. *Quaternary International* 596: 109–123.

Rabett, R. J. 2012 *Human Adaptation in the Asian Paleolithic: Hominin Dispersal and Behaviour during the Late Quaternary.* Cambridge: Cambridge University Press.

Roberts, P. 2016 'We Have Never Been Behaviorally Modern': The Implications of Material Engagement Theory and Metaplasticity for Understanding the Late Pleistocene Record of Human Behavior. *Quaternary International* 405: 8–20.

Stiner, M. C. 2013 An Unshakable Middle Paleolithic? Trends Versus Conservatism in the Predatory Niche and Their Social Ramifications. *Current Anthropology* 54(8): S288–S304.

Stiner, M. C. 2014 Finding a Common Bandwidth: Causes of Convergence and Diversity in Paleolithic Beads. *Biological Theory* 9(1): 51–64.

Vanhaeren, M. 2008 Speaking with Beads: The Evolutionary Significance of Personal Ornaments. In: *From Tools to Symbols: From Early Hominids to Modern Humans,* edited by F. d'Errico and L. Backwell, pp. 525–553. Johannesburg: Witwatersrand University Press.

Vanhaeren, M. and F. d'Errico 2006 Aurignacian Ethno-Linguistic Geography of Europe Revealed by Personal Ornaments. *Journal of Archaeological Science* 33: 1105–1128.

Vanhaeren, M. et al. 2006 Middle Paleolithic Shell Beads in Israel and Algeria. *Science* 312: 1785–1788.

Viet, N. 2015 First Archaeological Evidence of Symbolic Activities from the Pleistocene of Vietnam. In: *Emergence and Diversity of Modern Human Behavior in Paleolithic Asia,* edited by Y. Kaifu, et al., pp. 133–139. College station: Texas

A&M Press.

Wei, Y. et al. 2017 A Technological and Morphological Study of Late Paleolithic Ostrich Eggshell Beads from Shuidonggou, North China. *Journal of Archaeological Science* 85: 83–104.

Zwyns, N. et al. 2012 Burin-Core Technology and Laminar Reduction Sequences in the Initial Upper Paleolithic from Kara-Bom (Gorny-Altai, Siberia). *Quaternary International* 259: 33–47.

第８章　狩猟採集民の学習行動と文化伝達
——旧石器時代の考古資料からの理解

髙倉純

1　学習行動と文化伝達

　更新世のホモ属がアフリカ大陸からユーラシア大陸へ広域拡散し、さまざまな新しい環境に適応していった中で、文化はどのような役割を担っていたのであろうか。この問題を考えていくうえで、「蓄積的文化進化」に関するＭ・トマセロの議論は考察の出発点として重要である。鳥やアリ、チンパンジーなど、非遺伝的な、広義の文化的継承の過程を示す生物はさまざま存在するのに対し、トマセロは、人類に特有の文化的継承の過程として、（1）意図模倣（imitation）、（2）教示、（3）共同作業を通した学習によって伝統が忠実に継承されるとともに、そこに改良が加えられていくという漸進作用としての爪歯車効果に注目した。多くの生物種にとって困難であったのは、個人や集団内において情報を学習によって長期的に定着・存続させ、そこに改変を加えていくことだったとし、それに対し人類は複雑な人工物やその運用技術、社会制度、規範を一から創造するのではなく、先人からの伝統を学習行動を通して受け継ぎながら、そこに新たな工夫を付け加えていくことで刻々と変化する多様な環境に対処することができたのではないか、と指摘する(Tomasello 1999＝2006)。

こうした観点から、人類に特徴的に認められる文化伝達が更新世においてどのように進化してきたのか、言い換えれば、学習行動の種類やそれが生じたコンテクストがいかに通時的に変化してきたのかを問うことは、社会制度や集団規模、認知基盤の変化とともに、ホモ・サピエンスにおける多様な文化創出の機構を理解するうえで重要な意義をもっていることがわかる。チンパンジーの社会学習に対する理解が深まってきた中で(Whiten et al. 1999)、人類の学習行動も進化の観点から考察することの必要性が高まってきている。この問題の探究には、行動観察にもとづいた理論的なモデルや実験からの考察とともに、時空間の位置づけが明確な古人骨や考古記録といった証拠の収集と分析が欠かせない。本章では、旧石器時代を対象とする考古学の観点から、人類の文化伝達と学習の進化に関わる諸問題を考察していくことにしたい。

以下では、打製石器における製作技術の問題について主に取り上げていく。石器は、有機質を素材として利用している道具とは異なり、さまざまな環境下においても腐朽せずに残存する。そのため石器製作・使用の痕跡が考古学的に確認されている約三三〇万年前以降の人類の文化進化を明らかにする手がかりを与えてくれる。また、石器製作の際の手順や動作・使用道具の同定(髙倉 二〇〇七)から、割り手の技量レヴェルや技術の習得の軌跡にアプローチすることも可能であり(髙倉 二〇二〇)、そこから古人類の技術の伝習過程に関する議論にも取り組んでいくことができる。

2 進化の中での学習行動

人類の学習行動の進化

これまで類人猿に属するさまざまな生物種が、野外での行動観察や室内の飼育環境下で、道具使用行動をおこないうる能力を有していることが確認されてきた。特に人類にとって系統的に最も近縁の生物種であるチンパンジーの棒を使ったアリ釣りや石を使った堅果類の殻割りは、その生態的背景や技術の伝習過程が調べられている。注目されるのは、使用されていた道具が地域によって異なっていたことであり、そこから道具使用行動は生得的で固定的なものではない、すなわち個体間での社会学習を通して地域的変異をみせながら継承されている可能性が指摘されたことである (Whiten et al. 1999)。

分岐後の七〇〇万年に近い歳月の経過を考慮すると、現生のチンパンジーやボノボにおける道具使用行動の学習過程を、そのまま最終共通祖先のモデルとみなすことはできない。また、限られた野外での行動観察から、観察された・できた行動の有無と能力を直接的に結びつけて議論することには問題が残されている。しかし、相同形質として人類の系統と共通する行動形質が認められるならば、またオランウータンやゴリラなどでの社会学習に関わる行動形質との比較もふまえて議論していくことによって、進化論的に最終共通祖先や初期人類の学習行動を類推していくことはできる。

こうした観点からみて、ヒトとチンパンジー、ボノボとの最終共通祖先やホモ属が登場するまでの初期人類もまた、社会学習を通して技術の継承をおこなっていた蓋然性は高い。試行錯誤を繰り返すという個体学習にとどまらず、他個体の行動とその結果が刺激となって学習 (ただし模倣は含まれず試行錯誤に終始する) が促される刺激強調 (stimulus enhancement)、他個体の行動の結果としてのモノや場所に注意が向けられることによって学習が促される局所強調（local enhancement）、あるいは行動の産物にもとづいた結果模倣（emulation）は、最終共通祖先や初期人類における社会学習の形態として考慮に入れておくべきであろう（Motes-Rodrigo et al. 2022 など）。

それでは「蓄積的文化進化」の基盤となる学習行動として評価されてきた意図模倣や教示は、文化的継承の過程として、どのような背景から進化してきたのであろうか。意図模倣や教示は個体間での直接的な観察や社会的相互関係を含むものであるだけに、刺激強調や局所的強調、結果模倣よりも相対的に「複雑」な社会的相互関係を含んだ過程となる。ただし、教示行動に関しては、これまで分野によって異なる定義から議論がなされてきたために理解に混乱が生じている点に注意する必要がある。

通念的に教示は、人類に特異な現象として、行動のレヴェルのみならず慣習や制度に根ざした言語による明示的な概念体系の説明を前提とし、「学習者の行動を変化させることを目標とした、教示者による意図的かつ系統的な介在」とされてきた。こうした認識は西欧近代的な教育制度を前提としており、結果的にそうした教示という現象は「非近代的」な小規模社会（たとえば狩猟採集民社会）には存在しないという議論につながっていく（Lancy 2010）。「非近代的」な社会における文化的継承の過程を対象外としている点で、こうした認識は人類の学習行動における多様性の包括的な理解に資するものとは言いがたい。

動物行動学において教示は、（1）無知の観察者がいるときに限って生じる、（2）教える側に教えることのコストがかかり、なおかつ直接的な報酬を受けられない、（3）観察者の知識獲得やノウハウの習得を助けるという行動として定義される（Caro and Hauser 1992）。この操作的定義に従えば、人類以外のさまざまな生物種（霊長類にとどまらない）にも教示行動が見出しうる。近年では、道具扱いの習熟のレヴェルが異なる野外のチンパンジーの個体間において、アリ釣りのための道具の分与によって道具の使用技術の習得が促される、という一種の教示行動の遂行が報告されている（Musgrave et al. 2020）。こうした知見は、教示が人類以外のさまざまな生物種とも基盤を共有する行動形質であるという重要な洞察を与えてくれる。しかしながら、人類の文化的継承の過程において教示の遂行は、教える側と学ぶ側との間でのある種のコミュニケーションに立脚し、時間や空間を共にすることで意図や経験を共有しようとする志向性が働いている、という点を見逃すべきではなかろう（Csibra and Gergely 2006）。志向性の共有とは、同調や同期によって促進された意図やコミットメントの自他間での接続であり、共同志向性や相互知識といった過程を含む（Tomasello 2009＝2013）。チンパンジーをはじめとする現生類人猿において、こうした過程が教示行動に組み込まれていたことをうかがわせる観察は、野生でも飼育環境下でもいまだ報告されていない。

人類と人類以外の生物種との連続性も考慮に入れながら、多様な文化的継承の過程で教示が果たしていた役割を理解するためには、動物行動学における定義を参照しつつ、言語による意図的・系統的な説明に内包を限定するのではなく、何らかのコミュニケーションに立脚した志向性を共有しようとするという点を重視し、評価のフィードバックや機会の提供、注意喚起、実演、指差し・アイコンタクト・身振り・発声による（直接・代用）指示や説明といった多様な行動を視野に入れて検討していくことが求められる。こうした内包にもとづけば、「非近代的」な小規模社会の民族誌にも教示行動は認められよう（Lew-Levy et al. 2017）。

直接的な観察が繰り返されることによって可能となる意図模倣や志向性を共有する教示による学習の慣習化は、進化論的には、個体間の相互依存性の高まりにもとづいた協力的コミュニケーションの出現や拡大・深化と密接に結びついた現象であることが予測できる。チンパンジーやボノボに連なる系統と分岐した後、人類の系統は直立二足歩行を開始し、しだいに地上での歩行・走行に適した身体・生理に進化していった。やがて一部のメンバーは岩石から道具を作り出し、使用するという行動を展開しはじめる。こうした技術という新たなニッチの獲得は、人類のさまざまな身体・行動形質に大きな影響を与えていくこととなった。具体的には道具操作に適した手指の形態変化、かみ砕き咀嚼する必要性が軽減したことによる歯や顎の小型化、果実や葉、種、茎、根茎、球根といった植物食中心から、肉食のウェートの高まりによって可能となった脳容量の大型化、そして一部のメンバーによる乾燥疎開林からオープン・サバンナへの生息域の拡大である。生息域の拡大は、食料獲得における狩猟や対峙的屍肉食の高まりとともに、大型肉食獣との競合を避けられなくした。そうした生態的背景があって、競合者からの防衛と効率的食料獲得、繁殖協力のため、道具による食料の加工とともに諸活動の際の基本的なユニット（群れ）の規模を拡大化させ、個体間の相互依存性や協力的コミュニケーションを有利にする自然選択が強く働くようになったのではないか。相互接触の恒常化と協力的コミュニケーションの制度化にともなって、個体間の相互関係がユニット（群れ）の中で複雑化していくとともに、ホモ属の広域拡散や環境変動による生息環境の多様化・不安定化を契機として、再帰的読心能力を含む意図明示・推論コミュニケーション（当初は指差し、うなずき、叫び、アイコンタクトなどの形をとって）の自然選択が引き起こされたのであろう。それが「わたしたち性」（Tomasello 2009＝2013）の志向性の形成とともに、「援助すること」、「知らせること」、「分けあうこと」という互恵性の形成を促し、人類に特徴的にみられる直接的な行動観察にもとづいた意図模倣や志向性の共有をともなった教示行動の進化につながっていったと考えられる。

こうした進化のシナリオを、人類が獲得した技術というニッチの特性に起因していることを重視し「技術ニッチ仮説」と呼ぶならば、この仮説を前期・中期更新世のホモ属に関わる人類学・考古学的証拠によって具体的にどのように検証していくのかが検討されねばならない。人類の協力的コミュニケーションの進化に関しては、自己家畜化仮説とも関わり、犬歯の縮小や雄雌間の体格差の解消など、身体形質の変化において攻撃性の低下や社会的寛容性の増加を反映する指標が注視されている。一方で、意図明示・推論コミュニケーションに関しては、言語の起源にも関わり、ホモ属における行動慣習のセットとしての社会制度や認知基盤の形成を理解するうえで重要な論点となっている（Scott-Phillips 2015＝2021）。意図明示・推論コミュニケーションの定着は伝達される情報量やその複雑性の増大にも直結するので、人類の文化進化にもさまざまなフィードバックがもたらされることになったであろう。分布域の生態系や食性の変化、広域拡散を前提とするならば、ユーラシア大陸への最初の拡散が引き起こされたと推定される一九〇万年前以降の（アフリカ大陸でのものを含めた）人類学・考古学的証拠が議論の対象となってくる。そこで石器を製作するための技術がどのような学習の過程をへて継承されていたのかを時系列にそって把握できれば、学習行動の進化の解明につながる知見が得られることになるにちがいない。

石器使用・製作伝統と学習行動

アフリカ大陸やユーラシア大陸西部では、一部で年代的に重複しながら、ロメクウィアン／オルドワン（三三〇／二六〇～一五〇万年前）、アシューリアン（一七五～三〇／一五万年前）という石器使用・製作伝統が継起していた。約八〇～七〇万年前を境としてアフリカやユーラシア西部のアシューリアンは、有機質ハンマーの直接打撃法によると想定されている薄い侵形の剥離で左右対称形に仕上げられているハンドアックスの出現によって、前期と後期に区分される（Pargeter et al. 2019; Key et al. 2021）。それぞれの石器使用・製作伝統と担い手となっていた人類の生物学的グループとの間の対応関係には多くの議論があり、明確な結論には至っていない。ロメクウィアン／オルドワンは、存続年代からみてホモ属以外にアウストラロピテクス属のメンバーのいずれかが担い手になっていたとみなければならない。アシューリアンは、ホモ・エレクトゥスとホモ・ハイデルベルゲンシス、およびその他の中期更新世人類が担い手となっていたと考えられる。

アシューリアンと一部で年代が重複しながら、約五〇～四〇万年前以降、新たな石器製作技術としてルヴァロワ技術や石刃技術が出現する（McBrearty and Tryon 2006; Wilkins and Chazan 2012; Moncel et al. 2020）。ルヴァロワ技術は、中期更新世前半にその祖形が出現し、その後、アフリカやユーラシア西部で隆盛した石器製作技術である。石刃技術は、アフリカやユーラシア西部において中期更新世前半に初期のものが現れ、中期更新世後半から後期更新世にかけてアフリカやユーラシアの各地で認められるようになる。いずれもホモ・サピエンス以外にネアンデルタール人やその他の更新世人類が担い手となっていた可能性が認められる。

拳大の円礫の一端を打ち割って鋭い縁辺を有する剝片を生み出そうとするオルドワンの石器製作では、ケニアのロカレレイ2C遺跡から発見された約二三〇万年前の年代の石器群が示すように、割り手は貝殻状剝離を制御するための打撃の位置、方向、角度の規則性を理解し、つぎの打ち割りのために打面を改善するような能力も備えていた（Pelegrin 2009）。前期アシューリアンから後期アシューリアンになると、ハンドアックスやクリーヴァーの製作工程は、一定の形態的特徴を共有する石器を生み出そうとして、選択された原石から素材となる剝片を用意し、周囲から連続的に剝片を剝離していくという手順が明確になっていく。製作の工程は、原石の粗割りから母型成形、細部整形へと明瞭に多段階化し、なおかつ各段階の目標達成のために複数の下位段階が階層的に配列され、段階間を移行するには下位目標の達成が不可欠であった（Roche 2005）。こうしたオルドワンやアシューリアンの技術が世代間で継承されていく際に、刺激強調や局所強調、結果模倣だけでなく、他者との相互関係が必要となる意図模倣や教示が必須であったのかどうかが問題となる。

近年、教示者の意図や教示者・学習者間での読心内容のちがいに応じて、（1）評価の意図的なフィードバック、(2)注意を喚起する、(3)実演する、(4)発声や身振りによって概念を伝達する、(5)概念間の関係を説明する、という五つの段階に区分して意図的な教示行動の進化を理解しようとする枠組みが提案されている(Gärdenfors and Högberg 2017)。教示行動を発声による指示や説明だけには限定せず、個体間での情報伝達にかかわる多様なコミュニケーションを含むという観点から、人類以外の生物種から人類への教示行動の進化を説明できることを念頭に入れた枠組みである。製作技術の継承に必要な教示の種類について、貝殻状剥離の原理は理解しつつも同型的な剥離の動作が連続するオルドワンでは注意の喚起や実演が、剥離工程の階層性が構造化されている後期アシューリアンでは発声や身振りによる概念の伝達が遂行されていたと解釈されている。

発声や身振りによる伝達あるいは概念の説明をともなった教示行動の出現が確認できるとすれば、それは言語コミュニケーションの成立とも関連する可能性があるので、意図明示・推量コミュニケーションや言語の進化の理解においてもたいへん重要な意義を有していることは明らかである。しかし、そうした教示行動の出現がどのような石器製作伝統と対応するのかに関しては研究者間で少なからず見解の相違が認められる。

後期アシューリアンにおけるハンドアックス製作の伝習にそうした教示行動の介在を想定する見解がある一方で(Shipton 2019)、ルヴァロワ技術によって生み出された剝片や石核の形態間で見出される位相幾何学的関係は、観察だけでは伝達が困難で、共同での作業の繰り返しや教示による伝達を不可欠とする技術的過程の出現を示しているとの見解もある(Lycett et al. 2016)。後期アシューリアンに関する前者の議論では、ハンドアックスの製作工程が複数の段階から構成されており、それぞれには下位目標があるという階層性に着目しており、その習得には割り手からの発声や身振りによる教示行動が不可欠であったとの想定に依拠している。しかし、ハンドアックスの形態形成の過程に対し、製作者の当初からの「意図」がどこまで具現化しているとと理解できるのかは、人工物の誤謬問題（Davidson and Noble 1993）として、必要な作業に逐次的に迫られた対処の累積の結果として「形態」が現出していたとの観点から、しばしば議論の対象となっており、それが後者のような議論の提起につながっている。

作業の進行過程における階層性の成立は、製作者による一貫した「意図」の保持を必要条件とはしていない。そのため、区切りごとに現出する状況への対処と結果的にその時系列の連鎖が階層性として認識されることになるのは矛盾しない。むしろ作業の進行にあわせて現出した状況の認識とそれへの対処のレパートリーからの選択（組換・操作）が、結果的に繰り返し同形的に実現されていたということは、具体的な動作や記号として伝達可能な選択の外在化の進行が起こっていたことを示唆している。

ハンドアックスを製作する両面調整技術は、アフリカやユーラシア西部のみならず、ユーラシア東部においても約八〇万年前以降、一部では後期更新世まで断続的・分散的に出現することが把握されている。アフリカやユーラシア西部と比較してユーラシア東部では人口密度が相対的に低かったために、技術の安定的な伝習が長期的に果たしえなかったことで、そうした技術の分散的な時空間分布が形成されたとの解釈が示されている（Lycett and Norton 2010）。こうした想定をふまえるならば、オルドワンとは異なりアシューリアンの両面調整技術の世代間にまたがる継承においては、個体間での直接的な観察や密接な社会的相互関係にもとづいた安定的・継続的な社会学習が欠かせなかったといえよう。石器使用・製作伝統の長期的・広域的分布動向を調べることも、学習過程を把握する手がかりを提供してくれることになる。

石器製作技術の特性からみた教示行動の種類や水準に関する上述のような議論の蓋然性を検証するためには、着目された特徴が果たしてどのような教示行動によって伝達しうるのかを実験的に確認していく手続きが有効となる。そうした課題の解決のために、大沼克彦らによる先駆的な研究以降（Ohnuma et al. 1997）、教示行動、とくに実演や発声、身振りによる指示が、石器製作技術の継承にどのような影響を与えるのかを検討しようとする石器製作の学習実験が推進されてきた［表1］。石器製作技術の学習に影響を及ぼすパラメーターや技量差判定の指標を探索的に議論するうえで、こうした製作実験研究は重要なデータをもたらす（Nishiaki 2019）。

ただし注意を要するのは、従来の製作実験研究では、現代的な教育制度の中にいる大学生が被験者となり、与えられた石材や石核を材料に（すなわち素材を探索し、あるいは石核ブランクを成形するというコストを払うことなく）、数分から数時間のセッションで異なる情報伝達を受けた結果の比較がなされている、という点である。ここで問題としたい先史時代の石器製作者は、幼少期から石器の製作・使用の過程や結果を身近で見聞きする経験があり、なおかつ石器使用の必要性・動機が明確にあったという予測をふ

表1 製作実験の比較

	Ohnuma et al.(1997)	Putt et al.(2014)	Morgan et al.(2015)	Lombao et al.(2017)	Cataldo et al.(2018)	Pargeter et al.(2023)
実験対象技術	ルヴァロワ技術による剝片生産	アシューリアンの両面調整石器生産	オルドワンの剝片生産	さまざまな剝片生産	オルドワンの剝片生産	オルドワンの剝片生産
学習に要した総時間	6時間	5時間	5分	5～15分	5～10分	2時間
実験参加人数	20人	24人	184人	30人	71人	23人
実験参加者	大学生（旧石器の基礎知識があるグループvsないグループ）	18～25歳	大学生	20～42歳	大学生	大学生
学習状況	グループ	グループ	2人1組	2人1組	2人1組	グループ
熟練の教示者	有	有	無	有	有	有
産物における差異の有無（発話vs観察）	無	無	有	無	無	有

（Shilton 2019を改変）

まえると、被験者がおかれてきた状況とのちがいは無視しがたい（Whiten 2015; Kuhn 2021; Pargeter et al. 2023）。石器製作技術を習得し「一人前」となる過程においては、熟練者の作業を幼少期からしばしば見聞きし、遊びやミニチュア版の製作・使用、モノの交換、共同作業の一端を担う中で必要な知識やノウハウにしだいに慣れていき、詳細な観察や意図模倣、試行錯誤（練習）、教示を受ける経験を積み重ねていくことで、技量の習熟の度合いを高めていくという長期的な「修業」環境の存在が想定される（Dallos 2021）。

後期アシューリアンのハンドアックス製作の技術を習得するためには、「熟練者」のサポートによる九〇時間の練習でも不充分であったことをふまえると（Pargeter et al. 2019）、明確な発声による教示なしでどのような技術情報の伝達が可能となるのかを検討しようとする際にも、より長期に及ぶ実験条件の制御が求められる。こうした長期的な「修業」環境もまた、人類の技術的なニッチと協力的コミュニケーションの進化の産物であることは明らかであるが、ホモ属が登場して以降の石器製作技術の変化の中で、どのような教示行動の種類や水準が技術の継承に必要とされていたのかを判定するためには、多様な学習のコンテクストを考慮に入れた実験条件の構築が課題として残されている。

3　遺跡の中での学習行動

石器製作者の技量

石器使用・製作伝統に対応してどのような学習行動が遂行されていたのかにアプローチする研究をみてきた。こうした研究では、特定の石器使用・製作伝統と特定の学習行動の種類との間に一定の対応関係があるとの前提で議論がなされている。なおかつ学習行動の種類や水準は、不可逆的に一方向に変化していくとの仮定ももたれてきた。しかし、文化的継承の実際の過程においては、個体学習から社会学習までのさまざまな種類の学習行動が組み合わさっていたと考えたほうが妥当である。より「単純」な刺激強調や局所強調、結果模倣といった学習行動が、人類史上のどこかの時点で、より「複雑」な意図模倣や教示に置き換わってしまったというわけではあるまい。状況に応じた組み合わさり方とそのコンテクストを究明することが重視されるべきであり、そのためには旧石器時代の遺跡内で遂行されていた学習行動を個別的に解明することが相ともなって進められる必要性がある。

遺跡内における石器製作技術の学習行動の分析は、石器作りにおいて誰もが最初から「一人前」の技量を発揮できるわけではない、という認識から出発する。習得しようとする対象の石器製作技術の性質にもよるが、試行錯誤や結果模倣、過程模倣、教示などの個体学習・社会学習を積み重ねていくことによって、製作技術に関わる知識を理解し、ノウハウを習得していくという過程が不可欠となる。打ち割りによる石器製作の場合、土器や金属器などを対象とした場合とは異なり、どのような技量レヴェルの割り手にせよ、打ち割りの産物は道具や残滓として何らかの場所に残されるので、結果的に遺跡で確認される考古記録には、さまざまな技量レヴェルの割り手の産物が含まれている可能性が生じることになる。

遺跡から発見される石器群の中から、異なる技量レヴェルにあった割り手の産物の判定ができれば、異なる技量レヴェルにあった割り手がどのような状況の中で石器製作の作業を実施していたのか、「初心者」はどのような過程をへて、何を学び、技量の習熟を達成していたのか、「熟練者」はそうした技量の習熟過程にどのように関与していたのか、という問題が把握できるようになる。このことによって従来はアプローチが困難とされてきた、石器群を残したコミュニティの構成、石器製作技術の伝習とその社会・経済的コンテクストとの関係、ある特定の技術を系統的に習得することと社会的アイデンティティやジェンダーの獲得過程との関係に関しても議論に取り組んでいくことが可能となる。

こうした学習行動の研究では、遺跡から発見された石器資料から異なる技量を有していた割り手の産物を認定することが分析の中心的課題となる。割り手の有している技量は、生産された剝離物の規格性や特異性、原材料利用の効率性、工程の一貫性、剝離事故の発生頻度とそれへの対処（修復）といった点に反映されると考えられてきた（Bamforth and Finlay 2008）。しかし、その認定方法をめぐっては、「熟練者」や「初心者」などの技量差のカテゴリー区分に再現性があるのか（実験的に検証できるのか）、剝離作業が実施された際のコンテクストのちがい（たとえば利用石材や遺跡での活動目的のちがいなど）が技量差判定に用いられている指標の形成に影響を与えていないのか、製作者の「意図」が反映されているという要素の評価は妥当であるのか、という点に関して議論がある。これまで製作者の技量を反映するとされてきた指標に関しては、機械的にそれに依拠して議論するのではなく、石器群の形成のコンテクストを考慮した分析が重要となってくる（Takakura 2018）。

技量差の認定にもとづいた学習行動の復元

つぎに遺跡内での学習行動の復元を目指している研究の成果をみていこう。フランス、パリ郊外のエチオル遺跡の発掘からは、マグダレニアンと呼ばれる上部旧石器時代後期段階の製作伝統に帰属する石器群が発見されている。この遺跡では、石器製作のための打ち割りによって産出された複数の石器が接合することによって、製作の過程が詳細に把握できる資料が豊富に得られている。それらによれば、石核を入念に準備し、長大な石刃が剝がされるとともに、作業の進行に応じて石刃を剝離するための打面や作業面が繰り返し修正されることで、石核が小さくなるまで石刃が剝がされている個体がある一方で、それほど長大な石刃が剝がされず、石核が小さくなる前に作業が終了している個体も認められた。前者の個体で認められる石刃剝離の遂行には、複雑な工程に関する知識と個々の動作の運用についての精細なノウハウの保持が求められるため、「熟練者」の産物であったと考えられる。そして後者のような個体との間には、割り手の技量差が想定できる。また、「熟練者」が剝離をおこなっていたと考えられる接合資料の中には、途中から突如として不適切な石核調整をおこない、満足に石刃が剝離できず、石核が放棄されているものがあった。これは、「熟練者」がある程度のところまで作業を進めた石核を「初心者」が引き継いで作業をおこなったと想定されている。エチオル遺跡U5ユニットでは、技量差の認められた接合資料が遺跡内にどのように分布しているのかが検討され、炉のすぐ近くでは「熟練者」が、その近くには「中級者」が、そしてやや離れた場所には「初心者」が剝離作業をおこなっていたという「空間利用の階層性」も復元された（Pigeot 1990）。「熟練者」による剝離作業の痕跡の近傍に「初心者」や「中級者」による剝離作業の痕跡が分布するという状況は、出土石器の割り手の技量差を同様に認識することによって、デンマークのトゥローレスゲーブ遺跡（Fischer 1990）、フランスのソルヴュー遺跡（Grimm 2000）、オランダのオルデホルトヴォルデ遺跡（Johansen and Stapert 2004）、日本の服部台2遺跡（Takakura 2013）、翠鳥園遺跡（Takahashi and Nishiaki 2019）、イギリスのギルフォード・ファイアー・ステーション遺跡（Roberts and Barton 2021）でも把握されている［図1］。これらの事例は、異なる技量を有した複数の割り手たちが近接した空間を共にし、「熟練者」の作業の観察と意図模倣が遂行されていたことを示唆している。

また、石核で剝離作業を進めていた割り手が示す技量のレヴェルが途中から突如変化（高い技量から低い技量へ）しているため、その個体の割り手が「熟練者」から「初心者」へと引き継がれていったことが想定できる事例が、オランダのオルデホルトヴォルデ遺跡（Johansen and Stapert 2004）やフランスのドルドーニュ

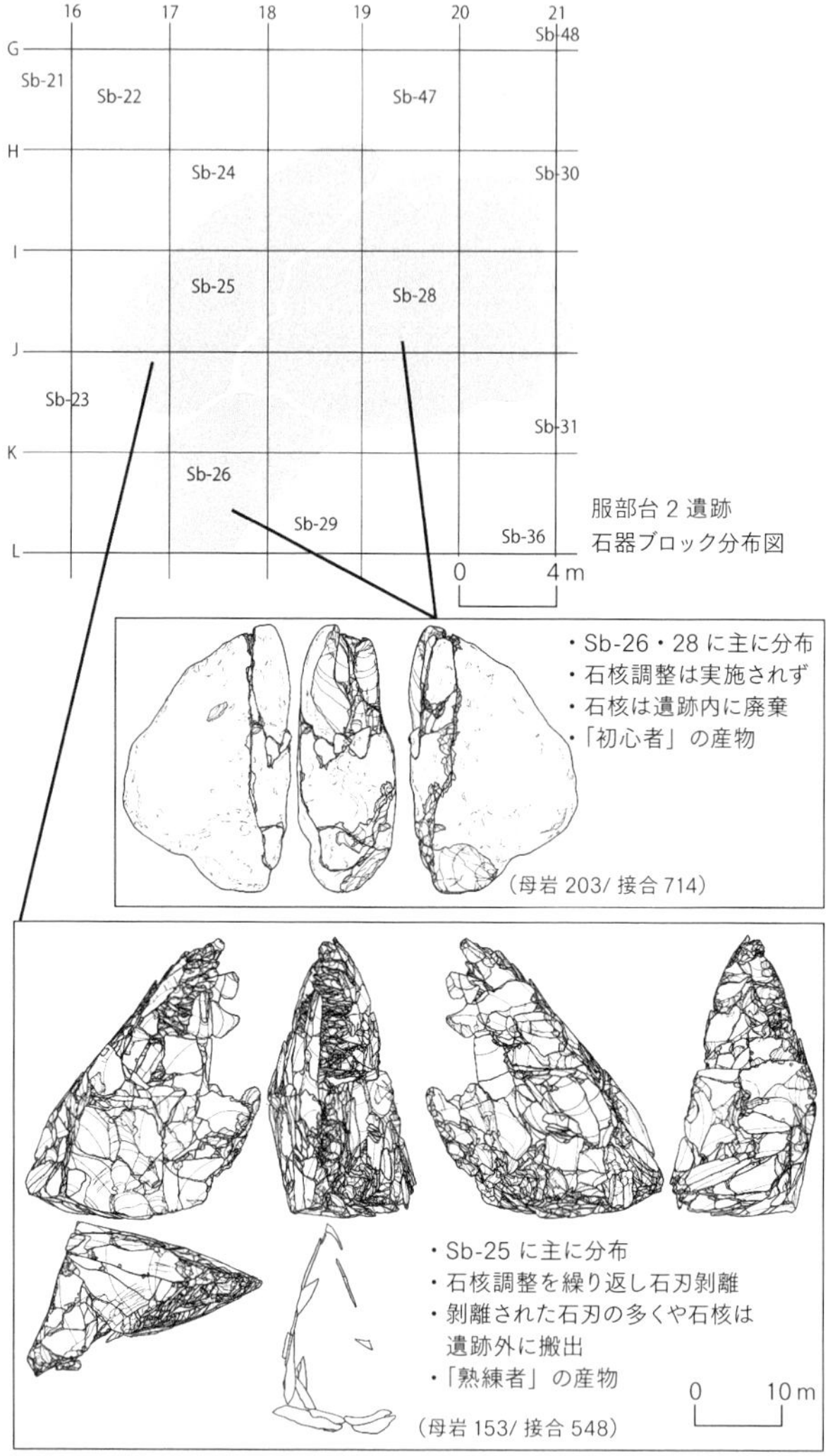

図1 服部台2遺跡における石器ブロックと石器接合資料
Sb-25・26・28の出土資料相互には多くの接合関係が認められるため、同一時期のものと推定される。しかし、製作者の技量レヴェルが推定できる資料には分布差が見出せる。
（石器実測図は直江編2007より）

地方の複数の遺跡（Ortega-Cordellat 2018）、日本の旧白滝5遺跡（Takakura and Naoe 2019）でも報告されている。これらの事例は、「熟練者」がより困難な原石からの剥離作業をある程度進めることによって、「初心者」が打ち割りしやすい状況を用意していた可能性がある。モノを介した教示行動として、「初心者」の「学習の足場づくり」がおこなわれていたことを示唆している。そのほかに教示行動の痕跡として、「熟練者」が一連の打ち割り作業を開示すること自体を目的として剥離作業を実演していたと想定される「アカデミック・コア」（生産された剥離物はほとんど道具としては用いられず、剥離作業の場に残される）と呼ばれる事例が、フランスのパンスヴァン遺跡（Bodu et al. 1990）や日本の上白滝2遺跡（Takakura 2013）の出土資料で指摘されている。意図的な実演の遂行の事例として、これらも教示行動の一種として捉えることができる。

ここまで取り上げてきた事例分析は、上部旧石器時代や晩期旧石器時代の遺跡を対象としたものであり、いずれもホモ・サピエンスの所産である。遺跡内で技量レヴェルの異なる複数の製作者が共在して石器製作の作業を実施し、意図模倣を可能にする直接観察の機会の提供や教示を含めたさまざまな方法を介して、「初心者」の石器製作の技量の習熟に「熟練者」が関与していた実態が明らかにされてきた。一方、ネアンデルタール人など絶滅した人類のグループが残したと想定される遺跡となると、洞窟内のように残されている人間行動の痕跡の時間的解像度や空間的統合性が低い遺跡を中心として調査研究が進められてきたため、遺跡内での石器分布の空間分析の実践も限られており、同等の視点からの比較はむずかしい（佐野 二〇一四）。

そうした中で、ネアンデルタール人が残したと考えられるヨーロッパの中部旧石器時代の開地遺跡での数少ない分析事例として、オランダのマーストリヒト・ベルベデーレ遺跡K地点（Stapert 2007）やスペインのカナーベラル3地区遺跡（Baena et al. 2019）での研究がある。約三〇～二一万年前に残された遺跡である前者では、ルヴァロワ石核には分類しがたい、入念な打面調整なしに小形の剥片を剥離していることにより石核や周縁からの剥離に成功していない石核が多く確認されている。石核の多くは、剥離の末端でヒンジやステップという事故が生じたことによって剥離作業の継続が終了していることから、「初心者」、おそらくは子どもの練習の所産であったことが想定されている。海洋酸素同位体比ステージの三に残された後者の遺跡では豊富な石器接合資料が得られており、素材選択・作業の継続性・技術的知識の適切な応用・技術的な問題解決・生産性などの点で、「熟練者」・「中級者」・「初心者」という技量差のある割り手の痕跡が見出されている。前者の事例では、技量差の認められる複数の割り手たちは異なる空間で剥離作業を実施していたと想定されるのに対し、後者の事例では、同一の空間を共にして剥離作業を実施していたことが明らかにされている。

マーストリヒト・ベルベデーレ遺跡の事例と同様の状況は、ネアンデルタール人化石の発見で著名なイスラエルのアムッド洞窟でも想定されている。ここでは、洞窟外の前庭部にきわめて小型の石器がまとまって残されていたことから、それらは「初心者」、おそらくは子どもの練習の産物であったことが指摘されている（Hovers et al. 2011）。「熟練者」は洞窟内で剥離作業を実施していたと想定されるため、「熟練者」と「初心者」は、場をちがえて剥離作業をおこなっていた可能性を示唆する。近接した空間に異なる技量を有していた複数の割り手が共在し、「熟練者」が「初心者」に対して直接的な観察と意図模倣の機会を提供しつつ剥離作業を実施していた、上部旧石器時代のホモ・サピエンスとは異なる傾向を示していることになる。

しかし、最近公表されたカナーベラル3地区遺跡での分析結果も鑑みると、すべての事例がそうした傾向を示すのではないことがわかる。現生人類だけでなくネアンデルタール人など絶滅した人類のグループに関しても、その行動上の特徴を時空間の変化を受けない固定的なものとみなしてしまう傾向があるが、年代や地域に応じた変化が当然起こっていたはずである。この問題に関しては、さらに分析事例の追加がなされ、年代や地域に応じたちがいが認められるのかどうかの検討の積み重ねが必要であろう。

ホモ・ハイデルベルゲンシスとの関係が想定される遺跡で石器製作者の技量が検討されている事例としては、約五〇万年前に残されたイギリスの下部旧石器時代のボックスグローブ遺跡がある。ハンドアックスの素材の選択と製作過程での剝離の連続性・一貫性を手がかりとして、個体に応じた割り手の技量差を見出せる可能性が指摘されている（Leroyer 2018）。ハンドアックス製作の過程においても製作者の技量レヴェルが読み取れる可能性を提起した分析成果であったが、残念ながら遺跡内での石器の空間分析が実施されていないため、技量差のある製作者間の関係については不明である。

こうした中で、下部旧石器時代末に帰属するイスラエルのケーセム洞窟から、学習行動の復元として注目すべき成果が得られている。この洞窟では、約四二～二〇万年前頃に残された、厚手の剝片を素材とする削器が多く含まれているヤブルディアンと石刃技術が認められるアムッディアンという二つの異なる製作伝統に帰属する複数の石器群が検出されている。E・アッサフは、出土した多数の石核を対象として割り手の技量レヴェルの認定を試みている（Assaf 2021）。結果的に、炉の周辺では「熟練者」と「初心者」が共在して剝離作業を実施していることが把握され、そうした場では「熟練者」の作業の直接的な観察と意図模倣が可能となっていた。また、特にアムッディアンに属する石核の中には、連続的に石刃生産に成功している剝離作業の段階から、ヒンジや打面周辺の縁辺の潰れが繰り返し生じる段階へと移り変わっている個体があり、それらは「熟練者」から「初心者」へと割り手の交替によって生じている可能性が提起された［図2］。石核の分与によって、石核というモノを介した教示行動がおこなわれていたことが想定されている。後者のような事例は、エチオル遺跡をはじめ、いくつかの上部旧石器時代遺跡においても確認されており、石核というモノの分与を介して「初心者」の学習の「足場づくり」をおこなうという教示行動が、下部旧石器時代末にまでさかのぼることが把握されたことになる。

ケーセム洞窟で分析対象となったヤブルディアンやアムッディアンという製作伝統の時期においては、それまでのアシューリアンのみが認められる時期とは異なり、洞窟での反復的な占地が開始され、洞窟内では炉を中心として道具製作や食料の処理といった日常的な諸活動が累積的に営まれるようになる。それによって分配と共同作業に関わる規範や社会的慣習が定着する契機がもたらされた（Kuhn and Stiner 2019）。この時期にはほかにも火の統制的使用、石器の種類に応じた石材の調達と利用、石器や骨器のリサイクル、異素材のものを組み合わせて使う「複合的道具」、顔料利用の出現など、行動における計画的深度の深まりやシンボル的コミュニケーションの出現を示唆する考古学的現象が新たに確認されている(Barkai et al. 2017; Romagnoli 2021)。人類のコミュニケーションや社会制度、認知基盤においては、中期更新世にさかのぼっていくつかの重要な変化が起こっていたことはまちがいない。教示行動の痕跡がそれらにともなって確認されたことは、文化進化と学習行動の共進化という点でも注目を要する。

ケーセム洞窟で人類の活動が営まれていた四二〜二〇万年前は、ネアンデルタール人に連なる系

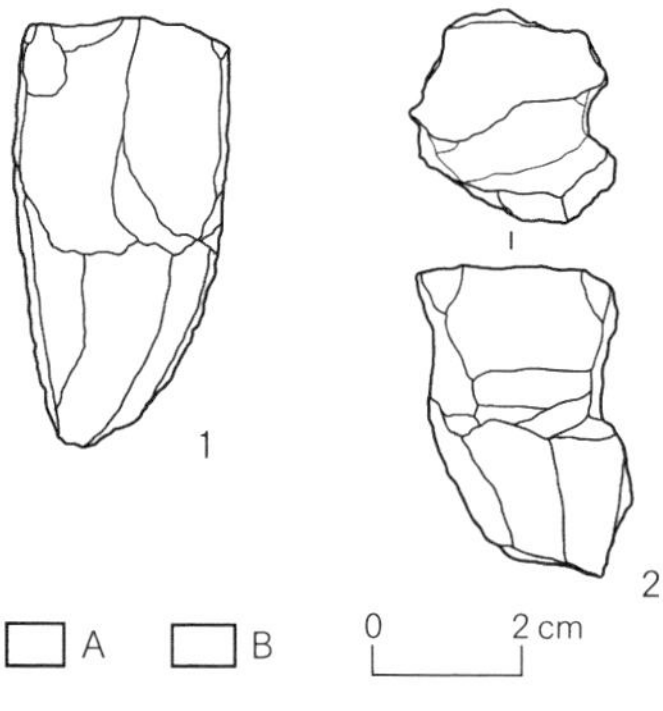

図2　ケーセム洞窟出土の石核
先行するAの剥離面群と後出しているBの剥離面群の間には、末端でのヒンジの発生の頻度や剥離物の定形性などの点から技量レヴェルに差があったと推定されている。「熟練者」から「初心者」への交替が起こっていた可能性を示唆する。
（Assaf 2021: Fig.7、Assaf et al. 2016: Fig.14 を再トレース）

統とホモ・サピエンスに連なる系統が分岐し、進化の過程にあった時期に相当する（Bergström et al. 2021）。この時期の西アジアに占地していた人類の生物進化上の位置づけについては、得られている資料が断片的であったり、あるいは移行的な特徴を示していたりと評価はむずかしいとされる（Herskovitz et al. 2011）。アムッディアンに関しては、アフリカから移住してきたホモ・サピエンスとの関わりも指摘されている（西秋二〇一七）。年代的な位置づけが明らかな中期更新世のアフリカやヨーロッパの遺跡において、遺跡内での学習行動の事例分析を同様に実施し、比較に取り組むことで、地域的な相違の有無が明らかにできれば、今後、ホモ・サピエンスが登場した前後での近縁グループとの間での文化伝達に関わる行動面での異同についても議論を深めていくことができよう。

4　景観の中での学習行動

景観内における遊動と学習行動

旧石器時代の石器製作者は、コミュニティの一員として、あるいは個人として、資源利用や社会的接触のために一定の景観内を遊動していた。遊動の頻度や範囲、規模（コミュニティ全体の遊動からその一部の遊動、個人の遊動まで変異を含む）は、時期・地域ごとの自然環境やそれに対する技術・社会的適応の多様性に応じて一様ではなかったが、そうした一定の景観内での遊動の過程で学習行動が遂行されていたのである。個別の遺跡内で遂行されていた学習行動のコンテクストを理解していくためには、景観内における遊動の過程との関係を考察することが求められる。

中期更新世後半から後期更新世になると、石器の原材料を入手し、石器製作の作業を実施する機会も、遊動をベースとする行動システムの中に有機的に組み込まれていったとみてよい。石器石材の調達や運搬のコスト、石器製作技術の伝習の際の難易度とその社会的意味づけにも左右されるが、学習の過程が意図模倣や教示によるものであったならば、技量レヴェルの異なる製作者相互が時間と場を共にし、時に共同で作業に携わりながら情報を共有するという機会が、技術の継承が成り立つうえで不可欠であったと考えなければならない。一定の景観内を遊動していく中で、どのような地点で、いかなる石器製作の作業を実施していたのかという点は、コミュニティ内での垂直伝達としての技術の伝習機会、あるいはコミュニティ間における製作者相互の接触にともなう技術情報の水平伝達の機会を理解するのに有効な示唆をもたらしてくれるであろう。

特定の地域内を遊動していた旧石器時代狩猟採集民のコミュニティ内で、垂直伝達として石器製作技術の伝習がどのような場でおこなわれていたのかに着目する事例分析は、前節でみてきたような個別の遺跡内を取り上げたものと比較すると、まだ限られている。フランス西部の上部旧石器時代に帰属する複数の石器群を共通の基準から比較し、どのような技量レヴェルの製作者がそれぞれの石器群の形成に関与していたのかを明らかにすることで、製作技術の伝習が生じていた場を把握しようとした試みがある（Klaric 2018）。また筆者は、北海道の東部から中央部にかけて分布する、上部旧石器時代の後葉段階に位置する広郷石器群という細石刃石器群を取り上げ、こうした問題に関する検討を試みたことがある（髙倉 二〇一六）。

この地域の広郷石器群では、黒曜石の大規模な原産地とその周辺の特定の地点においてのみ、原石や石核原形からの石刃剥離作業が集中的に実施されていた。そこで剥離された石刃やそれを素材とする道具は、北海道内に広範囲に分布する諸地点に持ち運ばれていたが、そうした地点では原石から石刃が剥離されるに至る作業は実施されていなかった。そのため、「初心者」にとってその過程が可視化され、意図模倣をおこなう、あるいは「熟練者」による実演などの教示を受けることができる機会は、大規模な原産地とその周辺の特定の地点のみに限られていたことになる。そうした地点では実際に「アカデミック・コア」のような「熟練者」による教示行動の痕跡も確認されており、広郷石器群における石刃技術の継承の場となっていたことが把握されている（Takakura 2013）。こうした事例からは、良質で大量の石器石材が補給できる地点は、技術の垂直伝達の場としても注目すべきであることがわかる（Audouze and Cattin 2011）。

タスクスケープの可視性

異なるコミュニティ間での技術の水平伝達に関しても、一定の景観内を資源利用のために遊動していた、中期更新世後半から後期更新世の狩猟採集民（フォレジャー）のコミュニティ間においては、石器製作者が接触・共在した際に可視化される技術情報の内容は、接触・共在した時間の長さや場の性格に応じて等質的ではなかったことを十分に考慮に入れておかねばならない。接触・共在した場が、コミュニティのメンバーが集い、さまざまな日常的諸活動が繰り広げられていた拠点的（レジデンシャル）な地点であったのか、あるいは景観内を遊動していた際の経路となっていた地点であったのかによって、可視化される技術情報にも差異が生じていた蓋然性は高い。タスクスケープの可視性の概念は、こうした接触・共在の場や状況と、その際に石器製作者間で可視化され、共有可能となっていた技術情報の関係に注目する（Tostevin 2007; Premo and Tostevin 2016）。拠点的な地点での接触においては、石器製作に関わる一連の身体動作が可視化されることで、石核ブランクの作出から道具セットの製作に至る一連の過程が共有可能となり、製作工程の「戦術的ノウハウ」が伝達可能となる。それに対し、遊動の経路となっていた地点における接触では、そうした身体動作は可視化されず、作り出された道具セットに関わる「戦略的知識」（「ノウハウ」と「知識」の相違については Pelegrin 1990 参照）が共有可能となるにとどまっていた、と予測される［表2］。

こうした見通しにもとづいて、地域内・間での石器群の共通性のレヴェルが、石核ブランクの製作に始まる工程を含むのか、あるいは作り出された道具セットの形態にとどまるのかを検討することによって、異なるコミュニティ間での製作者相互の相互訪問や接触を可能とする「社会的親密性」（Tostevin 2007）、あるいは文化伝達が引き起こされた際の接触・共在の場や状況の相違が解釈できることになる。G・トステヴァンは、西アジアのレヴァント地方からヨーロッパ東部で上部旧石器時代が出現した段階の石器群を取り上げ、上記のような枠組みから、ネアンデルタール人とホモ・サピエンスとの間での「社会的親密性」をもとにした接触による相互関係の具体的なあり方を議論している。

地域内・間で観察される複数の石器群間における差異や共通性がどのように理解できるのかは、さまざまな地域・時期の旧石器研究においてつねに争点となってきた課題である。従来は、地域内・間での石器型式の組成や製作工程の技術型式学的諸特徴の異同を把握することで、移住や伝播といった現象の存否が直接的に議論されてきた。しかし、「タスクスケープの可視性」の概念は、そうした議論をおこなうのにあたって、製作者間での技術情報の伝達が生じた際の接触・共在の様態の相違を考慮に入れた分析属性の選択の必要性を明示している。

古代ゲノム研究からは、ホモ・サピエンスによるユーラシア大陸への

表2　遊動する狩猟採集民(フォレジャー)間での接触の場と社会的親密性のスペクトラム

接触の場	遊動経路での接触	拠点的地点での接触
社会的親密性の程度	低	高
接触の結果による文化情報へのアクセス	制限されたアクセス	制限されないアクセス
可視化された行動のコンテクスト	道具セットの形態	石核ブランク・道具セットの生産

(Tostevin 2007 の図 28.1 と 28.2 をもとに作成)

広域拡散の過程で、先住するネアンデルタール人やデニソワ人との間での遺伝的な交雑が生じていたことを反映する証拠が提出されている（Prüfer et al. 2014）。この遺伝的な交雑が相互の文化伝統にどのように反映されているのかについては、ユーラシア大陸の中部旧石器から上部旧石器時代にかけての考古学的に解明すべき課題となっている。しかし、これまで取り組まれてきた、ある地域からの一方向的な移住や伝播の存否を問うという枠組みでは、相互関係として接触がどのようなコンテクストの中で引き起こされ、それがいかなる産物をもたらしたのかに言及することはむずかしかったといえよう。

上述したタスクスケープの可視性の議論では、石核ブランクからの剝離過程と道具セットの形態が、文化伝達をもたらした接触・共在の過程における差異を反映する対照的な属性として分析が進められていた。しかし、こうした分析対象とする属性の意味づけの一般化に関しては、あらためて対象とする剝離技術の特性に応じた慎重な検討が必要である。近年、レヴァント地方における上部旧石器時代から続旧石器時代にかけての複数の石器群を対象に、製作技術の「戦術的ノウハウ」を共有している地域的なコミュニティの同定を目的とし、石器資料の三次元計測を利用した定量的比較分析が試みられている（Valletta et al. 2021）。そこでは、石核を構成する属性の中でも、実際に剝離作業を遂行している過程を観察していないと伝達が実現できない属性と、剝離作業の結果生じる産物の観察だけでも伝達が可能な属性を区分した解釈が提示されている。前者には剝離の進行過程で形成される打圧面と作業面のなす角度などが、後者には剝離物のサイズなどが相当するとされる。石核ブランクからの剝離過程に関わる属性の中にも、コミュニティ間での製作者の「戦術的ノウハウ」の共有を反映する属性と、それとは対応しない属性が含まれていることになる。今後、さまざまな時期や地域の事例を対象として分析が実施される際には、剝離工程や剝離方法の特徴に応じた技術の習得過程に留意することで、先駆的な区分設定の妥当性の検証に取り組んでいかなければならない。石器製作技術の垂直伝達とともに、水平伝達を念頭においた製作実験の実施も、こうした課題への取り組みにおいてはきわめて重要な意味をもつことになろう。

5　多様な時空間を射程に入れた議論へ

旧石器時代の石器群研究は、類型化された石器群の特徴が、それを残した均質的な集団の文化系統や適応行動を反映するという前提のもとで長らく進められてきた。それに対し、石器群内・間での変異の形成にエージェンシーや個人が果たしていた役割を認め、学習という観点からコミュニティ内・間での技術的な実践の継承に対してアプローチしていこうとする試みが提起されている（髙倉 二〇二〇）。

本章でみてきた旧石器時代の学習行動に関する研究においては、多様な時空間のスケールを射程に入れた議論が進められてきている。その対象は、遺跡形成をもたらしたミクロなコミュニティの構造とそこでの技術伝習のコンテクストの解明から、人類進化の文化伝達に関わるさまざまな問題、たとえばホモ・サピエンスによるユーラシア大陸への広域拡散の過程での集団動態と文化変容との関係、あるいは人類のコミュニケーションと学習行動との共進化に関する検討にまで及ぶ。それぞれのスケールの研究が提起された背景や分析の手続きは異なるが、具体的にどのような伝習の過程があることによって製作技術の継承がなされているのかを問おうとしている点では、民族誌や製作実験の参照の手続きも含め、通底する部分を見出していくことができる。今後は、相互の関連性をより明示的にふまえた研究の推進が求められているといえよう。

参考文献

佐野勝宏　二〇一四「ヨーロッパ旧人遺跡にみる学習の証拠—石器製作における技量差と子どもの石器—」西秋良宏編『ホモ・サピエンスと旧人　二—考古学からみた学習』六一書房、一九–二七頁

髙倉純　二〇〇七「石器製作技術」佐藤宏之編『ゼミナール旧石器考古学』同成社、五〇–六四頁

髙倉純　二〇一六「広郷石器群にみられる学習行動と文化伝達」佐藤宏之・山田哲・出穂雅実編『晩氷期の人類社会—北方先史狩猟民の適応行動と居住形態—』六一書房、一四七–一六八頁

髙倉純　二〇二〇「石器製作者の技量とその伝習過程への考古学的アプローチ」『物質文化』一〇〇号、七五–九四頁

直江康雄編　二〇〇七『白滝遺跡群VII』財団法人北海道埋蔵文化財センター

西秋良宏　二〇一七「現生人類到来以前の西アジア」『季刊考古学』一四一号、二一–二四頁

Assaf, E. 2021 Throughout the generations: learning processes and knowledge transmission mechanisms as reflected in lithic assemblages of the terminal Lower Paleolithic Levant. *Journal of Archaeological Sciences: Reports* 35: 102772.

Assaf, E. et al. 2016 Knowledge transmission and apprentice flintknappers in the Acheulo-Yabrudian: a case study from Qesem Cave, Israel. *Quaternary International* 398: 70–85.

Audouze, F. and M. Cattin 2011 Flint wealth versus scarcity: consequences for Magdalenian apprenticeship. *Lithic Technology* 36(2): 109–126.

Baena, J. et al. 2019 Good and bad knappers among Neanderthals. In: *The Learning among Neanderthals and Palaeolithic Modern Humans,* edited by Y. Nishiaki and O. Jöris, pp. 95–118. Singapore: Springer Nature.

Bamforth, D. B. and N. Finlay 2008 Introduction: archaeological approaches to lithic production skill and craft learning. *Journal of Archaeological Method and Theory* 15(1): 1–27.

Barkai, R. et al. 2017 Fire for a reason: barbecue at the Middle Pleistocene Qesem Cave, Israel. *Current Anthropology* 58(S16): S314–S328.

Bergström, A. et al. 2021 Origins of modern human ancestry. *Nature* 590: 229–237.

Bodu, P. et al. 1990 Who's who? the Magdalenian flintknappers. In: *Big Puzzle: International Symposium on Refitting Stone Artefacts*, edited by E. Cziesla, S. Eickhoff, N. Arts and D. Winter, pp. 143–164. Bonn: Holos.

Caro, T. M. and M. D. Hauser 1992 Is there teaching in nonhuman animals? *The Quarterly Review of Biology* 67: 151–174.

Cataldo, D. M. et al. 2018 Speech, stone tool-making and the evolution of language. *PLOS ONE* 13(1): e0191071.

Csibra, G. and G. Gergely 2006 Social learning and social cognition: the case for pedagogy. In: *Processes of Change in Brain and Cognitive Development: Attention and Performance*, edited by Y. Munakata and M. J. Johnson, pp. 249–274. Oxford: Oxford University Press.

Dallos, C. 2021 Is there more to human social learning than enhanced facilitation? prolonged learning and its impact on culture. *Humanities and Social Sciences Communications* 8: 152.

Davidson, I. and W. Noble 1993 Tools and language in human evolution. In: *Tools, Language and Cognition in Human Evolution*, edited by K. Gibson and T. Ingold, pp.363–388. Cambridge: Cambridge University Press.

Fischer, A. 1990 A late Palaeolithic "school" of flintknapping at Trollesgave, Denmark: results from refitting. *Acta Archaeologica* 60: 33–49.

Gärdenfors, P. and A. Högberg 2017 The archaeology of teaching and the evolution of Homo docens. *Current Anthropology* 58(2): 188–201.

Grimm, L. 2000 Apprentice flintknapping: relating material culture and social practice in the Upper Paleolithic. In: *Children and Material Culture*, edited by J. S. Derevenski, pp. 53–71. London and New York: Routledge.

Herskovitz, I. et al. 2011 Middle Pleistocene dental remains from Qesem Cave (Israel). *American Journal of Physical Anthropology* 144: 575–592.

Hovers, E. et al. 2011 Capturing a moment: identifying short-lived activity locations in Amud Cave, Israel. In: *The Lower and Middle Palaeolithic in the Middle East and Neighbouring Regions*, edited by J.-M. Le Tensorer, R. Jagher and M. Otte, pp. 101–114. Liège: ERAUL 126.

Johansen, L. and D. Stapert 2004 *Oldeholtwolde: A Hamburgian Family Encampment around a Hearth*. Lisse: Belkema Publishers.

Key, A. J. et al. 2021 Modelling the end of the Acheulean at the global and continental levels suggests widespread persistence into the Middle Palaeolithic. *Humanities and Social sciences Communications* 8: 55.

Klaric, L. 2018 Levels of flintknapping expertise and apprenticeship during the Late Upper Palaeolithic: several illustrative examples from the Early and Late Aurignacian and Middle Gravettian. In: *The Prehistoric Apprentice: Investigating Apprenticeship, Know-how, and Expertise in Prehistoric Technologies,* edited by L. Klaric, pp.49–115. Brno: Institute of Archaeology, the Czech Academy of Sciences.

Kuhn, S. L. 2021 *The Evolution of Paleolithic Technologies*. London and New York: Routledge.

Kuhn, S. L. and M. C. Stiner 2019 Hearth and home in the Middle Pleistocene. *Journal of Anthropological Research* 75(3): 305–327.

Lancy, D. F. 2010 Learning “from nobody”: the limited role of teaching in folk models of children’s development. *Childhood in the Past: An international Journal* 3: 79–106.

Leroyer, M. 2018 Identifying different skill levels in the Lower Palaeolithic: master and apprentice biface knappers at Boxgrove (England). In: *The Prehistoric Apprentice: Investigating Apprenticeship, Know-how, and Expertise in Prehistoric Technologies,* edited by L. Klaric, pp. 23–47. Brno: Institute of Archaeology, the Czech Academy of Sciences.

Lew-Levy, S. et al. 2017 How do hunter-gatherer children learn subsistence skills? a meta-ethnographic review. *Human Nature* 28: 367–394.

Lombao, D. et al. 2017 Teaching to make stone tools: new experimental evidence supporting a technological hypothesis for the origin of language. *Scientific Reports* 7: 14394.

Lycett, S. J. et al. 2016 Levallois: potential implications for learning and cultural transmission capacities. *Lithic Technology* 41: 19–38.

Lycett, S. J. and C. J. Norton 2010 A demographic model for Palaeolithic technological evolution: the case of East Asia and the Movius Line. *Quaternary International* 211: 55–65.

McBrearty, S. and C. A. Tryon 2006 From Acheulian to Middle Stone Age in the Kapthurin Formation, Kenya. In: *Transitions before the Transition: Evolution and Stability in the Middle Paleolithic and Middle Stone Age*, edited by E. Hovers and S. L. Kuhn, pp. 257–277. New York: Springer.

Moncel, M.-H. et al. 2020 Early Levallois core technology between Marine Isotope Stage 12 and 9 in Western Europe. *Journal of Human Evolution* 139: 102735.

Morgan, T. J. H. et al. 2015 Experimental evidence for the co-evolution of hominin tool-making teaching and language. *Nature Communications* 6: 6029.

Motes-Rodrigo, A. et al. 2022 Experimental investigation of orangutans' lithic percussive and sharp stone tool behaviours. *PLOS ONE* 17(2): e0263343.

Musgrave, S. et al. 2020 Teaching varies with task complexity in wild chimpanzees. *Proceedings of the National Academy of Sciences of the United States of America* 117(2): 969–976.

Nishiaki, Y. 2019 Mastering hammer use in stone knapping: an experiment. In: *The Learning among Neanderthals and Palaeolithic Modern Humans*, edited by Y. Nishiaki and O. Jöris, pp.59–76. Singapore: Springer Nature.

Ohnuma, K. et al. 1997 Transmission of tool-making through verbal and non-verbal communication: preliminary experiments in Levallois flake production. *Anthropological Sciences* 105: 159–168.

Ortega-Cordellat, M.-I. 2018 Exploring the interest of identifying different levels of technical competence for the prehistorian: the example of several Aurignacian, Gravettian, and Solutrean open-air sites in the Bergerac region (Dordogne, France). In: *The Prehistoric Apprentice: Investigating Apprenticeship, Know-how, and Expertise in Prehistoric Technologies*, edited by L. Klaric, pp. 171–189. Brno: Institute of Archaeology, the Czech Academy of Sciences.

Pargeter, J. et al. 2019 Understanding stone too-making skill acquisition: experimental methods and evolutionary implications. *Journal of Human Evolution* 133: 146–166.

Pargeter, J. et al. 2023 Testing the effect of learning conditions and individual motor/cognitive differences on knapping skill acquisition. *Journal of Archaeological Method and Theory.* 30: 127–171.

Pelegrin, J. 1990 Prehistoric lithic technology: some aspects of research. *Archaeological Review from Cambridge* 9(1): 116–125.

Pelegrin, J. 2009 Cognition and the emergence of language: a contribution from lithic technology. In: *Cognitive Archaeology and Human Evolution,* edited by S. A. de Beaune, F. L. Coolidge and T. Wynn, pp. 95–108. Cambridge: Cambridge University Press.

Pigeot, N. 1990 Technical and social actors: flintknapping specialists at Magdalenian Etiolles. *Archaeological Review from Cambridge* 9(1): 126–141.

Premo, L. S. and G. B. Tostevin 2016 Cultural transmission on the taskscape: exploring the effects of taskscape visibility on cultural diversity. *PLOS ONE* 11(9): e0161766.

Prüfer, K. et al. 2014 The complete genome sequence of a Neanderthal from the Altai Mountains. *Nature* 505: 43–49.

Putt, S. S. et al. 2014 The role of verbal interaction during bifacial tool manufacture. *Lithic Technology* 39(2): 96–112.

Roberts, A. and N. Barton 2021 An example of novice flintknapping in the British Late Upper Palaeolithic? In: *The Beef behind All Possible Pasts. The Tandem-Festschrift in Honour of Elaine Turner and Martin Street,* edited by S. Gaudzinski-Windheuser and O. Jöris, pp. 535–546. Mainz: Monographien des RGZM 157.

Roche, H. 2005 From simple flaking to shaping: stone-knapping evolution among early hominins. In: *Stone Knapping: The Necessary Conditions for a Uniquely Hominin Behaviour,* edited by V. Roux and B. Brill, pp. 35–48. Cambridge: McDonald Institute for Archaeological Research.

Romagnoli, F. 2021 Changes in raw material selection and use at 400,000 years BP: a novel, symbolic relationship between humans and their world. Discussing technological, social and cognitive argument. *Cambridge Archaeological Journal* 31(2): 325–336.

Scott-Phillips, T. 2015 *Speaking Our Minds: Why Human Communication is Different, and How Language Evolved to Make it Special.* New York: Palgrave Macmillan.（畔上耕介・石塚政行・田中太一・中澤恒子・西村義樹・山泉実訳　二〇二二

『なぜヒトだけが言葉を話せるのか―コミュニケーションから探る言葉の起源と進化―』東京大学出版会）

Shilton, D. 2019 Is language necessary for the social transmission of lithic technology? *Journal of Language Evolution* 2019: 124–133.

Shipton, C. 2019 The evolution of social transmission in the Acheulean. In: *Squeezing Minds from Stones: Cognitive Archaeology and the Evolution of the Human Mind,* edited by K. A. Overmann and F. L. Coolidge, pp. 332–354. Oxford: Oxford University Press.

Stapert, D. 2007 Neanderthal children and their flints. *Palarch's Journal of Archaeology of Northwest Europe* 1(2): 16–39.

Takahashi, S. and Y. Nishiaki 2019 Learning behavior of Sanukite knapping among the Upper Palaeolithic communities of Suichoen, Japan. In: *The Learning among Neanderthals and Palaeolithic Modern Humans,* edited by Y. Nishiaki and O. Jöris, pp. 129–147. Singapore: Springer Nature.

Takakura, J. 2013 Using lithic refitting to investigate the skill learning process: lessons from Upper Paleolithic assemblages at the Shirataki sites in Hokkaido, Northern Japan. In: *Dynamics of Learning in Neanderthals and Modern Humans 1: Cultural Perspectives,* edited by T. Akazawa, Y. Nishiaki and K. Aoki, pp. 151–171. New York: Springer.

Takakura, J. 2018 How can we identify novice participation in peripheral activities? comment on N. Castañeda, Apprenticeship in Early Neolithic societies: the transmission of technological knowledge at the flint mine of Casa Montero (Madrid, Spain), ca.5300-5200 cal BC. *Current Anthropology* 59(6): 734–735.

Takakura, J. and Y. Naoe 2019 The apprentice core: evidence from a lithic refitting at Upper Palaeolithic site Kyushiratakaki-5 in Hokkaido, Northern Japan. In: *The Learning among Neanderthals and Palaeolithic Modern Humans,* edited by Y. Nishiaki and O. Jöris, pp.119–128. Singapore: Springer Nature.

Tomasello, M. 1999 *The Cultural Origins of Human Cognition.* Cambridge: Harvard University Press.（大堀壽夫・中澤恒子・西村義樹・本多啓訳　二〇〇六『心とことばの起源を探る』勁草書房）

Tomasello, M. 2009 *Why We Cooperative.* Cambridge: The MIT Press.（橋彌和秀訳　二〇一三『ヒトはなぜ協力するのか』勁草書房）

Tostevin, G. B. 2007 Social intimacy, artefact visibility and acculturation models of Neanderthal-Modern human interaction. In: *Rethinking the Human Evolution: New Behavioural and Biological Perspectives on the Origins and Dispersal of Modern Humans,* edited by P. Mellars, K. Boyle, O. Bar-Yosef and C. Stringer, pp. 341–357. Cambridge: McDonald Institute for Archaeological Research, University of Cambridge.

Valletta, F. et al. 2021 Identifying local learning communities during the terminal Palaeolithic in the Southern Levant: multi-scale 3-D analysis of flint cores. *Journal of Computer Applications in Archaeology* 4(1): 145–168.

Whiten, A. 2015 Experimental studies illuminate the cultural transmission of percussive technologies in *Homo* and *Pan. Philosophical Transaction of the Royal Society B* 370: 20140359.

Whiten, A. et al. 1999 Cultures in Chimpanzees. *Nature* 399: 682–685.

Wilkins, J. and M. Chazan 2012 Blade production ~500 thousand years ago at Kathu Pan 1, South Africa: support for a multiple origins hypothesis for early Middle Pleistocene blade technology. *Journal of Archaeological Science* 39: 1883-1990.

第9章

洞窟壁画にみる狩猟民の世界観

竹花和晴

1　パリンセプストとしての洞窟壁画

一般論からの着想である。ヒトは、生理的機能によりほとんど昼間に活動し、闇夜に休息をとる。その意味で、昼間でもまったく光の届かない場所、たとえば洞窟等は、いわば「闇夜の恒久的な広がり」で、ア・プリオリに畏怖と忌避の念を禁じ得ない空間と思われる。けれども、そこは旧石器時代の人類が象徴的思考能力を最もよく発揮した場所であった。

洞窟壁画は、不動産の二次元空間に、旧石器時代人類の心象や形象、あるいは部分的に記号や文字化された言語情報を印したものである。多くの場合、それは西欧の歴史時代初期に羊皮紙上に書いては消し、加筆訂正を加えたパリンプセスト（palimpseste）の状態である。加筆訂正された作品、あるいは新しい記憶により古い記憶が消滅されたもの、ないしは混然としたものである。

本章では、それがどのような契機と要因の積み重ねによって、旧石器時代のいつ頃、いかなる集団によって始められ、何を表現したのかを検証する。

2 いわゆる「人類最古の洞窟壁画」

ネアンデルタール人の象徴的な思考とその表現に関しては、近年、多くの新機軸を打ち出した研究が提示されている。顔料活用による視覚的な象徴（Bednarik 1992: 33）、線刻による二次元の象徴的表現等（Crémades 1994: 494-501）が蓋然性の高い物的資料によって議論されている。ただ、洞窟壁画に関しては、中期旧石器時代、後期旧石器時代黎明のシャテルペロン文化期を含めて、フランス等西欧地域においてほとんど確認されていない（Paillet 2015: 69-72）。

イベリア半島のいわゆる「ネアンデルタール人の洞窟壁画」

ごく最近、相次いで英語圏の有力新聞等に、スペインの三つの遺跡等に関する年代測定を根拠に、既存の洞窟壁画をより古層に位置づける解釈が報じられている。三遺跡とは、北部カンタブリア自治州のペシエーガC洞窟、西部エクスマドゥラ自治州のマルトラヴィエソ洞窟、南部アンダルシア自治州のアルダレス洞窟である［図1］。二〇一〇年以降三回にわたり、考古学資料に対する直接的な測定ではなく、壁画と関連する地質学上の形成物である薄い炭酸塩層に対してウラン系の年代測定がおこなわれ、六万五〇〇〇から四万二〇〇〇年前という測定値が示された。この年代値は当該地域に現生人類が登場する以前に相当し、ネアンデルタール人に関連するものとして、いわば間接的に当事者を断定する状況証拠として、D・ホフマンらによって援用されている（Hoffmann et al. 2018: 912-915）。こうしたネアンデルタール人の創作とされる洞窟

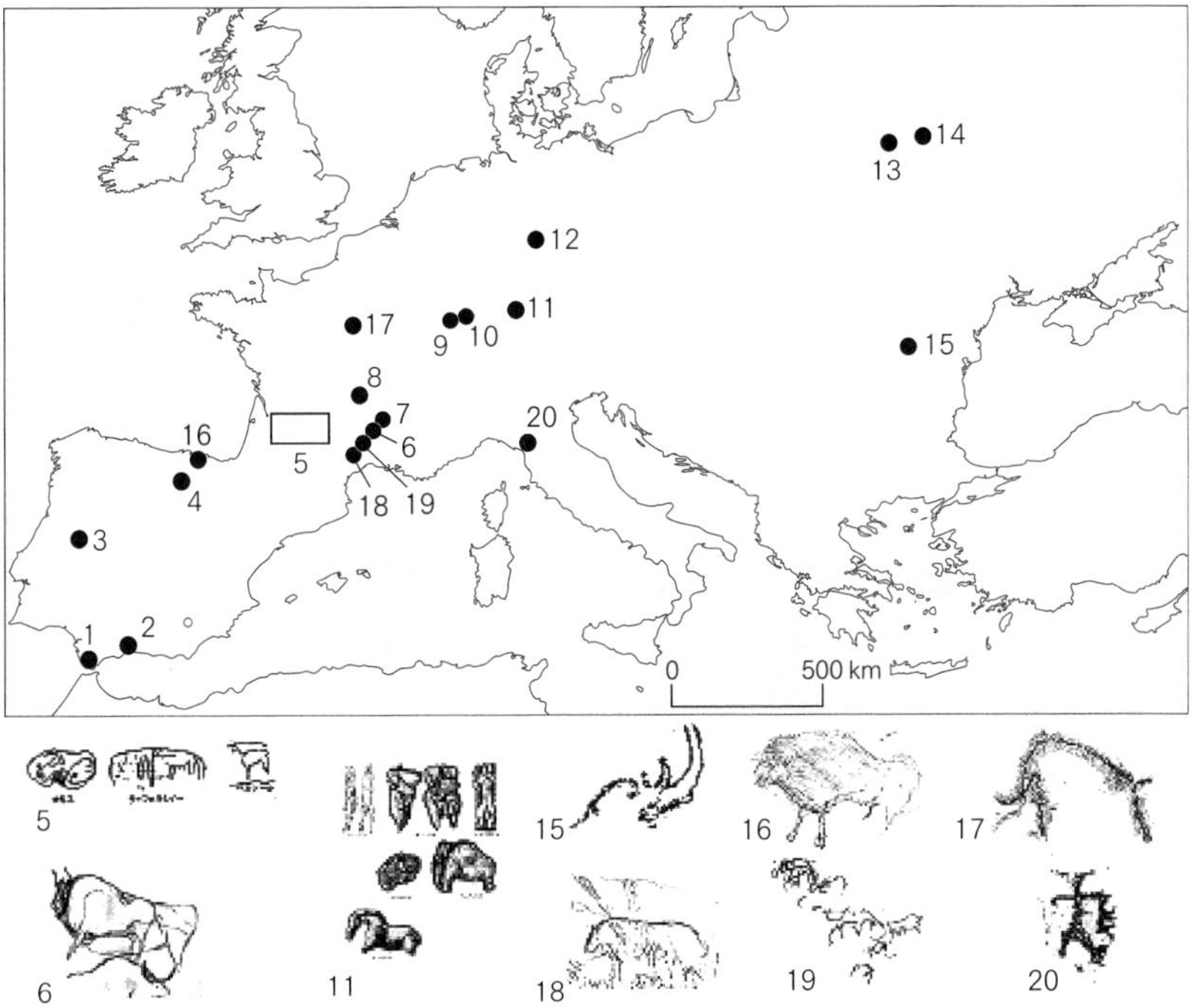

図1　本文引用の遺跡
1：ゴーハム洞窟、2：アルダレス洞窟、3：マルトラヴィエソ洞窟、4：ペシエーガC洞窟、5：ヴェゼール渓谷遺跡群（フロンサック洞窟、コンブバレル洞窟、ペスティヤック洞窟、キュサッツク洞窟、ラグラヴ洞窟、ペシュメルル洞窟）、6：ショーヴェ洞窟、7：プランシャール洞窟、8：デュリフ洞窟、9：アンデルナッハ開地、10：ゲネスドルフ開地、11：シュワーベン洞窟群、12：ネブラ開地、13：メジリチ4開地、14：メジン開地、15：コリボアイア洞窟、16：アルトチェリ洞窟、17：アルシー洞窟、18：アルデンヌ洞窟、19：ボーム・ラトロヌ洞窟、20：フマネ洞窟。（地図下に示したのはショーヴェ洞窟と同時期の壁画、Robert 2020よりトレース）

内壁画は、反転した掌のかたどり［図2－D・E］、いくつかの方形の囲い図柄の単独あるいは草食動物の様式画との組み合わせ［図2－C］、もしくは赤色の染みの集合図柄等である。

この断定に対していくつかの批判論文が提出されている（Aubert et al. 2018: 2015-2017）。フランス人先史学者たちの、ウラン系年代測定法と放射性炭素一四年代測定法をクロスチェック方式で援用した実証では、ペシエーガ洞窟では、放射性炭素一四年代測定法で一万七〇〇〇～一万七五〇〇年前という明らかに新しい年代の数値が得られている。これら二つの測定法には許容範囲を超えた乖離が認められるのである。

二〇二〇年一月二七日、フランス国立人類博物館で、「ネアンデルタール人は、スペインで芸術家か？」（*Néandertal, artiste en Espagne?*）というテーマでE・ロベールの講演がおこなわれ、年代について総合的に再検討を促す指摘がなされた。ロベールは、ホフマンらの年代測定法で得られた最古の数値を援用する危険性を指摘し、洞窟壁画自体の考古学上の比較検討から批判の根拠を明らかにした。マルトラヴィエソ洞窟の「反転した掌のかたどり」［図2－D・E］は、グラヴェット文化期に広く用いられた既知の図柄であるし、アルダレス洞窟の「方形の囲い」図案［図2－C］は、ソリュートレ文化からマドレーヌ文化前期に頻繁に用いられた第Ⅲ様式のもの、あるいは記号である。後者と草食動物の「様式画」の組み合わせも第Ⅲ様式の特徴である。ペシエーガC洞窟の「赤色の染みの集合」も、やはりソリュートレ文化からマドレーヌ文化前期にみられる。つまり、いずれも後期旧石器文化中葉から後葉に相当する蓋然性が高いのである（Robert 2020）。

ネアンデルタール人の洞窟壁画

本主題に関して、前者とは異なる、新たな発見による対象への接近がある。それは二〇一二年に、イベリア半島南西端の英領ジブラルタルのゴーハム洞窟で、ネアンデルタール人による中期旧石器文化包蔵の堆積

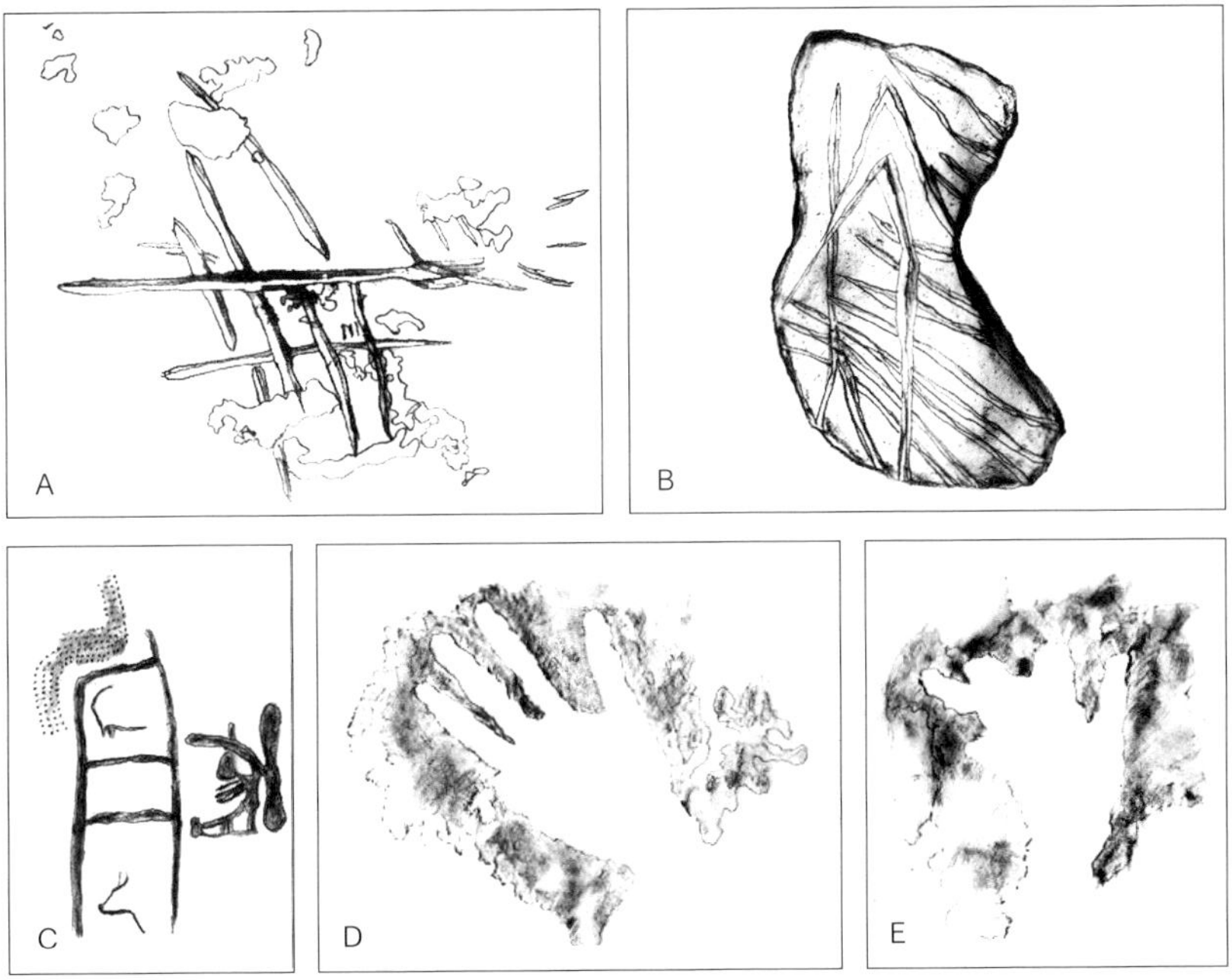

図2　イベリア半島のネアンデルタール人の「洞窟壁画」
A：英領ジブラルタル・ゴーハム洞窟床面の線刻画（ムスティエ文化）、B：仏・ルー洞窟（アルシィー・シュール・キュール洞窟群）の線刻石灰岩塊（シャテルペロン文化）、C：西・ペシエーガ洞窟（C回廊）の赤色顔料壁画、D：西・マルトラヴィエソ洞窟の赤色顔料手形、E：西・アルダレス洞窟の黒色顔料手形。
（A、B は HEADS de l'UNESCO 2016、C ～ E は Hoffman et al. 2018 よりトレース）

物の下から、洞窟自体に印された絵画的証拠として発見され、洞窟の入り口から一〇〇メートル奥の床面に格子目状の交差した線刻の図案である〔図2－A〕。約二〇センチ四方に、人為的に描かれた象徴的な表現であることが確認できる。しかし、それが何かはほとんど判別できない（HEADS de l'UNESCO 2016: 250-253）。当該人類によるこのような創作例は、ラ・フェラシィー大岩陰やルー洞窟〔図2－B〕等でも散見できる。

カリマンタン島とスラウェシ島発見のいわゆる「人類最古の洞窟壁画」

二〇一八年にインドネシアのカリマンタン島東部で、二〇一九年にスラウェシ島南部で、新たな洞窟壁画の発見が相次いで発表された。それはマス・メディアを通じて世界中に衝撃的なこととして駆けめぐった。両地域では先史時代の洞窟壁画が以前から知られていたが、新たに発見された壁画の年代測定で非常に古い数値が提出され、大いに議論を喚起した〔図3〕。その年代測定はウラン系年代測定法だけでおこなわれた。壁画のおもなものはスラウェシ島南部のカルスト地形のレアン・ブル・シポングⅣ洞窟で、二〇一七年にオーストラリア・グリフィス大学の考古学者M・オーベアーらに

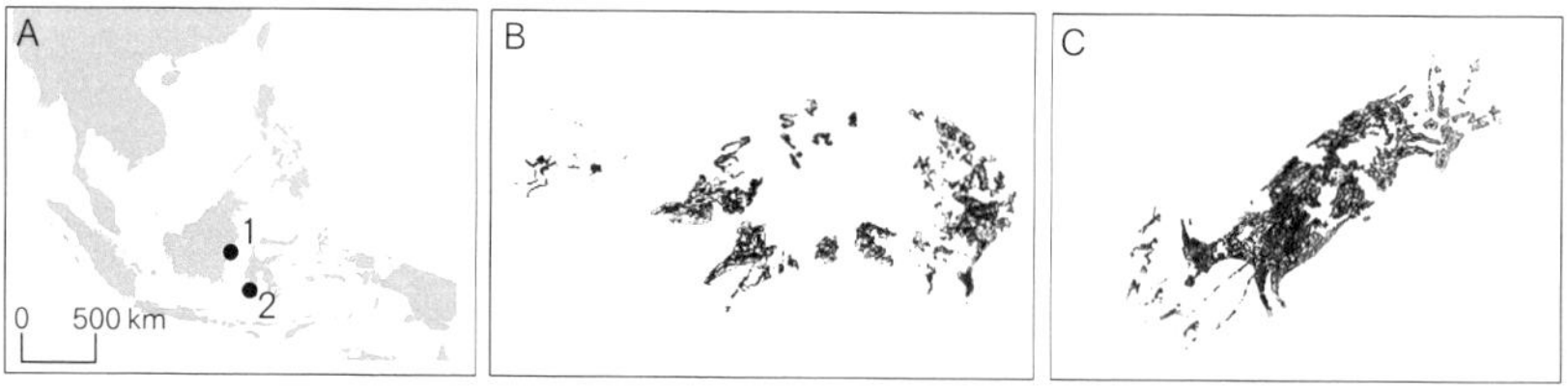

図3　インドネシアで発見された洞窟壁画
A：洞窟壁画の分布〔1 カリマンタン島の洞窟壁画群、2 スラウェシ島の洞窟壁画群〕。
B：スラウェシ島レアン・ブル・シボング IV 洞窟「イノシシの狩り」。
C：同アノア（スイギュウ）と半獣半人。
（Aubert et al. 2018 よりトレース）

よって発見された。同年一二月一一日付『ネイチャー』誌に掲載され、世界の主要新聞が報道した。描かれているのは、二頭のイノシシ［図3－B］と、八つのミニチュア「半獣半人」像と四頭のスイギュウ（アノア）［図3－C］である。イノシシとアノアの描写は、種と雌雄の判別が可能なほど克明で、頭部や脚部の末端も写実的である。一方、「半獣半人」とされたものはいずれも四つん這いで、頭部が地面を向き、鼻面の輪郭を呈する。ヒトというよりはイヌ科の動物を想起させる。場面描写「アノアⅢ」と六つの「半獣半人」［図3－C］は、二本の綱を使用した「くくり罠」のようである。疑いなく狩猟の場面を活写したものである。これら一つあるいは二つの場面描写には、新旧の重複、先行壁画の消去や重ね描き等はみられない。おそらく同一時期に一気に描写されたものと思われる。

この場面描写をおおう四カ所の方解石層のサンプルからウラン系年代測定が実施され、現在より四万三九〇〇〇～三万五〇〇〇〇年前の測定値が出された。そして、最もさかのぼった年代を新聞等が取り上げ、古さをあおるように発表した。しかし、提示された年代に近いイベリア半島のいわゆる「ネアンデルタール人の彩色壁画」と同じく、放射性炭素一四年代測定法とのクロスチェックがおこなわれず、旧石器芸術に関する考古学的な比較検討もおこなわれていない。華々しい報道の前に、あらゆる面で研究を進化させる必要がある（Aubert et al. 2018; Aubert et al. 2014）。

3　西ヨーロッパにおけるクロマニヨン人の象徴的思考、特に洞窟壁画

ホモ・サピエンスの最初の芸術表現は、最後の氷河期におけるより寒冷で乾燥した亜氷期とやや温暖な休氷期との振幅が繰り返された厳しい環境の中で開始された。地中海北岸とローヌ川以西、そしてロワール川

以南に囲まれた地理的空間は、氷河期の恒常的な避寒地として継続して旧石器文化の活動の場であった。そのため他の地域よりも先史学の知見がよりくわしく形成され、旧石器洞窟壁画に関する定説化した理解が生まれた（Leroi-Gourhan 1965）。しかし、新たな発見が、この理解を大きく揺り動かすことになる。

一九九四年にオーリニャック文化期のショーヴェ洞窟［図1］の壁画が発見された。この壁画は、この地の先史学上の成果だけでは、その起源、系譜、継承関係等の説明が不可能に近い。むしろ、東の境界であるジュラ山塊を越えたシュワーベン洞窟群のヴォーゲルヘルド洞窟等の壁画群を介して（Bosinski 1990）、さらにドナウ川谷回廊のはるか東方、たとえばルーマニアのコリボアイア洞窟［図1］の壁画等へ連なることがおぼろげに見えてくる（Clottes et al. 2011: 1-6）。

ショーヴェ洞窟で発見されたヨーロッパ最古の洞窟壁画

ショーヴェ洞窟は、フランス南部のアルデッシュ県ポン・ダルク村にある。この村は石灰岩のアーチ橋地形の天然記念物で名高く、ショーヴェ洞窟は最初、「アーチ橋地形の墓」という意味のコンブ・ダルクと呼ばれていた。壁画の発見後は、「ポン・ダルクの装飾洞窟」と改称し、さらに「ショーヴェ・ポンダルク洞窟」あるいはたんに「ショーヴェ洞窟」と呼ばれるようになる。一九九四年一二月一八日に、ショーヴェ、ブリュネル、イレールの三人の地元洞窟探検家によって発見された。そして、発見から二〇年後の二〇一四年にユネスコの世界文化遺産に登録された（Brunel, Chauvet, Hillaire et Deschamps-Étienne 2014）。

〈壁画回廊と広間の配置〉

洞窟南西端の「入り口の広間」［図4－Ａｅ］は、連続する三つの柱状壁によって区切られた比較的狭い空間（約五〇平方メートル）である。床面採取の五つの木炭片や獣骨等のサンプルから三万二〇〇〇〜

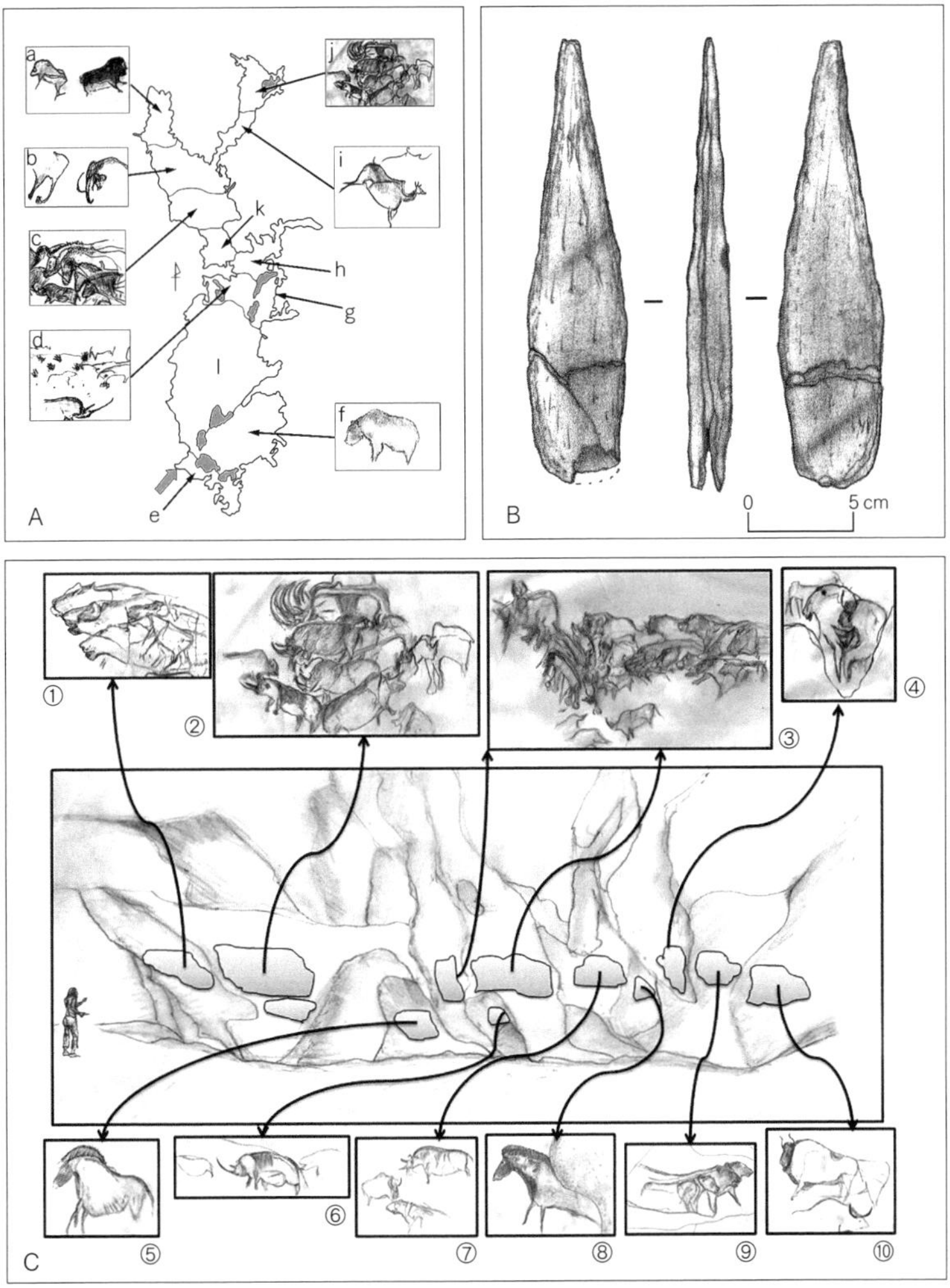

図4 ショーヴェ洞窟の壁画
A：壁画群の配置〔a 十字架の広間、b クマの頭骨の広間、c イレールの広間、d 赤いパネルの広間、e 入り口の広間、f ブリュネルの広間、g サボテンの広間、h グーゾールの広間、i オオツノジカの回廊、j 奥の広間、k 大蝋燭の回廊、l ボージュの広間〕。
B：ムラデック型象牙製尖頭器、C：「奥の広間」の各パネル画の配置と演出効果。
（Clottes 2011 よりトレース）

三万一〇〇〇年前の測定値が得られている。そこから東へ約三〇メートル進むと、「ブリュネルの広間」［図4－Af］がある。床面採取の一つのサンプルの測定値で三万三〇〇年前である。南側の壁に赤色顔料で記号等を描いた場面描写が展開する。その北側には、黒い線画が見られる。西側の壁に沿って北進すると、広さ約九〇〇平方メートルの巨大な「ボージュの広間」［図4－Al］がある。床面採取の七つのサンプルから三万一七〇〇～二万四六〇〇年前の測定値が得られている。ところどころに冬眠死したホラアナグマの化石がある。この広間の北西隅に広さ約四〇平方メートルの細長い回廊があり、床面採取の一つのサンプルは三万三〇〇年前を示す。その東側の大小二つの柱状壁に隔てられ、広さ約二〇〇平方メートルの「赤いパネルの広間」［図4－Ad］が位置し、壁画等の四つのサンプルは三万一六〇〇～二万五七〇〇年前の測定値である。ただし、壁画はより新しいグラヴェット文化期の特徴を示す。

その北の奥に「グーゾールの広間」［図4－Ah］がある。さらに「赤いパネルの広間」の東側には、五つの大小の柱状壁によって仕切られた広さ約一五〇平方メートルの「サボテンの広間」［図4－Ag］があり、床面採取の二つのサンプルは三万二二〇〇年前と三万一七〇〇年前を示す。ここには赤いマンモスの線画が見出される。その東壁と北の奥にそれぞれ小さな回廊と広間が展開する。

主洞の北側を隔てる狭まった部分には、広さ約一五〇平方メートルの「大蝋燭の回廊」［図4－Ak］があり、七つのサンプルが三万一六〇〇～二万六〇〇〇年前を示す。壁面に印された煤跡は、後続のグラヴェット文化期のものである。ただ、床面採取のサンプルはオーリニャック文化期に相当する。

さらに奥へ進むと、広さ約六〇〇平方メートルもある「イレールの広間」［図4－Ac］が隣接し、六つのサンプルから三万二四〇〇～二万三五〇〇年前の測定値が得られている。同南側には、白色の線画でフクロウが描かれている。同北側には、オーリニャック文化期の大きなウマ、オーロックウシ、そしてサイの見事な場面描写がある。その北隣には、広さ約七〇〇平方メートルもあろう「クマの頭骨の広間」［図４－Ａｂ］があり、床面採取の五つのサンプルから三万二四〇〇～三万一二〇〇年前の測定値が得られている。ここにはテーブル状の岩塊にクマの頭骨が人為的に置かれていた。この空間には、トナカイの場面描写、マンモスの線刻画、ジャコウウシ等が描かれている。北西最奥には、広さ約三〇〇平方メートルの「十字架の広間」［図４－Ａａ］があり、壁面の煤と床面採取の七つのサンプルから三万一六〇〇～二万六〇〇〇年前の測定値が得られている。ここにはウマの線画が見られる。そして、ヒトが踏み分けた道が確認されている。

引き返して、「クマの頭骨の広間」の東壁には狭い通路が開口し、広さ約四〇平方メートルの「オオツノジカの回廊」［図４－Ａｉ］が展開する。ここでは一九個のサンプルをもとに三万二九〇〇～二万二八〇〇万年前の測定値が得られている。なお、この場を代表する「オオツノジカ」の壁画は三万一四〇〇年前の測定値を示している。さらに、「オオツノジカの回廊」で発見された長さ三〇センチメートルの象牙製の尖頭器は、菱形の輪郭で、断面が楕円形を呈する。この特徴は、骨角器の類型学上の比較例として、チェコ・モラヴィア地方のムラデック洞窟を標準類型とするムラデック型骨角製尖頭器の特徴に一致する。標準資料は、菱形の輪郭で、最大幅が下部にあり、長さ二九センチメートル、断面が楕円形あるいは凹状ないし凸状を呈すると定義されている［図４－Ｂ］。これはショーヴェ洞窟発見のものと同じ特徴である。中部ヨーロッパに広く分布し、ドイツにも発見例がある。この尖頭器に関わる年代測定が複数の方法で実施された。発見地点周辺の炉跡から採取された木炭片の年代は三万二九〇〇～三万一七一年前を示し、この象牙製尖頭器自体は三万二八五〇年前の年代が与えられている。

そして「オオツノジカの回廊」の北に、ショーヴェ洞窟の核心的空間「奥の広間」［図４－Ａｊ］がある。ここでは、壁面の煤と床面採取の六つのサンプルから三万九〇〇～二万二八〇〇年前の測定値が得られている。壁画［図4-C］は、「ライオンの場面描写のライオンの群」［同①］、「サイの場面描写」［同②］、「ライオンの場面描写の全体」［同③］、そして「半人半獣」［同④］等の場面描写を擁し、芸術表現の最も濃密で特別なオーリニャック文化期の空間を形成している（Clottes et al. 2011: 1-6; Quiles et al.: 1-6）。

以上から、テニス場（二六〇平方メートル）やハンドボール場（八〇〇平方メートル）の広さがある各広間は、絵画表現の場としてあまり活用されず、むしろバドミントン場（六九平方メートル）やバレーボール場（一二八平方メートル）程度の広さしかない各回廊が芸術的な表現の場として選択されていることがわかる。これは壁画の観覧人数や照明効果を考えるうえで興味深い特徴である（Clottes et al. 2011: 1-6; Quiles et al.: 1-6; 竹花 二〇一八a：六八-七一）。

〈壁画の年代〉

それぞれの空間は、石灰岩の岩体中の地下水脈跡の空洞である。この空間にオーリニャック文化のクロマニヨン人が壁画を遺した後にもたびたび天井が崩落し、それぞれの空間が封鎖され、ヒトおよび特定の肉食動物が利用できる時期が制限された。そして、その後のほとんどの期間は、外界の生物がいっさい進入できない状態が続いた。使用可能な期間は、ヒト以外でもクマが冬眠のために洞窟内に入り、そのまま死亡し、多くの個体が化石となって保存されている。後者の遺骸を放射性炭素一四年代法で測定したところ、ヒトが洞窟を利用した時期は、三万七〇〇〇～三万三五〇〇年前（較正値）のオーリニャック文化期に、洞窟内への最初の入域可能な期間が存在した。ついで三万一〇〇〇～二万八〇〇〇年前（較正値）のグラヴェット文化初頭にも入域可能な時期があった（Quiles et al. 2016: 1-6）。このような条件のもとで、旧石器時代人は、壁画を残しただけではなく、洞窟内の至る所に、相対的な年代を知り得る文化編年上において、典型的なフリント製の石器類型や骨角器等を遺棄していた（Clottes et al. 2011: 1-6; Quiles et al. 2016: 1-6）

〈壁画の特徴〉

これらの洞窟壁画の主たるものは、三万数千年前の現生人類の生業と深く関わりをもっている。氷河期の環境の中で絶滅した大型動物に対し、生存戦略にもとづいて果敢に生業活動を実施したことの証である。そこには、この地のオーリニャック文化期の環境に生息した日常的な動物の種が表現された可能性が高い。ただ、彼らは、実際の環境に生息したそれぞれの種の密度とは明らかに異なる十数種を選んで、生態的な特徴を強調したようである（Clottes et al. 2011: 1-6; 竹花 二〇一八a：六八－七二）。洞窟壁画は約千点が確認されており、野生動物が四四七点描かれ、その内三五五点が動物の種を識別可能である。ヒトが描いた世界最古の動物であるが、何と一四種が判別可能である。定説化した従来の仮説、ヨーロッパに現生人類が登場して曖昧模糊とした表現から徐々に表現能力が発達したという考えは、否定されなければならない。また、芸術的表現が洞窟の奥深い、暗黒の閉ざされた空間に描かれるのは、後期旧石器時代の中盤のソリュートレ文化以降といわれたが、クロマニヨン人はむしろ最初から優れた芸術上の表現能力を備えて、日常的な空間とまったく異なる太陽の光源の届かない空間に、最も象徴的な知性の一端を印した。疑いなく彼らは、そのような高い、そして複雑に発達した英知を備えて、この地に到達した（Clottes et al. 1999: 18-25）。

ここで最も多く描かれたのは、大型のネコ科の動物（全体の二一パーセント）、特にライオンである。西ヨーロッパで発見された後期旧石器文化の芸術表現において、絵画上のライオンの姿は非常に稀であり、制作時期も大きく異なる。たとえば、ラスコー洞窟（非暦年代較正で一万七〇〇〇年前）やラ・ヴァッシュ洞窟（同一万二〇〇〇年前）等で知られるのみである。ついで描かれたものは、ケナガマンモス（一九パーセント）とケブカサイ（一九パーセント）である。以下、ウマ（一四パーセント）、ビゾン（九パーセント）、アイベックス（五パーセント）、ホラアナグマ（五パーセント）、トナカイ（四パーセント）、オーロックウシ（三パーセント）、オオツノジカ（一パーセント）である。注目すべきは、後期旧石器文化の洞窟壁画に頻繁に登場するウマ、ビゾン、トナカイ等の狩猟対象の大型草食動物が全体の三分の一しか描かれていないことである。逆説的にいえば、ライオン、マンモス、サイ、クマ等の狩猟対象とは考えられない危険な動物が全体の三分の二も描かれている。これは、洞窟壁画の創作上の動機となった主要な関心事が後年の創作群と明らかに異なることをいみじくも表している。

そして、ヒトに関する表現は、最も重要な場所である「奥の広間」に、わずかに一例が見られるのみである［図4-C④］。それは、つらら状の垂れ下がった岩に、黒の単色で見返りの雌ライオンとビゾンに化身した半獣半人の人物と重なった部分に、女性の下腹部を逆三角形で表し、さらに擬人化した両脚を描いた場面描写である。このヒトを画題とする稀少性は、後代、マドレーヌ文化前期におけるラスコー洞窟の「針金の男」の存在を想起し得るモティーフである（Clottes et al. 1999: 18-25）。

これら壁画に登場する主だった動物は、実際の日常場面で遭遇することが難しいライオン、マンモス、そしてサイの三種の混合する組み合わせが優勢である。一方、ウマとビゾンは、後期旧石器時代の洞窟壁画で定番の組み合せであるが、ここでは前者よりも奇しくも少ない。また、アイベックス、ホラアナグマ、トナカイは、オーロックウシとオオツノジカよりも多い。現在の西欧の生態系の象徴であるアカシカはわずかである。ただ、ハイエナ、ユキヒョウ、フクロウ、そしてジャコウウシ等のいくつかのめずらしい動物は、数こそ少ないが目を引く存在である。

特定の動物の描き方、たとえばライオンの陰嚢、ウマの尻尾やたてがみ、そして特定の個体の描き方等に、客観的で綿密な観察の結果がうかがわれる。解剖学的な視点で狩猟対象動物の残骸の取り扱いを熟知しているような例も見られる。一方、洞窟壁画の制作者たちが実際に目撃して、その姿をよく知っていたのか疑わしいものもある。それはケナガマンモスである。しばしば非写実的で簡略化されて表現されている。単純な波状の線が頭部から背部への独特の瘤を有する曲線として描かれ、あるはその象牙の様子が「Wの字」の形に置き換えられている。それらは画一的に描写されているか、あるいは世代から世代への伝承により変容した結果の可能性がある。ともあれ総体として驚くべきことは、最もさかのぼった年代のショーヴェ洞窟の創作が、対象の観察において、また解剖学上の細部にわたり、克明にして均衡がある捉え方をしていることである。それらは動物学上の生態におおむね忠実である。

ただし、ライオンの場合、すべて雌の姿で、われわれのよく知るたてがみのある雄は登場しない。ライオンはネコ科の動物の中で、地上のほとんどの種を対象に共同で狩りをする社会的動物である。そして、ヒト以外は競合動物が存在しない。人類にとっても畏敬の念を抱く稀有の存在であったと思われる。この洞窟の壁画には、槍を放たれたライオンの姿は見られないのである（Clottes et al. 1999: 18-25）。

そして、これら壁画は、線刻、単色の濃淡、彩色の多階調等、後期旧石器時代において最も洗練された芸術的な一群をなし、後続の後期旧石器文化の各時期よりも完成の度合いが高い。従来、フランス国内には、ショーヴェ洞窟の創作がおこなわれたやや後に、後期旧石器時代の芸術表現が開始されたと考えられた。それは原始的で即物的な絵画から始まり、しだいに表現能力が備わっていくという一九世紀的な進化論風の解釈であろう。では、このショーヴェ洞窟の事例をふまえて、時系列的な起源と同時代性をもつ創作群はどのようなものであったのであろうか。四万～三万五〇〇〇年前のオーリニャック文化期のボーム・ラトロヌ洞窟（仏）、アルデンヌ洞窟（仏）、フマネ洞窟（伊）、アルチェリ洞窟（西）、アルシー洞窟（仏）、コリボアイア洞窟（ルーマニア）、ヴェゼール渓谷遺跡群（仏：セリエ岩陰、ラ・フェラシィー大岩陰、ベルケール岩陰等）を総合的に再評価すべきであろう［図1］（Robert 2020）。

発見以来、ショーヴェ洞窟壁画は、単体描写の性格、場面描写の構成、そして表現思想等、さまざまな特徴からして、旧石器文化の壁画の中で類を見ない秀でた存在である。ショーヴェ洞窟の創作群の起源をなすものを、われわれは明確に見出すことができないが、同時代に、ドイツ・シュワーベン地方の動産芸術に嗜好や題材の共通性を読みとることができる。たとえば、フォゲルヘルド洞窟で発見された象牙製のライオンの頭部や雄ウマ、マンモスの小像等である。ウマを題材とした場合、シュワーベン地方のフォゲルヘルド洞窟とショーヴェ洞窟では強壮な牡馬を描くが、後期旧石器文化中盤から後半のラスコー洞窟やトロワフレール洞窟等では穏やかな牝馬を描く傾向がある。それは、ショーヴェ洞窟で発見された中部ヨーロッパ風の象牙製尖頭器の発見例から見ても、ドナウ川谷の回廊を通じて東方より波及した芸術表現上の伝統の可能性が考えられる。現状では、そのように理解の糸口を見出すしかない。彼らのグループが共有する汎大陸的な象徴的な種、たとえばマンモスやオーロックウシ等は、過去に中部ヨーロッパや東ヨーロッパ大平原、あるいはイベリアやイタリア半島等の南の地域で遭遇した可能性がある［図1］（竹花 二〇一八a：六三－六八）。

洞窟の壁は、数メートル間隔に垂直にスリット状の抉れがある。絵は、主に広間や回廊に面した不連続な平坦面に、濃密に複合的な場面描写として描かれた。その抉れの底にあたる部分に、隠し絵のように牡馬（奥の広間）［図4－C⑤⑧］、あるいはビゾン（「イレールの広間」）［図4－Ac］が象徴的に仕込まれている。さらに、そのひだの部分にも複数の動物の組み合わさった主題の異なる場面描写が描かれている。つまり、回廊や広間の通路から眺められる大きな壁画に、面的に接続する抉れの側壁に身を投じてから、側壁の場面描写をさらに見ることができる、という非常に複雑な複合的視覚効果が演出されている。これは、はるか後代のラスコー洞窟等で類似する表現効果を確認できる。より複雑な演出効果を考慮した可能性もある（竹花 二〇一八a：六八－七一）。

後期旧石器文化前半に由来するキュサック洞窟の壁画

〈遺跡について〉

この洞窟の壁画は、二〇〇〇年に、フランス南西部ドルドーニュ県ビュイッソン・ド・カドゥーアン村で、地元の洞窟探検家デリュックによって発見された。その名称の由来は、一九六〇年までの旧村名キュサックと同じ字に由来している。遺跡は石灰岩洞窟で、おおむね真っ直ぐな主洞のみで、長さが約一七〇〇メートルもある。二〇二〇年現在、洞窟は炭酸ガスの発生とその滞留のため、そして壁画等の保護と研究調査のために一般には公開されていない。

内部には、それぞれの地点に線刻手法で、おもに野生動物等のパネル画が描かれている。彩色壁画はほとんど見られない。また、この遺跡の特徴は、数多くのヒトの骨が見出され、少なくとも成人四体と幼児一体の埋葬人骨がほぼ解剖学的な保存状態で確認されている。それらは、洞窟内でホラアナグマが冬眠のために掘りくぼめた穴に安置されていた。つまり、絵画表現の舞台であると同時に、後期旧石器時代の集団墓地でもあったという稀有の事例である。そして、埋葬人骨は、放射性炭素一四年代法によって、壁画の制作者たちと同時期の集団であったことが裏づけられた。隣接のシャラント県におけるグラヴェット文化期のヴィザージュ洞窟でも同様の特徴が見られる。

キュサック洞窟は、壁画の描かれた直後に、天井の崩落により進入路が封鎖され、ヒトや動物等の立ち入ることのできない状態が長く続いたようである。これは、クマが冬眠のため入境し、鍾乳石に爪痕を印した時期である四万年前と二万七〇〇〇年前の二つの時期に符合する限定的な特徴である。これは、前述のショーヴェ洞窟や後述のラスコー洞窟等の奇跡的に良好な保存状態と同じ要因である（Aujoulat et al. 2001）。

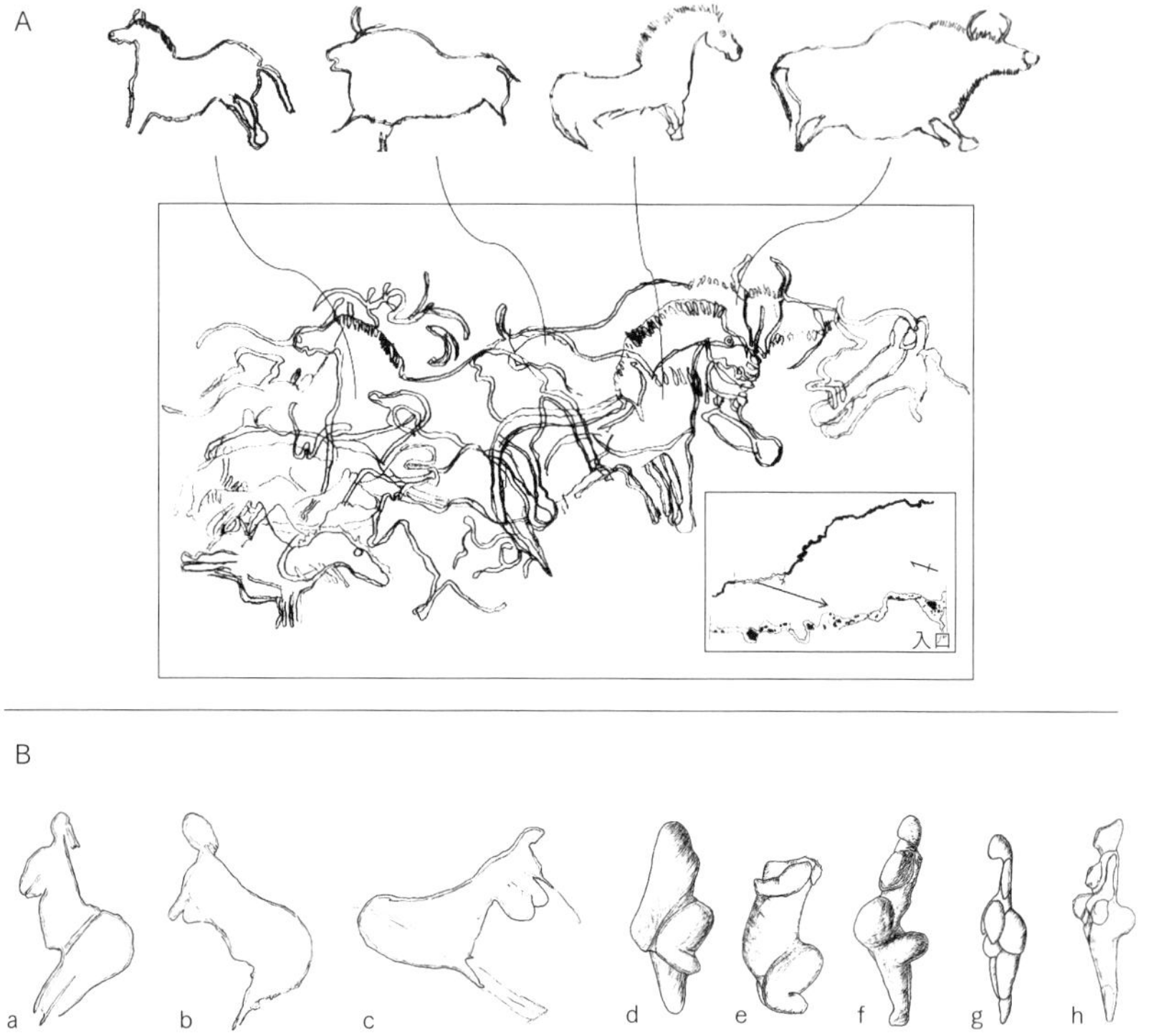

図5　キュサック洞窟の壁画
A：キュサック洞窟の代表的な線刻パネル画。
B：グラヴェット文化の「ヴィーナスの様式」〔a-c キュサック洞窟、d ファクター岩陰、e シィリューイーユ開地、f モンパジィエール開地、g レスピュグ洞窟群〕。
(Aujoula et al 2011 よりトレース)

〈洞窟壁画の特徴〉

前述したように、表現の手法はもっぱら線刻画である。主題は、後期旧石器時代の典型的な野生動物であるビゾン、ウマ、ケナガマンモス、ケブカサイ、アイベスク、ネコ科の動物等である。この地域の氷河期の絶滅動物種である。特に、マンモスを描いたものが比較的多く、重要な存在であったことがうかがわれる。このほかに大型の水鳥、おそらくガンの一種が描かれている。また表現には、動物の姿に主観的な誇張も認められる。のみならず解釈の難しい表現も少なからずある。ヒトの生殖器官を象徴化した表現が洞窟内の各所に見られる。必ずしも女性的なものに限らない。ただ、女性の生殖器の象徴化は、明らかに重点的におこなわれ、特に外部生殖器や恥骨等が象徴化されている。これらは頻繁にマンモスの絵と同じ場面に組み合わされている。

これらは、先行のショーヴェ洞窟のような非狩猟対象で、獰猛、勇壮な動物を中心にしたモティーフと明らかに異なる。むしろ、西ヨーロッパの後期旧石器芸術における伝統的な傾向に連なる。具象的な絵のほかは、絵文字あるいは記号のような表現が見られる。この特徴は、隣接のグラヴェット文化中期のペッシュ・メルル洞窟の壁画の特徴に共通する。そしてヒト形の線刻画は四つ確認できる。これらはいずれも女性の側面の輪郭である。特徴は顔の表現を欠く小さな頭、豊満な胴体を強調し、腰を屈めた姿である〔図5－Ba～c〕。さらに、身体末端の手はことごとく省略され、脚部も先端に向かい漸次先細る〔図5－Ba～c〕。これは、グラヴェット期の精神文化である「ヴィーナスの様式」における小さな女性の彫像の表現に完全に一致する。地母神を擁した汎ユーラシア大陸に広がる同一文化内の芸術表現上のネットワークの一端を、ここでも垣間見られるのである。具体的には、グラヴェット文化中期あるいは地域的文化編年による後期ペリゴール文化Ⅴc期、二万五〇〇〇年前の前後約一五〇〇年間に盛期を迎えた芸術表現上の特徴に照応する（竹花二〇一八b：二二一－二二三）。

〈壁画の年代〉

線刻画による洞窟壁画は、直接的な年代測定の対象にはならない。ただ、壁画と空間上そして洞窟内への入境が可能な同じ時期に埋葬された人骨が複数ある。そのサンプルに、放射性炭素一四年代法で二万五一五〇年前（非暦年代較正）と測定された。また、キュサック洞窟の創作群は、線刻画の手法であるが洞窟の奥深い空間で繰り広げられた活発な芸術表現である。後続するソリュートレ文化期には、氷期の再来によって、この地の遺跡数が激減し、それにともない芸術的な創作活動も後退したと考えられていた。しかし近年、地中海の海底遺跡のコスケール洞窟やマルゴ・マイエンヌ洞窟群等の存在から、水没地域を含めた従来と異なる地理的な空間に人類活動の場が存在して、また西方のピレネー山脈をはるかに越えたイベリア半島の南西端、ポルトガルのコア渓谷における野外大創作群の存在からも、最終氷期の最寒冷期における人類活動の拠点の変化があったことが理解される（Jaubert et al. 2020; 竹花 二〇一八a：七一－七五）。

旧石器時代における最大のラスコー洞窟壁画

〈遺跡の特徴〉

ラスコー洞窟は、フランス南西部、ジロンド川の支流、ドルドーニュ川のさらに支流、ヴェゼール川の左岸に位置する。洞窟の立地はドルドーニュ県モンティニャック村郊外の丘の上である。このヴェゼール渓谷は、別名先史学の「典型地帯」と呼ばれ、前期、中期旧石器文化はもとより、後期旧石器時代に関する多数の文化上の標準遺跡を抱え、それらは比較的狭い流域範囲内に集中している。また、この地方は石灰岩地帯で、天然の洞窟や岩陰が数多く見られ、古来人類によって短期逗留の住居として使われてきた。ラスコー洞窟は、人類初の本格的な装飾洞窟であり、奥深い暗黒空間に立体的表現による世界最大規模の壁画が創作された。この巨大な記念碑的フレスコ画群は、別名「先史時代のシスティナ礼拝堂」と呼ばれ、旧石器芸術の最高峰と評価されている。一九七九年に周辺の装飾洞窟群等とともに世界文化遺産に登録された（Delluc B. et Delluc G. 1990）。

〈遺跡の発見〉

一九世紀後半、遺跡周辺は葡萄畑であったが、病害虫の被害を受け、後に松の木に植え替えられた。第一次世界大戦前には、丘の上に地割れのような穴が露呈していた、といわれる。土地の猟師や農民が疫病の家畜や不要な器物等を捨てる穴として使用していた。その後、何か恐怖を封じ込めた忌避すべき場所と考えられるようになった。壁画の発見は第二次世界大戦中の一九四〇年、村の自動車修理工場の見習工ジャック・マルサルと三人の少年たちが偶然発見した（Delluc B. et Delluc G. 1990）。

〈壁画制作の特徴〉

洞窟は、白亜期の砂質黄色の石灰岩体にできた巨大な地下水脈の空洞である。「ピュイ」をのぞくすべての回廊は床面に起伏等が少なく、入域が比較的容易である。彩色画や線刻画が描かれた天井の壁は、石灰分を含んだ水蒸気が絶えず付着を繰り返すため凹凸が少なく天然の漆喰のようで、文字通り白亜のキャンバス地となっている。このためラスコーの多階調の彩色壁画の効果がより高められた。それに対し、壁の下部は凹凸が激しく、床の泥の影響で汚れ、ほとんど作品が見られない。描写可能な、あるいはより効果のある壁面水準までは三、四メートルの高さがあり、ほとんどの装飾空間で足場が組まれたと考えられている。いくつかの地点で当時の足場の部材や縄等が発見されている（Ruspoli 1988: 226）。

ラスコー洞窟は、旧石器芸術の至高の場であったが、生活の場としてはほとんど使われた痕跡がなく、

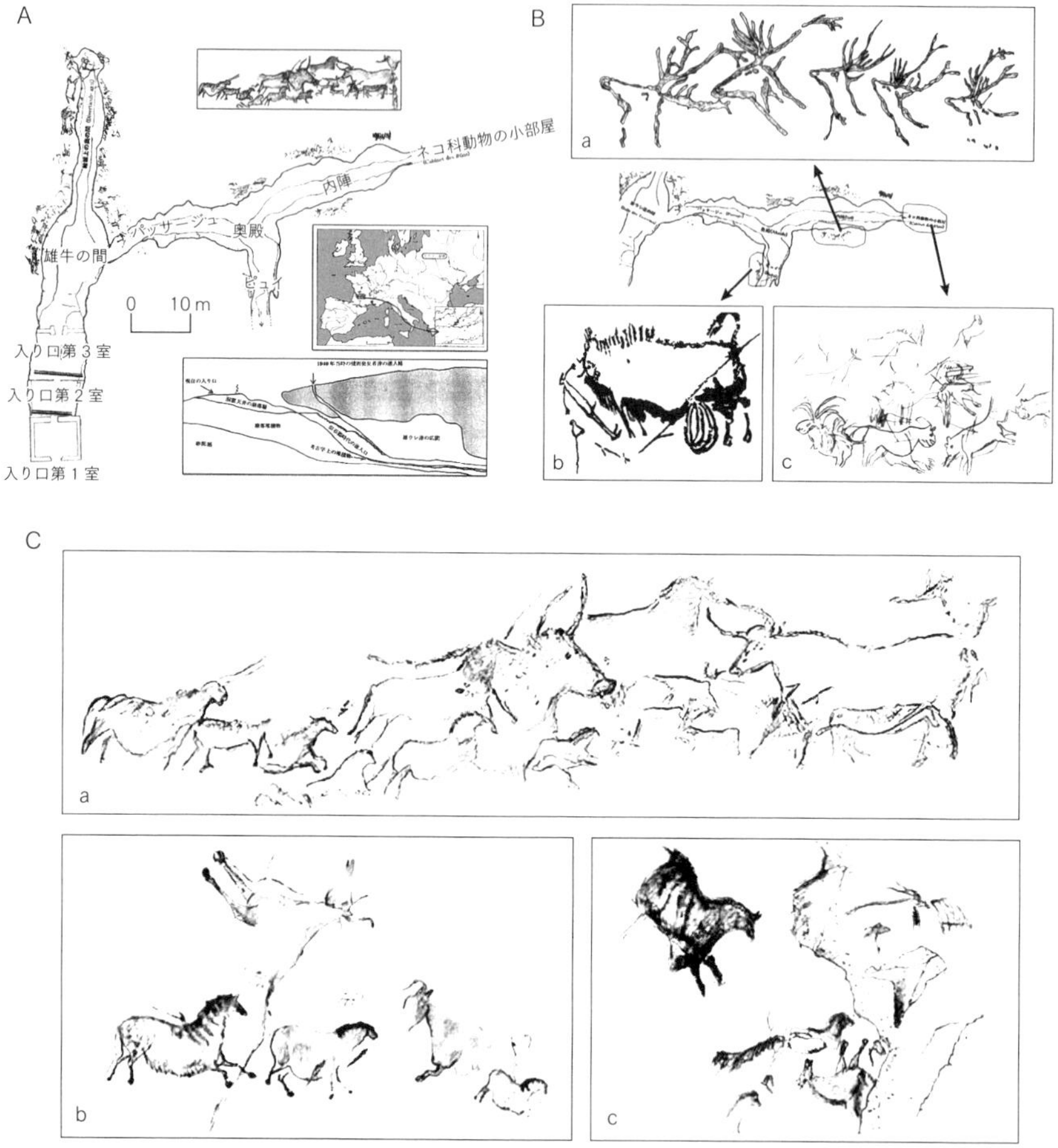

図6　ラスコー洞窟壁画群の特徴
A：ラスコー洞窟壁画群の配置。
B：「内陣」「ピュイ」「ネコ科動物の小部屋」の壁画〔a「内陣」西壁の“泳ぐアカシカ”のフリーズ画、b「ピュイ」北壁の“針金の男”のパネル画、c「ネコ科動物の小部屋」における“ライオン等”線刻画〕。
C：「雄牛の間」と「軸線上の奥の間」のパネル画〔a「雄ウシの間」北壁の“オーロックウシ等”のパネル画、b「軸線上の奥の間」南壁の“中国のウマ”のパネル画、c「軸線上の奥の間」最奥の“反転したウマ”のパネル画〕。
（Ruspoli 1988 よりトレース）

ショーヴェ洞窟のような調理、照明、そして暖房等の目的で焚火をした跡等もまったく発見されていない。洞窟壁画が例外的に保存され、遺された要因は、壁画の描き手たちによって作品が制作された後、間もなく唯一の進入路である開口部が崩壊し、それ以降にヒトや動植物の進入が完全に遮断されたことによる。この条件は、二〇世紀中盤まで奇跡的に、ほぼ完全な状態で保たれた要因である（Ruspoli 1988: 94-95）。

〈各壁画回廊〉

内部は、主堂、支堂、奥堂等の三つの広間と回廊からなる。全体の奥行きは約一五〇メートルにも及んでいる。最初の回廊は東西方向にのび、入り口付近が「雄牛の間」と呼ばれる高い丸天井の広間、ついで急激に狭まって蛇行する廊下のような「軸線上の奥の間」が展開する。第二の回廊は、「雄牛の間」の中ほどを右に枝分かれして南北にのび、「通路」あるいは「パッサージュ」と呼ばれる天井のかなり低く狭い空間が続き、「奥殿」あるいは「アブシィッド」と呼ばれる広間に至る。また、「奥殿」から右に「井戸」あるいは「ピュイ」と呼ばれる狭い枝分れの奥堂へ通じる。この支堂の回廊奥には、天井の高く、そして広い「内陣」あるいは「ネフ」と呼ばれる広間が続き、さらに奥に狭い回廊が下降しながらのび、一〇〇〇メートル以上も続き、そしてついに「ネコ科動物の小部屋」とよばれる進入困難な最奥の空間へ至る［図6－A］（Leroi-Gourhan 1984; Ruspoli 1988: 94-99）。

「雄牛の間」は、ドーム形の丸い天井の広間を意味する「ロトンド」とも呼ばれる。入り口から最初の壁画は、北壁に、四、五メートルもある圧倒されるようなオーロックウシと呼ばれる現代の家畜化されたウシの原生種が向かい合って描かれている［図6－Ca］。入り口に近い一頭の雄ウシは、ウマの群と重ね描きで、「リコーン」あるいは一角獣のように幻想的に表現されている。南壁には、二頭の旧石器壁画最大級の雄ウシと赤い雌ウシが描かれている。壁画は、この広間の形状を遺憾なく活かした野生動物群の一大絵巻である。

この空間は、大作のパノラマ効果が最も発揮された場面描写の代表例である。

ここには、時間差がある壁画が数多く重複している。これらは、外界から入域が可能であったといわれるマドレーヌ文化第Ⅱ期の約七〇〇年間を通じて繰り返し描かれたと考えられる。したがって、現在までに保存されているすべての動物の壁画は、必ずしも一つの場面描写ではなく、おもに最後の創作の主題を物語たる構成要素であったわけではない（Ruspoli 1988: 99-108）。

軸線上の奥の間は、天井の高い廊下のような細長い空間で、南壁の最初に、見事な掌状の角をもつオオツノジカが上体を黒い色で、威厳を湛えているかのように、そして幻想的な姿で描かれている［図6－A］。南壁の奥には、三頭の「中国の馬」と呼ばれる、黄色や淡赤色でモウコノウマを思わせる群に、追い込み柵のような絵模様が組み合わさり、それぞれのウマには投送器による小さな槍が飛び交い、写実的な緊迫した狩猟の場面が描かれている［図6－Cb］。この空間の最奥に、さらに「反転するウマ」と呼ばれる場面描写がある［図6－Cc］。この地点が洞窟自体が地下に沈み込むような構造から着想を得たのか、あたかも崖から奈落の底へ転落する野生ウマの姿を思わせる（Ruspoli 1988: 109-128）。

「通路」あるいは「パッサージュ」と呼ばれる「雄牛の間」とさらに奥の装飾空間をつなぐ部分では、彩色を廃した二八六個もの線刻画が左右の壁をおおいつくしている。それらの半数がウマで、他にオーロックウシ、ビゾン、アイベックス等がわずかずつ描かれている。前二者の壁画空間とくらべて、明らかに趣の異なる主題に沿った表現である（Ruspoli 1988: 128-130）。

「奥殿」あるいは「アブシドゥ」と呼ばれる空間は、さらに奥の装飾回廊と支堂を結ぶ三叉路の広間で、ラスコー洞窟で最も奇妙で謎めいて、他の壁画回廊と際立った表現上のちがいを示す。ほとんどの壁面上に遺された表現は、抽象的な絵模様や象徴的な記号等で、何か精神的な儀式が催された空間であったと考えられる（Ruspoli 1988: 146-148）。

「内陣」あるいは「ネフ」とも呼ばれる場所は、東壁に、五頭のアカシカが頸より上だけが意識的に描かれ、「泳ぐシカのフリーズ画」と解釈されている［図6－Ｂａ］。おそらく俊敏な草食動物でさえ、水中を移動する時が最も無防備で、動きが緩慢であったであろう。その瞬間は、旧石器時代の狩人にとって最も射止め得る瞬間だったにちがいない。西壁奥には、二頭の黒いビゾンが交差し威嚇し合う緊迫した場面描写が描かれている。一頭は、肩から背にかけて冬毛を失う傷を負っている。もう一頭は、四肢の遠近観を表現することで前者を際立たせている。繁殖期の草食動物の雄たちが雌の群れをめぐって繰り広げる「闘争」の瞬間であろう。同時に、この種の大型動物の最大の狩猟好機であったと思われる。なお、この空間では、壁画の描き手たちは、視覚効果の高い壁面上部に描くため、足場を組み、地上から高い位置で作業をおこなったことがうかがわれる。足場杭の部材や穴、縄が確認されている（Ruspoli 1988: 131-144）。

「ライオンのキャビネット」あるいは「ネコ科動物の小部屋」と呼ばれる非常に奥まった場所は、線刻画が大半を占める。注目されるのは、ネコ科の動物たちである。当時比較的めずらしい存在であったライオンが四頭描かれている。それも投擲による狩りの対象としてである。それらは非写実的で、稚拙で、明らかに様式化されている［図6－Ｂｃ］。遠くで目撃したものか、幾世代か前からの伝聞なのか、あるいは狩猟の対象動物としてさほど関心がなかったのかもしれない（Ruspoli 1988: 144-146）。

「井戸」あるいは「ピュイ」と呼ばれる場所は、文字どおり垂直の壁を五メートルも下降して、やっとたどりつける場所である。ここは、「奥殿」同様、とても謎めいた壁画空間で、具象的な絵より記号等が卓越する。まずは鍵盤状の記号で始まり、「針金の男」と呼ばれる、ラスコー洞窟のみならず当時の壁画一般において、馴染みのない有名な場面の描写が見られる［図6－Ｂｂ］。ビゾンが大きな槍で腹部を射抜かれ、内臓がはみ出し、そして「鳥頭の男」がその前に突き倒され、今にも前脚で蹂躙されそうな様子である。千数百点の具象画を擁するラスコー洞窟において、ただ一例のヒトを描いた稀有の例である（Leroi-Gourhan 1984）。ここは、五〇年以上前に唯一発掘調査がおこなわれ、マドレーヌ文化第二期に相当する骨角製の槍、フリント製の石器、石製ランプ等が発見され、当該洞窟壁画群の相対年代を裏付ける貴重な考古学的証拠となった（Peyrony 1950: 135-137; Ruspoli 1988: 149-152）。

〈壁画の特徴〉

ラスコー洞窟では、一万七〇〇〇年前、最も寒冷な氷期が一時的に終息した比較的温暖で湿潤な約千年弱の期間に、オーロックウシやウマ等が豊富な森林環境において、壁画が盛んに描かれた。洞窟壁画は、後期旧石器時代に継続的に発展した芸術表現の第Ⅲ様式の終末に相当し、洞窟の奥深い場所で本格的な彩色壁画や線刻画が、もっぱら狩猟対象動物と狩猟の場面を主題に描かれた。先行のグラヴェット文化のような裸婦の地母神像や後続のマドレーヌ文化後期の輪舞する裸婦等の図案がまったく見られず、独立した芸術表現上のモティーフが発達していた。洞窟内の各広間や回廊は、その場所ごとの条件によって個別的画題や総合的な主題が選択されて描かれた。それぞれの空間は、集団のすべての構成員の往来を妨げる条件が少なく、そしてある程度の大人数の集合も可能で、明らかに繰り返し多人数の壁画鑑賞者を対象とした、共通の価値をもつ者たちが集う演出がおこなわれたと考えられる。のみならず、洞窟内は季節的な逗留場所や緊急の避難場所としてすら使われず、文字どおりある種の聖域的タブーをもった儀式の場であったと考えられる（Leroi-Gourhan Arl. et Allain 1979）。

後期旧石器文化終末まで命脈を保った洞窟壁画・フロンサック洞窟

〈発見から調査〉

フロンサック洞窟は、フランス南西部、ドルドーニュ県ノントロン町ヴュー・マレイユ地区に所在する［図1］。一九八四年に、地元のカルコーゾン兄弟によって発見された（Carcauzon Ch. and Carcauzon S. 1984）。まもなく、旧石器美術研究者のデリュック夫妻が、一九八五と八六年に詳細な壁画確認調査をおこなった（Delluc G. et Delluc B. 1996; Delluc G. et Delluc B. 2013）。二〇一二年以降、「ペリゴール地方北部における遅氷期終末の人類と文化」と題されるテーマで総合的な学際調査が開始され、洞窟の先史学上の全体的な特徴が明らかにされつつある。洞窟壁画の制作時期は、後期旧石器文化終末のマドレーヌ文化後期（同第Ⅴ、Ⅵ期）に由来する芸術創作である。代表的な表現は、女性の側面姿を概括的に表現したものである［図7－Ａc］。

最近の専攻論文集によれば、発掘調査によってやや錯綜した見解がもたらされている。放射性炭素一四年代法による測定値はグラヴェット文化期を示しているが、洞窟内で得られた骨角器はマドレーヌ文化中期の類型と対比できるとの指摘である。それは、マドレーヌ文化後期に相当する相対年代（非暦年代較正で一万六〇〇〇～一万一〇〇〇年前）の二つの報告結果の矛盾である。また、洞窟は、古生物学上の種、特に暦年代較正で三万～二万九〇〇〇年前に、この地の古環境に存在しない大きな肉食動物であるホラアナグマとブチハイエナが洞窟内に入境していた特徴が指摘されている。こうしたフロンサック洞窟の問題は喫緊の解決課題である。さらに、同じ場面描写上に、ケナガマンモスとオオツノジカが併存し、またマドレーヌ文化終末期に「無頭の女の側面姿」とビゾンが描かれた壁画回廊がある［図7－Ａb］。フロンサックの壁画表現には、古環境上の要素と芸術表現上の特徴において、マドレーヌ文化後期の枠組みから乖離し矛盾する（Paillet 2014: 64-79）。洞窟壁画自体の再調査と体系的な再検討が求められる（Delluc G.et Delluc B.1989: 27-36）。

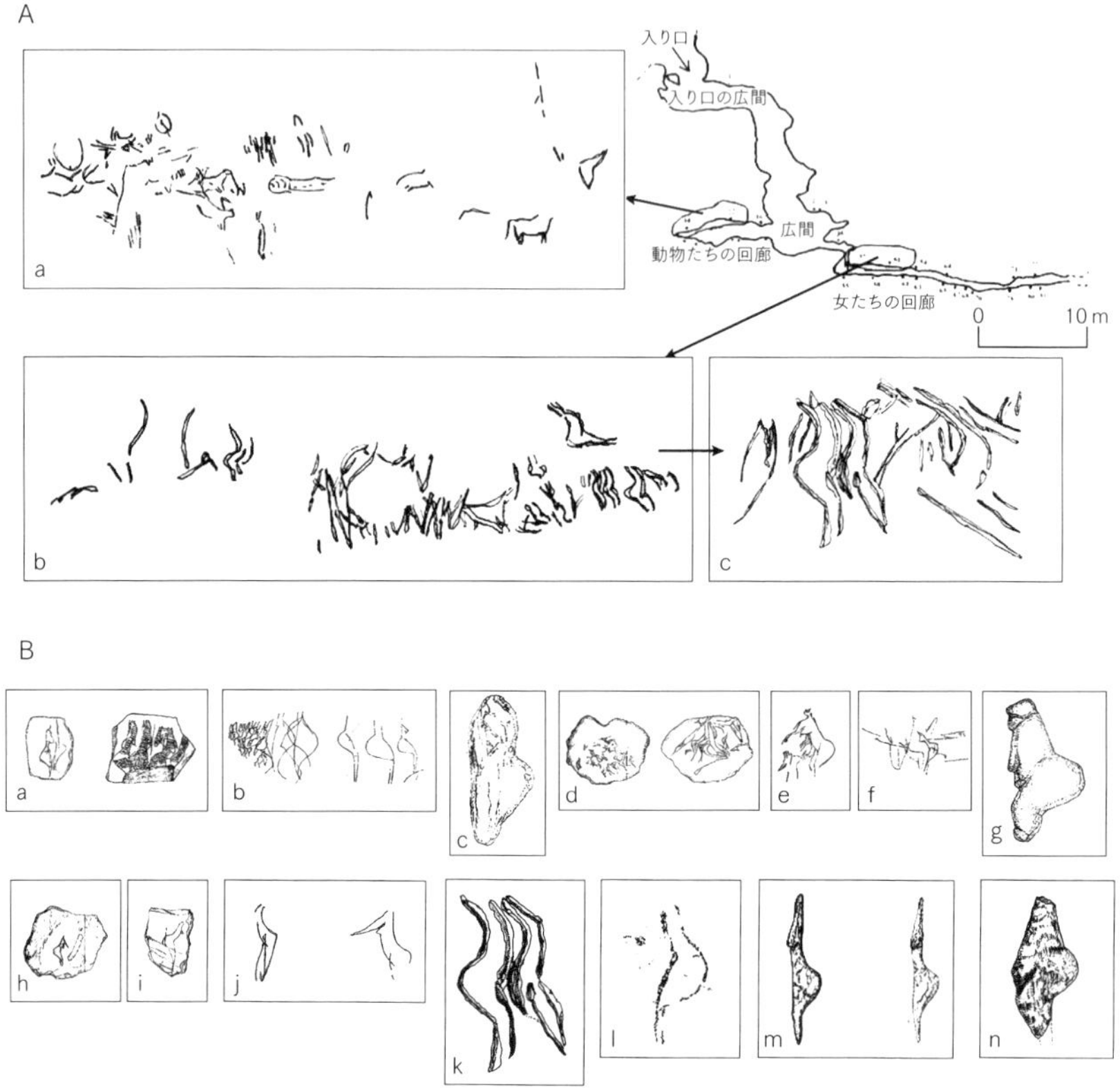

図 7　マドレーヌ文化・フロンサック洞窟線刻壁画群の特徴
A：フロンサック洞窟の特徴と線刻壁画〔a「動物たちの回廊」の線刻画、b「女たちの回廊」の線刻画、c 無頭の女の側面姿〕。
B：フロンサック洞窟の壁画と各地マドレーヌ文化終末期の線刻画〔a, b ゲネスドルフ開地（ドイツ）、c アンデルナッハ開地（ドイツ）、d ラランド岩陰（フランス）、e ラグラヴ洞窟（フランス）、f コンブバレル洞窟（フランス）、g バンヌ洞窟（フランス）、h ガール・ド・クーズ開地（フランス）、i ミュラ洞窟（フランス）、j ベスティヤック洞窟（フランス）、k フロンサック洞窟（フランス）、l プランシャール洞窟（フランス）、m ネブラ開地（ドイツ）、n デュリフ岩陰〕。
（Bosinski 2011 よりトレース）

〈洞窟の線刻画〉

洞窟内壁面の「画布」としての条件は、白亜紀に起因する石灰岩に、被膜が厚くザラザラしており、さらにいくつもの雑多な好ましくない要素が介在し、線刻の切り込みが甚だしく不明瞭である。この洞窟の装飾は、各々が豊かであるが小規模で、五つの壁画領域に分かれている。

洞窟の入り口からクランク状に屈曲した回廊は二〇メートルもあり、シカ科動物の線刻画が描かれている。そして方形の格子目模様の記号表現がある。ついで最も大きな空間である「広間」に行き着き、この三叉路には、部分的に、ビゾン一頭、ウマ四頭、そして一人の「無頭の女の側面姿」が描かれている。

そしてさらに、小さな低い回廊が右側に連なり、八メートルの長さの「動物たちの回廊」と呼ばれる装飾空間に至る［図7－Aa］。この小な装飾回廊の狭い入り口には、右壁に真っ直ぐ一列になった女性の意匠の図柄があり、奥へ進むと四〇センチの長さの男性外部生殖器の絵が目につく。最奥の狭い回廊には、大小さまざまな木の葉形の記号がやや太い線で描かれている。これはおそらく女性外部生殖器を表現したものであろう。「動物たちの回廊」の最後には一個の女性外部生殖器の絵をともなう岩が見られるが、それには陰核まで描かれている。この岩には、回廊の線刻画群の中心となる表現が確かにある。

小さな回廊に戻ると、奥の左手に「女たちの回廊」の開口部がある。洞窟は断面が達磨形を呈する狭い通路状の回廊である。左の壁面には、判読できない線刻の輪郭線が現れ、回廊の奥の方へ向かうに従い、「無頭の女の側面姿」の表現が現れる。ついで輪郭線の集合、そして女性外部生殖器をともなう三角形の恥骨模様が続く［図7－Ab］。この三角形の記号の右側には、少なくとも六体の「無頭の女の側面姿」の線刻画がある［図7－Ac］。最初の小さな二体がほんの素描程度で、続いて五番目、そして最後に二列の女の列の上に大きな女性の側面姿がある。これら「無頭の女の側面姿」は、湾曲した背中の線と腹部の線が描かれており、これがフロンサック洞窟の表現の特徴である。そしてすべてが右側面であり、いずれも回廊の奥を向いている（Bosinski in.éd.: Cleyet-Merle 2011: 57-59）。

〈フロンサック洞窟壁画の文化的背景〉

フロンサック洞窟壁画は、マドレーヌ文化後期の典型的な作例であり、同じ時期の周辺の壁画と比較できる。たとえば、コンブバレル洞窟は、同じドルドーニュ県にある長さ二〇〇メートルの回廊をもつ洞窟で、一九〇一年に多くの線刻画群が発見され、一九二四年にブリューイによって観察された標準遺跡である。洞窟の入り口から一七〇メートル奥まった位置に六七群の線刻画が存在する。女性を画題とした表現は洞窟の奥まったきわめて狭い、到達すること自体が困難な場所に描かれた。三角形の恥骨部分を象徴した女性外部生殖器や男性の外部生殖器等を明らかに図案化したものである［図7－Bｆ］（B: f; Leroi-Gourhan 1988: 253）。隣県ロート県のペスティヤック洞窟は、一連の「無頭の女の側面姿」の意匠が描かれている［図7－Bｊ］。臀部を突き出し、体を「くの字形」にして、腕を前方へ伸ばした、この時期の特徴的な姿勢である（Delluc G., and Delluc B.1989; Cleyet-Merle 2011: 112）。

同じくロート県のラグラヴ岩陰では、女性、ウマ、そしてオーロックウシを組み合わせた場面描写が中心である。明らかに女性的な姿の側面の特徴である［図7－Bｅ］。注目すべきは、細部の描写に腕や指を描いていることである。腕の下には、豊かな乳房が描かれ、女性的な特徴が際立っている。背中の線は弓なりにやや反って、腹部がわずかに膨らんでいる。突き出た臀部の線は太股の線と合体する。この姿は、写実的な均整で非常に美しい。太股は前方へやや傾いており、そして両膝が折り曲げられて、躍動感があり舞踏に興じるようである。この女性像は、身体の観察が最も行き届いているが、頭部の表現が完全には描かれていない（Delluc G.et Delluc B. 1989; Bosinski 2011: 65-66）。

南仏・アルデッシュ県のプランシャール洞窟は、狭い入り口から自然光が差し込み、赤い顔料で頭部のない女性像が鍾乳石柱に描かれている［図7－Ｂｌ］。この女性像は、輪郭線の高さが二二センチメートルで、わずかに厚さ一センチメートルの被膜が膠着している。今ではくすんだ赤褐色であるが、描かれた当時には鮮やかな赤い色で、鮮明であっただろう（Bosinski 2011: 62-64）。同じくピュイ・ド・ドーム県のデュリフ岩陰で一九六九年以降に発見された砂岩性の女性の小像も共通する特徴である［図7－Ｂｎ］。出土した堆積層は、マドレーヌ文化終末期である（Mohen 1989: 106）。

これに関連する表現として、ドイツのライン川流域のゲネスドルフ開地遺跡では、四〇〇点以上にも及ぶ女性の隊列が岩片に線刻画として描かれている［図7－Ｂａｂ］（Bosinski 1990: 73-89）。これらは、スペイン北部やフランス南西部の「フランコ・カンタブリック芸術」の第Ⅳ様式後半に相当する。放射性炭素一四年代法で一万三〇〇〇年前（非暦年較正）の年代が与えられている（Cleyet-Merle 2011: 41-42）。新たに拡張された北方領域の北ドイツのエルベ川流域のネブラ開地遺跡等の場合は、象牙製あるいはトナカイの角製で女性小像が同様の意匠で制作された［図7－Ｂｍ］。これらはすべて小さな土壙の中から見出された経緯が知られている。それを関係者は、「信仰上の器物」と解釈している。また、前出のゲネスドルフ開地遺跡と同じくドイツのアンデルナッハ開地遺跡では、象牙製の女性小像等が数多く発見されている［図7－Ｂｃ］。後者には、例外的に大きな像が大きな石の下から発見された。遅氷期に拡大されたヨーロッパの北方領域において、象牙あるいはトナカイの角を素材として女性の小像が制作されたが、重要な点は、創作の動因や思想がフロンサック洞窟等の西ヨーロッパ南西部と共通する点である。この北方の低地帯では洞窟や岩陰が稀で、このような解釈をさらに強調するには用意されている証拠が少なすぎる。そして、この地特有のジャッドあるいは黒玉製の有孔の女性小像等は、おそらく紐に通して携行することが重要な意味をもつと思われる。このような動産芸術の分布域は、中部ヨーロッパのマドレーヌ文化の領域をはるかに越えて、東ヨーロッパ大平原のウクライナのメジンやメジリチ開地遺跡等に代表される領域との関係が濃密である。マドレーヌ文化終末の広大な地理的空間の一つの稀なつながりを示す文化的な証といえる（Bosinski 2011: 55-56）。

4 後期旧石器文化における絵画的モティーフに貫かれた狩猟民の世界観

イベリア半島における一連の「ネアンデルタール人による彩色壁画」と報道されたものは、ただ一つの年代測定法によって得られた数値のみを根拠とするものである。放射性炭素一四年代法等とのクロスチェックが必要である。そして何よりも、この論証における考古学上の比較検討が必須の要件である。そして後期旧石器文化中葉から同後葉の創作群に対応するという指摘が最も受け入れることのできる指摘である。

英領ジブラルタルのゴーハム洞窟の発見は、ネアンデルタール人自身が描いた壁画の先駆け資料としてきわめて重要である。これは象徴的な思考能力を十分に発揮した証拠でもある。ただ、その具体的な表現内容までは判別できない。そして、ネアンデルタール人の象徴的な思考表現から、後期旧石器文化の洞窟壁画が生み出されたという起源や系譜の議論にはとうてい至らないのである。両者の隔たりは歴然としている。

インドネシアのスラウェシ島の洞窟壁画等についても、ネアンデルタール人の創作とされた彩色壁画と同様の検証課題が浮かび上がる。いまだ考古学上の比較検討もおこなわれていない。多くの点でさらに研究を推し進める必要がある。

ショーヴェ洞窟壁画の発見は、原始なる非具象的表現から徐々に能力が発達したという考えを、また野外の明るい場所から徐々に洞窟の奥深い空間に漸次進出したという定説を否定する。この地に登場したクロマニヨン人は、むしろ最初から優れた芸術上の表現能力を備え、そしていかなる自然光源も届かない最奥の空間で、最も象徴的な知性と精神性を発揮した。これは、先史美術上、衝撃的事実である。しかし、時系列と同時代性を丹念に精査すれば、南ヨーロッパにおけるオーリニャック文化古層の複数の洞窟壁画で類例を見出し得る可能性がある。のみならず、同時代における文化と芸術表現上のつながりは、南西部のイベリア半島からというよりは、明らかにドイツ南西部のシュワーベン地方における動産芸術にモティーフの共通性を読みとることができる。これは、ショーヴェ洞窟で発見された東方由来の骨角製狩猟具の類型から見ても、ドナウ川谷回廊を通じてはるか東方より波及した芸術表現上の伝統の可能性が想定される。この最初の洞窟壁画でさえ、非常に複雑な複合的視覚効果が演出されている。これは、後代のラスコー洞窟などで認められる表現効果である。より複雑で独特の演出効果をめぐらされていた可能性もある。

キュサック洞窟の表現手法はもっぱら線刻画であり、画題は当時の西ヨーロッパにおける氷河期の環境に適応した絶滅動物である。これら動物の姿は、主観的な誇張が認められ、解釈の難しいものも少なからずある。ヒトに関しては、男女の性差を誇張した表現が洞窟内の各所に見られ、特に女性の生殖器官の象徴化が重点的で、頻繁にマンモスの絵と組み合わされている。作風は、先行のショーヴェ洞窟のモティーフとは明らかに異なり、むしろ、西ヨーロッパの後期旧石器芸術における洞窟壁画の先駆けといえるようである。そして、ヒト形の表現はいずれも女性の側面の姿で、あらゆる面でグラヴェット文化の主観的な誇張した表現である「ヴィーナスの様式」に符合する。つまり、これらは、新たな生命を懐妊しうる地母神のような存在で、汎ユーラシア大陸の文化的網目状回路の一端を典型的に確認しうる特徴である。洞窟は、壁画を描いた特別な空間であると同時に、同じ時期の墓地であったという古民族学的な知見はきわめて重要である。

ラスコー洞窟壁画の製作は、間氷期の比較的温暖で湿潤な一〇〇〇年弱の期間に、豊かな森林環境が蘇生し、活発な狩猟活動がおこなわれた反映である。洞窟壁画は、マドレーヌ文化Ⅱ期（同前期）における芸術表現の第Ⅲ様式の終末に相当し、本格的な彩色壁画等による、やや主観的な表現であるが、躍動感に満ちた写実的な狩猟対象動物と狩猟の場面が主題である。先行のグラヴェット文化の「裸婦の地母神」や後続のマドレーヌ文化後期の「輪舞する無頭の裸婦」等がまったく見られず、純粋に現実的な狩猟が主題となった作風が発達したようである。洞窟内の各広間や回廊は、その場所ごとの条件によって場面描写の個別的画題やそれらの複合的な主題が存在したようである。それぞれの装飾空間は、集団のすべての構成員の往来を受け入れうる条件が見られ、そして繰り返し多人数の集合も可能で、明らかに多くの壁画鑑賞者を対象とした、共通の価値をもつ者たちが繰り返し集い演出がおこなわれたと考えられる。洞窟内は、季節的な逗留場所や緊急の避難場所等としてすら使われず、文字どおりある種の聖域的なタブーを有した儀式の場であったと考えられる。

後期旧石器文化最後のマドレーヌ文化後期のフロンサック洞窟は、「無頭の裸婦」の側面の姿が特徴で、多くの類例がフランス南西部の装飾洞窟に見られる。のみならず、はるかヨーロッパ北方のドイツ北部の開地遺跡にも及ぶ。これらは、スペイン北部やフランス南西部の「フランコ・カンタブリック芸術」における第Ⅳ様式後半に相当し、約一万三〇〇〇年前に展開した。これは、遅氷期における氷床の後退にともなう後期旧石器文化最後の北方領域への人類活動の拡大を示す。それは、北ドイツから東ヨーロッパ大平原の遺跡に至る象牙製あるいはトナカイの角で作られた同様の意匠の小さな女性彫像の存在も含めて、女性の集団舞踏等の官能的感覚を刺激するような芸術表現上のモティーフである。

洞窟壁画は、現生人類、クロマニヨン人による、後期旧石器文化における象徴的な思考が最も凝縮された考古学資料であり、彼らの世界観を最も反映した優れた過去からの文化的伝言である。

参考文献

竹花和晴　二〇一八a「新人登場に由来するショーヴェ洞窟などの旧石器芸術関連新資料の今日的位相」『旧石器考古学』八三号、五九－七七頁

竹花和晴　二〇一八b『グラヴェット文化のヴィーナスの像—旧石器時代最大の美と知のネットワーク—』雄山閣

Aubert M. et al. 2014 Pleistocene cave art from Sulawesi, Indonesia. *Nature*, octobre 2014(13422): 1-18, 3 figures.

Aubert M. et al. 2018 Early dates for 'Neanderthal cave art' may be wrong. *Journal of Human Evolution* 125: 215-217. doi: 10.1016/j.jhevol.2018.08.004. Epub 2018 Aug 30.

Aubert M. et al. 2018 Palaeolithic cave art in Borneo. *Nature* 564(7735): 1-12.

Aujoulat N. et al. 2001 La grotte ornée de Cussac (Dordogne) - Observations liminaires. *Paléo* 13: 9-18.

Bednarik R. G. 1992 Paleoart and Archaeological Myths. *Cambridge Archaeological Journal* 2(1): 33 (27-57).

Bosinski G. 1990 Homo sapiens, *L'histoire des chasseurs duPaléolithique supérieur eb Europe (40 000-10 000 avant J.-C.)*, Paris : Edition Errance.

Bosinski G. 2011 Les figurations feminines de la fin des temps glaciaires, Mille et une femmes de la fin des temps glaciaires. *Musée national de Préhistoire-Les eyzies-de-Tayac 17juin-19 septembre*, RMN-Grandpalais: 49-68.

Bosinski G. 2011 Günnersdorf et Andernach-Matingsberg : deux sites archéologiques du Magdalènien supérieur dans la moyenne vallée du Rhin (Allemagne), Les figurations féminines de la fin des temps glaciaires, Mille et une femmes de la fin des temps glaciaires, *Musée National de Préhistoire-Les Eyzies-de-Tayac 17 juin-19 septembre*: 73-89.

Brunel E. et al. 2014 *La Découverte de la grotte Chauvet-Pont d'Arc*, p.71. éditions Equinoxe, Saint-Rémy-de-Provence France.

Chauvet J.-M. et al. 1995 *La Grotte Chauvet à Vallon-Pont-d'Arc*, éditions du Seuil, Paris, p. 114.

Clottes J. et al. 1999 Dénombrements en 1998 des représentations animales de la Grotte Chauvet (Vallon-Pont-d'Arc,

Ardèche). *International Newsletter on Rock Art* 23: 18-25.

Clottes, J. et al. 2011 La grotte ornée Coliboaia, une découverte archéologique majeure par des spéléologues roumains [archive]. *Spelunca* 124: 1-6.

Crémades M. 1996 L'expression graphique au Paléolithique inférieur et moyen, exemple de l'abri Suard (La Caise-de-Vouthon; Charente). *Bulletin de la Société Préhistorique Française* 93(4): 494-501.

Delluc B. et al. 1989 La place des représentations animales dans le dispositif parietal des grottes ornées magdalèniennes du Haut Périgord, grottes de Villars, La Croix, Teijat, Fronsac, et La Front Bargeix, Dordogne. *Anthrozoologica, troisieme numero special* : 27-36.

Brigitte et Gilles Delluc B. Et Delluc G. (sous la dir. De) 1990 *Le Livre du Jubilé de Lascaux 1940-1990,* Société historique et archéologique du Périgord, supplément au tome CXVII, 1990, 155 p. ill.

Hoffmann D. L. et al. 2018 U-Th dating of carbonate crusts reveals Neandertal origin of Iberian cave art. *Science* 359(6378): 912-915, DOI: 10.1126/science.aap7778.

Human Evolution, Adaptations, Dispersals and Social Developments (HEADS) 2016 Les grottes néandertaliennes de Gibraltal et leur environnement (Royaume-Uni), whc.Unesco .Org /document/152810, HEADS de l'UNESCO, pp.250-260 et 5 figures, Paris.

Jaubert J. et al. 2020 Grotte de Cussac -30000, Éditions Confluences, octobre 2020 : 212.

Leroi-Gourhan A. 1965 *Préhistoire de l'art occidental.* Paris: Mazenod

Leroi-Gourhan A. 1984 *Grotte de Lascaux, dans L'Art des cavernes.* Atlas des grottes ornées paléolithiques françaises, Paris, Ministère de la culture. Paris, 180-200, 30fig. ; 292-296, 5 fig.; 309-310, 1 fig. (Qtlqs qrchéologique de la France).

Leroi-Gourhan A. 1988 *Dictionaire de la Préhistoire,* Paris: Presses Universitaires de France, 1209.

Leroi-Gourhan A. et Allain J. (sous la dir. de) 1979 Lascaux inconnu, XIIe supplément à Gallia Préhistoire, C.N.R.S., Paris, 381 p. 387 fig.

Mohen J.-P. (sous la direction) 1989 Archéologie de la France, 30 ans de découvertes, *Edition de Réunion des musées natinaux,* Paris, 495 p.

Paillet P. 2015 Art et comportements symboliques au Paléolithique : quelques points de vue actuels, *HAL archives-ouvertes,* collection de tirés-à-part de bibliothèque de l'IPH, halshs-01138307, Paris, pp. 64-79.

Peyrony D. 1950 L'industrie de la grotte de Lascaux, *Bulletin de la Société préhistorique française,* 47(3-4): 135-137.

Quiles A. et al. 2016 A high-precision chronological model for the decorated Upper Paleolithic cave of Chauvet-Pont d'Arc, Ardeche, France, *Procceedings of the National Academy of Sciences,* april 2016: 1-6.

Robert E. 2020 Néandertal, artiste en Espagne ?. Conférence du 27 janvier 2020, Musée de l'Homme, Paris. (une conférence ouverte sur l'internet)

Ruspoli M. 1988 *Lascaux, Un nouveau regard,* Bordas, Paris, p. 207.

第10章 狩猟採集民から農耕牧畜民の世界観へ

前田修

1　生業の変化で変わる世界

本章では、農耕牧畜社会が成立した西アジア新石器時代において、人々の世界観が狩猟採集の時代からどのように変化したのかを考察することで、狩猟採集社会と農耕牧畜社会のちがいを明らかにすることを試みる。狩猟採集を生業の基盤とする旧石器時代の社会と、食糧を生産する新石器時代の定住村落社会の根本的な差異が食糧の入手方法のちがいにあることは自明であるが、この二つの社会を分かつものは食糧のちがいにとどまらず、日常生活全般における行動や思考のパターンおよびそれにともなう物事の認識の仕方のちがい、すなわち世界観のちがいに及ぶものである（前田 二〇一五）。なかでも、狩猟採集から農耕牧畜への生業の変化にともない、日々の生活における時間と空間の使い方が大きく変わったことで、人々がみずからの世界を認識する方法も大きく変化したと考えられ、そのことが新石器時代以降に起こった社会の複雑化、都市化へとつながる社会変容の方向性を決定づけたと思われる。本章の焦点は農耕牧畜社会にあるが、このような視点から狩猟採集社会とのちがいを明らかにすることは、狩猟採集民の社会の特質を理解するための一助となるだろう。

以下ではまず、西アジア新石器時代における食糧生産はきわめてゆっくりと進行したことを提示し、食糧そのものの変化が急激な社会変化を引き起こしたとはいえないことを確認する。そのうえで、農耕牧畜が定着していくのにともない、人々の日々の生活における時間と空間の使い方がどのように変化したのかを考察し、そうした生活の中で形成された農耕牧畜民の世界観について解釈を試みる。

2 食糧生産のゆるやかな発達

二〇世紀半ば、新石器時代に始まる食糧生産の開始は新石器革命と評され、農耕牧畜による豊富な食糧の確保が社会の発展を促したという見解が広く受け入れられた。食糧生産技術を知らぬ旧石器時代の狩猟採集民にとっては、十分な食糧を安定して確保することはむずかしく、遊動生活においては人口増加も抑制されるゆえ社会集団の増大や社会構造の複雑化がみられなかったのに対し、食糧生産によってこうした足枷が外されたことで社会の発展が可能になったというステレオタイプな社会発展段階論であった。いまではこのような「食糧革命」を単純に支持する研究者はほとんどいない。狩猟採集民の豊かさが評価され、旧石器時代の人々は食糧を生産することができなかったのではなく、する必要がなかったのだという見解が広く受け入れられている。

ただしそれでもなお、新石器時代における食糧生産の開始が社会を大きく変えたことは確かだ。農耕牧畜開始以降の社会が、それまで数百万年にわたって続いた狩猟採集社会とは根本的に異なる性格を有し、それ以前とは異なる社会変化の道を歩みはじめたことに異論をはさむ者は少ない。農村社会の発達、都市の出現、国家の誕生のように、過去一万年の間につぎつぎと展開し、現代のわれわれの社会へとつながる社会変化は、新石器時代に方向づけられたのだ。

ここで重要なのは、新石器時代における食糧生産社会の発達、すなわち新石器化の過程において、食糧そのものが社会変化をもたらしたわけではなかったということだ。ここ二〇年あまりにおける西アジア考古学研究の成果は、新石器時代における農耕牧畜経済は数千年をかけてゆっくりと発達したものであり、食糧革命と呼べるような急激な変化ではなかったことを示している。植物栽培の開始とともに穀物の利用が急増するような状況は、西アジアのどの地域においてもみることができない。食糧生産開始期において、栄養源としての食糧供給に抜本的な変化があったとはいえず、農耕牧畜による食糧の供給が新石器時代の社会変化を可能にしたというシナリオは支持できない。さらにこれは、旧石器時代の終末に起こったヤンガードリアス期（紀元前一万九〇〇〜九六〇〇年頃）の気候変動によって野生の食糧が不足し、それを補う手段として植物栽培が始まったという農耕起源仮説をも否定する。

このことは、植物考古学による穀物利用の変遷をみれば明らかだ。最終氷期がピークを迎え、その後地球規模での気温の上昇が始まる終末期旧石器時代（紀元前二万一〇〇〇〜九八〇〇年頃）には、西アジア各地において森林、ステップ環境が広がりを見せ、オオムギ、コムギ、ライムギ、マメ類といった野生穀物の利用が始まる。人々は、アーモンド、ピスタチオといった堅果類やスゲ、カヤツリグサなどの草本類に加え、居住地の周辺で自生するムギやマメを採集して調理し、口にするようになった（Arranz-Otaegui et al. 2016）。また、終末期旧石器時代の終わりには、農耕牧畜に先行して定住集落がみられるようになる。しかし、この時点でのムギの利用はかなり低調で、主食として利用されたものではなかった。この傾向は寒冷・乾燥化が進み、居住地周辺の植生に変化をもたらしたとされるヤンガードリアス期を迎えても変わらない（Maeda et al. 2016）。レヴァント地方の各遺跡から出土する炭化植物の中に、ムギ利用が目立って増加した痕跡をみてとることはできない。この時期の集落で利用された植物性食糧の中で、ムギ類が占める割合は一〇パーセント未満に過ぎなかった［図1］。この頃、生活用具の中では、穀物の製粉に使われた石皿や石臼が目立つようになるとともに、草本類の刈取りに用いられ刃部に光沢を有する鎌刃石器が現れる。かつてはこれらをムギ栽培の間接的な証拠とみる向きもあったが、石皿の利用は穀物の製粉に限られるものではなく、石臼と同様に堅果類の製粉具として効率的な道具であったことが知られているし（Boyd 2005）、顕微鏡を用いた鎌刃石器の使用痕分析からは、この時期の鎌刃石器には、アシの刈り取りに用いられたものが少なくないことがわかっている（Winter 1994）。

　新石器時代に区分される紀元前九八〇〇年以降、ムギの利用は徐々に増えるものの、まだなお利用される植物性食糧の半数以上は、ムギ以外の植物が占めていた。人為的な栽培を繰り返すことで表れる栽培型の形態的特徴を有するムギ類は少なく、人々は野生のムギを限定的に収穫したり、形態変化が起こる前の野生型のムギ類を粗放的に栽培していたものと考えられる。人間の手によるムギの集約的な栽培が繰り返された場合、早ければ数十年、遅くとも二〇〇年程度で野生型から栽培型への置き換わりが起きる

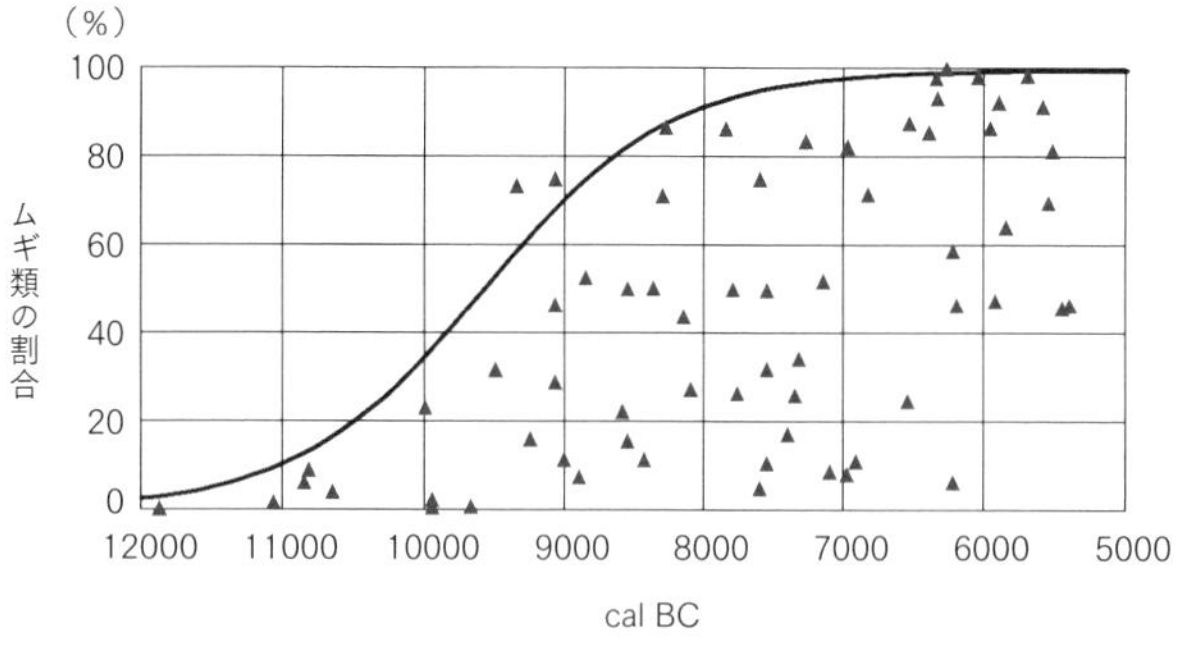

図1　レヴァント地方の各遺跡出土の炭化植物中に占めるムギ類の割合
▲は各遺跡、曲線は90パーセンタイルの分位点回帰を示す。

とのシミュレーション結果もあるが（Hillman and Davies 1990）、栽培型の増加がほとんどみられないこの時期のムギ栽培はそれほど集約的なものではなかったようだ。

その後、紀元前九〇〇〇〜七〇〇〇年頃までの約二〇〇〇年の間に、いわゆる肥沃な三日月地帯やアナトリアの集落においてムギ利用は増加し、いくつかの集落では植物性食糧の八〇パーセント以上を占める主食となる。この時期には、栽培型のコムギ、オオムギの利用も着実に増加した。ただし、依然としてムギ利用が低調な集落も多く、すべての集落が足並みをそろえて食糧生産経済へと移行したわけではなかった。

乾燥地帯を除く多くの集落で栽培ムギが主要な食糧資源となるのは、紀元前七〇〇〇年をようやく迎える頃である［図2］。最初のムギ栽培が始まってから、すでに数千年が経過した後のこととなる。堅果類などの採集を糧とする食糧獲得社会から、穀物栽培に頼った食糧生産社会への転換は、じつに長い時間をかけ徐々に進行したプロセスであったといえる。

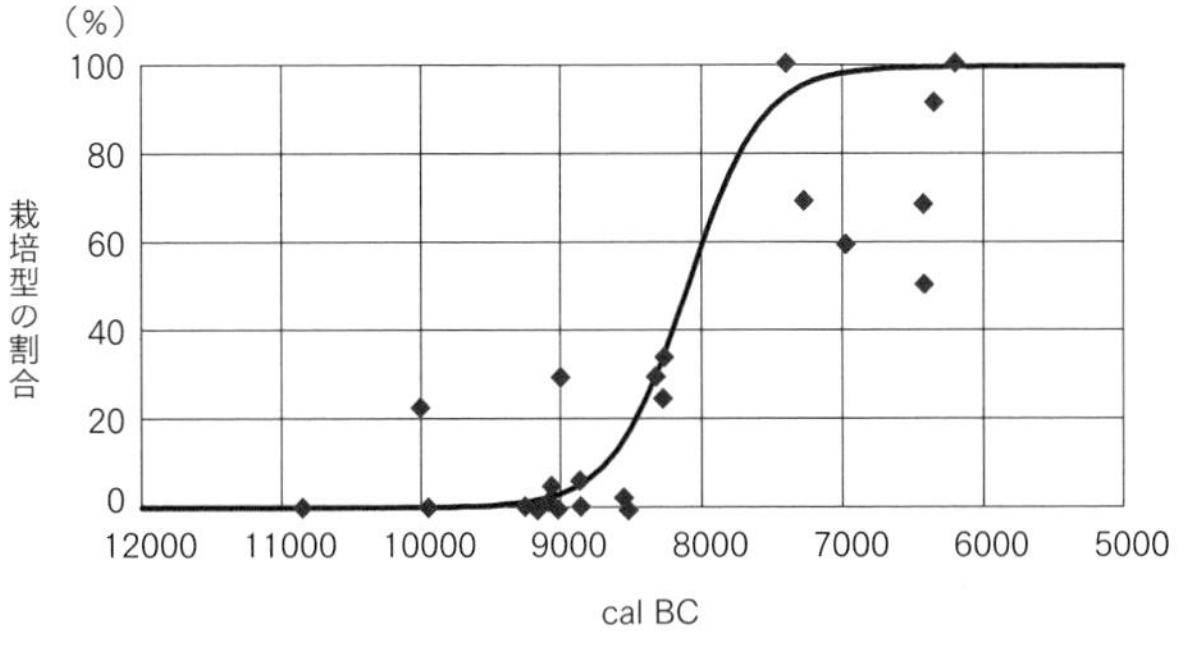

図2　レヴァント地方の各遺跡出土のムギ類に占める栽培型の割合
◆は各遺跡、曲線は90パーセンタイルの分位点回帰を示す。

数千年をかけた穀物栽培発達の過程は、ムギ類の収穫に用いられた鎌刃石器の増加傾向にも現れている［図3］。アシの刈り取りを含めた多用途の石器として利用が始まった鎌刃石器は、ムギ栽培の重要性が増すとともにその収穫具として利用されるようになる。各集落で用いられたさまざまな石器の中に占める鎌刃石器の比率は、ムギ利用、ムギ栽培の発達とともに増加する。ただしそれはやはり、穀物の増加と歩みをそろえてゆっくり進行したものであり、多くの遺跡で鎌刃石器の割合がピークに達するのは紀元前七〇〇〇年を過ぎた頃であった。鎌を用いたムギの収穫方法に垣間見られる、農耕という技術・行為が定着する過程もやはり、革命的に進展したものではなかったことがうかがえる。

長い時間をかけた食糧生産の定着は、動物の家畜飼養においても同様であった。家畜種に比定されるヒツジ・ヤギは紀元前九千年紀の前半頃（先土器新石器時代B前期）に現れる。動物飼養によって野生種から家畜種への形態的変化がおこるまでのタイムラグを考慮すれば、人々はこの時代までに動物を飼育する術を十分に取得していたと考えられる。しかしだからといって、人々がそれまでの生業基盤であった野生動物の狩猟を止め、家畜飼養による食糧依存に大きく舵を切ったわけではなかった。この時期の集落で消費された動物骨の割合をみると、食用の動物の中では野生種が依然として大半を占めており、家畜動物の利用はむしろ低調であった。その後、家畜種の割合は徐々に増加するが、先土器新石器時代B後期に家畜種が主体となるまでには、およそ千年におよぶ時間が経過していた。動物を飼育する技術の導入が、ただちに野生動物の狩猟から家畜飼養への全面的な転換をもたらしたわけではなかったということになる。

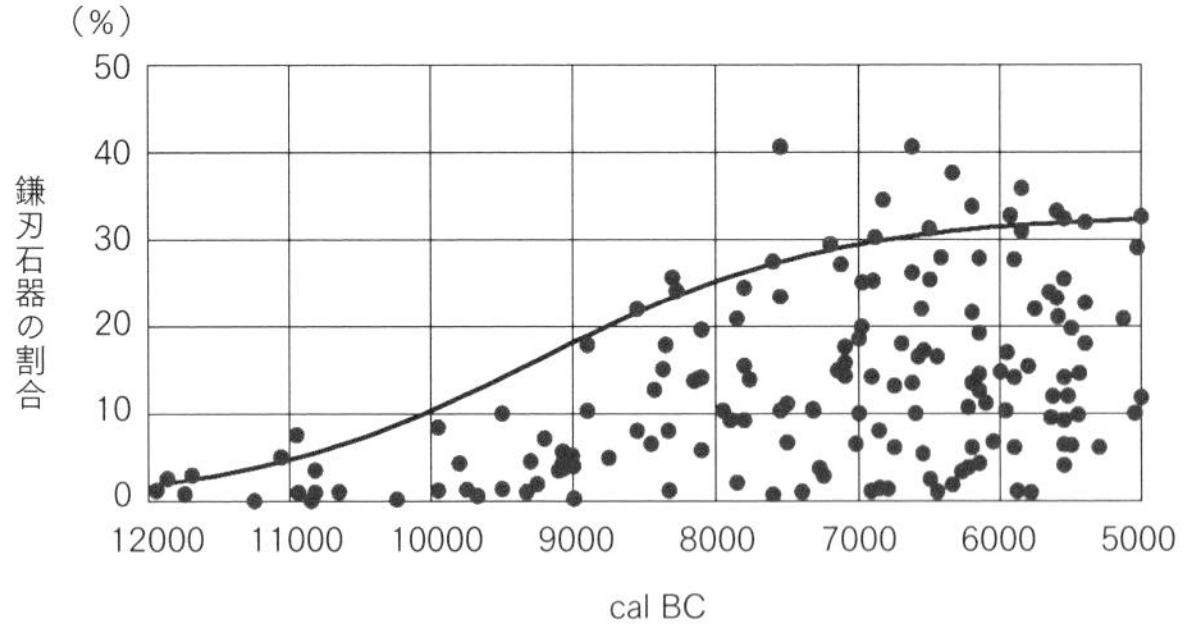

図3　レヴァント地方の各遺跡出土の道具石器中に占める鎌刃石器の割合
●は各遺跡、曲線は90パーセンタイルの分位点回帰を示す。

狩猟採集から農耕牧畜への転換はこのようにゆっくりと進行したものであり、食糧生産の開始とともに、栽培穀物や家畜動物が従来の食糧に即座に取って代わるということはなかった。農耕牧畜による食糧の安定供給が、新石器時代におけるさまざまな社会変化を引き起こした原動力であったとは言いがたい。

3　農耕牧畜の開始と世界観の変化

新石器時代の社会を形作った最も重要な要素は、生産された食糧そのものではなく、食糧生産にともなう生活の変化であった。食糧を生産するためには、狩猟採集社会とは異なる活動のパターンが要求される。朝起きてからの一日の行動、季節ごとの活動パターン、季節を通した一年のスケジュールは、狩猟採集社会と農耕牧畜社会ではまったく異なるものである。食糧生産の開始がもたらしたものは、人々の生き方そのものの変化であったといえる。

なかでも、日々の生活において時間と空間の使い方が大きく変化した。播種から収穫まで一年のサイクルで計画されるムギ栽培や、家畜の交配・妊娠・出産を計画的に管理する家畜飼養のためには、狩猟採集生活とは根本的に異なるスケジュールが必要であったし、森林やステップを広範囲に移動する狩猟採集生活と、定住集落を拠点としてその周辺環境で畑を耕し家畜を放牧する農耕牧畜生活では、空間利用の方法が大きくちがっていた。そしてこうした時間と空間の使い方の変化が、人々がみずからの生きる世界を認識する方法にも変化をもたらしたことは想像にかたくない。食糧生産という行為にともなう時間と空間の利用が農耕牧畜民の世界観を形成し、それと同時に、そのような世界観に応じて日々の生活における人々の行動パターンが規定された。

農耕牧畜民の時間

ムギ作中心の西アジアにおいて、一年間の農作業のサイクルは秋に始まる（後藤 一九八八）。新石器時代においても、この時期になると畑が耕され、コムギやオオムギの種がまかれた（Bogaard 2005）。発芽したムギは雨期の間ゆっくりと成長する。人々は雑草の除去など畑の手入れをしながら、ムギの成長を見守った。農作業にさほど手がかからないこの時期には、石器や土器など日常生活で使う道具や農具の製作に費やす時間があった。春は家畜として飼育されたヒツジやヤギが仔を生む季節でもあった。やがて夏を迎える頃、出穂して青々と育ったムギが畑をおおった。栽培されるムギの中で依然として野生型が大半を占めた新石器時代のはじめにおいては、完熟して実が落ちる前に青いムギを収穫しなければならなかったが、完熟後も実が落ちない栽培型が数千年をかけて増加するにつれ、ムギの穂が黄金色に実るのを待って収穫することが可能になった。初夏の収穫期は一年の農作業の中でも最も重要な季節であった。収穫されたムギは脱穀され食糧として保管されるとともに、その一部は数カ月後にやってくる翌年度の播種のための種籾として保存された。ムギ藁は冬場の家畜の飼料として保管されたり、日干レンガや土器の混和剤として細かく刻まれ利用された。畑仕事のない農閑期には住居の修繕や道具の製作がおこなわれた。こうした農作業のサイクルは、数々の農耕儀礼や祭祀をともなって実践された。集落内の人々が集まる祈りや祭りの行事は、移り変わる季節に応じた生活のリズムを再確認する機会であった。

農耕牧畜民としての生活のリズムは、一日の時間の使い方にも現れる。朝、羊飼いが家畜を連れ放牧に出かけることが一日の始まりを告げ、夕方、放牧から戻る家畜の群れを見ることで、人々は時の経過を知った。日の出・日の入りの時間が異なる夏季と冬季では、一日の時間の流れはちがっていた。一年の周期で繰り返される農作業、季節ごとの作業に応じた儀礼と祭祀、毎日繰り返される家畜の放牧にみられる生活のリズムは、農耕牧畜の発達とともに世代を超えて繰り返され、人々にとって当たり前の生き方として固定化された。

このような農耕牧畜民の毎日の生活のリズムや一年の過ごし方は、狩猟採集民のそれとは大きく異なる。季節ごとの食糧を求め、居住地を移動しながら一年を過ごした狩猟採集生活のリズムは、農耕牧畜による生活の定着とともに大きく変化した。重要なのは、こうした時間の使い方の変化が、活動パターンの変化にとどまるものではなく、日常生活の中で人々が世の中を認識する方法、すなわち世界観の変化をともなったことだ。世界観とは、日々の暮らしを繰り返し経験する中でもたらされる、みずからが生きる世界のありさまの認識であり、同時に、その世界観のもとで日々を生きる人々の行動や思考を方向づけるものである。P・ブルデューは、実践理論の概念を用いて社会の成り立ちを説明するにあたり、人々がどのように社会を認識し、どのように行動するのかは、人々が日々の活動の実践を繰り返す循環の中で構造化されると説いた(Bourdieu 1977)。個人の思考や行動は本来バラバラであってしかるべきものだが、人々は、社会の中で他人がどう考え行動しているのか、自分がどのように行動すべきなのか、自分の行動が他人にどのように見られているのかをモニタリングしながら行動する。そしてそれゆえに、みんなが同じ方向を向き歩調を合わせるようになり、他人と同様に振る舞うことがみずからの社会における正しい行動のあり方であるという認識が共有されることで、さらに人々の行動が方向づけられていくというものである。

新石器時代の農耕牧畜社会においては、農作業やそれに関わる活動が集落の人々と協働され、時間の使い方が共有された。そして日々の生活のリズムが、誕生、成長、結婚、老い、死といった人生のさまざまなイベントや世の中の多様な事象と結びつけられることで、みずからが生きる世界が理解され、世界観が共有された。ブルデューによれば、アルジェリアの農耕民カビルの社会では、栽培穀物の成長段階や年間の農作業のサイクルが、人間の一生や男女のちがい、調理される食事のちがいなどと対比され、通過儀礼の執りおこないや禁忌の遵守、季節に応じた食事の調理といった日々の暮らしが農作業のリズムとともに実践されることで、みずからが生きる社会のあるべき姿が理解されたとされる〔図4〕。数々の農作業や農耕儀礼によって一年という時間がカテゴライズされるように、そのホモロジー（相同性）によって人の一生や日常の生活がカテゴライズされ、自分たちの生きる社会がどのようなものなのか、その世界観を表す暦が作られ、さらにそれにしたがって日々の生活が実践されたというものである(Bourdieu 1980; Gell 1993: 294-305)。

現代アフリカの民族例を西アジア新石器時代の社会にそのまま当てはめることはできない。しかしながら、農耕牧畜にともなう一日、一年の時間の使い方が定着していく中で、狩猟採集の時代とは異なる農耕牧畜民の生活に応じた世界観が形成され、そのような世界観のもとで、自分たちにとってそうあるべき生き方としての生活のリズムが再生産されたと考えるのは不当なことではない。

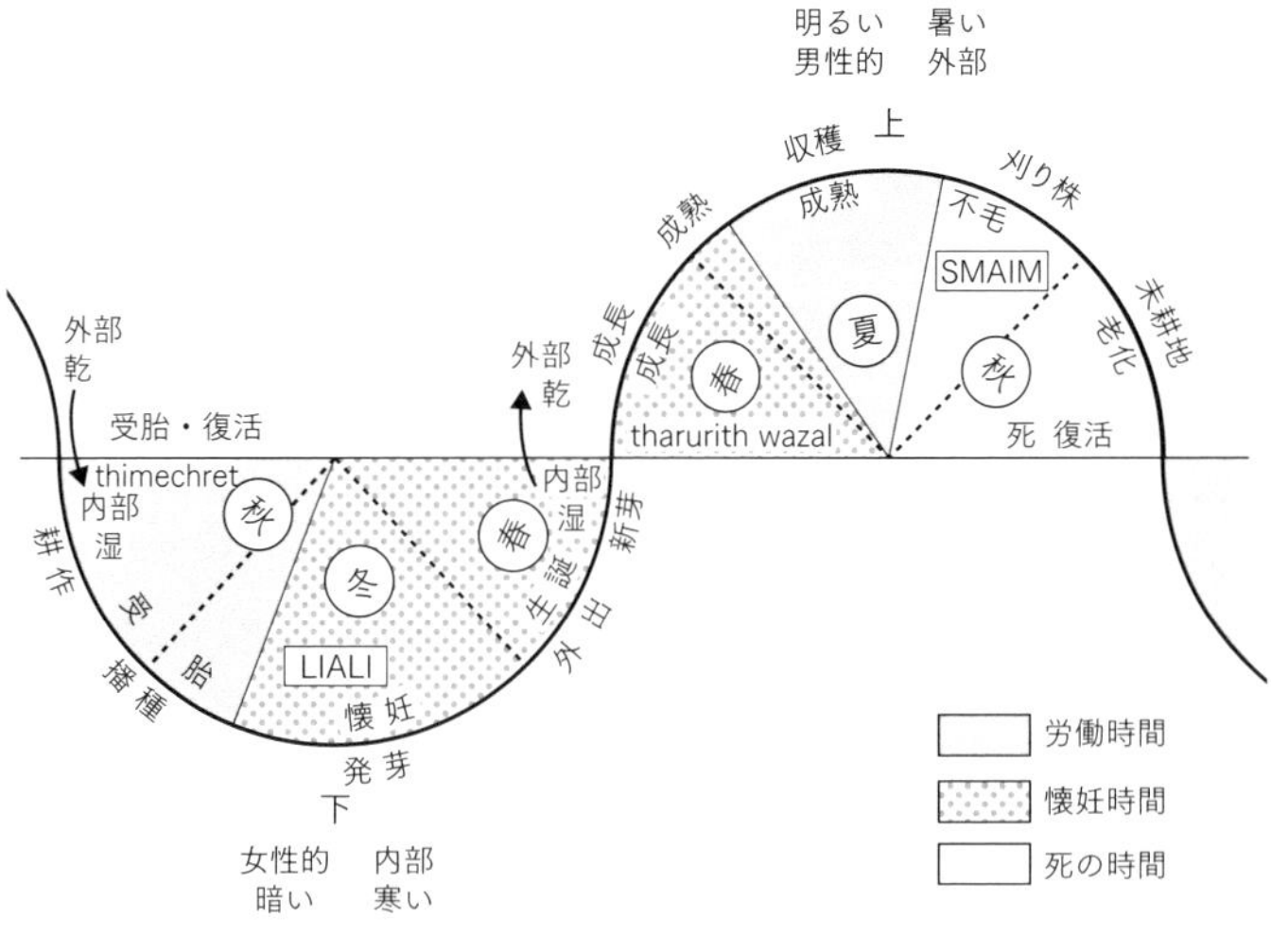

図4 ブルデューによるカビル社会の暦
(Bourdieu 1980: 128 図4より)

農耕牧畜社会における景観の認識

農耕牧畜民による時間の使い方が狩猟採集民のそれとは大きく異なるように、農耕牧畜民の空間・土地の使い方も、狩猟採集民とは大きく異なるものだった。季節に応じて広範囲を移動していた狩猟採集時代の生活にくらべ、農耕牧畜民の日常的な生活範囲は縮小し、定住集落の周囲ではムギやマメが栽培され、見通しのよい耕作地が広がった。集落から距離を隔てぬ耕作地への移動はたやすく、道すがら視線の先で景観が大きく変わることもなかった。新石器時代になってもしばらくは、穀物栽培以上に野生植物の採集が重要であったが、栽培の比重が増すとともに採集に費やされる人々の時間と行動範囲はしだいに減少し、集落と耕作地の往来や集落からさほど離れていない疎林や森林での植物採集が、多くの人々にとっての日常の行動範囲になっていった。

家畜として飼われたヤギ・ヒツジ・ウシは、集落から離れた放牧地に連れ出されたが、繰り返し訪れる放牧地は、日帰りで行き来できる日常の空間の延長であった。時には放牧先に数日滞在することはあっても、遠からず集落へ戻ることを想定した範囲での移動であった。また夏季には、ムギが収穫された後の耕作地に家畜を放つことで、集落周辺での家畜の放牧が可能であった（Bogaard 2005）。家畜の飼養に加え、集落からさほど遠くない土地で野生動物の狩猟は継続しておこなわれたが、狩猟対象を追って季節ごとに長い距離を移動する旧石器時代の生活からは、行動の範囲もパターンも大きく変化した。

このような生活の中での景観は、当時の人々にどのように認識されたであろうか。現象学的な認識論の観点に立つと、景観とは、山や川、木や建物といった人間を取り囲む物理的な眼前の存在を人々がありのままに知覚することで認識されるものではなく、その景観の中で繰り返される日々の経験や記憶との絡み合いの中で、人々がみずからを取り囲む世界に多様な意味を与えることではじめて認識されるものである（Ingold

2000)。したがって景観とは、われわれの外に存在し、地図や衛星写真のように俯瞰的視点から普遍的に見下ろせるものではない（Thomas 2017: 273)。われわれはつねに景観の内部に存在し、みずからが立つ個別の地点から特定の景色を眺め、視線を動かし、足を一歩踏み出すごとに周囲の景色が変化する中で景観を体験し、認識しているということになる。T・インゴルドは、dwelling という概念を用い、人間、動物、自然、人工物が相互に関わる日々の活動の中で景観が意味をもち、「現れる」のだと論じている（Ingold 2000: 57; Thomas 2008)。すなわち、ある景観がどのように認識されるかは、物理的な景観そのものの特性によって決まるのではなく、人々がその景観の中でどのように行動し思考するか、どのように生きるのかに依存するということになる。

農耕牧畜の発達にともなう新たな空間利用が定着していく中で、農耕牧畜民による景観の認識は、狩猟採集民のそれとはちがったものに変化した。集落の規模が数十倍に増大し、集落を中心とする半径数キロメートルの範囲が人々にとって勝手を知った場所となる一方で、集落から離れ日々の行動範囲の外にある土地は、危険をはらんだ不穏な世界として認識され、遠ざけられたことだろう。広い行動範囲を自らの土地として生きた狩猟採集民にくらべ、農耕牧畜民のホームランドは格段に縮小したといえる。それに対して、集落とそのまわりに広がる耕作地や牧草地は、多くの人々が場の経験を共有するより身近な空間へと変化した。同じ集落における居住が数百年にわたって継続され、遺丘が形成されるにつれ、周囲の景観は小高い丘の上の集落から一望されるようになり、同時に耕作地に立って見渡す地平の中で、丘の上に立つ日干レンガの建物群は、みずからの所在のありかを示すランドマークとなった。そこでは、日々の生活の経験を通して人々が共に景観を認識することで世界観が形成されると同時に、そのような世界の理解、景観の認識のもとで毎日の場の利用が繰り返された。

農耕牧畜民の世界観

時間と空間の認識は同時に起こりえるもので、相互に関連して切り離すことができない場合も多い。日常生活における時間の認識は、一日、一年の活動の中で、人々が特定の活動に応じて特定の景観に身を置き、景観の変化を繰り返し経験する中で生まれ、同時に景観は、日が昇っては沈む一日の時間経過や、雨季・乾季を繰り返す季節の移り変わりといった時間の中で人々がみずからを取り囲む世界を経験することで認識された。

さらに、日々の生活における時間と空間の経験を通して世界観が形成される場では、人々の生活を取り囲む多種多様なモノたちが積極的な役割を果たしたといえる（Hodder 2018）。時間と空間が認識される日々の生活の中では、住居、貯蔵施設といった構造物が利用され、耕作用の鍬、収穫用の鎌などを用いて農作業がおこなわれ、石器、石皿、土器、竈、炉などを使って調理がされ、儀礼や祭祀の場では祭具や威信財などの特別な品々が用いられ、人の死にあたっては埋葬用に墓が作られるといったように、あらゆる場面におけるモノとの関わりを通して生活のリズムが刻まれ、生活の場における景観が認識された。そして逆に、モノの存在はこうして作られた生活のリズムと日常の景観の中でカテゴライズされ、人々に認識された。農耕牧畜社会の世界観は、日々の生活を取り囲むモノによって媒介され、モノに反映された。

新石器時代に利用されたモノは、旧石器時代にくらべて質・量ともに多様性に富む。しかしその多くは、新石器時代になって新たに発明されたものではなく、その利用の開始が旧石器時代にさかのぼることが少なくない（Verhoeven 2011）。すなわち、モノがもつ機能や形態、材質そのものが世界観の形成に直接結びついていたのではなく、モノが農耕牧畜社会における時間と空間の認識の中に組み込まれることで、人々の世界観の形成を媒介し、さらにそうして作られた世界観に応じてモノの利用が繰り返されたのだといえる。農耕牧畜民の世界観は、生活の中に組み込まれたモノとの関わりの中で再生産され、維持され、みずからが生きる世界の姿として確立された。

むろん、新石器時代の幕開けあるいはそれに先行する試行的な食糧生産の開始とともに、人々の生活パターンが突如一変したわけではない。新石器時代に入ってもしばらくは、狩猟採集が重要な位置を占めており、農耕牧畜と併行して継続されたことはすでに見たとおりである。また、西アジアでは新石器時代以前に狩猟採集民による定住集落がすでに発達していたことからも、生活の変化はむしろ漸進的であったといえる。それに応じて人々の世界観もまた、長い時間をかけてゆっくりと変容したことだろう。

インゴルドは、アマゾンのアシュアールの民族誌を取り上げ、アシュアールの人々にとって、キャッサバなどの栽培をおこなう集落内の耕作地と、狩猟採集をおこなう集落外の森の間に、人為的な内なる世界と自然のままの外の世界といった認識論的な境界はなく、どちらも同じ地続きのホームランドとして捉えられていたと紹介している（Ingold 2000: 82）。農耕をおこなう社会における生活の場の認識が、狩猟採集民のそれとつねに異なるものではないことを示している。

しかしながら、西アジア新石器時代において、数千年の時間をかけた農耕牧畜生活の定着と集約化が、徐々に人々の世界観を変化させたであろうことは想像するにかたくない。J・トーマスによる研究では、イギリス・ブリテン島における中石器時代から新石器時代への移行期には、人々による景観の認識に継続性がみられ、狩猟採集時代の世界観がすぐには失われなかったが、時期が下るにつれ、土地の使い方、景観の認識のされ方に変化が生じたと論じられている（Thomas 2007）。西アジアにおいても、農耕牧畜に大きく依存する生活パターンが確立する新石器時代の後半における農耕牧畜民の世界観は、旧石器時代の狩猟採集民のそれとは大きく異なるものになっていただろう。

また忘れてならないのは、日常生活の実践によって人々の世界観が形成されるのと同時に、世界観が形成されることで日々の生活の実践のあり方が方向づけられるという、両者の表裏一体の関係である。西アジアの新石器時代においても、農耕牧畜にともなう時間と空間の利用を繰り返すことによって農耕牧畜民の世界観が形成されるのと同時に、そのような世界観のもと、それがみずからにとってあるべき時間と空間の使い方であると受け入れられることで、農耕牧畜のために時間を費やし空間を利用する生き方に拍車がかかったと考えられる。新石器時代における世界観の変化は、農耕牧畜の開始がもたらした結果であると同時に、農耕牧畜の定着を導いた大きな要因であった。たんに食糧生産が世界観の変化をもたらしたのではなく、世界観の変化こそが食糧生産の発達を可能にしたのだ。

4 新石器化とは

新石器化とは、数千年の時間をかけて農耕牧畜生活が徐々に定着する中で、人々による時間と空間の認識が変化することで新たな世界観が生まれ、さらにそうした世界観の変化が農耕牧畜に依存する生活の定着を可能にするという循環のプロセスであった。したがって、食糧生産の開始自体は新石器化の過程における画期ではなかったし、生産された食糧自体に、社会をただちに変革させるような大きな力が備わっていたわけでもなかった。狩猟採集社会から農耕牧畜社会への変化を考えるうえでより重要なのは、農耕牧畜の定着にともなう生き方の変化、人々がみずからの生きる世界をどのように認識し理解するかといった世界観の変化であった。

当然ながら、農耕牧畜民の生活は一様ではないし、狩猟採集民の生活パターンも多様である。したがって両者の境界はあいまいであり、狩猟採集社会と農耕牧畜社会を、単純な二項対立の対極として型にはめて捉える必要はない。また、西アジア先史時代においては、本章では取り上げなかった遊牧民社会のあり方を無視することもできないであろう。ただし、乾燥地を除く西アジアの多くの地域において、狩猟採集を中心とする生活から農耕牧畜を基盤とする生活へと人々の生き方が徐々に変化する中で、食糧生産社会が、もとの狩猟採集生活には戻れなくなる不可逆な段階、ポイント・オブ・ノーリターンに達したことは看過できない事実である。農耕牧畜生活に根づいた日々の生活と世界観の確立は、人々にとってのあるべき生き方を変化させ、数百万年におよんだ狩猟採集生活への回帰を拒絶したのだ。

狩猟採集民と農耕牧畜民の世界観が異なるのは当然と言ってしまえば、確かにそのとおりである。しかしながら、これまで食糧生産の有無ばかりが重視されてきた狩猟採集社会から農耕牧畜社会への変化を、世界観の変化という視点から捉え直すことが、翻って狩猟採集民の社会を理解するうえでの一つの視点を提供するものとなるであろう。

参考文献

後藤晃　一九八八「「西アジア農法」について―乾燥地における伝統的農業の技術的適応―」『地理学評論』Series A、六一巻二号、一一三－一二三頁

前田修　二〇一五「西アジアにおける新石器化をどう捉えるか」西秋良宏編『ホモ・サピエンスと旧人3―ヒトと文化の交代劇―』六一書房、一五一－一六四頁

Arranz-Otaegui, A., J. J. Ibáñez and L. Zapata-Peña 2016 Hunter-Gatherer Plant Use in Southwest Asia: the Path to

Agriculture. In: *Wild Harvest: Plants in the Hominin and Pre-Agrarian Human Worlds*, edited by K. Hardy and L. Kubiak-Martens, pp. 91–110. Oxford: Oxbow Books.

Bogaard, A. 2005 'Garden agriculture' and the Nature of Early Farming in Europe and the Near East. *World Archaeology* 37(2): 177–196.

Bourdieu, P. 1977 *Outline of a Theory of Practice*, Cambridge: Cambridge University Press.

Bourdieu, P. 1980 *Le Sens Pratique*, Paris: Les Éditions de Minuit.（今村仁司ほか訳　一九八八『実践感覚１』、一九九〇年『実践感覚２』みすず書房）

Boyd, B. 2005 Transforming Food Practices in the Epipalaeolithic and Pre-Pottery Neolithic Levant. In: *Perspectives on the Transmission and Transformation of Culture in the Eastern Mediterranean*, edited by J. Clarke, pp. 106–112. Oxford: Oxbow Books.

Gell, A. 1993 *The Anthropology of Time*, Oxford: Berg.

Hillman, G. and M. S. Davies 1990 Domestication Rates in Wild Wheats and Barley Under Primitive Cultivation. *Biological Journal of the Linnean Society* 39 (1): 39–78.

Hodder, I. 2018 Things and the Slow Neolithic: the Middle Eastern Transformation. *Journal of Archaeological Method and Theory* 25: 155–177.

Ingold, T. 2000 *The Perception of the Environment*, London: Routledge.

Maeda, O. et al. 2016 Narrowing the Harvest: Increasing Sickle Investment and the Rise of Domesticated Cereal Agriculture in the Fertile Crescent. *Quaternary Science Reviews* 145: 226–237.

Thomas, J. 2007 Mesolithic-Neolithic Transitions in Britain: From Essence to Inhabitation. *Proceedings of the British Academy* 144: 423–439.

Thomas, J. 2008 Archaeology, Landscape and Dwelling. In: *Handbook of Landscape Archaeology*, edited by B. David and J. Thomas, pp. 300–306. Walnut Creek: Left Coast Press.

Thomas, J. 2017 Concluding Remarks: Landscape, Taskscape, Life. In: *Forms of Dwelling: 20 Years of Taskscapes in*

Archaeology, edited by U. Rajala and P. Mills, pp. 268–279. Oxford: Oxbow Books.

Verhoeven, M. 2011 The Birth of a Concept and the Origins of the Neolithic: A History of Prehistoric Farmers in the Near East. *Paléorient* 37(1): 75–87.

Winter, H. 1994 Reed Harvesting Experiment. In: *Le gisement de Hatoula en Judée occidentale, Israel: Rapport des fouilles, 1980-1988*, edited by M. Lechevallier and R. Ronen, pp. 271–275. Quetigny Cedex: Editions Faton.

第2部
文化人類学的視点

第11章

植物資源の道具利用の多面性
——インドネシア、西ティモールの事例から

中谷文美・上羽陽子・金谷美和

1 なぜ植物資源に注目するのか

出発点としての「タケ仮説」

本書が主題とするパレオアジア文化史学の枠組みにおいて、東南アジアに進出した新人文化の特徴を論じるさいに議論の的となってきたのは、「不定形剥片」と呼ばれる石器群の存在である。

一九四〇年代に前期旧石器時代の石器資料を比較したH・モヴィウスが、インド北東部を境に旧世界を「ハンドアックス文化圏」と「チョッパー–チョッピング・ツール文化圏」に二分したことが議論の端緒をひらいた（Lycett and Bae 2010: 522）。ヨーロッパ北部からカスピ海の南岸、ヒマラヤ山脈の南側を通ってインドのアッサムまで達する境界線は、その後「モヴィウス・ライン」と呼ばれるようになった。特にラインの東側、つまり東アジアや東南アジアにおいて石器製作技術の進展がみられず、礫石器や顕著な二次加工が認

められない剝片の製作が長期間持続したことについて、モヴィウスは環境変化の乏しさなどに起因する「文化的停滞」と結びつけた解釈を示し、それが論議を呼んだ。だが、その後の発掘でハンドアックスに相当する両面加工石器や石刃が出土したり、東アジアでも他地域同様に頻繁な気候変動が生じていたことが明らかになったりしたことから、モヴィウス・ラインそのものの有効性に対してはすでに多くの論者から異論が出ている（たとえばGao and Norton 2015; 黄 一九九九）。とはいえ石器資料の特徴にもとづく差異自体は否定されていない。とりわけ東南アジアにおいて、更新世から完新世前半にいたるまで不定形な剝片や礫石器が継続する理由をめぐっては、これまでにさまざまな解釈が出されてきた（Bar-Yosef et al. 2012; Lycett and Bae 2010; 山岡 二〇一〇）。

なかでも「タケ仮説（bamboo hypothesis）」と呼ばれるものは、モヴィウスのいう「チョッパー－チョッピング・ツール文化圏」がタケの分布域とほぼ重なる点に注目し、この地域で製作されつづけた不定形な石器が、タケなどの植物質の道具を伐採・加工するのに用いられたのではないかとする考え方を指す[1]。この説に与する論者の論点はさまざまであるが、共通するのは、タケが道具素材として優れているために、石器はその加工に用いればよく、より複雑な技術を用いて石器を製作する必要が生まれなかったのではないかという発想である（Gorman 1970; Solheim 1972; Hutterer 1976）。

だが諸説をレビューした山岡が指摘するとおり、タケ仮説は「確実に証明することが難しい反面で、反証することも非常に難しい」（山岡 二〇一〇：八〇）という性格をもつ。有機質である植物の加工に石器が用いられたという直接的な証拠を旧石器時代の遺跡から見出すことが困難だからである。

むしろここで重要なのは、この「タケ仮説」を念頭におくことで、これまで議論の俎上にのりにくかった植物資源の存在が視野に入ることになり、道具製作技術や石器利用のあり方を再考する可能性が広がるということではないだろうか。

これまではタケを加工した道具を石器の代替物と捉え、古環境においての有用性や石器によるタケ加工の可否を問う研究が主流であった（Bar-Yosef et al. 2012; Brumm et al. 2010）。しかし石器に「相当する」道具としてのみ植物資源の潜在性を捉えるのではなく、より広い観点から植物利用と生存戦略を結びつけるアプローチも必要であろう。だとすれば、タケ以外の植物の利用にも広く目を向けるべきである。

新人の拡散・定着過程における植物資源の重要性

本章の議論の前提となるもう一つのポイントは、新人（ホモ・サピエンス）による環境適応行動という観点である。新人が東南アジアからオセアニアにかけての島嶼域に拡散・定着する過程において、航海技術の発達や海産資源の利用が不可欠であったことはまちがいないとされている（Bednarik et al. 1999; 小野 二〇二〇; Pawlik 2020）。特に外洋航海を可能にする舟の製作には、異なる素材を組み合わせるための複雑かつ複合的な技術が必要である。また、結束具のように、ほかの道具と組み合わせることによってはじめて道具として成立する「メタ道具」を自由に操れるのがホモ・サピエンスのブレイクスルー（石村 二〇一三：一一三）だと考えれば、食料資源に限らず、道具資源としての植物の戦略的利用も重要な考察対象となる。

先述のように、旧石器時代の遺跡から植物質資料が出土する事例はきわめて少ないため、植物利用を考察の対象とすることは広くおこなわれてこなかった。そうした研究動向の背景にあるのは、有機質の遺物が見つかりにくいという事実だけではない。微細な有機物の痕跡を見出す技術や訓練の不足（Hardy 2008: 277; Trigger 1989: 276）に加え、そもそも研究者の側にある種のバイアスが働いていたのではないかとの指摘が出ている。それは、男性が主に関与するとされた大型動物の狩猟に石器が用いられたことから来るジェンダー・バイアスだった可能性もある（Adovasio et al. 2007: 24; Hardy 2010; Hurcombe 2000; Soffer et al. 2000: 819; Wendrich 2012: 1）。

しかし二〇〇〇年代に入ってから、撚りなどの加工を施した植物素材の繊維片の発見が相次いだ（Advasio et al. 2001; Hardy 2007; Hardy 2008; Hardy et al. 2013, 2020; Soffer et al. 2000）ほか、近年には石器の使用痕分析や実験考古学による研究が進んだ結果、植物の加工に利用された可能性の高い石器が確認されるようになった。さらにH・オーフレアらは、東南アジア地域で出土した石器の使用痕分析や残渣分析などに加え、フィリピンのパラワン島を対象に、現存するコミュニティーの植物利用に関する調査を進めている（Xhauflair et al. 2016, 2017）。

本章では、東南アジアにおけるヤシ科植物の採取・加工・利用のプロセスを事例によって具体的に示す。実、樹液（花序液）や樹幹髄部から栄養分を摂取できる各種のヤシをはじめ、熱帯雨林域の植物は食料資源としても重要な意味をもっている（堀田 一九九九：五七）。だが、ここでは以上のような問題意識をふまえ、道具資源としての植物利用に焦点を絞ることにする。

2　西ティモールにおける植物資源の道具利用——ヤシ科植物を中心に

調査地の概要

ここでとり上げるのは、インドネシアの小スンダ列島に位置するティモール島西部（以下、西ティモール）の事例である。行政区分としては、東ヌサトゥンガラ州（NTT）の一部になる。

この地域の年間降水量は九〇〇〜二〇〇〇ミリメートルである。モンスーン気候で、雨季には大量の雨が降り、洪水や土砂崩れをもたらす一方で、オーストラリアから吹く季節風が乾いているため、乾季の雨量は極端に少なくなる。大小の川もほとんど干上がり、大地は乾燥して褐色となり、植物がまばらとなる(MacWilliam 2002: 25; Schulte Nordholt 1971: 29)。ただし、島内でも雨量は地域によるバリエーションが大きく(Schulte Nordholt 1971: 30)、雨季と乾季の長さにも地域差がある。沿岸域を中心に多様な民族が混住するが、今回調査対象とした内陸部には、西ティモールにおいて最も人口の多い民族集団(約八〇万人)であるアトニ・メト(Atoni Meto)が居住している。アトニ・メトの人々の母語はオーストロネシア語族に属するウアブ・メト(Uab Meto、ダワン語ともいう)である。主たる生業は、焼畑農耕によるトウモロコシ、イモ類(キャッサバ、サツマイモなど)の栽培であるが、地域によっては水田耕作によるコメ栽培、森林地帯ではワナ猟や吹き矢猟などもおこなってきた(McWilliam 2002: 25-39)。

私たちは、南中央ティモール県のキエ郡ボティ村において、生活用具の悉皆調査をおこなった。[2] 調査地は西ティモールの中でも比較的降水量が多い低山帯の標高約四〇〇メートルに位置する。二〇一八年の調査時点で集落に水道・電気は来ておらず、近くの川から水を汲んで敷地内に運んでいたほか、夜間は灯油ランプや太陽光で蓄電する懐中電灯などを使っていた。[3] 煮炊きに用いていたのは森から集めてくる薪である。

ムスリムの人口が圧倒的多数を占めるインドネシアにあっても、東ヌサトゥンガラ州の島々はキリスト教徒の比率が高い。今回の調査対象地域の中でも、隣接する集落の住民はキリスト教に改宗しており、幹線道路沿いには教会もあった。しかし、私たちが調査した集落は、伝統的な領主(usif)による統治をいまなお受け入れ、その方針にしたがって、キリスト教布教以前の信仰を保持していた。[4] このため、従来通りの暦に従う生活スタイルを踏襲し、生活用品の数々も身近な素材を用いてみずからの手で作り出したものの度合いが高かった(小野ほか 二〇二二)。生業は自家消費用のトウモロコシ、サツマイモ、キャッサバ、カボチャなどの焼畑農耕と家畜飼養、タマリンドやキャンドルナッツといった商品作物の栽培を組み合わせたもので、女性たちが自家用と販売用に織る織物も重要な現金収入源となっていた。

生活用具の悉皆調査

この集落に位置する領主の屋敷を中心に、そこで実際に使われたり、保管されたりしている生活用具一点一点について写真撮影をし、現地語での名称、用途、素材、素材の入手先、ほかの素材で作る可能性の有無、製作者、ほかの製作者の可能性、耐用年数、購入品の場合は購入場所などを聞き取り、記録した。いくつかの生活用具については、素材となる植物を採取する場面から完成するまでの一連の動作を観察・記録する機会にも恵まれた。また使用頻度の多い植物については、どの部位をどんな用途に用いるか、といった詳細な聞き取りを実施した。

この調査結果をもとに作成したデータベースに、同じ集落での植物利用をリスト化した先行調査の成果を統合した。この先行調査は、二〇一一年八月にインドネシアのNPOであるブバリ財団とイギリスのキュー王立植物園の民族植物学の専門家チームが合同で実施したものである。その成果をまとめた刊行物（Ama Namah Benu et al. 2013）には、私たちと同じ対象地域における有用植物がリストアップされており、食用、薬用、家畜飼料や嗜好品など多様な用途のものが含まれている。この中から、道具利用されている植物で私たちの調査結果に含まれていなかったものを抜き出し、リストに加えた(5)。

その結果、対象集落において生活用具に加工されていることが確認できた植物の種類は六〇、利用例は二四三にのぼった。植物別の内訳をみると、六〇種類の植物のうち、タケは三種類、ヤシが六種類である［図1左］。さらに、記録できた生活用具二四三点について植物別の利用頻度をみていくと、［図1右］にある通り、タケから作られた生活用具が五三点、ヤシを素材とするものが八四点、その他の植物によるものが一〇六点となった。つまり、タケとヤシの利用頻度が相対的に高いことがわかる。

タケの利用

対象集落で利用が確認できたタケは、［表1］にある三種類である。おもに利用されていたのはタケの稈であった。

たとえば、現地でペトゥ（*petu*）と呼ばれるタケは、太くて長い稈を生かして水くみ用の運搬器［図2］やごみ箱として用いたり、畑に水を引く樋として使われたりしていた。稈が細く長く、まっすぐなクメオ（*kmeo*）は、縦笛や吹き矢用の筒［図3］として使われる。クメオは屋敷周辺には生えていないため、対象集落の人々は森に入った時にクメオの群落を見つけると、適当な長さのものを吟味して選び出し、その場で吹き筒を仕上げていた。

ヤシの利用

対象集落で生活用具の素材として利用されていた六種類のヤシ科植物の内訳は［表2］の通りである。

［表1］のタケとくらべ、利用部位が多岐にわたることがヤシの特徴である。また、ヤシの種類によって使われる部位が異なったり、同じ部位でも、種類によって異なる用途に用いられることがある。

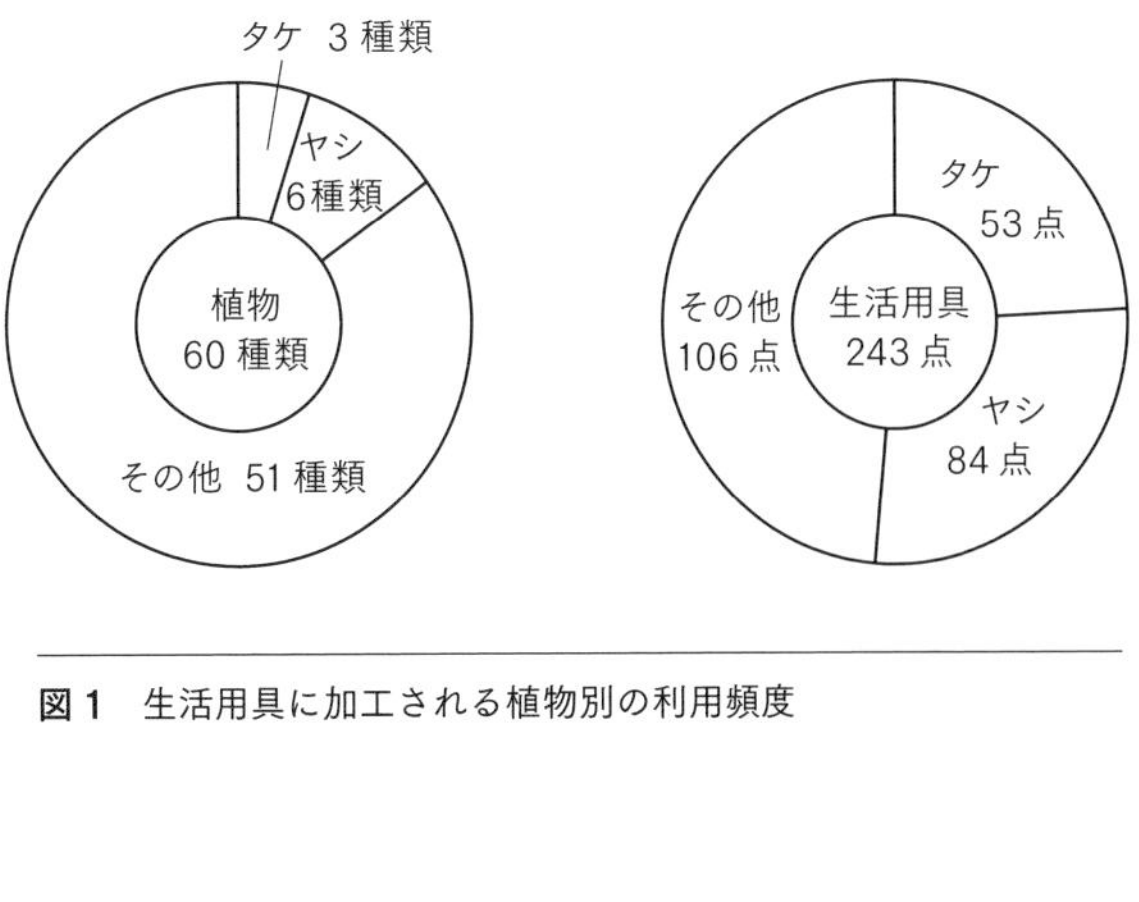

図1 生活用具に加工される植物別の利用頻度

タラバヤシの葉柄やココヤシの幹は、地面に埋めて土留め（*batan*）[6]として使われるのに対し、ビンロウの幹は家を建てる時の建材として屋根や天井の一部になったり、壁材を固定するためのヨコ串となったりする。

めずらしいところでは、サトウヤシの葉鞘の内側をそっとはがし、幹からこそげ落とすようにして集めた粉（*upat*）を、火打石で火をおこす時の着火剤として用いる［図4］。また、ビンロウの葉鞘は、収穫や樹木の手入れのために森に入った時に、手近に落ちているものをその場で加工して、簡易容器とする［図5］。こ

表1　対象集落におけるタケの利用

現地名	科・属	学名	利用部位
petu	イネ科マチク属	*Dendrocalamus asper*	稈
oh	イネ科ホウライチク属	*Bambusa vulgaris*	稈・枝
kmeo	イネ科ホウライチク属	*Bambusa* sp.	稈

図2　タケ（ペトゥ）の利用例（水運搬器）

図3　タケ（クメオ）の利用例（吹き筒）

の二つの例は、特定のヤシの特定部位ならではの利用法を示しているといえる。

なお、私たちが注目したのは、これら六種類のヤシの中でも、現地でトゥネ（*tune*）と呼ばれるタラバヤシの用途がもっとも多岐にわたっていたことである。［表3］にあるように、タラバヤシは衣食住すべてのカテゴリーにわたる生活用具の素材を提供していたばかりでなく、使用する部位も多様である。

そこで以下では、タラバヤシの葉（展開前の葉、葉片[7]、葉脈、葉柄）［図6］を例として、これらの異なる

表2　対象集落におけるヤシの利用

現地名	科・属	学名	利用部位
tune	ヤシ科タラバヤシ	*Corypha utan*	幹　葉身　葉片 未展開葉　葉脈 葉柄
tua	ヤシ科パルミラヤシ	*Borassus flabellifer*	幹　葉身　葉片 未展開葉　葉脈　葉柄
noah	ヤシ科ココヤシ	*Cocos nucifera*	幹 小葉の葉脈　葉軸　葉柄 内果皮　中果皮　外果皮
puah	ヤシ科ビンロウ	*Areca catechu*	幹　葉鞘
bone	ヤシ科サトウヤシ	*Arenga pinnata*	葉鞘　葉鞘網 幹と葉鞘の間から採取する粉
ua	ヤシ科トウ	*Calamus* sp.	茎

図5　ビンロウの葉鞘から作られる簡易容器

図4　サトウヤシの幹と葉鞘の間から採取する粉は着火剤に

部位にどのような加工を施して、どのように多彩な生活用具を作り出しているのかを具体的に記述してみよう。

タラバヤシの葉の利用事例

①葉柄の内皮を裂いて紐に

タラバヤシの葉柄を鉈で刈りとり、少し裂け目を入れてから、立ち木などにぐるりと巻きつけて外側の表皮を剝ぎとる［図7］。取り出した内皮を小刀で適当な幅に裂くと、そのまま結束具として使えるようになる。現地語でペペと呼ぶこの紐は、ニワトリの

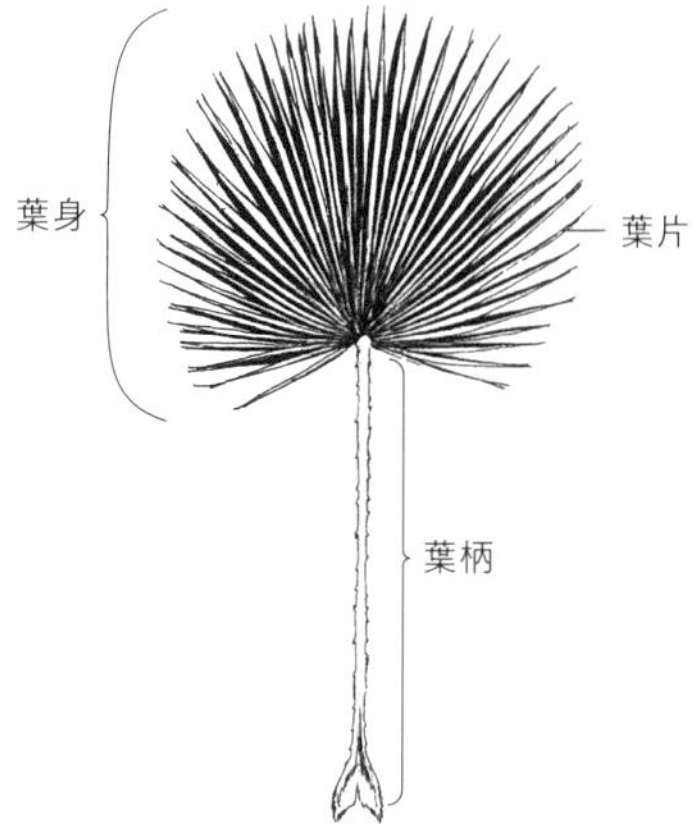

図6　タラバヤシの葉の部位別名称
（McCurrach 1960: xxvi を改変）

表3　タラバヤシから作られる多様な生活用具

現地名	植物名	部位	生活用具
tune	ヤシ科 タラバヤシ *Corypha utan*	幹	土留め
		葉全体	屋根材
		葉身　葉片	ココヤシの実用削り器　結束具　ニワトリ用産卵カゴ　織り道具
		未展開葉	織り道具　フタ付き水筒　吹き矢　ゴザ　提げヒモ　編袋　食料用運搬カゴ　火起こし用ウチワ　結束具　収穫袋　カサ　縫い糸
		葉脈	ニワトリ用カゴ　針　織り道具
		葉柄	結束具　食器・食材用乾燥台　壁材　結界棒　織り道具

足を結んでおいたり、ポリタンクをつないでつるしたり、葉柄を横に並べて結び、簡易食器乾燥台にするなど、何かを固定するために使われている。カゴを編む時の組みはじめに用いると、丈夫なカゴができるという。

おもな調査をした屋敷の主である領主は、敷地内に生えているタラバヤシの葉柄から右のようなやり方で内皮をとり出して、一センチメートル幅の紐を作った。それを使って壊れたお玉（ココヤシの硬い内果皮と木の柄からできている）をあざやかな手つきで修理してみせた。このぺぺに撚りをかければさらに丈夫な縄となり、家畜をつないだりするのに使う。市販のビニール縄に劣らぬ丈夫さがあるという。

②葉片を切り離してカゴの編み材に

タラバヤシは掌状複葉で、葉全体がうちわ型となっている。放射状につく葉片を一枚ずつ切り離して使用する。この葉は採取するだけで約一七〇センチメートルの編み材となる。柔軟性と弾性があることからカゴ編みに適しているといえる。

［図8］は、土台から結束、把手まで、すべてのカゴ部分を葉片のみで製作している例である。女性が二人がかりで手だけを使い、一〇分弱で仕上げていた。このカゴ（*taan*）［図9］はメンドリが卵をかえす場所として樹上などに置かれる。(8)

③剝いだ未展開葉の表皮を撚って紐に

タラバヤシの未展開葉を鉈で採取し、固い葉脈部分を切りとると、葉片が一枚ずつに分離する。分かれた葉の間にタケで作った小刀の刃先を入れ、葉の裏側の表皮を剝ぎとる［図10］。この作業にタケ製小刀を使うのは、金属製の刃物とは異なり、繊維にダメージを与えずに葉の表側と裏側が分離できるためであるという。(9)

とり出した表皮は薄くしなやかで、そのまま織物の絣くくりに使うことができる。また、これを二本とって足のすねと掌を使って撚り合わせ、細い紐にする。この紐は、結束具として使われるほか、編み袋（*kalai*）の素材にもなる。

④葉脈を針に

右の③の紐の製作過程で取り除いた葉脈部分を用いて、針を製作する。針穴はなく、一方の端を尖らせ、他方に切り込みを入れただけのものである〔図11〕。その切り込み部分に繊維をはさみ込んで使用する。たとえば、〔図12〕はタラバヤシの未展開葉を使った雨よけのカサ（*tenun*）で、隙間をタラバヤシの内皮から作る

図７　葉柄の内皮を取り出す作業

図８　タラバヤシの葉片によるカゴ作り

図９　メンドリの産卵用のカゴ

糸で縫い合わせたものである。このカサを縫うには市販の糸も用いられるが、幅のあるヤシ製の糸を通すには、穴の空いた市販の金属針よりもこの葉脈製の針のほうが扱いやすかったのではないだろうか。しかもこのタイプの針であれば、針自体よりも太い素材を縫い通すことができるため、カサの縫い目に隙間ができにくく、雨よけの機能を強化できるといえる。

このように、タラバヤシの葉部分の利用をみただけでも、用途に応じて部位を選び、特定の部位に異なる加工を施して、多彩な生活用具を生み出していることがわかる。

図 10 タラバヤシの未展開葉の表皮の加工例

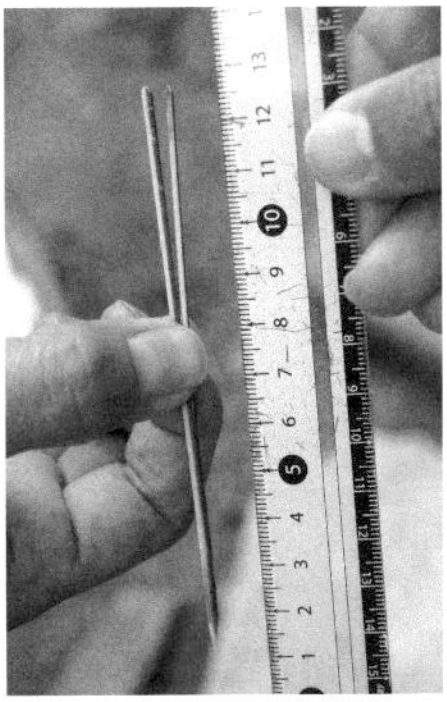

図 11 タラバヤシの葉脈に切り込みを入れて作った針

図 12 タラバヤシの未展開葉を縫いとめた雨よけのカサ

先述のように、調査対象とした集落は意識的に従来の生活様式を維持してきたという特徴があるため、現在、西ティモール内陸部に居住するアトニ・メトの人々が等しく同じような植物利用をおこなっているわけではない。だが、少なくとも今回の調査に協力してもらった集落の住民たち、とりわけ男性たちは、屋敷地の内外や切り開いた畑の周辺、ある程度の資源管理がなされている森の中の多種多様な植物について、それぞれの有用性と潜在的な用途に関する豊富な知識をもち、何を聞いてもたちどころに答えてくれた。[10] 一緒に歩いている間も、つねに持ち歩いている鉈と小刀という限られた道具を使って、手慣れた手つきで採取・加工し、文字通りあっという間にさまざまな生活用具を作ってみせた。屋敷地のいたるところに無造作に置かれた生活必需品の数々は、その多くが手作業の成果である。

とはいえ、いわゆる工業製品を拒絶した暮らしを営んでいるわけではない。発電機が必要なためほとんど見てはいないが、テレビも置いてあったし、赤ん坊の沐浴に使うのはプラスチック製のたらいである。水汲み用にタケ筒を使ってはいるが、同時にポリエチレンタンクも並んでいる。各種の結束具も、ヤシの葉や他の蔓性植物から作った紐だけでなく、ポリエチレン製コメ袋の繊維をほぐして綯ったものもあれば、ポリプロピレン製のロープが使われてもいた。

週に一度開かれる徒歩圏内の市場には、それこそありとあらゆる工業製品が並んでいる。その意味でも、この集落の人々は完全に自然に頼った暮らしだけにこだわっているわけではなかった。むしろ、他の選択肢があることを十分に自覚しつつも、生活を彩る多くの植物の特性を深く理解し、その知識とみずからの手にある技術を駆使して、使える素材を存分に活用していたといえる。

3　植物利用の多面性

ヤシ科植物の特性と有用性

すでに述べた通り、今回調査を実施した西ティモールの集落では、六〇種にもおよぶ植物を身近な生活用具に加工し、日常で使っていた。それらの植物のうち、本章ではとくに利用頻度が高かったタラバヤシに注目し、具体的な利用事例を紹介した。

ヤシ科植物は、六亜科、約二〇〇属二六〇〇種におよび、人間に利用されている種類だけでも数十種ある（サゴヤシ学会編 二〇一〇、宮内 一九九六）。化石記録においても、ヤシは最も古い記録がみつかっている被子植物の一つである（Dransfield et al. 2008: 74）。

もちろん、実の胚乳からミルクや油ができたり（ココヤシ）、花序からとれる糖液から酒や砂糖が作れたり（サトウヤシ、パルミラヤシ、ニッパヤシなど）、幹の中の髄質に集積するデンプンがとれたり（サゴヤシ、タラバヤシ、ナツメヤシなど）と、ヤシ科植物は食用としても利用範囲が広い。[11] また、タケと同様に割裂しやすく腐りにくい性質をもつため、建材としても有用性が高い（沖浦 一九九一：一五）。ただし、ヤシの中でも種類ごとの特性の差は大きく、また分布域も異なるため、地域によってどのヤシをどの用途に使うかはさまざまである（宮内 一九九六：一〇六）。

なお、ヤシの葉は構造上の仕組みや外皮の厚さ、維管束繊維の強度などの点からみてもすぐれた耐久性を備えており、屋根材などとしても四～六年はもつといわれる（阿部 一九九四）。しなやかで細工しやすいために、西ティモールに限らず、世界各地でさまざまな生活用具に加工され、用いられている。

私たちがタラバヤシの未展開葉のひっぱり張力の実験（万能試験機：オートグラフ AG-X plus）をおこなっ

た結果によると、試験力は一九重量キログラムであった。これは、一般的なポリプロピレン製の紐（PP紐）の試験力一四重量キログラムよりも、ひっぱりに対して耐える力が強いことを意味する。つまり、捻る、撚るなどの加工を施さない葉の状態でも、タラバヤシの未展開葉にはすでに結束具として使える特性が備わっていることになる⑿。

用途に適した素材の選択と加工

すでにみたように、調査地ではこのような特性をもつタラバヤシの未展開葉を加工せずにそのまま使うことに加え、それに「剝ぐ」「剝ぐ＋撚る」といった加工を施すことで線状物を生み出し、さらに「編む」技法を用いて異なるタイプの生活用品を製作している［図13］。こうした比較的シンプルな加工法によって、タラバヤシの未展開葉という特定の植物の一部位から生み出されるモノには、線状、面状、立体状、袋状と多様な形状のバリエーションがみられるのである。しかも、その過程で用いられるのは、

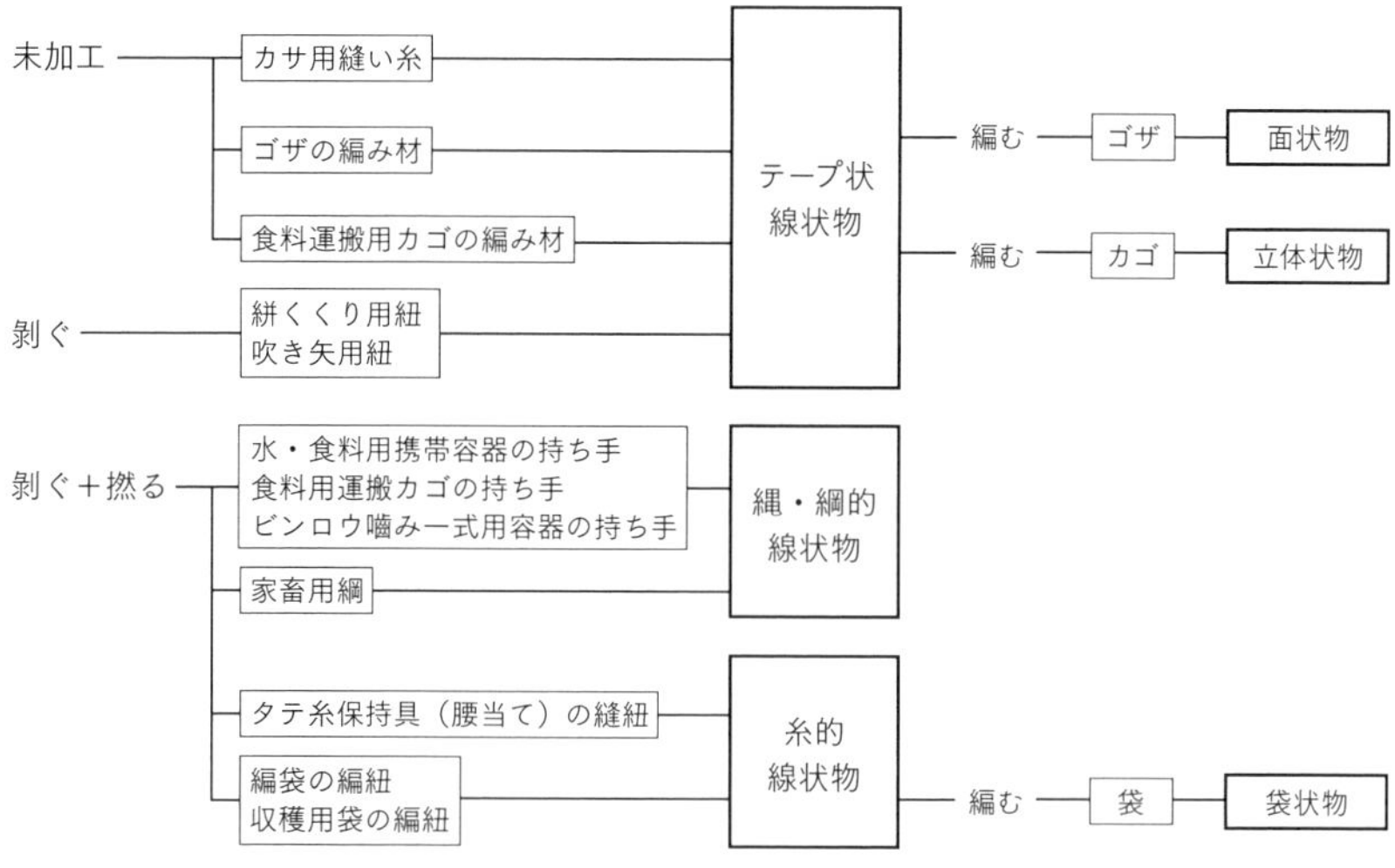

図13　タラバヤシの未展開葉の加工法と製作されるモノの形状

ごく限られた種類の加工具である。

今回の調査地であるティモール島はいわゆるウォーレス線の東側に位置し、ウォーレシアと呼ばれる海域の中に入っている。[13] 植物相分布の境界はウォーレス線とは一致しないといわれており、植物地理学上の区分では、ウォーレシア海域よりもう少し広い範囲、インドネシアのスマトラ島からソロモン諸島にかけての地域を指して、「マレーシア熱帯」と呼んでいる（堀田 一九九九：五九）。このマレーシア熱帯地域の特徴としては、植物相が非常に多様であることがあげられる。中新世の頃から高温・湿潤な熱帯環境で分化した西マレーシア系の植物群と、乾燥・冷涼な環境で分化したオーストラリア系の植物群が相互に侵入したために、四万から五万種の陸上植物が分布する地域である。その中をさらに細かく分けた単位地域内でもそれぞれに数千種から一万種以上の植物が分布しているといわれる（堀田 一九九九）。

このように植物相が多様なところでありながら、道具資源としての側面に注目すると、西ティモールの調査地においては、タケとヤシの利用頻度が高いことがわかった。と同時に、タケとヤシの中でも異なる種類がそれぞれの特性に応じて多様な用途に使い分けられていた。[14] つまり調査地の人々は、植物の素材としての特性を正しく理解し、用途に応じた適切な選択と加工をおこなっているとと理解することができるだろう。同じ部位でも異なる加工を施すことで、多様な生活用品の製作が可能になる。それが住民の生活全般を支えてきたのである。さらにこれらの植物の加工に用いられるのが単純かつ汎用性の高い道具であることも重要である。

もう一つ、最後に紹介しておきたいのは、農具として用いられる掘り棒（*pali*）の製作事例である。もともとアトニ・メトの人々は、焼畑農耕にさいして、掘り棒一つで開墾も作付けもおこなっていた（Schulte Nordholt 1971: 40）。現在は金属製の掘り棒を用いているが、今回の調査中に、同行してくれた男性たちが畑の近くに自生していたラムトロ（*Leucaena leucocephala*）というマメ科ネムノキ亜科の木をみつけると、持っていた鉈で手ごろな長さに切りとり、先端をとがらせて掘り棒をその場で作りはじめた［図14］。やおらその作業に取りかかったのは、その場所に二年前に植えたイモがあったことを思い出したからだった。できたばかりの掘り棒を使ってイモを掘り上げると、掘り棒はそのままそこに置いて、先に進んだ。建築現場の足場などにも活用されるラムトロはまっすぐで硬い木だが、掘り棒を作るには重くて硬い木であればいいという。金属製の掘り棒を使えばイモ掘りの作業はもっと早く進むが、木製の掘り棒でも十分、用は足りるし、持ち運ぶ必要がなく、畑に行ってその場で作ればいいとの説明だった。必要な時にはまた素材をみつけて作ればいいので、今回作ったものもわざわざ持って帰る必要はないという。

もちろん、パレオアジアの時代にはまだ焼畑農耕も始まっていない。今回私たちが確認した、植物素材による生活用具の大半も、現代の生活でこそ必要とされるものである。したがって、先史時代の人々が同じことをしていたとはとてもいえない。しかし、与えられた環境の下で生存戦略を支える多面的な植物利用のあり方の一端は明らかになった。このことは、東南アジア島嶼地域において必ずしも複雑な石器製作技術の進展が必要とされなかったという解釈の根拠になりえるのではないだろうか。つまり、「タケ仮説」は民族誌的調査の結果からも支持できる。

ただし、植物資源の利用方法のさらなる多様性を視野に入れ、タケ

図14　ラムトロから掘り棒を作る

のみならず、ヤシなど異なる植物の利用に関する研究を進めていくことが必要であろう。特にこれまでは、食用あるいは薬用植物に関する研究が進んできた一方で、道具利用という観点からの考察はけっして多くないという指摘もある（Turner 1979）。その意味でも、重要なアプローチといえるのではないかと考える。

注

（1）「タケ仮説」については本書第3章でくわしく論じている。

（2）筆者三人による共同調査は二〇一八年八月二一日〜二五日に実施した。調査にあたってはブバリ財団のカダティ（Willy Daos Kadati）氏の助力を得た。なお、パイロット調査にあたる二〇一六年の訪問時にはＪＳＰＳ科研費JP26244053、本調査ではJP16H06411の助成を受けた。

（3）再訪した二〇二三年一一月には村に電気が供給されるようになっていたが、悉皆調査の対象とした屋敷地ではあえて電気を引かない決断を下していた。これも後述する領主の方針にもとづく。

（4）調査対象集落は行政村を構成する四つの集落のうちの一つで、調査当時、七六世帯三一六人が居住していた。

（5）このデータベースにもとづく詳細な植物利用のリストは、小野ほか（二〇二二）を参照のこと。

（6）生活用具名に続くカッコ内には、現地語の名称を記す。

（7）掌状をなすタラバヤシの葉身を構成する一片ずつをここでは及川（二〇〇四）にならい、葉片とする（McCurrach 1960 XXVi, Tomlinson 1990: 223も参照）。

（8）ただし、葉としての耐久性はパルミラヤシのほうが高いため、運搬や貯蔵、調理などに使うカゴ類の多くはパルミラヤシの葉を編み材としていた。メンドリ用のカゴは作るのも簡単であり、また頻繁にとり替える必要があるもので、使い捨てを前提としていた。また、タラバヤシの長い葉片が必要であるとのことだった。

（9）絣織の織り糸を柄に合わせて防染するために、紐状のものでくくる作業。

（10）もともと西ティモールでは、住民たちの植物知識が豊富なことが注目されていた。一九四七年に実施された小学生対象のコンテストでは、ビボキという地域の小学校の生徒たちが六七〇の植物名をあげて優勝した。ほかの小学校でも、生徒たちは五〇〇以上の植物名をあげることができたという。それに対して、動物名称は多くて五三にとどまった。魚種の認識も非常に限定的で、海に面した土地が含まれるビボキでも、一三種の名前しかあがらなかった（Schulte Nordholt 1971: 39）。ちなみにオランダ人植物学者のマイヤー・ドレースは、五七五の現地語による植物名称を記録（うち、五二九の学名を同定）している（Drees 1950）。

（11）タラバヤシも樹幹髄部のデンプン質が取り出され、食用となる。備蓄してあったトウモロコシなどの主食が乾季の終わりに尽きた時の非常用食料となっていたが、現在はおもに家畜の餌として使われている。また、ビンロウの実は嗜好品として、東南アジアからオセアニアにかけて広がっているビンロウ嚙み（betel chewing）という習慣に欠かせないが、西ティモールにおいては特に、社会関係の構築や維持に関わる重要な意味をもつ。

（12）ちなみに展開した後の葉のひっぱり実験の結果は二六重量キログラムであった。

（13）ウォーレス線とは、博物学者アルフレッド・ウォーレスが分布する動物群のちがいを見出した境界にちなみ、ハックスレーによって命名された境界線をさす。バリ島とロンボク島の間、そしてカリマンタン（ボルネオ）島とスラウェシ島の間を通るのがウォーレス線であるが、その後、ハックスレーは、さらにフィリピン諸島の中のパラワン島とそれ以東の島々の間に境界線を伸ばした（田中・小野 二〇一八：八七–八八）。

（14）ちなみにオーフレアらは、同じように「タケ仮説」を出発点としつつ、現代の植物利用調査によって先史集団にも有用であったと考えられる植物を特定し、タケ以外の植物も石器による加工がおこなわれていた可能性を明らかにしようとしている。フィリピンのパラワン島の四集落で道具を使って加工する植物について実施した調査では、利用が確認できた植物のうちタケとヤシの占める比重が高いこと、また技術的利用と彼らが呼んでいる、道具としての利用が顕著である点が私たちの調査結果と一致している（Xhauflair et al. 2017）。

参考文献

阿部登　一九九四「ヤシの葉の構造とその耐久性」*Sago Palm* 二（一）：七–一二頁

石村智　二〇一三「東南アジア・オセアニアにおける新人の拡散―人類の海洋への適応の第一歩―」西秋良宏編『ホモ・サピエンスと旧人―旧石器考古学からみた交替劇―』六一書房、一一四-一二八頁
及川洋征　二〇〇四「グバン民俗ノート―ジャワ、スンバワ、スラヤール編―」『熱帯生態学会ニューズレター』五五：一-五頁
沖浦和光　一九九一『竹の民俗誌』岩波書店
小野林太郎　二〇二〇「環境変化からみた環太平洋圏におけるヒトの移住史―ウォーレシア・オセアニアの事例から―」『環太平洋文明研究』四号、七六-八八頁
小野林太郎・R フエンテス・中谷文美・金谷美和・上羽陽子　二〇二二「『タケ仮説』再考―ウォーレシアにおける植物利用からみた石器の機能論―」『国立民族学博物館研究報告』四六巻三号、三七五-四九九頁
黄慰文　一九九九「原人たちからのメッセージ―中国前期・中期旧石器研究の新成果―」『日本考古学』八号、一-一〇頁
サゴヤシ学会編　二〇一〇『サゴヤシ―21世紀の資源植物―』京都大学出版会
田中和彦・小野林太郎　二〇一八「海域東南アジアの先史時代とネットワークの成立過程―「海民」の基層文化論―」小野林太郎・長津一史・印東道子編『海民の移動誌―西太平洋のネットワーク社会―』昭和堂、八六-一一七頁
堀田満　一九九九「東南アジアから太平洋へ―植物世界とその利用―」中尾佐助・秋道智彌編『オーストロネシアの民族生物学―東南アジアから海の世界へ―』平凡社、五七-八四頁
宮内泰介　一九九六「見えるヤシから見えないヤシへ」鶴見良行・宮内泰介編『ヤシの実のアジア学』コモンズ、四-一七頁
山岡拓也　二〇一〇「東南アジアにおける更新世から完新世前半の考古学研究とタケ仮説」『論集忍路子』Ⅲ、七五-八八頁
Adovasio, J. M. et al. 2001 Perishable Industries from Dolni Vestonice I: New Insights into the Nature and Origin of the Gravettian. *Archaeology Ethnology and Anthropology of Eurasia* 2(6): 48-65.

Adovasio, J. M. et al. 2007 *The Invisible Sex: Uncovering the True Roles of Women in Prehistory*. New York: Harper-Collins.

Ama Namah Benu et al. 2013 *Plants of Boti, and Their Uses in the Traditions of Boti, West Timor, Indonesia*. Ubud: The Bebali Foundation.

Bar-Yosef, O. et al. 2012 Were Bamboo Tools Made in Prehistoric Southeast Asia? An Experimental View from South China. *Quaternary International* 269: 9-21.

Bednarik, R. G. et al. 1999 Nale Tasih 2: Journey of a Middle Palaeolithic Raft. *International Journal of Nautical Archaeology* 28(1): 25-33.

Brumm, A. et al. 2010 Stone Technology at the Middle Pleistocene Site of Mata Menge, Flores, Indonesia. *Journal of Archaeological Science* 37(3): 451–473. doi:10.1016/j.jas.2009.09.012

Dransfield, J. et al. 2008 *Genera Palmarum: The Evolution and Classification of Palms*. Kew: Kew Publishing.

Drees, E. M. 1950 Daftar Nama-nama Pohon-pohon dan Perdu-perdu, Pulau Timor (List of tree and shrub names from Timor). Rapport van het Bosbouwproefstation (Report of the Forest Research Institute), Bogor: Balai Penjelidikan Kehutanan.

Gao, X. and C. J. Norton 2015 A Critique of the Chinese "Middle Paleolithic". *Antiquity* 76(292): 397-412.

Gorman, C. F. 1970 Excavations at Spirit Cave, North Thailand: Some Interim Interpretations. *Asian Perspectives* XIII: 79-107.

Hardy, B. L. et al. 2013 Impossible Neanderthals? Making String, Throwing Projectiles and Catching Small Game during Marine Isotope Stage 4 (Abri du Maras, France). *Quarterly Science Reviews* 82: 23-40.

Hardy, B. L. et al. 2020 Direct Evidence of Neanderthal Fibre Technology and Its Cognitive and Behavioral Implications. *Scientific Reports* 10: 4889.

Hardy, K. 2007 Where Would We Be Without String? Ethnographic and Prehistoric Evidence for the Use, Manufacture and Role of String in the Upper Paleolithic and Mesolithic of Northern Europe. In V. Beugnier and P. Crombé (eds.) *Plant Processing from a Prehistoric and Ethnographic Perspective* (BAR International Series 1718), pp. 9-22. Oxford: BAR

International Series 1718.

Hardy, K. 2008 Prehistoric String Theory: How Twisted Fibers Helped to Shape the World. *Antiquity* 82: 271-280.

Hurcombe, L. 2000 Time, Skill and Craft Specialization as Gender Relations. In M. Donald and L. Hurcombe (eds.) *Gender and Material Culture in Archaeological Perspective*, pp. 88-109. New York: St. Martin's Press.

Hutterer, K. L. 1976 An Evolutionary Approach to the Southeast Asian *Cultural Sequence. Current Anthropology* 17(2): 221-242.

Jabr, F. 2018 The Long, Knotty, World-Spanning Story of String. *Hakai Magazine*, March 6, 2018. https://hakaimagazine.com/features/the-long-knotty-world-spanning-story-of-string/（二〇二三年一二月一四日閲覧）

Lycett, S. J. and C. J. Bae. 2010 The Mobius Line Controversy: The State of the Debate. *World Archaeology* 42(4): 521-544.

McCurrach, J. C. 1960 *Palms of the World*. New York: Harper.

McWilliam, A. 2002 *Paths of Origin, Gates of Life: A Study of Place and Precedence in Southeast Timor*. Leiden: KITLV Press.

Oswalt, W. H. 1976 *An Anthropological Analysis of Food-getting Technology*. New York: John Wiley & Sons.

Pawlik, A. F. 2021 Technology, Adaptation, and Mobility in Maritime Environments in the Philippines from the Late Pleistocene to Early/Mid-Holocene. *Quaternary International* https://doi.org/10.1016/j.quaint.2020.11.007（二〇二三年一二月二〇日閲覧）

Schulte Nordholt, H.G. 1971 *The Political System of the Atoni of Timor*. The Hague: Martinus Nijhoff.

Soffer, O. et al. 2000 Palaeolithic Perishables Made Permanent. *Antiquity* 74(286): 812-821.

Solheim, W. G. 1972 The "New Look" of Southeast Asian Prehistory. *The Journal of the Siam Society* 60: 1-20.

Trigger, B. G. 1989 *A History of Archaeological Thought*. Cambridge: Cambridge University Press.

Turner, Nancy J. 1979. *Plants in British Columbia Indian Technology* (Handbook No.38). Victoria: Royal British Columbia Museum.

Xhauflair, H. et al. 2016 Characterisation of the Use-wear Resulting from Bamboo Working and Its Importance to Address the Hypothesis of the Existence of a Bamboo Industry in Prehistoric Southeast Asia. *Quaternary International* 416: 95-125.

Xhauflair, H. et al. 2017 What Plants Might Potentially Have Been Used in the Forests of Prehistoric Southeast Asia? An Insight from the Resources Used Nowadays by Local Communities in the Forested Highlands of Palawan Island. *Quaternary International* 448: 169-189.

Wendrich, W. 2012[1999] *The World according to Basketry: An Ethno-archaeological Interpretation of Basketry Production in Egypt*. Los Angeles: Costen Institute of Archaeology Press.

第12章

技術の継承経路と社会
――ウズベキスタンの陶業を事例に

菊田悠

1 背後にある人間の営み

本章では、中央アジア屈指の陶器の生産地であるウズベキスタン共和国リシトン市の陶業に注目し、その技術の継承経路と社会関係について述べる。その狙いは、パレオアジア文化史学において考古学資料を分析する際に、その背後にどのような人間の営みや社会関係があるかを考察する一助となることである。この目的に沿って、二〇〇二年から調査をしてきたリシトン陶業のデータをまとめ、追加の資料を収集し分析してきた結果、一口に技術の継承といっても、生態学的条件や効率性のみならず、観念や規範、後継者の力量などさまざまな要因が複雑に影響し、ワザをもつ人々の社会関係も多様であることが明らかとなった。本章ではその概要を示すこととしたい。

本章の構成は、第二節でリシトン市の陶業の背景として、中央アジア陶業の開始からティムール朝時代の繁栄までの概要を示す。第三節では一九世紀末のリシトン陶業における技術の分布・継承の状況と、それに関連した陶工の社会関係について述べる。第四節では、近年のリシトン陶業における技術の分布・継承の状況を概観し、磁器という新しい技術の普及の様子を説明する。

2　中央アジア陶器の発展

地元陶業の始まり

中央アジア南部のオアシス地域では古代より人々が居住し、独特の文化を育んできた。そのひとつが土をこねて焼く土器作りである。青銅器時代以降、マルギアナ（現在のトルクメニスタンやウズベキスタンのホレズム地域）とバクトリア（ウズベキスタンとタジキスタンの南部およびアフガニスタン北部）の各発掘場所からは、ろくろで成形し赤や黒色の化粧土をかけて焼成した食器や水壺などが多数出土しており（ハキモフ二〇〇五）、古の人々の暮らしが美しく実用的な土器に彩られていたことを伝えている。

土器の表面に釉をかけ、水漏れのしない丈夫でつやのある陶器を作る技術は、紀元前三〇〇〇年紀に始まるエジプトの青釉陶、中国の殷・周時代の灰釉陶、古代オリエントの彩釉陶などが初期のものであるといわれる。その後も中国、ペルシアは陶器の先進地域であり、特に中国は六世紀から、一〇〇〇度を超える炎で焼き締めることで丈夫で美しい磁器を作り出してきた。これらの陶磁器は周辺各地に影響を与え、日本でも七世紀後半から緑釉陶器が製作された。しかし、中国とペルシアの両者の間に位置し、人と文物の往来によって栄えてきた中央アジア各地で釉つきの陶器が作られるようになったのは、ソヴィエト民族学者のL・ジャドワ（Zhadova 1974）によれば、ようやく八世紀を過ぎてからである。

なぜ中央アジアにおける陶器製作は八世紀まで待たなければならなかったのか。ウズベキスタンの研究者E・ギュリ（Gyul' 2017）によると、当時の中央アジアの支配者層の間では、陶磁器の存在は当然知られていたが、彼らは丈夫できらびやかな金属器を愛用しており、それゆえに陶磁器への需要は低かった。しかし八世紀以降、アラブ人勢力が当地に侵入しイスラームの教義にもとづく新たな政治経済システムと生活スタイルが広がっていく中で、金や銀製の食器は「神が禁じた華美にあたる」として使用が忌避されたために、代わりとして衛生的かつ美しい陶器の需要が高まったという（Gyul' 2017: 780）。つまり、土器からのイノベーションである陶器に対して、中央アジア社会は当初、ローカルな文化的理由、すなわち支配者層の好みや慣習により受け入れを拒んでいたが、イスラーム勢力が彼らに異なる規範をもたらしたことにより、陶器の開発へと転じたのである。

中央アジア陶器の文様――共通スタイルとローカルな多様性

八世紀にようやく始まった中央アジアでの陶業は、その後めざましい発展を遂げていき、一〇～一二世紀にはカラハン朝下のアフラシヤブ（現在のサマルカンド郊外）を中心に製陶が発達し、アフラシヤブのほかにも、陶土が豊富で釉薬や顔料の入手がしやすく、消費地であり交易の中継地でもあるオアシス都市あるいはその周辺であるチャーチュ（現タシュケントのソグド語およびペルシア語名、アラビア語ではシャーシュ）、フェルガナ、チャガニアン、ホレズムなどで優れた陶器が多数作られ、イスラーム圏各地に輸出されるようになった。当時の中央アジア産陶器の文様からは、社会変化と集団間の交流を読みとることができる。本節ではウズベキスタンの研究者S・アリエヴァとギュリの著作（Alieva 2009; Gyul' 2017）からこの点をまとめてみよう。

　最初に指摘できるのは、当地のイスラーム化が陶器の文様に反映されたことである。九世紀の陶器には、アラブ人勢力の侵入以前のおもな支配者層であるソグド人のゾロアスター教的世界観にもとづく文様モチーフが依然として多用されていた。それは馬、ライオン、羊、トキ、イノシシ、孔雀、ガチョウなどであり、具象的な人の図柄もよくみられた。しかし、偶像崇拝を嫌うイスラーム化の進展にともなって一一世紀初頭にはそれらは徐々に抽象化し、動物の一部（たとえば鳥の頭）を様式化したものに変化していった。鳥の羽の文様はアーモンドの形に読み替えられるといった解釈の変化もあった。ニシャープールとアフラシヤブでは九世紀末〜一〇世紀に飛んでいる鳥の絵柄が流行したが、一一世紀に鳥や動物柄はふっくらした植物のカール模様に抽象化し、縁どりの動物柄はアラビア文字で「幸福」や「神の恵み」などの言葉や文章を描くものに変化した（Gyul' 2017: 783）。

　アラビア文字による装飾文様は、一〇〜一二世紀のイスラーム圏で広く流行した。これを施した製品は、アフラシヤブ、チャーチュ、フェルガナ、チャガニアン、メルブ、ホレズムなどマーワラーアンナフル（アムダリア河以北を意味し、現在の中央アジア南部、おもにウズベキスタン領にあたる）の各地で作られて北アフリカや中東に広がるイスラーム圏に盛んに輸出された（Alieva 2009: 32）。

　陶器の文様はこのようなイスラーム化に加えて、テュルク化（テュルク系遊牧民による王朝の支配が広が

図１　10〜12世紀のマーワラーアンナフルの皿
アラビア文字による装飾のものと、動物柄がある。
（ウズベキスタン国立歴史博物館所蔵）

り、言語や文化に彼らの要素が増加する現象）も反映している。それをよく示すのが、シルダリア河中流域のオアシス都市チャーチュの陶器である。チャーチュは、オアシス都市とステップ草原の間の交流地で商業上の重要な町であり、そこで生産された陶器の文様にはオアシスの定住民のみならず、ステップに暮らす遊牧民の影響がみられる。アリエヴァ（Alieva 2009）によれば、チャーチュでは当時のマーワラーアンナフル各地で使われた花のブーケ、ヤシの木、ザクロ、解読不能な図柄と化したアラビア文字などの共通スタイルに加えて、チャーチュ独自の三角や星模様、動物、鳥、魚、想像上の生き物などユニークな文様があった。マーワラーアンナフルの共通スタイルの中心的窯元であったアフラシヤブにくらべて、植物柄や幾何学文様は少なく、動物はあまり抽象化せず自然の姿に近く描かれていた。チャーチュの動物柄はステップ草原の手工芸で用いられるアップリケに近い描き方であり、用いられる色もアフラシヤブのものとは異なっていた（Alieva 2009: 28-30）。また、ギュリ（Gyul' 2017: 784）によれば、遊牧テュルク系民族によって興されたカラハン朝下では、向かい合う二つの渦巻きの上に扇形を描くパルメット文様が、遊牧民の絨毯文様を源流として中央アジア各地に広がったことが確認されている。

このように中央アジアでは、社会変化と集団間の交流が、イスラーム的な文様の浸透、遊牧民の文化の影響といったかたちで陶器の文様に現れた。

「青い陶器」の誕生

一三世紀初頭、チンギス・カンの軍隊が来襲したことにより、アフラシヤブをはじめ多くの中央アジアの都市は壊滅的な被害を受けた。しかし、その後徐々に復興が進み、特にアミール・ティムールの治世では、中央アジアがユーラシア大陸に広がる巨大なティムール帝国の中心となって繁栄した。陶業も盛んとなり、一四〜一六世紀のティムール朝時代には、支配者層が中国の青花磁器を珍重したために、中央アジアでもそれを模して白地にラピスラズリやコバルトを用いて青で彩色した釉下彩陶器の生産が盛んになった。

当時の陶業の中心はアフラシヤブ郊外に再建された都市サマルカンドだった。サマルカンドでは中国とは異なってカオリン入りの陶土や高温での窯焼きの技法をもたなかったために、真正の磁器を生産することはできなかった。しかし、陶土を工夫することで白地に藍彩を施した軟質の半磁器が製作され、「チーニー（chinni）」つまり「中国の」様式と称された。器に描かれる内容も中国の影響を反映し、コウノトリが葦の上を飛んでいる場面、庭園の池に蓮が浮かび魚やサギがいる様子、枝の間の雀など風景画が盛んになった。色釉をほどこしたタイルによる建築装飾も盛んになり、サマルカンドでは青を好んだティムールらモンゴル・テュルク系支配者層の嗜好を繁栄して、さまざまな青いモスクや神学校などが建設され、青の都と呼ばれた。この「青好み」は、彼ら遊牧民の間では明るい青こそがテングリと呼ばれる聖なる空あるいは神の表象であったためと推測されている（Gyul' 2017: 785）。

このようにモンゴル・テュルク系支配者層の「青好み」は中央アジア陶器に白とコバルトブルーの流行と中国製青花磁器の模倣をもたらし、独特の「青い陶器」を誕生させるにいたった

図2　14世紀の中央アジア陶器製品（ウズベキスタン国立歴史博物館所蔵）

のである。

3 一九世紀末リシトン陶業における技術の分布・継承と社会関係

原材料と製品

一七〜一八世紀の中央アジアでは、多様な勢力が争い政治経済的に不安定であったため、陶業にも目ぼしい発展がなかったとされている。しかし、各地にはローカルな需要を満たす陶器工房が受け継がれており、政治情勢が落ち着くと再び発展して一九世紀には現在につながる三流派が確立した。それはホレズム派、ブハラ＝サマルカンド派、フェルガナ派であり、フェルガナ派の中心だったのがリシトンである。

リシトンで陶芸が発達した理由は、まず原料となる陶土が良質かつ豊富である点に求められる。南部のアライ山系から流れ来る河川が蓄積させた赤い陶土が一〜一・五メートルの深さに〇・五〜一メートルの厚さの層をなして市内一帯に分布している（Rakhimov 1961: 23）。陶土に加えて、釉や顔料などのための原料を入手することも比較的容易であった。釉にとって必須である石英は約四〇キロメートルの距離にあるソフやグルムサライ（距離約五〇キロメートル）から採取され、石英の粉は近くの川で採ることができた。焼成すると白色になる化粧土は近くの山や、約六〇キロメートルの距離にあるイスファラ、アングレン（距離約一五〇キロメートル）などのものが用いられた。顔料のうち、緑色になる銅はコーカンド（距離約三五キロメートル）、黒になるマンガンや黄色になる硫黄は近くのアライ山系の斜面より得ており、青となるラピスラズリのみは遠くバダフシャンの山やイランのマシュハドから運ばれていた（Peshchereva 1959: 215-216）。

一九世紀末のリシトンの陶器製品は、壺や水差し、たらいといった台所製品から、大きな平皿、湯のみ茶碗などの食器までさまざまなものが作られ、周辺地域の住民の日常生活に欠かせないものだった。製品はスタンプ装飾で簡単に彩られただけのシンプルで安価なものから、優れた職人が筆でレースのように細かい文様を描いた高価なものまで多種多様であった。色合いも黄、赤、白、青、黒、茶などさまざまだったが、特にティムール朝時代に王侯貴族に人気を博した「青い陶器」をほうふつとさせる製品、すなわち白地にラピスラズリやコバルトを用いて青で彩色した釉下彩陶器が高価な贈答品・装飾品として有名だった（菊田二〇一三：九三–九六）。

技術の分布と継承

ここでソヴィエト民族学者E・ペシェレヴァの大著『中央アジアの陶業』（Peshchereva 1959）にもとづき、一九世紀末リシトン陶業の技術の分布と継承についてまとめよう。当時のフェルガナ盆地一帯はコーカンド＝ハン国の支配下にあった。その支配者層は遊牧民出身で一六世紀に当地に南下してきた、テュルク語系の言語を話すウズベク人であったが、リシトンは代々の定住民が暮らしてきた町であり、おもな住民はペルシア語系のタジク語を母語とする人々だった。中央アジアの当時の他の窯元（サマルカンドやブハラとその周辺、フェルガナ盆地の現タジキスタンであるカニバダム、イスファラなど）でも、陶工はおもにタジク語話者であったようだ。ただし、「当時の中央アジア定住民は、自分をまずムスリムと自覚し、次に住んでいる都市や地方にアイデンティティの基盤があって、特定の民族への帰属意

図3　19世紀末～20世紀初頭のリシトン陶器の平皿

識は薄かった」という中央ユーラシア史の泰斗バルトリドの指摘があり（小松 一九七八：二一三）、現在のリシトン住民（母語はタジク語）でも二、三代前の祖先にウイグル人がいたという人々も散見されるため、陶器づくりの技能が特定の民族内でのみ厳密に排他的に受け継がれてきたかは疑問である。おそらくリシトンに住んでいる定住民であれば、他民族でも通婚は絶対に不可能というわけではなく、陶工親方に気に入られれば弟子入りし、陶器づくりを身につけることも可能であったと思われる。とはいえ、おもな陶芸用語や言いまわしは現在もタジク語なので、タジク語話者が陶工の主流であったことは間違いない。

引き続きペシェレヴァ（Peshchereva 1959）によると、リシトンには一九世紀末に百程度の陶芸工房があり、弟子や卸売業者、土練業者などを加えた当時の陶業従事者の総数は数百人におよんだ。陶工の多くは、夏は農作業をし、農閑期に陶業に携わっていて、自分の工房をもつ親方、そこで働く雇われ人、見習いである弟子の三層からなっていた［図4］。このほかに陶土の生産や卸売りに特化した人々もいた。人々はマハッラ（mahalla）と呼ばれる居住地区あるいは街区共同体を形成していたが、当時はリシトンのすべてのマハッラ（総数は不明）に陶工が住んでいて、マハッラごとに特色ある製品を作っていた。たとえば「チニガロン・マハッラ」は「チーニー」と呼ばれる軟質磁器を産出することで知られており、一九世紀末に暮らしていた約百世帯はすべて陶業に従事していた［図5］。親方たちは壺などを作るクザガル集団（ko'zagar）と、平皿を主製品とする、より多人数のタヴォクチ集団（tovoqchi）に分かれて同業者組合的な組織を作り、陶業を独占していた。

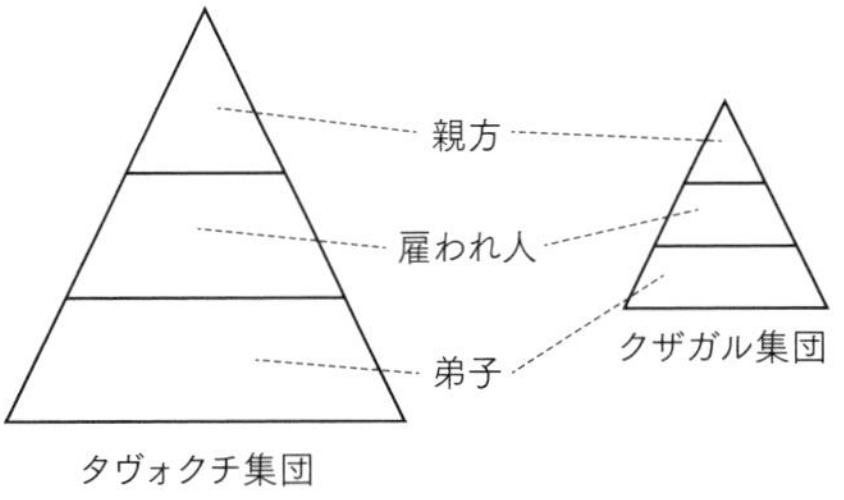

図4　19世紀末リシトンの陶工の社会集団
三角形の大小は人数の差を表す。

陶業の技術の継承は徒弟制にもとづいており、弟子（shogird）が数年から一〇年程度の間、師匠（usta, ustoz）の見習いをしながら技能を身につけた。この間、弟子は親方の下で食事をするかわりに、ほとんど給料をもらわなかった。自分の工房をもって独立した親方になるためには、リシトン市内の主要な親方たちや卸売商人ら数百人を招待した大規模な儀礼と祝宴を開かなければならず、それには多額の費用がかかるため、たやすいことではなかった。父親が陶工親方である場合は、父が亡くなるまでこの儀礼や祝宴をしなくてもよく、その工房の跡を継いで親方になりやすかった。一方、お金がなく近い親族に陶工親方がいない者は、たとえ陶業の技術を身につけていても、自分の工房を開くことができず、他人のもとで働くハリファ（xalifa）と呼ばれる雇われ人で一生を終わることも少なくなかったという。

当時は、陶工というのは土をこねる「重い仕事」であり、男の仕事であるとみなされていて、女性は陶工親方の妻や娘が絵付けや窯入れなど一部の作業を手伝うことはあっても、親方になることはなかった。特に壺などを作るクザガル集団では、女性が工房に入ることも禁忌とされていた。また、一般的な陶器づくりの手順は他人弟子にも隠すことはなかったが、特別な釉や顔料の用意の仕方は、息子やごく親しい弟子にのみ伝えられる秘密だった。一九世紀末に中国の磁器に似た製品を作ることができ、コーカンド＝ハン国の宮殿の造営にも携わったカリ・

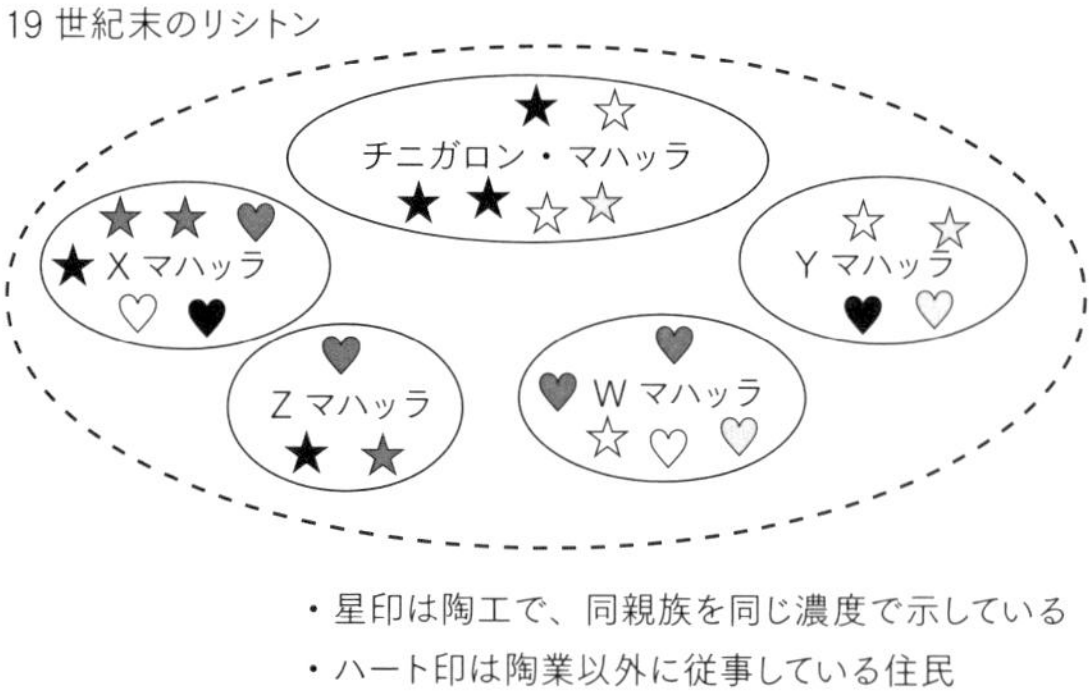

・星印は陶工で、同親族を同じ濃度で示している
・ハート印は陶業以外に従事している住民

図5　19 世紀末のリシトンの陶工と居住地区（マハッラ）、親族と生業の関係の概要図

アブドゥロと呼ばれる陶工親方には、娘しかいなかったため、その優れた技術を次世代に伝えることなく亡くなったといわれている（Peshchereva 1959: 201-232; 344-367）。

陶工の社会関係

引き続きペシェレヴァ（Peshchereva 1959: 344-372）に沿って、一九世紀末リシトンの陶工の社会関係をみてみよう。当時、壺などを作る数十人の陶工からなるクザガル集団と、平皿を主に作る数百人からなるタヴォクチ集団は激しいライバル関係にあった。クザガル集団は自分たちのほうが古い伝統をもつと自負していたが、釉付きのさまざまな文様の平皿を作っていたタヴォクチ集団は、自分たちのほうが高価な製品を売って金持ちであるとみなしていた。両集団は、それぞれ自分の職種のイスラーム的守護聖者がいると信じており、「同じ守護聖者の下にいる人々は仲間だ」（hampira-hamshira, hampira-hamdasta）といって団結心をもち、弟子が一人前になるときの儀礼や祝宴を集団ごとに開催し、メンバーの葬式には仕事を休んで参加していた。このような職能者の集団はカサバ（kasaba）と呼ばれており、リーダーがメンバー間のもめごとを解決したり、原料や窯焼きに使う薪の値段を決めたり、食器の品質をチェックすることもあった。領主からの大仕事の依頼はカサバのリーダーがメンバーを組織して作業を割りふり、給料を分配した。

このように一九世紀末のリシトン市内の陶工たちは、職能集団（カサバ）を形成し、しばしば食事を共にするなどして団結していた。だが、職能集団が民族や親族集団および居住地区、生活圏とすべて重なるものと考えるのは早計である。ソヴィエト民族学者O・スーハレワが一九世紀末から二〇世紀初頭の中央アジアの大都市ブハラを詳細に調査したモノグラフ（Sukhareva 1976）では、ブハラの職人の居住地は業種ごとに特定の地区に限定されることはなく、ほとんどの居住地区では民族や職業が混住していたことが明らかになっている。また、今日のリシトンの人々の生活では、親族や隣近所の協力が必要不可欠であるが、中央アジア定住地域のムスリムにおける親族および居住地区内の人々のつながりの重要性は、ソヴィエト連邦時代にもたびたび指摘されてきた。したがって、一九世紀末のリシトン陶工の生活も、居住地区、親族、職能集団などさまざまなレベルの社会集団の重層的な結びつきの中で営まれていたと考えられる。

4 現代リシトン陶業における技術の分布・継承と新産業の広がり

ソ連時代の変化

一九一七年にロシア革命が起こると、一九二〇年代にかけて中央アジアも政治的社会的動乱期を迎えた。さまざまな勢力が入り乱れて戦ったが、最終的にはソヴィエト政権が支配権を握り、一九二四年に中央アジアの国境を画定する。これによってリシトンはウズベク・ソヴィエト社会主義共和国の一部となった。

ソヴィエト政権は、所有に関する不平等をなくす目的で、農業のみならず陶業も集団化することをめざした。こうして一九二七年にはリシトンで最初のアルテリ（artel'）と呼ばれる一種の生産組合が作られた。しかし、リシトン陶業の集団化はゆっくりと進み、特に富裕な陶工は一九四〇年代まで自分の工房で陶器を作り、生産組合に卸すかたちをとっていた。みずからバザールや卸売業者に売る陶工もいた。生産組合に進んで入ったのは、自工房をもたないハリファと呼ばれる雇われ人が主であった。原料と働く場所が与えられ、ノルマを果たせば給与が得られる生産組合は、親方に雇われたままなかなか独立できない状況よりもよいと考えられたのであろう。しかし、一九四一年にはすべての陶工が生産組合に強制的に加入させられ、自工房での製陶は禁じられた（Peshchereva 1959: 209）。

一九六〇～七〇年代にかけては生産組合の統合が進み、陶工は増加した。一九五八年に最大の生産組合でも陶工は七〇人だったが、一九六〇年代の工場では三〇〇人以上が働いた。一九七二年には新工場「リシトン陶芸工場」が完成し、広い敷地では一五〇〇人以上が働くようになった。これによりリシトンはウズベキスタンにおける日用陶器の主要な生産地になった。工場では機械化も進み、電動ろくろや、鋳型、土練機が導入され、ガス窯は電気窯へと変わり、顔料や釉薬の研究部門ができた。ベルトコンベアーを用いた流れ作業も導入され、多くの女性労働者が働くようになった。芸術委員会が決定する見本に忠実な製品を作ることが要求されたため、伝統陶業とはまったく異なる日用陶器が量産されることになった。また、タシュケントの工場で開発が進んだ磁器も一部で作られるようになった（菊田 二〇一三：一七九－一八四）。

しかし、国営のリシトン陶芸工場の中でも、先祖代々受け継いできた伝統的な陶器づくりの技法を守ってきた人々がいた。ウスタ（usta, ustoz）などと呼ばれる親方たちである。彼らは工場の敷地内に、自分たちで土練りから成型までこなす独自の工房を与えられ、そこで弟子たちの助けを得ながら陶業をおこなっていた。この親方たちは工場の見本に従った陶器も作っていたが、そのノルマを果たした後は自分たちの伝統的な陶器も製作し、弟子にその製法を伝えていた。弟子はおもに息子や甥などの親族だったが、陶業に興味をもつ他人弟子も入ることができた。その中には今日も腕のよい親方として知られるウズベク人やタタール人の陶芸家もいる。陶芸工場内でもウスタたちが伝統的な文様や天然灰釉を使った製法などを弟子に伝承してきたおかげで、一九八〇年代末のペレストロイカで作家性を明確に打ち出した自由な陶芸が許されるようになると、リシトン陶業では伝統的な柄やかたちの復活が一気に進んだ（菊田 二〇一三：一八七－一九〇、一九三－一九五）。

一九九一年にソヴィエト連邦が崩壊しウズベキスタンが独立すると、国営の陶器工場は民営化された。しかし経営はうまくいかず、一九九六年に大工場が倒産し、工場の一部を使って操業していた小工場も一九九八年に経営破綻してしまう。だが、リシトン陶業は消滅することはなかった。一九九七年に共和国手工芸協会が設立され、これに加盟した職人は所得税免除、協会からの原材料の供給や販路開拓、展示会出品などで優遇措置を得られることとなった。かつての工場の親方たちはつぎつぎと協会に加盟し、独立して陶業をおこなうようになった。それに加えて数千人単位の住民が、ほかにめぼしい産業がない中、陶土を採掘して簡単な絵柄をつけて焼く日用陶器作りに従事し、生計を立てるようになった。こうして筆者が調査を始めた二〇〇〇年代初頭は、リシトンの約三万人の人口のうち、数千人が陶業関連に従事している状態であった（菊田 二〇一三：二一三、Kodzaeva 1998）。

陶器製品の変化

二〇二〇年現在のリシトンの人口は約五万人だが、陶業はいまもリシトンの主要な産業として多くの住民の生活を支えている。ただし、その製品は一九世紀末のものとは様変わりしている。二〇〇二年以来の筆者の調査と菊田（二〇一九）をもとに、それをまとめてみよう。

現在、リシトンで産出される陶器製品のうち最も数が多いのは、観光客用の安価なみやげ物陶器である。ウズベキスタン独立後の一九九〇年代から外国人観光客が急増したために、みやげ物用陶器が盛んに開発され、小さな飾り皿や民族衣装を着てウズベキスタン名産のスイカやナンを持った人形、コーヒーマグなど、外国人観光客の需要に応えた新しい製品がつぎつぎに作られたのである。これらの製造方法は特に隠されておらず、工房の持ち主は、親戚や隣近所の人に請われればすぐ手伝いに数カ月雇って、基本的な技法を教えている。女性でこのような陶業に従事する者も大勢いる。町に一〇〇軒以上ある、これらの工房をまわって製品を集め、トラックやバンに積んで数百キロメートル離れた観光地に卸売りすることで生計を立てる人もいる。

彼らが顧客の要望に合わせて何色のどんな陶器でも作るのに対して、リシトン陶器の伝統として名高いコバルトブルーの色調を守り続けているのは、国の職人組合に加盟している数十人の陶工たちである。彼らは男性で、親や師匠から受け継いできたさまざまな意味のある古い文様や顔料の配合などの複雑な技法を有している。なかでも仲のよい十数人の親方たちは、頻繁に集って建物のタイル装飾などの大きな依頼を分担したり、技術的アドバイスをしあったり、陶業の守護聖者への祈りを共におこなったりと、一九世紀末の陶工集団をほうふつとさせる団結力をみせている。彼らのもつ複雑な技法を継承できるのは、子どものころから数年間弟子として工房の作業を手伝い、親方に一人前として認められた者のみである。このような弟子は、親方一人につき数人しか輩出できない。さらに天然灰釉のような複雑な技術は数人の親方のみが有しており［図7］、それは他人弟子にはほとんど教えられず、息子か甥が後継者として優先されている。

図6　観光客用の安価な陶器

この天然灰釉はイシコール（ishqor）と呼ばれており、リシトン陶業においては、草を燃やして採取するガラス状の成分をさす。その原料はリシトン市南部の現クルグズ領の荒地に自生する棘のある草「クルク・ブグン（qirq bo'g'in）」、「グロバ（globa）」、「イシロン（ishlon）」などである。毎年秋の花の盛りに一カ月程度かけて刈りとり、燃やしてできるガラス状の成分を採取し、砕いて化粧土と混ぜ、釉とする。この基本的な工程は多くの陶工が知っているが、化粧土や顔料との配合比や窯焼きのコツなどを知らないと、実際の陶器製作でイシコールの特性を活かすことができない。天然灰釉は手間がかかることからソ連時代には日用陶器へ用いられなくなり、鉛やガラス性釉が大半となって、天然灰釉の細かい製法はリシトンで一時失われていた。それを一九七〇年代末に探究して復活させたのは、工場内に自工房をもっていたK親方である。現在はK親方の息子たちと工場時代の元同僚、K親方から習った腕のいい他人弟子数人がくわしい製法を知っている。

[図7]にあるように、イシ

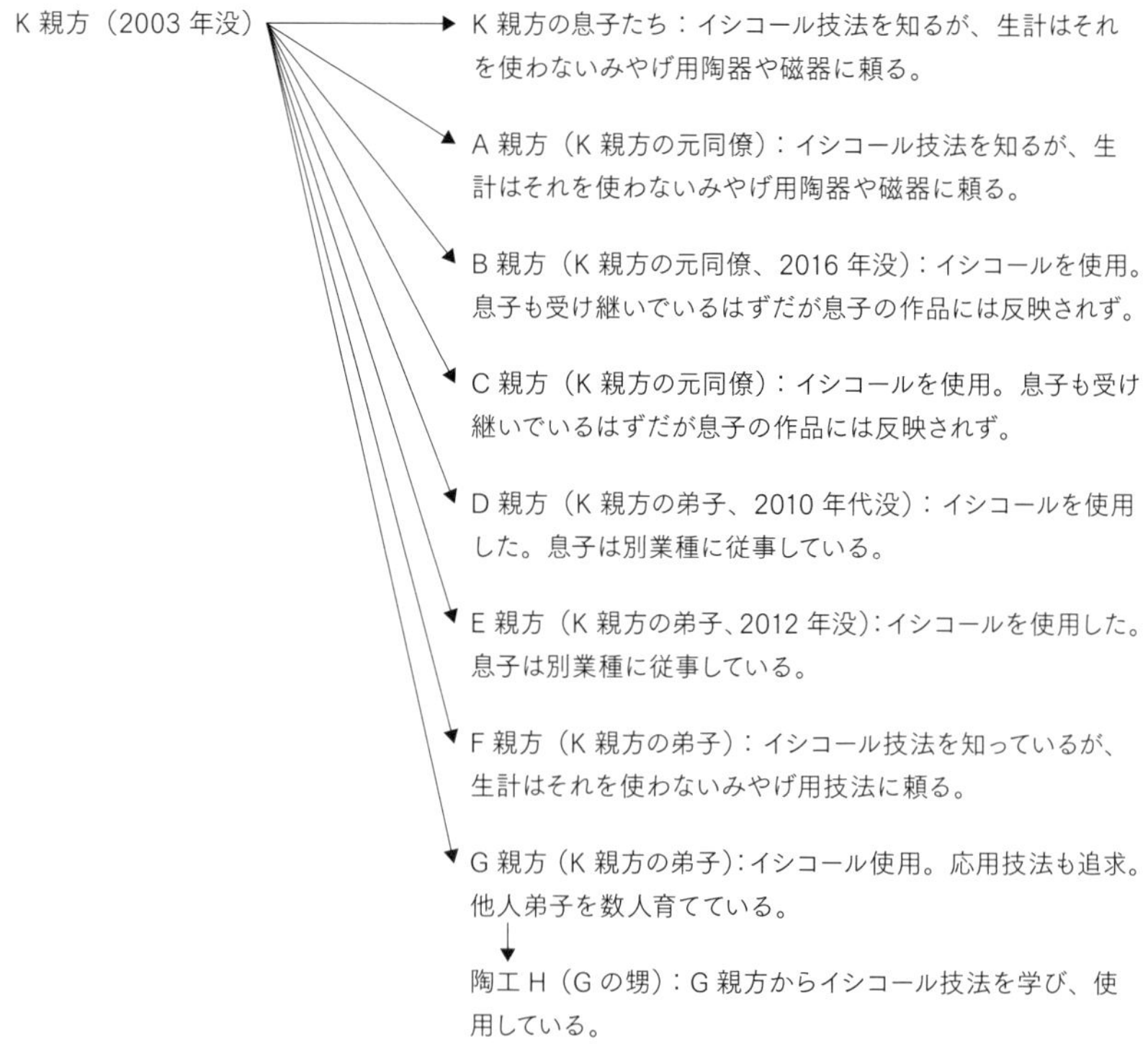
K親方（2003年没）

K親方の息子たち：イシコール技法を知るが、生計はそれを使わないみやげ用陶器や磁器に頼る。

A親方（K親方の元同僚）：イシコール技法を知るが、生計はそれを使わないみやげ用陶器や磁器に頼る。

B親方（K親方の元同僚、2016年没）：イシコールを使用。息子も受け継いでいるはずだが息子の作品には反映されず。

C親方（K親方の元同僚）：イシコールを使用。息子も受け継いでいるはずだが息子の作品には反映されず。

D親方（K親方の弟子、2010年代没）：イシコールを使用した。息子は別業種に従事している。

E親方（K親方の弟子、2012年没）：イシコールを使用した。息子は別業種に従事している。

F親方（K親方の弟子）：イシコール技法を知っているが、生計はそれを使わないみやげ用技法に頼る。

G親方（K親方の弟子）：イシコール使用。応用技法も追求。他人弟子を数人育てている。

陶工H（Gの甥）：G親方からイシコール技法を学び、使用している。

図7　天然灰釉（イシコール）の伝承状況（2010年代）

コール技法は基本的に男系で世襲され、娘が継ぐ例はまだない。息子や甥が陶工としての資質を欠いている場合は伝承されないか、他人弟子に伝えられる。また、たとえ技法を受け継いでいても、K親方の息子たちやA、F親方のように、伝統的陶業よりも簡単で多くの経済的利益をもたらす磁器や安価なみやげ物陶器の量産で生計を立てることを選び、イシコール製品をほとんど作らない者もいる。現在では、手間がかかるイシコール製品は、自作品にその特徴をうまく活かすことができ、価値を認めて高く買い取る外国人バイヤーとコンタクトをとれる親方だけが、作り続けていける状況なのである。

図８　天然灰釉（イシコール）を活かしたG親方の製品
左にある枝がイシコールの原料。

さて、ここまでの陶器製品はいずれもリシトンの陶土を使用しているが、二〇〇〇年代後半から「儲かる仕事」として台頭した磁器製造は地元の陶土を用いておらず、焼成温度も陶器より一〇〇度以上高いために特殊な窯が必要で、外からの新しい技術の導入によって始まった業種である。いまや磁器のほうが何十倍もの利益をもたらすようになり、従事者も増えている。次節ではこの新しい技術の普及を取り上げる。

磁器製作の広がり

磁器は石の粉で作るともいわれるように、長石やカオリンが主成分をなしている磁土を一二〇〇度程度の高温で焼くことで作られ、軽くて丈夫である。リシトン産の陶土はカオリンを含まないので磁器は作れない。そのため、二〇世紀前半にウズベキスタンで磁器が製作されるようになっても、そのおもな拠点はタシュケントであり、リシトンでは地元産の陶土を用いた陶器が作られ続けた。しかし、一九九一年にソヴィエト連邦の崩壊によってウズベキスタンが独立してからは、軽くて丈夫で高い需要のある磁器を販売したいという住民が登場し、リシトンでも開発が進んだ。最初の開発者はカオリン入りの陶土を二〇〇キロメートル遠方のアングレンなどから取り寄せ、陶器より二〇〇～三〇〇度高い炎で焼成できる特殊な窯を作るなど、たいへんな手間と元手をかけたという。だが、数年後にその経済的大成功が明らかになると、つぎつぎと磁器製作に参入する者が現れた。二〇〇〇年代には、「ビジネスマン」や「起業家（tadbirkor）」を自称する人々が作業場を建てて住民を雇い、国内向けの茶碗や平皿などの日用磁器を大量に生産してウズベキスタン国内や近隣諸国に出荷するようになった。二〇二〇年夏の時点で、一〇〇人から三〇〇人が働く大工場のオーナーは市内に五人おり、そのほかに労働者五〇人程度の中規模工場を一〇人程度が運営している。数人が働く小規模工房も一〇〇カ所以上ある。このほか磁器に綿花文様や金細工を施す作業のみを自工房でおこなって卸売業者に販売する者や、作業場からB級品を仕入れてバザールで販売して生計を立てている住民もいる。彼らも含めれば、リシトンで磁器に携わる人間は数千人規模になる。

なぜこれほどまでに磁器作りという新しい技術が急激に普及したの

図9　2010年代のリシトン製磁器の平皿と茶碗

か。まずは、ウズベキスタンの平均的月給の数十倍という利益を得られることがあげられる。磁器は陶器よりも丈夫で日用品として需要が高く、単価も陶器の数倍する。一方で、設備さえ整えてしまえば、作る手間は少ない。みやげ物のリシトン陶器はほとんどが手作業で成形や絵付けをするため、一つの製品を作るのに数日かかるが、磁器は型に粘土を流し込み流れ作業で成形して、スプレーで単純な絵柄を吹き付けるのみなので、一日で焼成できる。このように陶器よりも単価の高い製品を短期間で大量に生産し利益をあげられることが、磁器製作を始める大きな動機となっている。

つぎに、リシトン住民の多くが陶器作りに慣れ親しんでおり、磁器作りの現場にもすぐなじめた点が指摘できる。リシトンでは子どもが三カ月間の長い夏休みに近所や親戚の陶器工房で陶器製作のアルバイトをすることが、一九九〇年代から盛んだった。その経験をもつ人々が、二〇〇〇年代に広がった磁器の工場で何百人も働いている。土を成形して絵付けし焼成するという基本的な工程は陶器も磁器も同じなので、リシトン住民にとって、磁器作りは他の産業よりもはるかに敷居が低い。土練りは力作業ということで男性ばかりが従事しているが、粘土の型入れや絵付け、窯への出し入れなどでは女性も大勢働いている。労働者の環境整備も急速に進んでいて、朝夕にミニバスが工場と市内の集合場所を往復して送迎してくれる職場も多く、給与も平均的月給より少し高い水準である。こうして磁器製作はいまやリシトン住民の生活を支える一大産業に成長したのである。

5 さまざまな継承経路

本章では、ウズベキスタンの陶業を事例に、技術の継承経路と社会関係についてみてきた。この作業から得られた知見は以下のようなものである。

まず第1節からは、中央アジアに陶器作りという新しい技術が普及するためには、「金や銀の食器は華美で神の教えにふさわしくない」という観念が大きな役割を果たしたことが明らかになった。イノベーションが起こり普及する時、それは生態学的あるいは効率の観点のみならず、人間の観念や社会規範も重要であるといえよう。このことはティムール朝期における「青い陶器」の流行からもみてとれる。中央アジアの陶土ではカオリンを欠くために中国製青花と同様の磁器は作れないのであるが、「中国製青花磁器のような青い器がほしい」という王侯貴族の注文によって、中央アジアの陶工たちは工夫を重ねて、白い化粧土のうえにコバルトブルーで草木文様を描く「青い陶器」という新しい技術を生み出したのである。

一方、中央アジア陶器が九世紀以降に具象から抽象へと文様を変化させたことと、産地特有の文様をもつ点には、集団接触の影響が現れている。すなわち、生き物の具体的なかたちを描いていた中央アジアの陶工は、イスラーム化の進展によってそれを忌避し、代わりに抽象的なかたちや草木文様を採用して、アラビア文字の文様をイスラーム圏に輸出するようになった。また、チャーチュのようにオアシス定住民とステップの遊牧民の接する地域では、定住の陶工が作る陶器にも遊牧民の影響を感じさせる抽象化していない生き物の文様や、遊牧民のアップリケに近い描き方などがみられた。人間の製作物が、宗教・観念に影響され、定住と遊牧という生業とライフスタイルの異なる集団の接触によって変化する例といえる。

第2節では、一九世紀末のリシトン陶業での技術の分布や継承、社会集団との関係をみた。それは、町で定住生活を営む男性がおもに農閑期に陶業に従事して、その技術を弟子が何年も親方の下で手伝いながら覚えていくという徒弟制で継承するが、複雑な秘儀は息子やごく親しい弟子にのみ伝えられたというものである。自分の工房をもち独立した親方になるには大規模な儀礼と祝宴を開く必要があり、そのための貯えを作れずに、技術はあっても一生他人のもとで働く身分のままの陶工もいた。また、リシトンの陶工は作るものによって二集団に分かれており、自集団内で団結していた一方で、居住地の近隣住民や親族同士のつながりも日々の生活にとって重要であったと推測される。つまり当時の陶工はさまざまな社会集団が重層的に存在する中で生活していたといえる。ここからは、技術の複雑さや希少さによって継承経路が異なること、技術を保有する集団が必ずしも親族集団や居住地をひとつに共有していないことが指摘できる。

第3節では、今日のリシトン陶業での技術の分布や継承の様子、磁器産業の普及を概観した。リシトンでは現在、地元の陶土を使った一般的な陶器製作の技術は隠されることもなく、アクセスが容易である。その一方で、天然灰釉などの特定の技術は秘儀として数人の親方たちにのみ保持され、その男系子孫や近しい弟子に継承されている。さらに磁器製作の広がりの様子からは、新しい技術がもたらす経済的利益の大きさと、陶器づくりに慣れていた住民の存在という技術的社会的下地が、磁器産業の急速な成長を助けていることがわかった。

人間の使用するモノや技術は、それを有する集団と必ずしも一対一の対応とは限らず、継承される経路もさまざまである。ここで取り上げてきた、ろくろ使用による陶器製作の技術も、基本的には父から息子へという男系で伝えられてきたとされるが、一九世紀末以降の事例を詳細にみれば、甥や他人弟子、息子たちの中での選別など幅がある。陶器製作の中でも特に複雑な釉や顔料の配合は、秘儀としてごく少数の後継者にしか伝えないが、それ以外の技術は他人弟子や他の町の者にも隠さないというように、技術の内容によって継承のされ方も異なる。さらに、新しい技術（イノベーション）をある集団がうまく発展させられるかは、受け入れ集団の観念や社会規範、技術的下地や動機にもかかっていることが、中央アジア陶器の歴史とリシトン市の近年の磁器製作の広がりから読みとることができるのである。

参考文献

菊田悠　二〇一三『ウズベキスタンの聖者崇敬―陶器の町とポスト・ソヴィエト時代のイスラーム―』風響社

菊田悠　二〇一九『ウズベキスタン陶芸紀行―よみがえるシルクロードの窯元―』共同文化社

小松久男　一九七八「ブハラのマハッラに関するノート―O・A・スーハレワのフィールド・ワークから―」『アジア・アフリカ言語文化研究』一六号、一七八―二一五頁

ハキモフ・アクバル　二〇〇五「中央アジア芸術の至宝」キュレイターズ編『偉大なるシルクロードの遺産』キュレイターズ、二〇―三二頁

Alieva, S. 2009 *Khudozhestvennaya polivnaya keramika Uzbekistana IX-nachala XXI v.* Tashkent: Izdatel'stvo zhurnala "SAN'AT".

Gyul', E. F. 2017 Polivnaya keramika Uzbekistana: Etapy razvitiya. In S. Bocharov, V. François, and A. Sitdikov (eds.) *Glazed Pottery of the Mediterranean and the Black Sea Region, 10th-18th Centuries vol.2*, pp. 779-793. Kazan- Kishinev: Stratum.

Kodzaeva, L. X-M. 1998 *Keramika Rishtana, traditsii i mastera.* Tashkent: Institut Otkrytoe Obshchestvo.

Peshchereva, E. M. 1959 *Goncharnoe proizvodstvo Srednei Azii.* Moskva, Leningrad: Izdatel'stvo Akademii nauk SSSR.

Rakhimov, M. K. 1961 *Khudozhestvennaya keramika Uzbekistana.* Tashkent: Izdatel'stvo Akademii nauk UzSSR.

Sukhareva, O. A. 1976 *Kvartal'naya obshchina pozdnefeodal'nogo goroda Bukhary: v svyazi s istoriei kvartalov.* Moskva: Izdatel'stvo Akademii nauk SSSR.

Zhadova, L. 1974 Vvedenie. In L. S. Bubnova (ed.) *Sovremennaya keramika narodnykh masterov Srednei Azii*, pp. 3-14. Moskva: Sovetskii Khudozhnik.

第13章

狩猟行動に関する通文化比較

——熱帯湿潤地域を事例に

彭宇潔

1　狩猟と環境適応に関する研究の背景

本章は、熱帯湿潤地域を事例に、人類社会にみられる狩猟行動は何に制約されているのか、どのように変化するのか、民族誌資料とフィールドワークで収集した事例にもとづいて解明することが目的である。

R・ケリーは自然環境と狩猟採集民の活動範囲について、年間の移動頻度、平均移動距離、年間の移動総距離、年間利用した領域、基盤となる生業活動の平均遊動距離という五つの側面から通文化的に分析した。その結果、狩猟採集民の移動距離と範囲は彼らがいる地域の気温や生態資源、そして彼らの生活における狩猟活動への依存度と強い相関関係がみられた（Kelly 2013）。一方で、R・レイトンは社会的要因も考慮して、狩猟採集民社会は多数あって、それぞれ異なる社会構造や文化様式をもっており、それらは必ずしもそれぞれの生存環境に適応しているのではないと指摘した（Layton 1986）。自然環境が類似しても、狩猟採集民の生業活動や文化的実践が彼らの社会構造に大きく影響されて、そうした活動のための空間利用も異なってくる(Layton 1986: 29)。

本章では、狩猟採集民を対象にした議論より視野を広げて、農業や牧畜などの他の生業もおこなう民族集団を議論に入れたい。これまでは、農耕の開始は人類のほとんどが狩猟採集経済から農業経済へと移行した完新世初期である、という歴史的・単系的な進化が広く認識されていたかもしれないが、じつは(文化)進化は直線的ではなくて分岐的であって、「個別的な文化形態の歴史的発展は特殊進化、……、文化が全体的進歩の諸段階を通って続いてゆくのは、一般進化……」(サーリンズ／サーヴィス 一九七六：六九)と詳細に分けた論考がある。本章においては、このようなM・サーリンズとE・サーヴィスの提唱した進化論的人類学の視点を議論に用いたい。

世界の一部の地域では穀物が生産されるようになり、それが文明を生み出す原動力となった。近い過去を含め、現在の世界における狩猟採集社会の分布は、熱帯や極北など農業生産の可能性が低い地域に偏っている(Ikeya 2016)。もちろん、狩猟採集民の集団がこうした限界的な自然環境に適応してきた可能性を否定するものではない。一方、大規模な農耕社会が成立し文明が発達した温帯地域やそれに隣接する亜熱帯地域では、多くの社会が園芸農耕を実践していた。これらの集団が狩猟採集期から大規模農耕期へと移行する過程にあったかどうか、すなわち一般進化か特殊進化かを知ることはむずかしいかもしれない。そこで、本章においては、狩猟採集民や農耕民との対比に加えて、両者ともにおこなっている狩猟活動に着目して、個々の社会の自然環境適応と文化適応について論じたい。

本章では、まず国立民族学博物館の収蔵したアフリカ各地の狩猟具の標本資料に対する熟覧調査および結果について説明したうえで、東南アジア地域の狩猟民に関する民族誌資料の調査と、筆者がカメルーンと中国雲南省で実施した現地調査と民族誌資料調査で得たデータをメインに記述する。それにもとづいて、道具の形状と用途、狩猟対象動物と活動範囲、社会的環境を含む大きな生態学的環境による影響から、狩猟の技術と行動にみられる多様性について考察する。

2　狩猟具の形状と用途

筆者は二〇一八年に国立民族学博物館で収蔵されたアフリカとアジアの槍の標本資料一一一点を熟覧し、その中の二三点をくわしく計測した［図1］。槍の収集者の記録によると、各地域の槍の用途は、狩猟などの直接な資源獲得活動に使われたり、戦闘や儀礼などの社会的な場面で利用されたり、子どもの遊びや練習に使われたりして、多様な用途がみられた。とりわけ、儀礼などの社会的な場面によく利用される事例は農牧社会に多く、主要な資源獲得の手段は狩猟採集ではないことが多い。そういった社会で使われている槍には、形態的な特徴がみられた。たとえば、ケニアのサンブールやマサイなどの槍は穂の部分が非常に長くて重い。スーダンのナリムの槍は平均三メートルもあり、非常に長い。

それに対して、狩猟を主要な生業活動の一つとしておこなっている社会では、槍に過剰な装飾や奇抜な形態がほとんどなく、使い方に応じた形態となっている。南部アフリカ乾燥地のブッシュマンは対象動物に槍

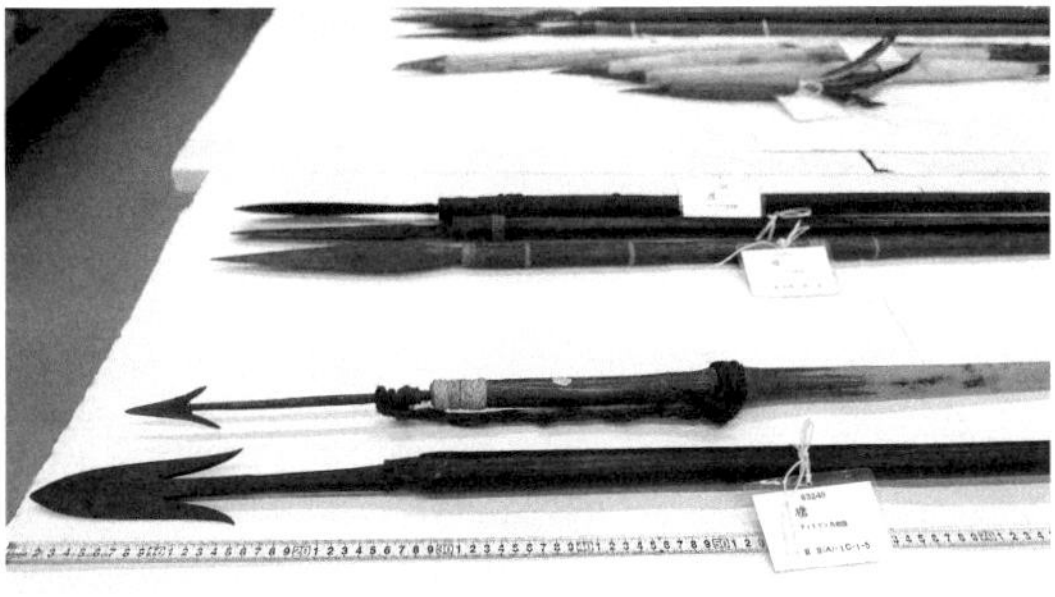

図1　博物館が収蔵する槍の標本資料に対する観察と測量（2018年筆者撮影）

を投げて、傷つけて弱めて狩る方法をとっている。彼らの槍は細くてそれほど長くはなく、非常に軽い。コンゴ盆地熱帯林のピグミーたちは罠にかかった獲物を突き仕留めるために槍を利用している。彼らの槍は柄の部分がまっすぐで丈夫な木で作られ、穂の部分が厚めの金属で作られている。使用している間に柄の部分が折れたり壊れたりしても、新しい柄をつけることによって穂の部分が再利用できるのである。このように、一言で槍と呼んでも、使用方法は異なり、それに応じて形状も異なる。

また、多様な用途に応じて槍の構造が複合的になる事例もみられた。マダガスカルのマシコロ人たちが利用する槍は柄の両端に金属製の部品がつけられている。一方は尖っていて、動物を突き刺す際に用いられる。もう一方は方形の刃になっていて、土を掘ることができて、根茎類の採集や農作業などに利用できると考えられる。フィリピンの森林部で暮らすハヌノオ－マングヤンの槍は銛に類似した構造で、穂と柄がしっかりと固定されておらず、紐でつながっている。対象動物に投げてそれを刺すと同時に、穂と柄が分離し、柄の向きが横になる。そのため、動物が逃げても（というより、逃がして）、横になった柄が樹木の多い森で引っかかって、傷つけた動物を弱らせて、その後の追跡に有効となる。マレーシア・ボルネオ島の狩猟採集民族プナンたちが使用する槍の柄は中空な構造であって、動物を突き刺す以外に、吹き矢として利用することもできると報告されている（Hoffman 1986; Davis and Henley 1990）。

3　狩猟具と対象動物——東南アジアの事例

このように、特定の狩猟具にはその用途に応じた形状の多様性がみられた。つぎに、アジアの民族事例を用いて、異なる狩猟方法に応じた、道具の多様な組み合わせ利用についてみていく。

アンダマン諸島の住民

①日常道具とその形状

アンダマン諸島はマレー半島の西に位置し、大別すると、グレートアンダマンとリトルアンダマンの二つの地域に分かれている。アンダマン島住民の事例（Radcliffe-Brown 1948; Man 1883; Oswalt 1973）によると、島内の自然環境は単一ではなく、おおむね沿岸部と内陸部に分けられる。アンダマン島住民の男性によって最もよく使われている狩猟具は弓矢である。沿岸部の住民たちは弓矢でおもに大型の魚や甲殻類を狩る。一方で、内陸部（山岳地帯）の住民はイノシシをおもなターゲットにしている。地域によって、また狩猟漁労対象によって、弓矢の形状は異なる。弓矢のほか、アンダマン島北部の住民集団は、犬を使う猟法で、槍を補助的に使用している。女性が使う道具に関する記述は多くないが、網を使って小さい魚介類を捕っていることが記載されている。また、狩猟漁労用の道具のほか、採集活動に木製の掘り棒が一般的にどの地域でも使われていることが記載されている。

矢、槍、銛の先端の構造は互いに似ているが、大きさや形が異なる。A・ラドクリフ＝ブラウンの民族誌（Radcliffe-Brown 1948）では三種類の矢が紹介されている。漁労に使われる最も一般的なものはグレートアンダマンでみられる。軸と前軸は竹と木でできていて、全長は八五～一五〇センチメートルある。軸の長さにくらべて先端の鉄は非常に短い。部分ごとの正確な長さは示されていない。似たような矢がリトルアンダマンでも発見されているが、ラドクリフ＝ブラウンが述べているように、より長く、より大きなものである。この種の矢は、ヘビやネズミ、鳥を狩るのにも使われている。いずれも動きが速く、軽快な動きをする獲物が対象である。

道具製作に使われた材料については、刃部には貝や骨、石が使われていたが、文献が公表された二〇世紀初頭では金属になっていることがわかる。材料がどういう経緯で誰から入手したかは不明だと書かれている。

②対象動物

ラドクリフ＝ブラウンの記述によると、アンダマン諸島の住民たちが魚を含む動物を捕えるためのおもな道具は弓矢である（Radcliffe-Brown 1948）。陸上で弓矢を使う狩猟の対象となる動物は、イノシシ、ヘビ、ネズミ、鳥などである。海上では、大型の魚介類を対象とすることが多い。槍や銛も狩猟に使われるが、特定の地域に限られる。槍は比較的新しい狩猟道具で、ほとんどの地域であまり使われていない。一方、北部地域では犬と一緒に狩りをする時に使われている。

イノシシ狩りに使われる矢は、釣り用の矢よりも細いが、銛のように先端が取り外せるようになっている。ポイントとかえし（barb）を束ねるための紐は、イノシシの強さを反映して、釣り用よりもはるかに強い。リトルアンダマンでは、イノシシ用の矢は片側にしかかえしがなく、グレートアンダマンでみられるものよりも長い。この二つの地域の矢の形は、仕組みとしては基本的に同じで、大きさや形のちがいは地域差と考えられる。銛は、グレートアンダマンの人々にとって、狩猟や釣りの第二の手段である。柄は竹でできていて、両側に棒状の長い鉄製の尖頭器がついている。この長い狩猟具は、ジュゴン、カメ、イルカ、大型魚など、イノシシと同程度の大きさのものを捕獲するのに使われる［表1］。

表1　アンダマン諸島住民にみられる狩猟具と対象動物

狩猟具	対象動物	動物ランク	生態領域
槍	イノシシ	中型	内陸森林
銛	カメ	小〜中型	海洋
	ジュゴン	大型	海洋
	ネズミイルカ	大型	海洋
	大きい魚	中〜大型	海洋
弓矢	イノシシ	中型	内陸森林
	ネズミ	小型	内陸森林
	ヘビ	小型	内陸森林
	鳥類	小型	内陸森林
	大きい魚	中型	海洋
	大きい貝類	小型	海洋

（Radcliffe-Brown 1948 にもとづいて筆者作成）

これらの特徴やちがいを考慮すると、狩猟具の先端部の形状と構造は、狩猟と漁労の対象動物を考慮して作られていると考えられる。大型で体力のある動物を狙う場合には、先端部が着脱可能なものを使用したり、柄の素材も太いものや丈夫なものを選んだりする。

マレー半島の人々

①日常道具とその形状

マレー半島とボルネオ島の狩猟採集集団（Evans 1937[1968]; Carey 1976; Hoffman 1986; Davis and Henley 1990; Kaskija 2012）は、吹き矢の使用が特徴的である。マレー半島、ボルネオ島、フィリピン諸島には、オラン・アスリやネグリトと呼ばれた民族が複数居住する。ここでは、東南アジアの島々の森林に住むオラン・アスリとネグリトの民族誌を紹介するが、地域や言語、民族のアイデンティティによる区別はせず、内陸、内陸水域、海洋など、それぞれの自然環境で区別する。

シェベスタの研究（Evans 1937[1968]の引用による）によれば、オラン・アスリの人々が使う弓矢の矢は先端部が外れないように固定されている。長さ五・五センチメートルの矢の刃の先端には、一本か二本の棘がある。矢の軸は竹でできていて、端にはバランスをとるための羽がついている。一般的には二〇〜三〇メートル程度離れた動物を狙うのに使われるが、矢自体は一五〇メートル程度まで飛ばすことができる。吹き矢は、吹き筒と矢の両方とも通常は竹で作られている。矢の長さは居住集団によって異なるが、三〇〜四〇センチメートル程度で、撃つ前には毒（特定の木から採取した毒液）を塗るのが一般的である。吹き矢の有効射程距離は四五〜五五メートルだが、実際には三〇メートル程度の距離にしか発射されない。槍、短剣、ナイフ、斧などは、マレー人農耕民がオラン・アスリの人々に伝えたものである。博物館に展示されている槍の例では、長さ一三〇・七センチメートル、厚さ二・五センチメートルの鉄製の頭部をもっている。

②対象動物

オラン・アスリの狩猟活動に関しては、弓矢の使用はあったが、二〇世紀の後半からは、ほぼ成人男性に関わる象徴的な意味しかもたなくて、吹き矢が主たる狩猟具になった。そのような変化の中で、狩猟採集民に大きな影響を与えたのは外部から来た定住農耕民だと考えられる。マレー半島のネグリト系狩猟採集民は吹き矢に使われる金属をマレー人から入手したことや、ボルネオ島のプナンは周辺の定住民と接触があると報告されている。そうした接触によって、特に鍛冶屋をもつ定住民と生業上における特定の社会関係が築かれたことで、道具に変化があったと考えられる。

一方、実際に効率的かつ効果的な猟法は各種の罠猟であって、吹き矢の狩猟対象は鳥やサルなどのような、樹上に生息する狩りにくい獲物だけである［表2］。オラン・アスリの人々は、いくつかの種類の罠を使用している。タケネズミのような動物を捕えるには、掘棒が最もよく使われる。槍や銛は大きな魚を捕えるのに使われ、小さな魚や貝は籠のスコップを使って捕えるのが普通である。一般的な狩猟・漁労手段である罠や籠にくらべて、弓矢や吹き矢は持ち運びが容易であるため、森の中を移動したり探索したりするのに便利な道具である。弓と矢はイノシシを狩るのに使われたと報告されている。また、漁労にも槍などではなく、網の利用が圧倒的に多い。

表2　オラン・アスリにみられる狩猟具と対象動物

狩猟具と方法	対象動物	動物ランク	生態領域
槍	大きい魚	中型	内水面
銛	大きい魚	中型	内水面
弓矢	イノシシ	中～大型	内陸森林
吹き矢	サル	小型	内陸森林
	鳥類	小型	内陸森林
各種の罠	その他	小型	内陸森林

（Evans 1937[1968] と Carey 1976 にもとづいて筆者作成）

4 生活環境全体からみる狩猟活動

ここまでは、おもに博物館収蔵品や文献などの民族誌資料にもとづいて、狩猟具の形状や狩猟方法といった狩猟活動の技術面と、狩猟活動がおこなわれる場所や対象動物といった戦略面（集団における慣習と社会制度にもとづくもの）について多様性を示した。つぎに、個別の集団の検討を超えて、他の集団と接触のある大きな生活領域の中で個々の集団の狩猟活動をみていく。筆者が二〇一〇年から二〇一七年にかけてカメルーン東南部熱帯林地域で計一五カ月間おこなったフィールドワークと、二〇一九年に中国雲南省で計一週間程度おこなったフィールドワークにもとづいて説明する。

アフリカ熱帯林の狩猟採集民

バカは、コンゴ盆地の熱帯雨林地域に住むピグミー系狩猟採集民集団の一つである。おもにカメルーン、ガボン、コンゴ共和国などのコンゴ盆地北西部に暮らし、中央アフリカ共和国にも少数のグループがいる。バカは、定住している村の周辺で小規模な農業を営んでいるが、狩猟、採集、漁労は現在でも彼らのおもな生計手段として重要な役割をはたしている。植民地時代の政府やカメルーン政府は、森林地域の住民であるバカやバントゥー系焼畑農耕民を森の奥から幹線道路沿いに移住させるために、定住政策を導入・推進した。しかし、バカは定住して農耕に従事した後も、森の中で広く狩猟や採集を続けている。

現在、バカが最もよく使う狩猟方法は罠猟で、成功率が高くて安定している。小型哺乳類のオニネズミを捕獲するさいは煙（その場で採れる材料でおこすもの）を使って素手でつかむが、ときどき山刀やその場で採った木の枝などで作った棒で叩く必要がある。山刀は、オニネズミ猟以外に、カメやセンザンコウの狩猟、野生イモの掘り起こしなどに使われており、バカたちにとって日常生活に欠かせない道具である。一方、槍を利用した狩猟は頻繁でなくなりつつあるが、それでも槍は男性の日常的な狩猟活動に使われている。罠にかかったカワイノシシやレッドダイカー、さらにゾウのような大型哺乳類を仕留めるさいに必要である。ただ、それは簡単に成功できる方法ではない。鳥を撃つために弓矢を使う地域もあるが、槍ほど普遍的にはみられない。銃の使用は、バカを含む現地の人々にとって最も効率的な狩猟技術と考えられているが、バカは通常、銃を所有せず、農耕民または森林外部の人から狩猟を依頼されて渡される場合がほとんどである。現在、森の中での狩猟は禁じられているが、バカと農耕民を含む地域住民のみが自家消費目的で非金属製の猟具を使う場合は許されている。森での遊動生活から村での定住生活に移行したにもかかわらず、バカは依然として森での狩猟採集に頼っているが、対象となる動物の割合や種類は遊動時代とくらべて変化していると報告されている（Yasuoka 2006）。

狩猟活動も含めて、バカたちが日常的におこなう活動には、山刀、短刀／ナイフ、槍、斧、カミソリが一般的に使われている。前述の狩猟方法でも説明したように、山刀はバカたちにとって不可欠な道具で、生活のあらゆる場面にみられる。それはカメルーンを含む中部アフリカの各地域に一般的に利用されているものである。山刀は市販のもので、通常、バカたちは近隣集団の農耕民から購入するか、農耕民の手伝い作業の報酬や森林産物との交換によって手に入れる。山刀は刃の部分が約四五～五〇センチメートルほどで、柄の部分が約一五センチメートルの長い刃物である。未使用の新しい山刀は刃の幅が約八～一〇センチメートルあり、全体が約一・五キログラムある。長期の使用と研磨などのメンテナンスによって徐々に狭く短くなり、柄の部分も何度も新しい材料で補修したり補強したりすることで、全体が小さくなって、最終的に短刀やナイフと変わらないサイズになってしまう。このように、同じ道具であるが、使用によって徐々に形状が変化することにつれ、その用途も変わることがわかる。

そのような山刀は男女を問わず成人がほぼ一人あたり一、二本所有している。動植物や道具、その他のものを切ることだけではなく、野生イモを掘り出すための道具でもある。また、籠やござを編むために材料を削ったり、叩いたりすることもしばしばみられる。細かな作業は山刀の代わりに短刀あるいはナイフを使う。一方、槍、斧とカミソリの用途は限っている。槍は大型動物の猟に、斧はハチミツ採集のためにハチの巣のある木の伐採に専用されている。カミソリは治療や身体装飾以外に、道具の補強によく使われるゴムバンドや布などの細かい加工もできる。このように、バカが使用する道具は形状が比較的単純で種類も多くないが、使う技法によって用途が多様である。

こうした多様な技法と用途は、バカ社会において、性的分業によって差がみられた。バカ社会における性的分業は、男性は狩猟で、女性は採集と料理だと報告されている。筆者の現地調査によると、それ以外の諸活動にも性的分業がみられた。たとえば山刀の利用では、男性はキャンプ地の開拓や大きい家具の製作、土壁の家屋製作、動物の解体で、女性は植物採集や集団漁労、薪採集、編み物の製作、ドーム型小屋の製作などというように、日常活動に従事する割合に男女差がみられる。そうした性的分業にもとづき、バカの男性と女性にみられる道具利用には特徴的な差がみられた。

また、バカたちがおこなうおもな活動は、通年でおこなうもの、季節的におこなうもので、周期的に変化している［図2］。通年的にはほぼ毎日の薪採集、野生イモ類の採集と罠の設置・確認をおこない、乾季と雨季の交替という季節の変化によって獲得できる資源が変わるため、それに応じて活動も変わる。乾季に入るとバカたちはほぼ全員定住村を離れて森の奥に入って、一カ月程度の短期的な採集キャンプで住みながら、その周辺の自然資源をとる。その時に実施されている狩猟は跳ね罠のほかに、毎日周辺を歩きながら、男性は槍と斧を持ってハチミツやイノシシなどの希少な資源との遭遇機会を狙う。女性はおもに植物資源の採集をするが、移動中に小型哺乳類の捕獲や川での集団漁労をすることもしばしばある。とりわけ、大乾季に入ると女性たちは集団漁労（掻い出し漁）に頻繁に出かけ、そのついでにオニネズミのような小型哺乳類の集団猟の頻度も上がる。雨季になると、カカオの収穫やその他の農作業への手伝いをするために、バカたちはほとんど定住村にいるため、日帰りの罠猟の頻度も低くなる。

定住化後、バカは生活の重心を定住村へ移行させたため、過去の民族誌の記載と比較すると、生業活動の季節性が顕著になった。季節性の強い活動は長時間、特定の場所において集中的に実施されることによって、バカたちは森と定住村の間を定期的に行き来するようになった。そうした定住化は彼らの狩猟活動の実施場所や方法、頻度を間接的に規制したといっていい。

雲南独龍江流域のドゥーロン族（独龍族）

ドゥーロン族は、雲南省北西部にある貢山独龍族怒族自治県の独龍江流域に暮らす人々である。その地域では、漢人、チベット族がマジョリティで、怒族やリス族、ミャオ族などの複数の民族集団が暮らしている。独龍江北部の上流地域はチベット高原と接しており、標高二〇〇〇メートル以上の温帯山地で、南部の下流地域はミャンマーと接していて、熱帯低地湿潤地域である。ドゥーロン族は伝統的な焼畑農業でジャガイモやサトイモ、トウモロコシを主要な農作物として栽培していた。

<table>
<tr><td>月</td><td>1月</td><td>2月</td><td>3月</td><td>4月</td><td>5月</td><td>6月</td><td>7月</td><td>8月</td><td>9月</td><td>10月</td><td>11月</td><td>12月</td></tr>
<tr><td>季節</td><td colspan="2">大乾季</td><td colspan="4">小雨季</td><td colspan="2">小乾季</td><td colspan="3">大雨季</td><td>大乾季</td></tr>
<tr><td rowspan="3">主要な活動</td><td colspan="2">森での遊動</td><td colspan="3"></td><td colspan="4">果実の採集・加工</td><td colspan="2"></td><td>遊動</td></tr>
<tr><td colspan="2"></td><td colspan="4">[農耕手伝い]農作業</td><td colspan="2"></td><td colspan="4">[農耕手伝い]カカオの収穫</td></tr>
<tr><td colspan="12">[通年] 薪や野生イモなどの採集、日帰り罠猟</td></tr>
</table>

図2 バカのおもな生業活動の年間スケジュール

また、独龍江での漁労と、ウシを主要な家畜とする牧畜をする。そして季節に応じて、山や森に入って、野生薬草と山菜の採集を定期的におこなうほか、弓矢を用いてクマ、サル、野牛などを狩る集団猟もおこなっていた。

このような複合的な生業形態にもとづいて、ドゥーロン族の人々は複数の世帯で一つの「ホータン」（火塘：調理場に相当する場所）を共有することによって、獲得した資源を分かちあうといった地域共同体的な居住形態を維持してきた。そうした地域共同体的な居住は、共同の血縁関係をもつ人々から構成されている。具体的には、一つの居住集団では各世帯の世帯主になる男性たちは、互いにキョウダイまたはイトコ関係にある人々である。その居住集団に新たなメンバー（新生児）が増えることによって人口も増加するが、結婚によって女性が移出したり、新しい世帯（若い夫婦およびその子どもたち）が移出したりすることを通して、居住人口の数は維持されている。また、血縁関係で形成された小規模居住集団のメンバーたちは、調理場を共有するだけではなく、焼畑農耕のための土地やその農作物、狩猟採集漁労をおこなう場所もすべて共有していた（宋 一九八〇：二〇－五四）。

一九四〇～五〇年代に、ドゥーロン族は近隣のチベット族とリス族に政治的・経済的に支配され、集団内部に貧富の格差が生じ、生業生産の道具や「ホータン」の所有権をめぐるメンバー間の紛争が頻繁にあり、さまざまな資源を共有する地域共同体的な生活様式が徐々に崩壊した。中国の内戦が終わった後、独龍江流域および周辺地域が自然保護区の一部になり、野生動植物の狩猟採集が全面的に禁止され、漁労も四月から八月までに限定された。政策という外部強制力によって、一九九〇年代にドゥーロン族は農牧や狩猟採集漁労といった複合的な生業形態から農牧と定期的な漁労のみに移行した（Gros 2014）。栽培する農作物は主としてコメで、最近はソバも栽培している。

筆者の聞き取り調査によると、近年、自然保護区の設立と野生動植物の狩猟採集規制によって、ドゥーロン族は野生薬草の採集ができなくなり、それによる現金収入もなくなった。政府はドゥーロン族の人々に薬草の自家栽培を推奨した［図3］。しかし、実際に栽培に成功した世帯はそれほど多くないことが聞き取り調査でわかった。また政府は、山に分散して小規模に居住していた人々を町の中心部に移住させる政策を実施した。移住先には集団住宅街のように家屋を建てたが、知らない人々と隣同士になりたくないとか、山から離れたくないとかという理由で移住しない世帯もある。居住する場所を変えたくない現状の中で、ドゥーロン族の人々は、子どもを町の中心部の学校に送ったり、ほかの民族と交易をしたり、観光ガイドをしたり、市場で出店したりするために移動を頻繁にしていた。下流地域に暮らすドゥーロン族の人々は国境を越えてミャンマーの人たちと農産物や手芸品を交換する定期市での交流がよくある一方で、上流地域に暮らすドゥーロン族の人たちはチベット族との交流がより頻繁である。このように、同じ「民族」であっても、日常生活においては、南北間における民族内部の交流より、同地域およびその周辺の民族集団との交流が多い。また、定住化や農耕化の過程はカメルーンのバカと異なって、狩猟採集活動が全面的に禁じられ、漁労活動の範囲と時期も国に厳しく管理されていて、大きな社会的環境における差によって、狩猟活動に依存していた小規模居住集団には異なる変化がみられた。

図3　独龍江上流地域の主要な換金作物「重楼」（Paris polyphylla）の栽培畑（調査助手H撮影）

5　社会変容と狩猟活動の動態

本章では熱帯湿潤地域にみられる狩猟行動を取り上げて、おもに狩猟具の形状と用途の関連性、狩猟対象動物と生態学的領域にみられる地域差、社会的環境の変化のもたらした影響といった三つの側面から、民族誌資料とフィールドワークからの事例を用いて説明をおこなった。最後に、本章で紹介した民族事例にふれながら、集団内にみられる狩猟の技術と実施行動の多様性と、他の集団との接触による狩猟行動の動態について考察をおこないたい。

まず、使用する道具は狩猟だけといった単一の目的だけではなく、その形状も利用される集団の生存環境やその他の生業活動に強く影響されていることを明らかにした。本章で紹介した民族事例は、必ずしも通常の狩猟採集民研究における研究対象の「狩猟採集民」のみならず、伝統的に狩猟活動をおこなってきた民族集団から収集した。そのため、日常生活と生存環境の比較も視野に入れることにより、新たな知見が得られた。世界中の槍の形状は、狩猟目的以外で使用される集団のほうが、より多様であり、付与される社会的意味も異なる。また、イモ類の採集や農耕なども同時におこなう民族集団においては、道具が細分化されるのではなく、槍は複合的な生業活動に適応する形状になる。道具の形態の複雑度で評価された文化水準(Oswalt 1973)は製作技術の一面しか反映していないことがわかる。

それから、熱帯湿潤地域の自然環境も地域によって異なり、狩猟可能な動物や人類の活動範囲はそうした自然環境に制約されていて、同じ原理で利用される狩猟具でも、異なる用途がみられた。アンダマン諸島の住民は海洋資源に強く依存しており、対象動物は小型から大型まであって非常に多様である。それに対して、森林部の対象動物は非常に限定されている。それらの生業活動に応じて、海洋資源の獲得に多く用いられる弓矢の利用頻度が圧倒的に高い。一方で、内陸部で暮らすマレー半島のオラン・アスリの人々は中小型の動物を対象にして、罠の利用に大きく頼っている。それは動物の習性を熟知しないとなかなか成功できない狩猟法で、動物を追う狩猟方法とは大きく異なる。弓矢の製作と射る技法に精通するアンダマン諸島の住民より、オラン・アスリの人々は森の陸生動物に対する知識と狩猟技術を発達させたといえる。先述した道具の形状と用途との関連性も含めて、狩猟活動は、狩猟具という物質文化でも、狩猟技術と狩猟行動という文化でも、たんにそれぞれ閉じられた体系ではなく、当事者たちの活動範囲およびそれを規制する社会制度、狩猟以外の生業生産活動などとも関連している「開かれた体系」（サーリンズ／サーヴィス 一九七六）である。

さらに、他の集団との接触という大きな社会的環境まで考察の視野に入れると、狩猟活動の動態と地域差がみえる。熱帯湿潤地域はつねに生物資源に恵まれているという先入観があるようだが、ミクロな気候変動に応じて住民たちは生業活動の重心をシフトさせ、狩猟方法や範囲、対象動物も変わる。定住化を経験したアフリカのバカは、過去の民族誌で書かれたようなつねに遊動している生活ができなくなったが、周辺民族集団の生業活動のスケジュールと季節の交替に合わせて各種の生業活動のスケジュールを柔軟に調整しながら、狩猟活動を定期的におこなうようになった。一方、雲南のドゥーロン族が経験した定住化と狩猟採集漁労活動の制限は、バカの場合よりはるかに強い強制力があり、森林部での狩猟活動が完全に禁じられ、漁労活動も厳しく管理されている状況により、生活様式に顕著な個人差が生じた。バカもドゥーロン族も、本来親族関係をもとに形成されたバンド社会（Servie 1962）で、居住も生業活動もこうした小規模な集団でおこなわれてきた。バンド社会から現代国家へ、といった社会的環境の変化によって、両者ともより複雑な社会組織の一部として、各自の生業活動も居住形態およびそれらの文化・社会的意味も変わった。このように、現代国家の中の元バンド社会に対する進化論的な研究は、民族集団といったレベルにとどまらず、さらに複雑な社会組織という枠の中で議論すべきであろう。

参考文献

M・サーリンズ／E・サーヴィス　一九七六『進化と文化』（山田隆治訳）新泉社

宋恩常　一九八〇『云南少数民族社会調査研究（上集）』云南人民出版社

Carey, I. 1976 *Orang Asli: The Aboriginal Tirbes of Peninsular Malaysia*. London: Oxford University Press.

Davis, W. and T. Henley 1990 *Penan: Voice for the Borneo Rainforest*. Vancouver: Western Canada Wilderness Committee.

Evans, I. H. N. 1937[1968] *The Negritos of Malaya*. London: Frank Cass & Co. LTD.

Gros, S. 2014 The Bittersweet Teste of Rice: Sloping Land Conversion and the Shifting Livelihood of the Drung in Northwest Yunnan (China). *Himalaya* 34(2): 81-96.

Hoffman, C. 1986 *The Punan: Hunters and Gatherers of Borneo* (Studies in Cultural Anthropology No.12). Michigan: UMI Research Press.

Ikeya, K. 2016 Introduction. In K. Ikeya and R. K. Hitchcock (eds.) *Hunter-Gatherers and Their Neighbors in Asia, Africa, and South America* (Senri Ethnological Studies 94), pp. 1-15. Osaka: National Museum of Ethnology.

Kaskija, L. 2012 *Images of a Forest People: Punan Malinau-Identity, Sociality, and Encapsulation in Borneo*. Uppsala: Acta Universitatis Upsaliensis.

Kelly, R. 2013 *The Lifeways of Hunter-Gatherers: The Foraging Spectrum*. Cambridge: Cambridge University Press.

Layton, R. 1986 Political and Territorial Structures among Hunter-Gatherers. *Man* (New Series) 21(1): 18-33.

Man, E. H. 1883 On the Aboriginal Inhabitants of the Andaman Islands (Part I). *The Journal of the Anthropological Institute of Great Britain and Ireland* 12: 69–116.

Oswalt, W. H. 1973 *Habitat and Technology: The Evolution of Hunting*. New York: Holt, Rinehart and Winston.

Radcliffe-Brown, A. R. 1948 *The Andaman Islanders*. Glencoe, Illinois.

Service, E. 1962 *Primitive Social Organization: An Evolutionary Perspective*. New York: Random House.

Yasuoka, H. 2006 Long-Term Foraging Expedition (*Molongo*) among the Baka Hunter-Gatherers in the Northwestern Congo Basin, with Special Reference to the “Wild Yam Question.” *Human Ecology* 34(2): 275-296.

第14章 人類の移動拡散ベクトルについての批判的省察

――南方経路上の考古遺物への民族移動誌の投影より

高木仁

1 ホモ・サピエンスによる南洋への移動拡散ベクトル

中期旧石器時代以降にユーラシア大陸へと分布域を広げたホモ・サピエンスは、ベーリング海峡およびスンダ・サフル海峡を抜けて、地球の隅々にまで拡散した。その後、アメリカ大陸における文明の形成、オーストラリア大陸における狩猟採集経済の維持など、その諸相は多岐にわたった。そうした中でネアンデルタール人が優勢していた世界に出現したホモ・サピエンスが、現在のユーラシア大陸部においてその居住範囲を拡大し、先住のネアンデルタール人とどのように交替していったか、また、新石器を用いた狩猟採集民族がどのような集団であったのかについても解明が進められている（Hitchcock 2021; Ikeya and Chumpol 2021; Ikeya and Nishiaki 2021; Kardash and Girchenko 2021; Nakai and Ikeya 2021; Nishiaki 2021; Onishi 2021; 小野 二〇二〇；Ono 2021; Prasetijo 2021; Yamaoka 2021; Yu 2021; Yujie and Nobayashi 2021）。

ホモ・サピエンスのこうした広範な拡散において注目されてきたことのひとつに、ユーラシア大陸部における南北への拡散分岐がある。ホモ・サピエンスの拡散における二つの大きな流れは、一つに中央部に位置する山岳地帯を境に北の寒冷な土地へと向かうルートがあり（北方経路）、もう一つに、現スンダ・サフル海峡を抜けて、オーストラリア大陸や南太平洋に拡散していったルートがある（南方経路）。

乾燥していて考古遺物の保存状態が比較的よいとされている北方経路にくらべて、現インド大陸から東南アジア半島部およびスンダ・サフル海峡を抜けて、パレオ・オセアニアへと至る南方経路の検証は、腐食性や湿度の高さが現地調査研究の障害となっていることが知られている。そうした困難な状況にもかかわらず、近年では科学技術を用いた分析手法の発展やフィールドワークの高度化、狩猟採集民研究の蓄積によって、南方経路におけるホモ・サピエンス史の構築が進められてきている（Nakai and Ikeya 2021; 小野 二〇二〇; Ono 2021; Prasetijo 2021）。

オーストラリア大陸では気候変動によって海水面が上昇し、内陸部へと移住したホモ・サピエンスが一万六〇〇〇年前頃には巨大な有袋類（フクロライオンやフクログマ）へと狩猟圧を高め、絶滅へと追い込んだという見方がある。アフリカでは中期旧石器時代における狩猟採集においてもすでに対象となる狩猟獣の選り好みがなされていたという指摘もある（アフリカ・クラシーズ河口遺跡におけるヤブイノシシ禁忌の例）。南方経路において、人類の移住と動物の絶滅や稀少化にはどのような関係があったのか、そこにいた人々がどのような意識をもって移動を選択していたのか。まだまだわからないことばかりである（Kardash and Girchenko 2021; Onishi 2021; Yamaoka 2021; Yu 2021）。

本章は南方経路への人類の移動拡散の中に存在していた可能性のある集団意識やストーリー・物語を民族動物誌から抽出する試みである。そのための方法として、オセアニア海域世界の王朝遺跡に残っているウミガメの痕跡に注目しながら、その環境に現代世界の民族誌を投影させていく。

ポリネシアおよび太平洋南部海域へのホモ・サピエンスの比較的新しい拡散は、紀元前三五〇〇年以降になる。台湾やフィリピンからの人々がインドネシア島や現在の南太平洋へと拡散していったことを契機とする。また、それ以前からインド亜大陸から東南アジア半島部およびスンダ・サフル海峡を抜けて、ポリネシアおよび現太平洋南部海域へと至る南方経路においても人類が拡散していることが考古学の研究や人類学の研究より明らかになってきている。北方経路をとった人類が自分たちにとって重要な生態資源であったバッファローやマンモスを追って移動したように、より古い時期に南方経路をとった人類にとってウミガメや鯨類が、移動のきっかけを与えた可能性はあるのだろうか。また、生態資源をめぐり、異なる集団の接触が資源の収奪行為とどのように関わっていたのだろうか。過去の人類集団が動物に対してとった行動を推測するうえで、民族誌から引き出される人間側の動物に対する価値観は、どのようにわれわれに新たな研究の地平をみせてくれるのだろうか。

2　南洋の考古遺物に残る動物（海亀）の痕跡

王朝遺構に残された動物遺存体

南方への人類の拡散経路上にあるラピタ文化遺跡に関する研究、東ミクロネシアの遺跡群に関する研究、シャウテレウレ王朝の遺跡、ポリネシア・マルケサス諸島の遺物に対する研究において、ウミガメの動物遺存体・遺骨の集中的な残存が確認されている（ベルウッド 一九八九；石村 二〇一一）。

世界の海に七種いるウミガメの中でもアオウミガメという種は、人類の生存にとって特別な意味をもってきたことが知られている。アオウミガメは海底に繁茂する海草を餌とする草食性で、肉に臭みがまったくなく、良質な脂を有しており、赤身の肉が古代オセアニア世界でも食卓に並べば最高のごちそうであった可能性は高い。アオウミガメの含有する肉量は、多いもので五〇キログラムを超え、一頭で相当数の人間の胃袋を満たすこともできるなど、その価値は計り知ることがむずかしい。石器時代ともなればその価値はなおさら高かったと考えることもできなくはない。現インドネシア海域および現パプアニューギニア島以東の海域は世界的にも数多くのアオウミガメの生息数が確認される海域となっており、現地ではアオウミガメに関連する考古遺物の存在が知られている。

メラネシアのラピタ文化に関する考古学的研究では、ウミガメに関連する考古遺物はある一定の文化層での大量の摂取時期が確認されると、その後の文化層からは一気にその数を減らし、その後、豚や犬の骨が数を増やすという傾向にある（石村 二〇一一）。

また、P・ベルウッドによれば、シャウテレウレ王朝の遺跡では、儀礼用としてウミガメが飼育されていた跡が残るなど、その持続的な供給が当時としても大きな関心事であった可能性がきわめて高い（ベルウッド 一九八九）。東ミクロネシア連邦のナンマドール遺跡などに関する研究にもウミガメの動物遺存体の記述がみられる。

石村の記述によれば、古代のオセアニア海域においてウミガメは、当時の豚（つまり家畜動物の肉）に比類するような重要な食肉であった。ラピタ文化遺跡ではある一定の文化層での大量の摂取時期が確認されると、その後の文化層からは一気にその数を減らす。ウミガメが絶滅に近い状態となると、その後、そこで暮らしていくためには代替となる畜産物として飼養されている動物（豚や犬）が必要となった可能性は高い。こうした傾向は、ポリネシアのマルケサス諸島での発掘結果からも、I期・II期として時代を分ける基準とされるほどである。これは、人口の増加にともなって野生動物への狩猟圧が増加していく中で、代替となる畜産物や農業の必要性が出てきたという仮説にも重なる。

王国の南進と動物の資源管理への民族誌

アオウミガメという動物資源が稀少化した場合、どのような対応を人々がとったのか。大航海時代の航海者や帝国時代の南洋の駐在員、学術調査にあたった研究者らによる記録には特に顕著な記述が残っている。本章では、西カリブ海（西インド諸島、キューバ島、ジャマイカ島、中米地峡東岸）における人とウミガメの民族誌から接近を試みたい。

スペイン王室による支援を受けた探検家のクリストファー・コロンブスは、一四九二年に西インド諸島を発見すると、そこから新大陸への大航海の時代が幕を開けた。コロンブスが最初の航海でたどりついたのがこの海域で比較的に大きな二つの島、現在のキューバ島とハイチのあるヒスパニョーラ島であった。この二つの島の南にあり、両島にはさまれるようにしてあった三つ目の島、ジャマイカ島は、第二回目の航海の際に最初に見つけた島が大陸かどうかを確かめるための探検航海の途中で偶然に発見された島であった。

コロンブスはその後、さらに西方の地峡沖を第四回目の航海時に訪れた。その時に、地峡の原住民らと初めて接触することとなった。当時の記録によれば、地峡沖（現モスキート海岸）の原住民たちは、マヤ文明の近くにある半島の沖で遭遇した文明化した人々とはずいぶんと異なるかなり原始的な様子であったという。コロンブスはその後、第四回の航海の際、地峡の奥（現パナマ領）にまで船を進めているが、その帰路で、ある諸島群を発見した。その当時の様子について、「一五〇三年五月一〇日、地峡近海から戻る際、ウミガメが近海に無数にいる島を発見して、それを海亀諸島（Las Tortugas）と命名した」と残している。この海亀諸島が西カリブ海のウミガメ産業の中心的存在として大きな役割を果たしていくこととなるが、それはもうしばらく後の話になる。

スペイン人によるジャマイカ島の統治は一五〇年間ほど続いた。しかし、スペイン人は海産物やウミガメにさほど関心を示さず、国の統治は大規模なものに発展するまでにはいたらなかった。そうした開発の遅れに目をつけたのが、その後、この海域で私掠活動を展開していったイギリスであった。イギリスによる西カリブ海の植民地設営は、新大陸におけるスペイン人たちの空隙を狙っていた動きであった。西カリブの海では、私掠船による海賊行為が活発になっていくが、それら海賊たちにとって、この地の豊富なアオウミガメは、航海中に得られる新鮮な食肉として重宝されることとなった。

当時、そうした私掠船を率いていたイギリス人たちにとって障害となっていたのが、ウミガメの漁獲のむずかしさであった。海中のウミガメを船上から銛で狙うにはそれ相応の熟練が必要であった。海賊たちの中にはそれを原住民の助力によって達成していく者も出てきた。

海賊たちの助力の一つとなった原住民集団の一つがモスキート族であった。イギリスは、このモスキート族と東カリブ海から連れてきたブラックカリブ族を連れて、この海域で幅を利かせるようになった。

一七世紀末、『最新世界周航記』を著した私掠船の船長W・ダンピアは、当時雇い入れていた原住民（モスキート族）の能力について、「モスキート族は並外れた視力を有し、洋上の帆がまだ我々の視界に入らないうちに認知するし、どんなものでも我々よりはっきり見えるのである。……こういう特殊な技能の持ち主だから、彼らはすべての私掠船から重宝がられ、引っぱりだこになっている。船にモスキート・インディアンを一、二名乗せておけば、百名分の食料は保証されたも同然である。」と記した（ダンピア 一九九二）。

ダンピアによれば、ウミガメという動物は航海中に相当量の新鮮な肉を供することができる数少ない産物であった。特に草食性のアオウミガメは、その大きさこそ全長一メートルほどだが、重量は一〇〇キログラムを超え、そこから個体によっては五〇キログラム以上の肉を得ることができた。たとえば、洋上で一頭でも捕まえれば、たとえばその私掠船に一〇〇人が乗り込んでいたとしても、計算上は一人あたり五〇〇グラムもの肉にあずかれることになる。この新鮮な肉を保証してくれる原住民（モスキート族）は非常に重要な船員であった。

新たな海域から産出されているウミガメというこのめずらしい食材に驚いたのは、私掠船で航海する者たちだけではなかった。ウミガメは一八世紀中葉になるとフロリダ半島や西カリブ海のイギリス植民地から帝国本国へと運ばれるようになる。当時のイギリスの食卓に上がるウミガメについて、「一八世紀中期から西インド諸島の巨大な緑色のウミガメが、船倉に備え付けられていた淡水用タンクに入れられてイングランドに輸入されていた。このカメは食通たちの垂涎の的で、腹の肉は茹でて、背中の肉はローストして、濃厚なソースをつけた鰭や内臓などの附け合わせと共に食べた。カメ料理を主催することは富と名声の象徴となった。この珍味を手に入れられない、あるいはその余裕がない者には、カメのスープもどきが出回った。」という記録が残っている（ヒューズ 一九九九）。

イギリス本国の高い需要に応えるために西カリブ海の植民地では、地元の原住民らと交渉がおこなわれた。アオウミガメやタイマイの甲羅、木材（マホガニー材）、皮革に加え、砂糖や藍を栽培するための土地などが、鉄器や銃器との交易で入手が試みられたが、それだけではイギリス本国の高い需要を満たすことはできなかった。生産性をあげるために、近隣の植民地であるケイマン諸島でも造船や編縄作りが盛んにおこなわれ、ウミガメの漁獲も産業として同時代に大きな発展をみたが、植民地（英領ケイマン諸島、LasTortugas）の近海では亀漁の拡大による資源の枯渇が危惧されるようにもなっていった。そして、帝国および植民地の漁師たちは、よりよい漁場を求め、南方へと船を進めていった。英領ケイマン諸島からの南進が、現地でのウミガメ資源の開発にもたらした影響は多大なものであった。原住民の地（東ニカラグア・モスキティア）に一九世紀中葉に赴いた外交官は、「一八四五年一月一日より本海岸で操業するすべての海亀漁業船は、許可証を携帯しなければならないこととする。……もし、許可証を携帯していなければ、その船には即時に五ドルの罰金が科せられ、甲板にあるすべてのアオウミガメおよびべっ甲は破棄されることとなるだろう。これまでの無配慮な産卵地での採取やその破壊によって、海岸や島嶼部は相当な損害を被った。したがって公共のため、あらゆる権威を行使することによって、こうした行為を禁止することとする。……原住民、外国人問わず、ウミガメの卵の採取行為、他違反行為には現地保護領の統括者が海岸におけるウミガメ漁の保護管理法に従って罰則を付すこととする。」と記録している（Oertzen, Rossbach, and Wünderrich eds. 1990）。

漁にはスクーナーと呼ばれる船が使用された。縦帆を数枚備えた二本マストの現代のヨットのような船で、向かってくる風に対して帆走できるように、新たに新大陸で発達したものであった。スクーナーは、それまでの帆船よりも小型で俊敏であった。この船は小まわりが利き、比較的沿岸の浅い海域をも航行可能であったため、海草を求めて回遊するアオウミガメの漁獲に適していた。これにべっ甲の獲れるタイマイ用の小型ボートが開発され、それが大型のスクーナーには何艘も積載された。英領ケイマン諸島という植民地は、小さな島ながらも他の国や地域と見劣りしないほど漁獲量を誇った。それを下支えしたのが移住者による原住民の海での漁獲であったのである。

王国による動物の保護化と移住者たちの目線

二〇世紀に入ると、西カリブ海域に長く影響力をもっていたイギリスの存在感にも陰りがみえてくるようになった。第二次世界大戦後に多くのイギリス植民地が独立すると、モスキート海岸への南進にも影響が出はじめる。そうして二〇世紀後半には英領ケイマン諸島の海域から撤退せざるを得ない状況に追い込まれていった。その後、モスキート海岸の港町にはアメリカの開発援助を受けて二つの缶詰工場が設立された。取引相手を失ったモスキート族は、こうした港町の缶詰工場にアオウミガメを運ぶようになっていった。その後、絶滅危惧の動物の保護化に関するワシントン条約が批准され、この海域でのアオウミガメの国際的な取引はいっさい禁止となった。

現代のモスキート海岸でのアオウミガメ漁は、こうした地球規模の資源管理下でおこなわれている。漁場は海岸沿いの七つの街・村落が使用し、海域でその七つの海辺の街・村落から東に向かって引かれた架空の線が、それぞれの村の大まかな漁場として認識されている。海域にはキーと呼ばれる浅い海域があり、そこが漁の拠点となる。これら領海は理念上のものであって、この地の民族たちはふだんからこうした地図でもって海上空間を認識しているわけでなく、たとえば調査に入った村では、北の浜辺にある「灯台」と呼ばれる高いヤシの木が生えている場所と、村の南限の「イスクリ（動物の一種）の住処」と呼ばれる場所の先にある長い「ヤシの木」から東へ線を引いたと考えて、その間が村の領海と考える、といった具合である。

現代のウミガメ漁で使われる主要な漁具は、タンと呼ばれるウミガメ専用の刺し網である。銛はいっさい使わない。現地では、英領ケイマン諸島の漁船団が撤退した後に、漁船団の技術である網での漁がモスキート海岸へ伝播したと言われている。ウミガメ漁に使われる「大きな舟」と呼ばれる船も、この村で造船されているものだが、英領ケイマン諸島の漁船団の造船技術者の一人がモスキート海岸へ移住し、その技術を伝えたという。その後、現在に至るまで、海辺の村落で漁法が少しずつ改造され、現在のような基礎構造をもつ大きな舟にまで成長した（高木 二〇一五）。

漁獲したアオウミガメは陸上でも最長一〇日～二週間ほど生きながらえることができる。モスキート海岸では、こうしたウミガメの陸上での生存期間を見越した流通がおこなわれている。

以上が、現代のウミガメをめぐる民族動物誌の素描である。

3　民族誌の投影からみた集団の移動ベクトルの可能性

本章事例を、ホモ・サピエンスの移動の特に南方・太平洋経路に位置づけたい［図1］。

古代オセアニアのラピタ文化圏においては、ウミガメの動物遺存体・遺骨をみると、ある一定の文化層で大量の摂取時期が確認されると、その後の文化層からは一気にその数が減り、その後、豚や犬の骨が増えるという傾向にある（石村 二〇一一）。はたしてウミガメ資源の枯渇は、ホモ・サピエンスの移動を誘発しただろうか。


モスキート海岸沖でのウミガメ資源の開発の大きなきっかけとなったのは、イギリスによる海外植民であった。その結果、ケイマン諸島付近の資源はすぐに枯渇し、その後、漁民が南進したモスキート海岸は、資源保護が必要になるまで激しい開発がおこなわれた。しかし、イギリスの目的は敵国の空隙を狙うという軍事的なもので、けっしてウミガメという生態資源を求めて移動したわけではなかったことにも留意しなければならない。イギリスによる西カリブ海の植民地設営は、金銀鉱物の採掘を目的に新大陸へ進出したスペイン人の動きと関連するもので、その王国の空隙を狙っていたイギリスの国家政策・政治経済的な動向によるものであり、その動きの途中に偶発的に発見されたのがウミガメという産物であっただけである。動物資源の開発が主たる目的ではなかった。

もちろんウミガメ資源の開発によって、さまざまな投資と産業（インダストリー）が付随して成長した。イギリスが原住民らと交易したものは、アオウミガメやタイマイの甲羅だけでなく、造船の際に必要な木材（マホガニー材など）、生活必需品となっていた皮革に加え、砂糖や藍を栽培するための土地などが鉄器・銃器と交換された。ウミガメの開発を担っていた近隣の植民地では造船や編縄作りが盛んとなり、その一部としてウミガメの漁獲が、産業として大きな発展をみた。

一九世紀後半から二〇世紀中期のイギリス植民地では、本国の高い需要に応えるためにウミガメ資源の開発が強まった。そうした中で英領ケイマン諸島や原住民たちが現地資源に対する漁獲圧を強めていった。

こうした一連の動きの中で、本国となったイギリスや現代のモスキート海岸で強い影響力をもつアメリカが、植民地や原住民の人々の精神には強く影響をもっていることもわかった。確かに物理的には本国から植民地・ウミガメの産地・未開の土地へと人々の移動の矢印が伸びる。一方で、当該海域の人々の精神状態や経済は、つねにそのベクトルとは逆の方向、送り出す側に対する意識を有し、それが彼らの文化となっていったのである。

一般的にはホモ・サピエンスは資源の生態収奪、とりわけ食料資源の収奪を目的としながら、地球の隅々まで分布域を拡大し、時には各地で資源の枯渇をもたらしたという見方が優勢しているが、本章ではこうした移動の一方向的なベクトルについての批判的省察を試みた。現状の移動のベクトルは、資源開発への積極的な移動を後押しするかのように映る。しかし、実際には、新天地へ移ったのは労働者であったり、奴隷であったり、迫害された人々であったのだから、そこに現状でみられるような積極性はみられない。ことにパレオアジア新人文化の形成、とくに「文化の形成」という点に則して考えるならば、その移動拡散のベクトルは真逆になるだろう。

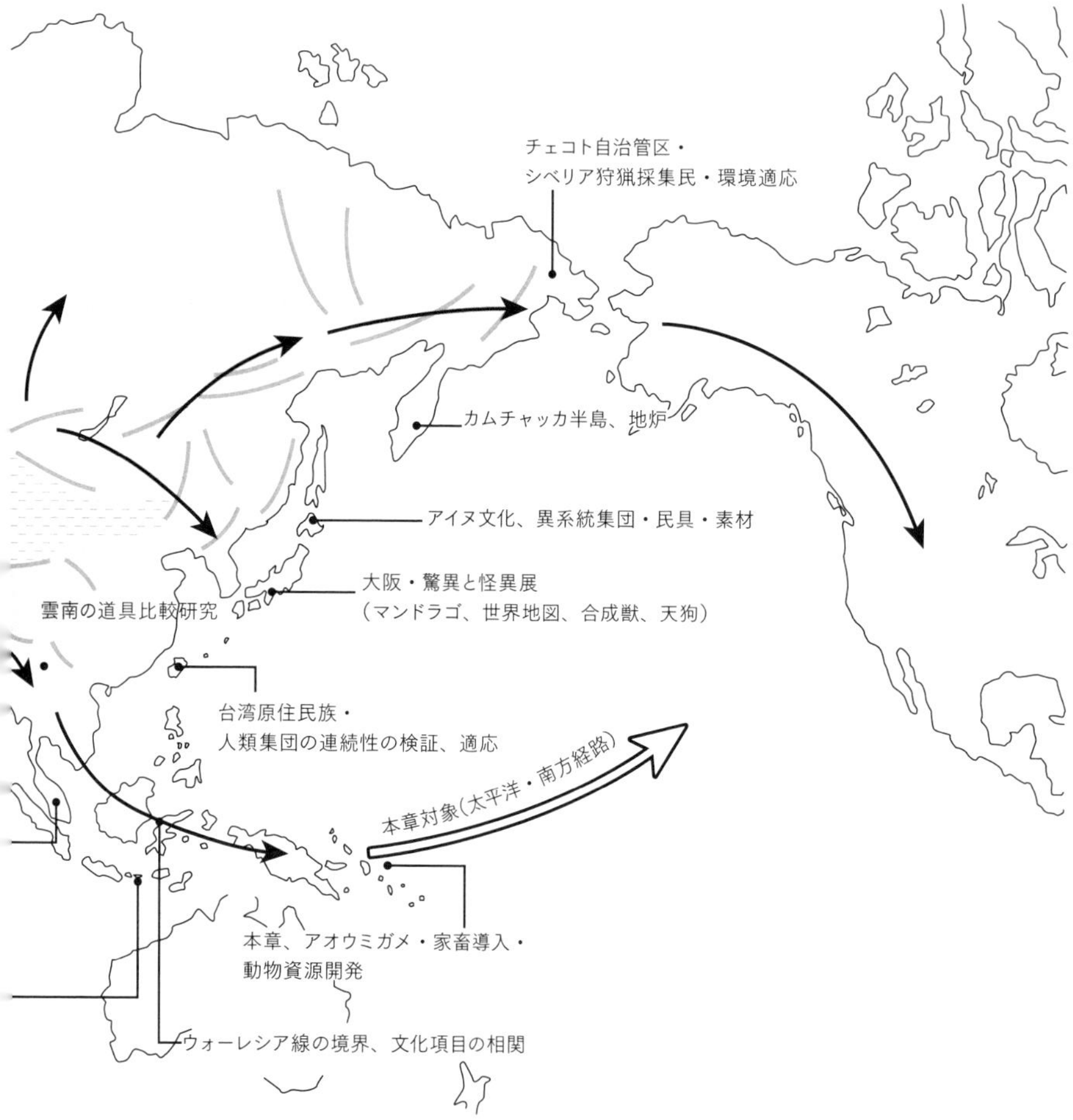

図 1　パレオアジアの研究遺跡群と本章の対象位置（約 5000 年前〜）
（パレオアジア文化史学研究大会予稿集より作成。https://paleoasia.jp/project_volumes/）

参考文献

K・ヒューズ　一九九九『十九世紀イギリスの日常生活』植松靖夫訳、松柏社
P・ベルウッド　一九八九『太平洋―東南アジアとオセアニアの人類史―』法政大学出版局
W・ダンピア　一九九二『最新世界周航記』平野敬一訳、岩波書店
石村智　二〇一一『ラピタ人の考古学』溪水社

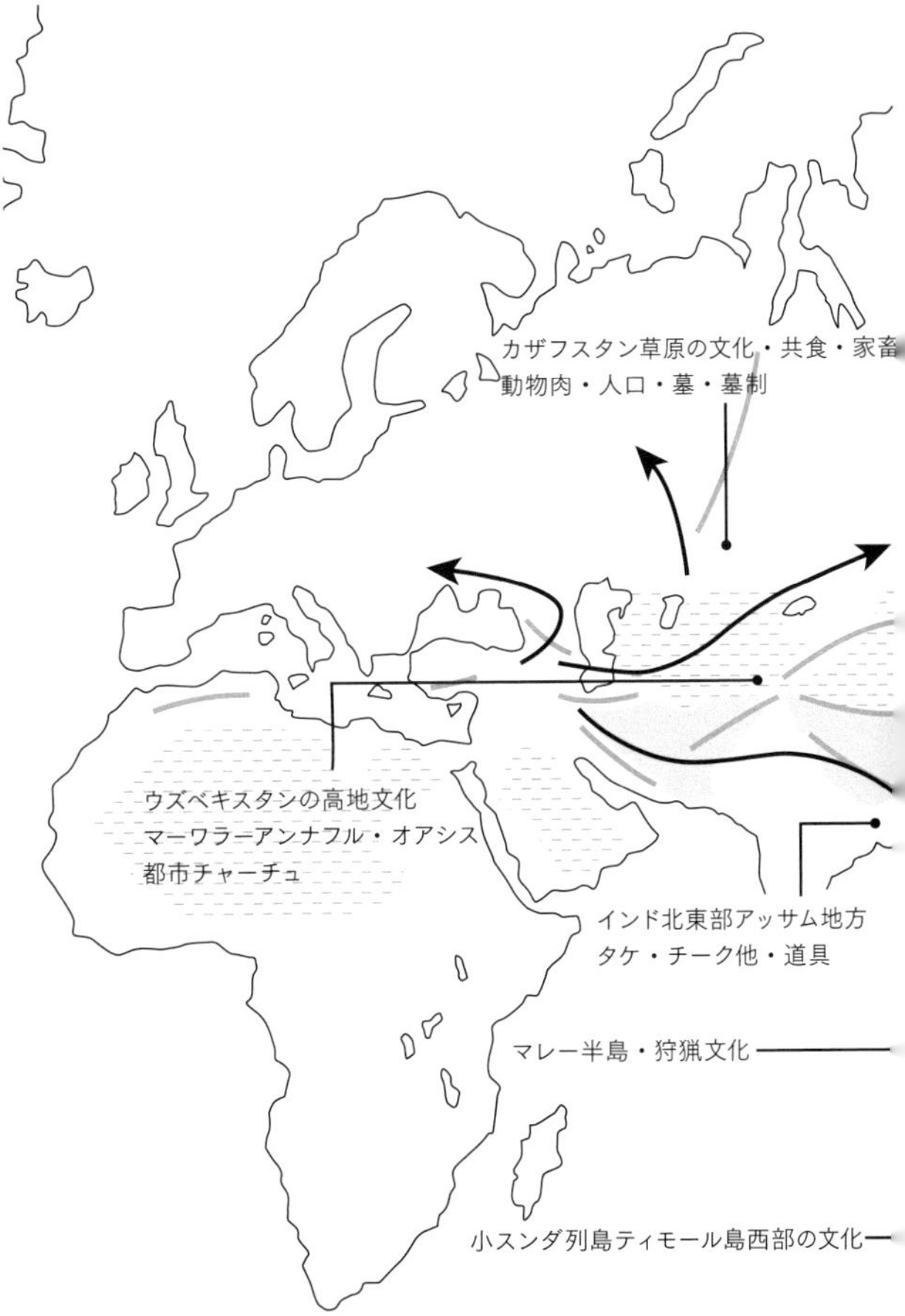

小野林太郎　二〇二〇「オセアニアへの人類移住と海洋適応」秋道智彌・印東道子編『ヒトはなぜ海を越えたのか―オセアニア考古学の挑戦―』雄山閣、七〇―八七頁

高木仁　二〇一六「東ニカラグア、ミスキート諸島海域の木造アオウミガメ漁船（Dori Tara, 大きな舟）」『総研大文化科学研究』一二号、一三九―一六三

高木仁　二〇一九『人とウミガメの民族誌―ニカラグア先住民の商業的ウミガメ漁―』明石書店

Hitchcock, R. K. 2021 Characteristics of Hunter-gatherers in Asia. In K. Ikeya and Y. Nishiski (eds.) *Hunter-Gatherers in Asia: From Prehistory to the Present* (Senri Ethnological Studies 106), pp. 253-273. Osaka: National Museum of Ethnology.

Ikeya, K. and P. Chumpol 2021 The Dispersal of Prehistoric Hunter-gatherers and the Roles/Materials of Beads: An Ethno-archaeological Approach. In K. Ikeya and Y. Nishiski (eds.) *Hunter-Gatherers in Asia: From Prehistory to the Present* (Senri Ethnological Studies 106), pp. 93-107. Osaka: National Museum of Ethnology.

Ikeya, K. and Y. Nishiaki 2021 Introduction: Cultural Diversity among Asian Hunter-gatherers from Prehistory to the Present. In K. Ikeya and Y. Nishiski (eds.) *Hunter-Gatherers in Asia: From Prehistory to the Present* (Senri Ethnological Studies 106), pp. 1-25. Osaka: National Museum of Ethnology.

Kardash, O. and E. Girchenko 2021 Methods of Collective Hunting for Large Ungulates among Tribes of Northern Asia in Archaeology and Ethnography. In K. Ikeya and Y. Nishiski (eds.) *Hunter-Gatherers in Asia: From Prehistory to the Present* (Senri Ethnological Studies 106), pp. 61-73. Osaka: National Museum of Ethnology.

Nakai, S. and K. Ikeya 2021 Mobility and the Continuity of the Relaionship between Hunter-gatherers and Farmers in Thailand. In K. Ikeya and Y. Nishiski (eds.) *Hunter-Gatherers in Asia: From Prehistory to the Present* (Senri Ethnological Studies 106), pp. 181-194. Osaka: National Museum of Ethnology.

Nishiaki, Y. 2021 Mobility and Sedentism in the Mesolithic-Neolithic Contact Period of the Southern Caucasus. In K. Ikeya and Y. Nishiski (eds.) *Hunter-Gatherers in Asia: From Prehistory to the Present* (Senri Eth-nological Studies 106), pp.

111-125. Osaka: National Museum of Ethnology.

Oertzen, Eleonore von, Lioba Rossbach and Volker Wünderich (eds.) 1990 *The Nicaraguan Mosquitia in Historical Documents 1844–1927: The Dynamics of Ethnic and Regional History*. Berlin: Dietrich Reimer Verlag.

Onishi, H. 2021 Historical Dynamics of Ainu Society: The Social Structure of Hokkaido Ainu in Historic Documents in the Premodern Period. In K. Ikeya and Y. Nishiski (eds.) *Hunter-Gatherers in Asia: From Prehistory to the Present* (Senri Ethnological Studies 106), pp. 197-216. Osaka: National Museum of Ethnology.

Ono, R. 2021 Technological and Social Interactions between Hunter-gatherers and New Migrants in the Pre-historic (Neolithic) Islands of Southeast Asia and Oceania. In K. Ikeya and Y. Nishiski (eds.) *Hunter-Gatherers in Asia: From Prehistory to the Present* (Senri Ethnological Studies 106), pp. 127-148. Osaka: National Museum of Ethnology.

Prasetijo, A. 2021 Displacement as Experienced by the Orang Rimba Hunter-gatherers. In K. Ikeya and Y. Nishiski (eds.) *Hunter-Gatherers in Asia: From Prehistory to the Present* (Senri Ethnological Studies 106), pp. 235-252. Osaka: National Museum of Ethnology.

Yamaoka, T. 2021 Technology and Resource Use during the Early Upper Palaeolithic on the Japanese Islands. In K. Ikeya and Y. Nishiski (eds.) *Hunter-Gatherers in Asia: From Prehistory to the Present* (Senri Ethnological Studies 106), pp. 29-60. Osaka: National Museum of Ethnology.

Yu, P. L. 2021 Tempo and Mode of Neolithic Crop Adoption by Palaeolithic Hunter-gatherers of Taiwan: Ethno-archaeological and Behavioural Ecology Perspectives. In K. Ikeya and Y. Nishiski (eds.) *Hunter-Gatherers in Asia: From Prehistory to the Present* (Senri Ethnological Studies 106), pp. 149-179. Osaka: National Museum of Ethnology.

Yujie, P. and A. Nobayashi 2021 Cross-cultural Research Comparing the Hunting Tools and Techniques of Hunter-gatherers and Hunter-gardeners. In K. Ikeya and Y. Nishiski (eds.) *Hunter-Gatherers in Asia: From Prehistory to the Present* (Senri Ethnological Studies 106), pp. 75-92. Osaka: National Museum of Ethnology.

第15章 異集団接触にともなうニッチ喪失
——和人社会によるアイヌ民族支配を事例として

大西秀之

1 異集団間の接触

異なる集団間の接触は、人類学・考古学・歴史学など人文社会学の幅広い研究領域において重要なテーマとして位置づけられてきた。その理由の一つは、異集団の接触が、常態的に文化社会変容を当該集団にもたらしてきたからにほかならない。換言するならば、異集団の接触は、人類史の中で文化社会変容の要因かつ契機となってきた、といっても過言ではないだろう。

もっとも、異なるグループ間の接触は、現生人類以外の生物種にとっても、当該種や当該個体群に一大変容をもたらす要因やイベントとなる。実際、異種間でも同一種間でも、異なるグループ間の接触は、生存圏確保のための生態学的ニッチの競合や捕食関係のバランス変化による生態系の変容などを引き起こし、当該グループの個体数、生存エリア、採餌行動などに少なからず影響をおよぼすことが知られている。外来種による影響は、その最も顕著かつ著名な事例にほかならない。

ただし、少なくとも現生人類に関しては、遺伝的な要因・基盤にもとづく生物学的本能ではなく、文化社会要因が当該集団の命運に多大な影響をおよぼすこととなる。このため、人類の異集団接触は、他の生物種とは決定的に異なり、人口規模の差などの物理的要因のみならず、生業技術や生計戦略をはじめ社会形態・構造や権力関係などのちがいまでが、複雑に絡みあうこととなり、単純な数理モデルなどには容易に還元しえない、一過性かつ不可逆的な歴史的文化的な出来事とみなすべき様相を呈している。

とはいえ、異集団関係を含む現生人類の文化社会的な営みのモデル化を、もし完全に否定してしまうと、人文社会学の諸領域が取り組んできた「過去の復元」、「未来の予測」、「異文化の理解」などを放棄せざるをえなくなる。というのも、われわれは、未知の過去・未来・異文化に対峙した際、時空間に限定されたみずからの限られた知見をもとに、意識的であれ無意識的であれ、類型化・パターン化したモデルを用いて理解や解釈を試みているからである。むしろ、類型化・パターン化されたモデルがあるからこそ、一過性で不可逆的な歴史文化事象を読み解くことができる、と認識すべきであろう[1]。

以上のような視角の下、本章では、生存圏としての生態学的ニッチの構築・獲得をめぐる異集団間の競合に関して、数理生物学から仮説提示された「二重波モデル」（Wakano et al. 2018）を適応し、一般に「和人」と呼称される本州以南からの移民との接触が、江戸時代の北海道におけるアイヌ民族の社会にどのような影響をおよぼしたのか検討を試みる。

二重波モデルとは、人類集団の移住拡散と文化伝達は、まず先住集団とは異なる生態学的ニッチに進出した後、ニッチを越えて先住集団の文化的領域に侵入し拡張する、二段階の組み合わせとして想定でき、その変異や変遷は人口学的・生態学的・文化的パラメータ（変数）によって検証可能とする仮説である（Wakano et al. 2018: 5)。江戸時代を対象とする理由は、明治期に国策として入植・開拓が推進されるまで、本州以南からの和人の移住が非常に限定的であり、「和人地」とされた松前領以外の北海道はアイヌ民族が人口的には多数派であったからである［図1］。このため、当該時期のアイヌ民族と和人集団の関係は、二重波モデルを適用する格好のケーススタディとなる。

もっとも、本章の目的は、二重波モデルを所与としてアイヌ社会の変容を説明することでも、ましてや二重波モデルの妥当性を検証することでもない(2)。そうではなく、本章では、二重波モデルが提示する段階的な先住集団の駆逐を、あくまでも作業仮説的な視角として位置づけ、江戸時代の北海道におけるアイヌ社会の変容を読み解き、その歴史プロセスに対する新たな理解の可能性を追究する。換言するならば、数理解析的に構築されたモデルを、現実の「生きた社会」の歴史動態に用いることで、アイヌ社会像に対する新たな理解を導くことを目的とする。

図1　蝦夷地と和人地

2　幕藩体制下の対アイヌ統治体制の変遷

まず検討に先立ち、江戸時代におけるアイヌ民族に対する幕藩体制下の政策を、基本情報として概観する。

江戸時代を通して北海道[3]には、松前氏を領主とする唯一の大名領が渡島半島周辺地域に置かれていた。このため、北海道以北に暮らすアイヌ民族の統治[4]は、「松前藩[5]」が担当していた、との理解が一般に流布されている。だが、こうした図式化された理解は必ずしも正確ではない。というのも、アイヌ民族に対する統治政策は、時代状況の変化に応じて転換しているからである。

江戸時代の対アイヌ統治政策は、その主体や形態によって大まかに、近世初期から一七九八（寛政一〇）年までの松前藩に蝦夷地管轄が委ねられた時期、一七九九（寛政一一）年から一八五四（安政元）年の幕府による蝦夷地の直轄をへて松前藩が復領する時期、一八五五（安政二）年から幕末までの幕府が蝦夷地を再び直轄する時期、という三時期に区分される。こうした政策の変遷は、帝政ロシアを中心とする欧米列強の植民地主義に対する対外防備に起因している。したがって、各時期の対アイヌ統治政策は、対外的な要因に大きく影響され、さまざまな転換がなされたと理解できる。

幕府による対アイヌ統治の基本原則は、帝政ロシアが南下政策により北海道周辺に接近するまで、「蝦夷のことは蝦夷次第」という統治理念にもとづくものであった。この理念を端的に説明するならば、アイヌ民族に対しては幕藩体制下の政策を適用せず、基本的に当該社会の慣行に委ねる、間接統治政策であったといえる（菊池 一九九四：七七）。また江戸時代の初期には、アイヌ民族が暮らす地域に和人が往来し居住さえしていたが、一六六九（寛文九）年に松前藩を中心とする和人社会に対して、

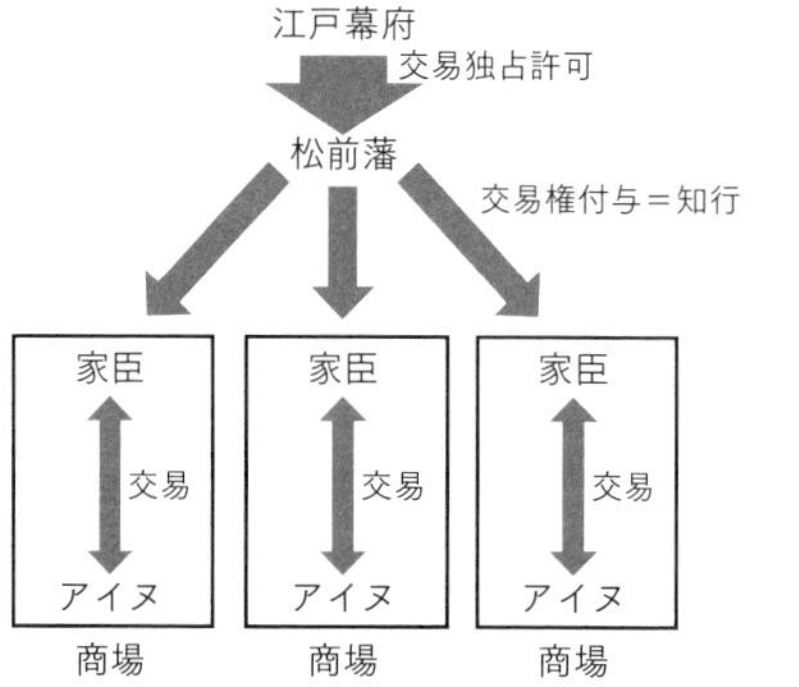

図2 商場知行制の概念図

アイヌ民族が起こした最大の蜂起である「シャクシャインの戦い」の鎮圧後、北海道における和人の居住地を「和人地」とも別称される松前領に限定したうえで、それ以外のアイヌ民族が暮らす地域を「蝦夷地」として明確に分断し、両者の往来・居住は原則的に禁止されるようになる。

一方、上記の対外関係による政策転換とは別に、アイヌ社会に多大な影響、変容をおよぼした要因として、「商場知行制」から「場所請負制」への蝦夷地経営の移行をあげることができる。商場知行制とは、松前藩が定めたアイヌ民族との交易体制であり、藩主や上級藩士が定期的に蝦夷地に割り振られた「商場」に出向き、独占的に交易する仕組みであった［図2］。

商場知行制は、享保期（一八世紀）初頭頃から場所請負制に移行し、松前藩主や上級藩士に代わって本州系の商業資本が、「場所」と呼ばれる旧商場の経営を担うようになる。この移行は、たんに経営主体が武士から商人に代わっただけにとどまらず、交易に加えアイヌ民族を労働力とした生産活動にもとづく漁場経営がおこなわれたため、対アイヌ統治の理念に転換を促す契機となった［図3］。というのも、漁場労働という限定された場所と目的であり、また少数に限定されていたとはいえ、和人がアイヌ民族の生活圏に居住し生産活動をおこなうこととなったからである。

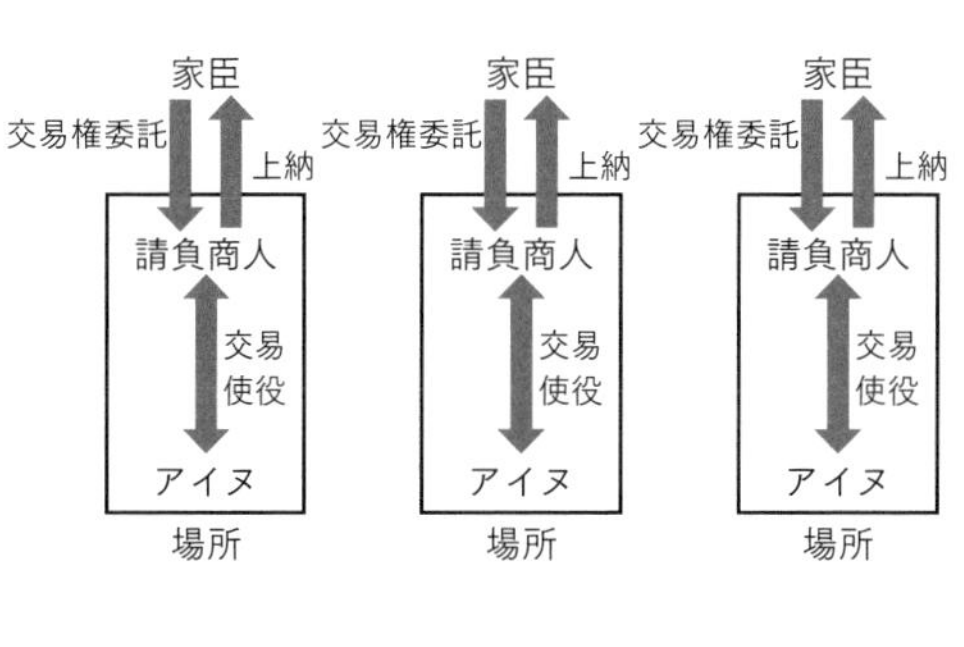

図3　場所請負制の概念図

3　アイヌ社会と和人の関係

シャクシャインの戦い前後

幕藩体制下の統治政策と経営体制の転換は、江戸時代を通してアイヌ民族と和人との関係性に大きな変化を促してきた。最初の画期としてあげられるのが、シャクシャインの戦いである。前述したように、シャクシャインの戦い以前は、少なからずの和人が、松前領を越えアイヌ民族の生活圏に往来し、さまざまな生産活動をおこなっていた。

和人が蝦夷地に赴いた目的は、本州以南で珍重され需要があった獣皮・毛皮や鷲羽・鷹羽などの貴重な産品が入手できたからにほかならない。実際、一七世紀前半には、そうした産品を入手するため、アイヌ民族との交易やみずから生産に従事することを目的として、数多くの和人がアイヌ民族の生活圏である蝦夷地に入り込んでいたことが、文献史料からうかがい知ることができる（高倉 一九五九：二八－二九）。

一方、一六一七（元和三）年には、松前藩が砂金採取のための移入を許可したことにより、「五～八万人」（デ・アンジェリス／カルワーリュ 一九六二）ともされる数の金掘り（金山師）が来島し、北海道はさながらゴールドラッシュの様相を呈していた。[6] 砂金採集は、日高や十勝などの太平洋側を中心に蝦夷地でもおこなわれ、数多くの金掘りがアイヌ民族の居住地域に入り込んでいた（高倉 一九五九：三九－四一）。

蝦夷地で「鷹打」や「金堀」に従事する和人たちは、交易産品となる資源をめぐり、アイヌ社会と潜在的には競合関係にあったため、それが表面化した際には武力的な軋轢を引き起こすことがあった。一六四三（寛永二〇）年の「ヘナウケの戦い」をはじめ、シャクシャインの戦いに関しても、砂金採集にともなう河床の破壊が要因になっていた、という指摘がなされている（浪川 二〇〇四：四一、ウォーカー 二〇〇七：一〇四－

一〇五)。

ただ対立関係の一方、アイヌ社会に入り込んでいた和人も少なからず存在していた。実際、シャクシャインの戦いでは、さまざまな思惑をもった和人が、争乱の敵方・味方・中立すべてのアイヌ陣営に参与していたことが知られている(浪川 二〇〇三)。その中には、シャクシャインの軍事参謀とされた越後の庄太夫や、松前藩が警戒するほどの勢力を誇っていた石狩の惣大将ハウカセの軍事顧問を担った近江の金太夫などのような、アイヌ側で重要な役割を果たした和人の存在も確認できる[7]。

一方、上記のような和人は、松前藩や幕府の統制をすり抜け、アイヌ社会と独自に交渉をおこなう「マージナルマン(境界人)」的役割をはたしたため、幕藩体制下の対アイヌ統治体制を否定しかねない存在であった(浪川 二〇〇三：一四〇－一四二)。シャクシャインの戦いでは、各地のアイヌ集団が松前藩を上まわる数の火縄銃を所有していたことが文献史料に記録されているが(海保 一九七四：二三二)[8]、この軍備などは和人が持ち込んだと想定される。

鎮圧後の蝦夷地への往来の禁止は、幕藩体制が対アイヌ統治体制を脅かす要因として、アイヌ社会と直接交流する和人の存在を危険視したことが、ひとつの理由であった可能性が指摘できる。いずれにせよ、シャクシャインの戦いは、アイヌ民族と和人を明確に分断し、エスニックアイデンティティをはじめとする両集団のあり方を規定した、歴史的な分水嶺であったといっても過言ではない。

商場知行制から場所請負制

商場知行制から場所請負制への移行も、アイヌ民族と和人の関係を大きく転換した契機となった。商場知行制では、アイヌ民族は交易相手が松前藩のみに限定され、また交換レートなども知行主である和人側の規定に従わざるをえない、という意味で交易の主体性は奪われていた（大西 二〇〇八：二四七－二四八、Ōnishi 2021: 206-207）。ただし、蝦夷地での交易産品の生産そのものは、アイヌ社会側に委ねられていた。加えて、シャクシャインの戦い後は、商場知行制の原則が履行されているかぎり、和人がアイヌ社会に居住することは基本的になかった。また交易のために商船を派遣する権限も、当初は年に一回に限定されていたことから、和人がアイヌ民族の生活圏に往来する機会もきわめてまれであった。

しかし、元禄年間（一六八八～一七〇四）頃から、商船の派遣が二回に拡大されるとともに、商場知行制の原則そのものが崩れ、その経営も大きく変容する。なによりも同時期になると、交易権の権限を越える河川での「大網」によるサケ漁が、知行主によっておこなわれるようになる。こうした生産活動は、たとえ少数で限定的な期間であったとしても、和人集団がアイヌ民族の生活圏に居住し、交易産物の生産活動をおこなうことから、再び資源をめぐる競合関係に両集団を導く要因となった。

商場知行制は、一八世紀頃には松前藩の財政悪化などにより、商業資本に商場の経営権を委ねていく中で場所請負制に移行する。場所請負制は、享保年間（一七一六～三六年）から元文年間（一七三六～四一年）には確立していたと考えられている。

場所請負制の移行による最大の変化は、場所請負人となる商人が、場所において交易のみならず漁場経営を開始したことである。加えて、場所とした領域内に暮らすアイヌの人々を、その労働に強制的に従事させるようになった。このように、場所請負制度の下では、アイヌ民族は交易のみならず生産活動においても、従属的な立場に置かれるようになる。さらには、その経営の一環として、アイヌの人々を漁場に強制的に移住させ使役させたため、集落であるコタン（kotan）の人口は生業活動の中心を担う成人男性層が空洞化し、そこでの日常生活が成り立たなくなる、という甚大な影響を引き起こした。

もっとも、場所請負制のアイヌ社会への影響は、時期や地域によって差異があった。たとえば、和人支配に対するアイヌ民族による最後の大規模な抵抗とされる、一七八九（寛政元）年に起きた「クナシリ・メナシの戦い」は、相対的に場所請負制の経営開始が遅かった、国後島を含む根室水道周辺という東端地域だったからこそ蜂起ができた、との指摘がなされている（菊池 一九九四：一二六）。実際、同地域の有力首長の一人であり、国後島の「惣乙名」とされたツキノエは、場所請負人であった飛驒屋の商業活動を九年にもわたって阻害したり、中千島のウルップ島でロシア人と直接毛皮交易などをおこなうなど、幕藩体制に対して対抗的・自立的な姿勢を顕示できる勢力を有していた。ただクナシリ・メナシの戦い後には、アイヌ社会の自立性は場所請負制によって蚕食され、その勢力は幕藩体制の支配にとうてい抵抗できないまでに弱体化される。

幕府の直轄統治

「蝦夷のことは蝦夷次第」という統治原理は、場所請負制下で請負商人が蝦夷地において、アイヌの人々を使役する漁場労働をおこなう中でも基本的・理念的には堅持されていた。この政策は、アイヌ民族が暮らす蝦夷地を、幕藩体制の法制度が適用、施行されない「異域」として、対外的なバッファーゾーン（緩衝地帯）と位置づける意図があった。(9)

しかし、こうした政策は、帝政ロシアを中心とする欧米の植民地主義の脅威が、北海道周辺の北方海域におよぶ中で、見直され転換を迫られるようになる。というのも、蝦夷地を異域として放置することは、欧米列強による植民地化の危険に晒すことになるからである。このような対外防備の必要性から、幕府は松前藩の蝦夷地管轄を解消し、直轄統治に取り組むようになる。

幕府による蝦夷地の直轄統治は、一八世紀末の一七九九（寛政一一）年に始まるが、この第一次幕領期は、ロシア接近の一時的な緩和と松前藩の復領運動の結果、政策転換が不十分ないし未完結のまま終焉する。これに対して、一八五五（安政二）年から始まる第二次幕領期は、抜本的な政策転換が進められ、アイヌ社会に大きな影響をおよぼすことになる。

なかでも最大の影響をおよぼした政策転換は、アイヌ民族が住まう蝦夷地を、幕藩体制の統治下に組み入れようとする「内国化」をおいてほかにない。端的に説明するならば、アイヌ社会に対する間接統治が、直接統治に改められたと表現できる。具体的な政策転換としては、アイヌ社会の直接統治に当たるため、蝦夷地に幕府に任命された役人が送り込まれた。またアイヌ社会に対しては、「庄屋（名主）」、「年寄」、「百姓代」などの村役人を任命し、幕藩体制下の農村に類した支配体制への転換が推進された[10]。

加えて、内国化の一環として、アイヌ社会に「改俗」という同化政策が推進された。改俗とは、アイヌ文化の伝統的な衣装や髪形などを否定し、髷や和装など和風化を強要するものであった。もっとも、こうした同化政策は、地域などによって実態に大きなちがいがあり、全体としては不徹底で貫徹されなかった。

一方、場所請負制は第一次幕領期に一時廃止されたが、一八一三（文化一〇）年には復活し、その経営のあり方は強化されこそすれ、実態に大きな変化はなかった。また幕府による統治も、従来の場所の区分を基本単位とするものであった。実際、幕府役人が常駐した「会所」は、請負商人が交易や漁場経営の拠点として建設した「番屋」や「運上家」を引き継ぎ開設されたものであった（菊池 一九九四：一三七－一四〇）。

とはいえ、幕府の直轄統治は、漁場経営も相まって時代をへるごとにアイヌ社会にさまざまな影響をおよぼし、当該社会が有していた自立性・自律性を蚕食していった。たとえば、アイヌ社会のコミュニティ間で資源をめぐるコンフリクトなどが起きた際には、会所に訴えがだされ、その裁定や調停が委ねられた（大西二〇〇八：二五六－二五九、Ōnishi 2021: 201-202）。ここから、幕府が蝦夷地支配の端末として開設した会所は、アイヌ社会にとって上位の政治機構としての役割を担っていたことがうかがわれる。

4 アイヌ社会の変容

マイノリティとしての和人

江戸時代におけるアイヌ民族と和人集団との関係は、幕藩体制による統治政策の転換によって、量的質的な接触頻度から当該社会におよぼす影響のあり方まで、多様な変遷をたどっていた。もっとも、蝦夷地における和人は、あくまでも江戸時代を通して人口的にはマイノリティであった。

たとえば、第一次幕領期の一八〇六〜〇九（文化三〜六）年頃の記録によると、東蝦夷地に設けられた「クスリ場所」には、「支配人一人、番人一四人、雇方一三人」（「東蝦夷地各場所様子大概書」）、あるいは「支配人一人、番人一六人、雇方二一〜二二人」（「東行漫筆」）とされる請負商人に雇われた和人が勤務していた。これに対して、クスリ場所の管轄圏に居住していたアイヌ民族の人口は、二四のコタンに三〇九世帯、男性六四八人と女性七〇〇人の合計一三四八人であったことが記録されている。[11] このように、蝦夷地に居住する和人は、アイヌ民族の人口に比して、きわめて限られた数であった。

アイヌ民族の人口は、記録が残されている一九世紀だけでも、一八〇四（文化元）年の二万一六九七人から一八五四（安政元）年の一万六一三六人まで減少したことが知られている［図4］（白山 一九七一）。他方で、蝦夷地の和人人口は、一八〇七（文化四）年に東北諸藩が北方警護のため出兵を命じられ、一時的に計三〇〇〇人が派遣されるなど時期によって大きく変動するが、江戸時代を通してアイヌ民族の人口を上まわることはなかった。

ただし、宣教師の記録を信じるならば、シャクシャインの戦い以前の一七世紀前半には、金堀りや鷹待など五〜八万人もの和人が来島していたことになる。とはいえ、当時の文献史料からうかがうかぎり、蝦夷地において和人がアイヌ民族を上まわる人口を占めていたことを示唆するような記録はない。またそもそも往来の数が、そのまま人口の実数であった確証はなく、さらには蝦夷地に通年居住していた人数となるとまったく判然としない。このため、江戸時代初期に関しても、和人は蝦夷地においてマイノリティであったと推察される。

しかし反面、人口的に少数派ではあったものの、和人の活動は、アイヌ社会に数々の甚大な影響をおよぼし変容を促した。こうしたことを考慮し、以下では、蝦夷地における生態学的ニッチをめぐる和人集団との競合関係を軸に、その結果としてアイヌ社会におよんだ影響や変化を議論する。

アイヌ社会のニッチ喪失

蝦夷地への往来が可能であった一七世紀前半まで、和人集団は、砂金採りや鷲羽・鷹羽の生産活動に従事していた。こうした活動は、アイヌ社会の生計戦略の基盤となるニッチと直接重複するものではなかったが、少なからず軋轢を生む可能性を有していた。たとえば、前述した砂金採集による河床の破壊は、

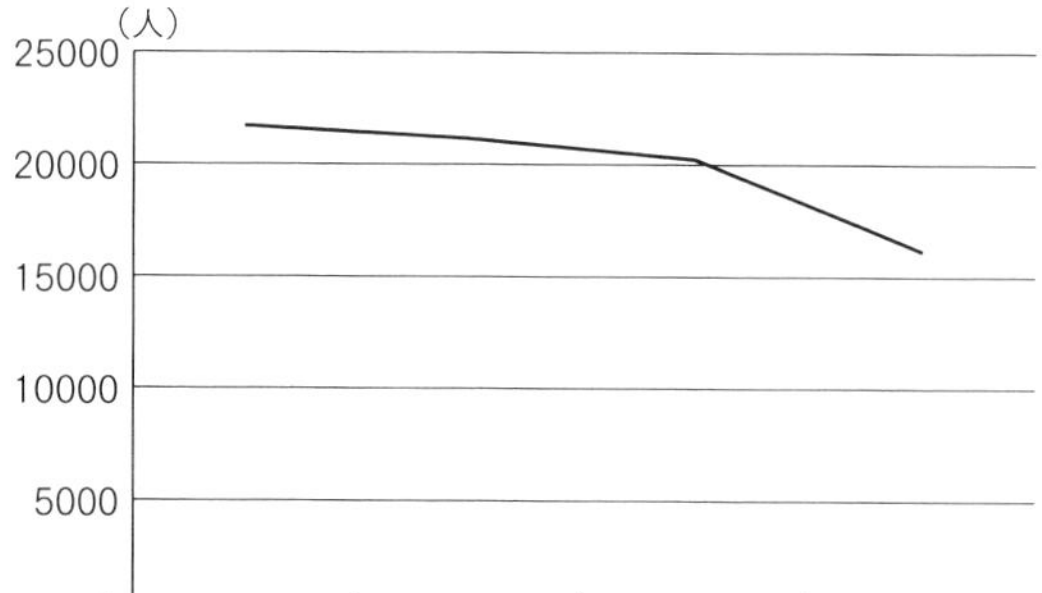

図4　19世紀のアイヌ人口推移
(白山 1971 をもとに作成)

サケ・マスの遡上に多大な影響をおよぼす危険をはらんでいた。また鷲羽・鷹羽は、アイヌ社会側にとっても、本州以南から生活財や嗜好品などを入手する交易の対価となる重要な産物であった。

とはいえ、この時期のアイヌ社会は、けっして和人集団に一方的に従属するような状態にはなかった。実際、シャクシャインの戦いにおける「惣大将」などは、松前藩が容易にコントロールできるような存在ではなかった。また砂金採集に関しても、現地の首長に対して対価を支払い、許可を得ることが必要であったようである。他方、庄太夫や金太夫のような存在から、蝦夷地に往来していた和人は、アイヌ社会にとって必ずしも競合相手ではなく、時には取り込み、火縄銃さえももたらしてくれる仲介者として利用しうる存在でもあった。

一方、商場知行制下でアイヌ社会は、本州以南との交易を松前藩のみに一元化され、交換レートなども知行主の規定に従わざるをえなくなった。この結果、アイヌ社会は、交易における主体性を奪われ、和人社会に従属的な関係に陥ることとなった。ただし、商場知行制の開始期には、蝦夷地での交易産品の生産はアイヌ社会側に委ねられていた。したがって、一七世紀末に和人が蝦夷地で漁場経営をおこなうまでは、食糧や交易産品の生産のためのニッチは基本的にアイヌ社会が確保していたといえる。また和人によるサケ漁に関しても、アイヌ社会からニッチを完全に奪い去るものではなく、つぎの場所請負制でのあり方とくらべればあくまでも競合的関係であったと評価できる。

これに対して、アイヌ社会における生計基盤としてのニッチが本格的に脅かされるようになるのは、場所請負制への移行後である。場所請負制の下では、アイヌの人々は請負商人によって漁場に強制移住させられ、そこで使役されたため、生計基盤であったニッチは和人にコントロールされるようになる。というのも、こうした請負商人による漁場経営は、乱獲などによって資源の枯渇や不均等などを引き起こすとともに、使役を目的とした強制移住によってコタンでは急激な人口減少となり、共同体の解体が促されたからである（菊池 一九九四：一四四－一四七）。さらには、過酷な漁場労働に加え、和人が持ち込んだ疱瘡（天然痘）などの感染症の流行が人口減と共同体解体に拍車をかけた。

このような生態的・社会的状況にいたり、アイヌ民族が所有、維持、管理してきたニッチは、漁場を経営する請負商人を中心とする和人に支配されるようになった。なお場所請負制下においても、「自分稼ぎ」というアイヌの人々が自主的に漁労などに従事する生産活動が、余市川や石狩川で幕末までおこなわれていたことが知られている。ただこうした生産活動も、漁場経営から完全には自由ではなかった、という意味でアイヌ社会のニッチは和人に奪われていったといえる。

幕府直轄支配においても、場所請負制は継続され、アイヌ社会のニッチは回復することはなかった。なお幕領期には、請負商人の横暴が問題視され、その不正や虐待を監察するとともに、アイヌの人々に対する「撫育」や「介抱」が施された（高倉 一九四二：一四五）。もっとも、これらは同化政策の一環として推進されたものであり、むしろ和人社会への従属ないし隷属を深める結果となった（高倉 一九七二：三五二－三五三）。また幕府権力が上位政治機構化したため、資源をめぐるコンフリクトの裁定や解決なども、アイヌ社会内部で完結できなくなった（大西 二〇〇八：二五六－二五九、二〇一八：四四－四五、Ōnishi 2021: 206）。こうした状況から、第二次幕領期にいたるまで、アイヌ社会のニッチは、時代をへるに従い喪失の度合いを高めこそすれ、回復することはなかった、との結論を導くことができる。

5 交易体制に布置されるアイヌ社会

江戸時代を通して、アイヌ社会はみずからの生計戦略の基盤となるニッチを、和人集団に蚕食され喪失していったことを確認した。またこのニッチ喪失は、蝦夷地においては圧倒的少数派である、和人によって推進された現象であった。

ところで、この現象は、二重波モデルではうまく説明できない側面を有している。具体的には、蝦夷地に進出した和人は、顕著な人口増がないにもかかわらず、アイヌ民族の生計基盤であるニッチを蚕食し、人口的に少数派であるものの、圧倒的多数派であるアイヌ民族を支配し、最終的には資源を完全にコントロール下におくにいたったことである。こうした実態とプロセスは、先住集団のニッチを越え文化的領域にまで侵入し拡張する際、重要な要因として人口増加を想定している、二重波モデルと明らかに齟齬をきたすものとなる。

もっとも、本章の目的は、二重波モデルを検証することでも批判することでもない。むしろ、二重波モデルを作業仮説とすることにより、それでは説明できない側面があったならば、新たな問題発見の視角とすべきである。とするならば、取り組むべき問いは、なぜ人口的に多数派であったアイヌは、圧倒的に少数派である和人に抵抗できず、みずからが生計基盤とするニッチを喪失したのか、という疑問の解明である。

まずネガティブな要因から指摘するならば、アイヌ社会に対する支配は、武力によって実現されたものではない。江戸時代を通して、幕藩体制の武力がアイヌ社会に向けられたのは、シャクシャインの戦いやクナシリ・メナシの戦いなど非常時の事態に限定される。換言するならば、アイヌ社会側の蜂起に対する鎮圧というリアクションのために武力が用いられたといえる。なによりも、アイヌ社会の統治のために蝦夷地には、幕末まで常備的に士卒が駐留することはなかった。一九世紀に入り、東北諸藩に要請された出兵は、あくまでも対外防備を目的としたものであった。

とすれば、なぜアイヌ社会は、直接的な武力に晒されることもなく、圧倒的に少数の和人の支配を受け入れ、あまつさえみずからが生計基盤とするニッチさえも奪われたのであろうか。その要因として措定されるのは、交易をおいてほかにない。むしろ、和人集団がアイヌ社会に一貫して直接関与し、またその影響力をおよぼしたのは交易以外にないといえる。実際、江戸時代のアイヌ社会のあり方は、交易を和人側に統制され制限が強化されるなかで、まず交易において、ついで生産においても主体者の地位を奪われ、従属的な位置に陥っていくプロセスであった。

では、なぜ交易は、アイヌ社会に対して、和人集団に従属させるほどの影響力をおよぼしたのかが、つぎの問題となるだろう。その理由は、ひとえに交易なしには、アイヌ社会の日常生活が維持できなかったからにほかならない。アイヌ社会の生活財は、木製品などは自製されていた。だが、その製作のため加工具には、鉄器が使用されていた。こうした鉄器は、本州以南や大陸などから交易によって入手されたものであった。このため、もし交易が途絶えたならば、アイヌ社会は、たちまち生活財の安定的な確保が困難になった。これを裏づけるように、一八六八（明治元）年に開拓使により場所請負制が廃止された後、アイヌ社会は急激に貧窮したことが知られている（原田 一九九四：七六九）。

このほかにも、交易は、多岐にわたる産品をアイヌ社会にもたらした。またそれらの産品は、米麴や煙草などの儀礼にとって必要とされる嗜好品や、社会問題の調停や協定の代価などに支払われるイコㇿ（ikor）[12]と呼ばれる威信財など、アイヌ社会の文化実践にとって不可欠なものとなっていた。

視点を変えるならば、アイヌ社会は、本州以南などの外部社会が求める交易産品を生産しさえすれば、生活財から嗜好品に至るまでを確保することができたといえる。それゆえ、アイヌ社会の狩猟は、食糧獲得のためだけではなく、たぶんに交易産品の生産を目的とした活動であったことが指摘されている（出利葉二〇〇二）。またそうした活動は、アイヌ社会にとって、食糧獲得に勝るとも劣らない不可欠な生計基盤であった。

いずれにせよ、アイヌ社会は、交易なしには日常生活や文化実践は維持できなかった、といってもけっして過言ではなかった。ちなみに、このような交易に依存した社会のあり方は、考古学的に擦文時代とされる、七世紀頃にまで遡りうるものである（Ōnishi 2014）。そういった意味で、アイヌ社会は、本州以南など外部社会の商品／市場経済に取り込まれるなかで形成されたとみなすこともできる。

アイヌ社会は、交易によって得られる産品を存立条件としていたがゆえに、潜在的に和人の支配を受け入れざるをえず、遂にはみずからが生存基盤としてきたニッチの収奪にも抗えなくなった、との想定を導くことができる。これこそが、少数派集団である和人が、圧倒的多数派であるアイヌ民族を、生態学的にも政治社会的にも支配しえたメカニズムであった。なお外部の資源や産物への依存によって、異集団の支配に抵抗できなくなり、結果として生態学的ニッチさえも収奪される、という現象はけっして特別なものではなく、世界システムの中核と周辺の関係などにも見出すことができる。したがって、本章の結論は、前近代のアイヌ社会に限定されない、異集団間の競合関係をめぐる、現代まで続く人類史上の普遍的なパターンとみなすべきだろう。

注

(1) たとえば、帰納法的な研究であっても、けっきょくはみずからの経験的知見を参照しており、その知見を無意識にモデルとして活用している、と認識すべきである。またどのような人物であっても、例外なく自文化の観点からは自由ではない、という意味で過去の復元や異文化理解は無意識的なモデル利用から逃れられない。

(2) 二重波モデルは、ネアンデルタール人が先住している地域に、サピエンスが進出するプロセスを対象として設定されたものである。このモデルでは、特に集団としてのサピエンスの到来と、その石器技術の分布・拡散にタイムラグがある現象を説明することが具体的な中心的課題となっている（Wakano et al. 2018: 6-7）。

(3) 北海道は、江戸時代「蝦夷地」と呼ばれていた、と理解されることがあるが、これは正確ではない。北海道の中でも、松前領は「和人地」とされ、蝦夷地とは明確に区分されていた。したがって、蝦夷地とは、和人地を除く北海道と樺太や千島列島などのアイヌ民族の居住地と規定することができる。

(4) 松前氏は、全アイヌ民族の統治を幕府より委ねられていたわけではない。というのは、下北半島や津軽半島などの本州北端部には、いわゆる「本州アイヌ」とされるグループが居住していたからである。なお当該アイヌ集団の支配は、それぞれを領有する南部氏や津軽氏が担当していた。

(5) 「松前藩」という表記は、複数の点で歴史的に使用に注意を払う必要がある。まず松前氏が一万石格の大名となるのは、一七一九（享保四）年以降であり、それまでは「客臣扱い」から「旗本待遇」であった。ちなみに、「藩」という用語は、江戸時代に公的に使用されていた制度名ではなく、明治以降に一般化した歴史用語である。これらの歴史背景を踏まえたうえで、本章では、あくまでも慣例的に流布している用語として「松前藩」を使用する。

(6) 砂金採りをおこなうため、蝦夷地に和人の金堀人が往来し居住することは、松前藩が単独で裁定したものではなく、一六二〇（元和六）年には幕府から金山開発の承認を得て実施された。

(7) 庄太夫と金太夫は、それぞれシャクシャインとハウカセの娘婿であった、とも記録されていることから、アイヌ社会側が積極的に特定の和人を受け入れていたことがうかがわれる。なおシャクシャインの戦い鎮圧後、庄太夫を含む蜂起側のアイヌ陣営に与した複数の和人は、松前藩に「蝦夷」として処刑されたことが公式に記録されている

（浪川 二〇〇三：一四三）。そういった意味で、同時期までのアイヌ民族と和人は、必ずしも明確に区分される存在として規定することはできない。

(8) シャクシャイン側は、当初、松前藩の一六挺を上まわる二七挺の火縄銃を所持していた。また石狩の惣大将ハウカセなどは、四〇〜五〇挺もの火縄銃を所持していた（海保 一九七四：二三二）。このように、松前藩の管理を通さない和人とアイヌ社会の交流は、幕藩体制による蝦夷地の統治体制を揺るがしかねない脅威となる危険性を有していた。

(9) 幕藩体制下では、オランダと清朝には長崎奉行が、李氏朝鮮には対馬藩が、琉球王国には薩摩藩が、蝦夷地には松前藩が、それぞれ外交・交易管理の窓口として対処する「四つの口」を設ける政策が施行されていた。この体制からも、蝦夷地がオランダ・中国・朝鮮・琉球などと同列の異域として位置づけられていたことがうかがえる。

(10) 松前藩は、アイヌ社会の統治のため「乙名」、「小使」、「土産取」からなる「蝦夷三役」を任命していた。ただその実態は、アイヌ社会における既存の有力者を追認していたにすぎなかった。幕領期において、村役人に役職名が改められた後も、基本は変わらず現地社会の有力者が任命されていた、と推察される。

(11) 文化年間は、第一次幕領期の初頭であるとともに、一八〇四（文化元）年のニコライ・P・レザノフの来航による通商要求に始まる、帝政ロシアの接近による緊張が高まった時期であったため、アイヌ民族の人口の正確な把握などが積極的におこなわれた。

(12) イコㇿとされた産品には、本州以南から交易によって移入された刀剣類や漆器類などが含まれていた。なおアイヌ語で「タマサイ」や「シトキ」と呼ばれる首飾りも、イコㇿとされるが、この素材とされる玉類は「山丹交易」とされる大陸との交易ルートから移入されたものも含まれている（大塚 二〇一七）。

参考文献

B・L・ウォーカー　二〇〇七『蝦夷地の征服一五九〇－一八〇〇――日本の領土拡張にみる生態学と文化――』（秋月俊幸訳）北海道大学出版会

大塚和義　二〇一七「ガラスの道―北東アジアのビーズ交易―」池谷和信編『ビーズ―つなぐ　かざる　みせる―』国立民族学博物館、五一－五三頁
大西秀之　二〇〇八「アイヌ社会における川筋集団の自律性」加藤雄三・大西秀之・佐々木史郎編『東アジア内海世界の交流史―周縁地域における社会制度の形成―』人文書院、二三七－二六一頁
大西秀之　二〇一八「アイヌ・エコシステムの舞台裏―民族誌に描かれたアイヌ社会像の再考―」高倉浩樹編『寒冷アジアの文化生態史』古今書院、二五－四七頁
海保嶺夫　一九七四『日本北方史の論理』雄山閣出版
菊池勇夫　一九九四『アイヌ民族と日本人―東アジアのなかの蝦夷地―』朝日新聞社
白山友正　一九七一「幕末のアイヌへの人口政策と人口」『社会経済史学』三六（六）、五二四－五五五頁
高倉新一郎　一九四二『アイヌ政策史』日本評論社
高倉新一郎　一九五九『蝦夷地』至文堂
高倉新一郎　一九七二『新版　アイヌ政策史』三一書房
G　デ　アンジェリス・D　カルワーリュ　一九六二『北方探検記―元和年間に於ける外国人の蝦夷報告書―』H・チースリク編（岡本良知訳）吉川弘文館
出利葉浩司　二〇〇二「近世末期におけるアイヌの毛皮獣狩猟活動について―毛皮交易の視点から―」佐々木史郎編『開かれた系としての狩猟採集社会』国立民族学博物館調査報告三四、九七－一六三頁
浪川健治　二〇〇三「蝦夷地の『無事』―一七世紀アイヌ社会のなかの「和人」―」『人文科学研究：キリスト教と文化別冊』一二巻、一三一－一四五頁
浪川健治　二〇〇四『アイヌ民族の軌跡』山川出版社
原田一典　一九九四「明治前期の上川アイヌ」旭川市史編集会議編『新旭川市史　第一巻　通史一』旭川市、七三五－七七七頁
Ōnishi, H. 2014 The Formation of the Ainu Cultural Landscape: Landscape Shift in a Hunter-Gatherer Society in the

Northern Part of the Japanese Archipelago. *Journal of World Prehistory* 27 (3-4): 277-293.

Ōnishi, H. 2021 Historical Dynamics of Ainu Society: The Social Structure of Hokkaido Ainu in Historic Documents in the Premodern Period. In K. Ikeya and Y. Nishiaki (eds.) *Hunter-Gatherers in Asia: From Prehistory to the Present* (*Senri Ethnological Studies* 106), pp.197-216. Osaka: National Museum of Ethnology.

Wakano, J. Y. et al. 2018 Ecocultural Range-expansion Scenarios for the Replacement or Assimilation of Neanderthals by Modern Humans. *Theoretical Population Biology* 119: 3-14.

第16章

新人文化におけるビーズ装飾と社会
——狩猟採集民のビーズ利用から考える

池谷和信

1　先史狩猟採集民の拡散とビーズ

私たち新人（ホモ・サピエンス）は、およそ三〇万年前にアフリカで誕生した。その後、数万年前にユーラシアに拡散して西アジアやヨーロッパへ、一方で、石器からみた文化の境界といわれるモビウス・ライン[1]を越えて南アジアから東南アジアや東アジアへ、また西アジアから中央アジアや北アジアに広がっていった。それでは、インドの中央部を南北に伸びるモビウス・ラインの東西において、石器以外のものからみた文化の地域性は存在するものだろうか。本章では、ビーズに注目する。考古資料として出土したビーズには、どのような人類の社会や文化が反映しているのだろうか。近現代の狩猟採集民のビーズの利用状況を通して考古資料としてのビーズの意味を解釈することで、パレオアジアの新人の文化史への新たな枠組みを提示する。

これまで初期人類の象徴行動の中で、顔料の使用や副葬品による埋葬などとともにビーズの存在が一つの指標として注目されてきた（McBrearty and Brooks 2000; Ikeya 2020）[2]。米国の生物地理学者J・ダイアモンドは、人類の最初の芸術として、六万年前のクロマニヨン人が、彫像、ビーズ（ネックレス）、フルートのような楽器をもっていたことをあげている（ダイヤモンド 二〇一四）。彼は、様式や美的価値をもつものを新たに作り出したり、おこなったりすることを芸術とみなして、その起源を考える。まさにビーズは、人類の芸術の起源、特に装身具としての美の起源を考えるのに適した対象の一つである（池谷編 二〇二〇）。

ここで本章の研究視点について言及しておこう。米国のスミソニアン国立自然史博物館の展示では、ビーズを含む人類の革新的行動の一覧表を示すとともに、狩猟採集民サンの伝統的なキャンプの暮らしを紹介したパネルがある。そこには、サンは小さな集団をつくるが大きな社会的ネットワークを構築する人々であると説明されている。このことは、初期人類の象徴行動を理解するために、狩猟採集民の民族誌の情報が有効であることを示しているであろう。先史学・考古学ではビーズの部材からその素材や使用された年代・場所は明らかになるが、ビーズはどのように入手されて、誰が身に着けて、どのような役割をもっていたのかを読みとることはむずかしいであろう。狩猟採集民の民族誌は、それを理解するための枠組みを提示することができる。ただ、現存するサンの暮らしから人類の初期的姿を復元する生態人類学の視点は、文化人類学では「カラハリ論争」[3]をへて現時点においても論議の続くアプローチである（池谷 二〇〇二）。ここでは、初期人類の状況を示す資料が限定的である中で、現存する狩猟採集民の民族誌そのものを批判的にとらえ、現存するビーズから過去の暮らしを考えるためのヒントを得ることをねらいとする。

本章では、先述したように新人文化の装身具の中でビーズに注目する。一般にビーズというと首飾り（ネックレス）のイメージが大きいが、首のほかにも頭、腕、胸、腰、足首などさまざまな身体部位を飾ることができる。考古学では、部材の中心軸に沿って紐を通すための穴を有したものをビーズと定義され、中心軸にないものはペンダントということで分けられる（遠藤 二〇二〇：九七）。しかしながら、貝殻や生き物の歯、植物の花といった素材は中心に穴があるわけではないので、中心軸に穴のないものもここではビーズとする。

本章では、最初にアフロ・ユーラシアのビーズの素材と形について概観した後に、ビーズの素材と製作技術、利用方法と社会的役割という枠組みから近現代の狩猟採集民のビーズとの関わりを紹介する。これらの資料を通して、新人文化における象徴行動の特徴について考察する。

筆者は、これまで現存する狩猟採集社会の中で二つの社会を選定して、人類のビーズ利用をめぐる民族考古学やエスノヒストリーの調査をおこなってきた。ボツワナのカラハリ砂漠のサン社会とマレー半島の熱帯林に暮らすマニの人々である。前者の調査では、現地語を使用しての参与観察や聞き取り調査などを、一九八七年から三〇年あまり、のべ二年間以上にわたって現地のキャンプや集落に滞在してきた（池谷 二〇〇二）。後者の調査では、二〇一六年八月、二〇一七年九月上旬、同下旬の計三回、現地研究者と共同して短期間の調査をおこなってきた。具体的には、両者とも遊動や定住しているキャンプを訪問して、そこでのビーズの利用状況についての情報を収集した。

以下、パレオアジア全体のビーズの素材や形についての概観を述べた後に、サン社会（ボツワナ）とマニ社会（タイ）でのビーズの素材や利用状況とその社会的役割について報告する。なお、生物遺伝的にみるとマニは東南アジアのネグリートの一つの集団、サン（本章ではガナ、グィ集団）はコイサン系の言語集団の一部であり、それぞれの地域における土地の先住者とみなしてよいであろう。

2 パレオアジアのビーズ——貝殻、ダチョウの卵殻、哺乳類の骨、そして石

最古級のビーズ資料から、人類のビーズは、一二万年前から四万五〇〇〇年前までの発生期とそれ以降の定着期の二段階に分けられる（門脇 二〇二〇：二四）。発生期ではアフリカ、レヴァント、ヨーロッパが中心であり、定着期ではそれ以外の地域において見出されている。ここでは、ビーズの特徴は、多様な環境への各地域の集団の多様な社会戦略を示すとみている。このため、パレオアジアの文化史では、数万年という時間軸に加えて、ツンドラから熱帯林までのアジアの多様な環境を六つの地域に区分して理解する枠組みを使用する（Ikeya and Nishiaki eds. 2021）。貝殻、ダチョウの卵殻、哺乳類の骨、そして石などのビーズの素材は、多様な環境に適応して選ばれている可能性がある。

現生人類は、一二万年前に、レヴァント地方のスフール洞窟では巻貝を、イベリア半島のアヴィオネス洞窟では二枚貝を最古のビーズとして利用した（門脇 二〇二〇：二五）。約七万年前のアフリカ大陸においては、スフール洞窟とは異なる種類のムシロガイであるが（門脇 二〇一七）、南アフリカの海岸部に近いブロンボス洞窟で六八点のビーズがみつかっている（門脇 二〇一七：三二）。このうち二四点は一カ所からまとまって出土していて、これらをまとめると一〇センチメートル以上の長さのビーズになると推察している（門脇 二〇二〇：二五－二六）。

一方、西アジアでは、スフール洞窟（巻貝）と内陸部のカフゼー洞窟（二枚貝）や北アフリカの遺跡から出土している穴のあいた巻貝であるムシロガイの仲間をビーズの部材の論拠にしている（Vanhaeren et al. 2006; 門脇 二〇一七）。なかでもカフゼー洞窟は海岸部から四〇キロメートル、スフール洞窟は海岸から三・五キロメートル離れた内陸部に位置しており、当時の人々が貝殻を海岸から運んだものか交易によって持ち

込まれたのかのどちらかであろう。その後、レヴァント地方やイベリア半島南部やイタリア北西部、フランス南部などの地中海の沿岸地域では、海産の貝殻製のビーズが数多く発見されている（門脇 二〇二〇：二七－二八）。なお、二万三〇〇〇年前の沖縄本島のサキタリ洞遺跡では、赤色顔料の付着する貝殻（ニシキツノガイ）のビーズがみつかっている（朝日新聞デジタル 二〇二一年一〇月二一日記事）。

つぎに、ダチョウの卵殻のビーズを取り上げる。これは、すでに五～四万年前の東アフリカや南部アフリカの遺跡で広く知られている［図1］（Robbins1999; Ambrose 1998; MacBrearty and Brooks 2000; 門脇 二〇二〇：二六；Miller and Wang 2022）。この図からケニアでは内陸部、ナミビアや南アフリカでは海岸部の遺跡を中心に出土している。また、個々の部材は東アフリカのものが大きい傾向がある。ダチョウの卵殻のビーズ技術は、おそらく東アフリカで生まれ、約五万～三万三〇〇〇年前に南方へ伝播したのであろう（Miller and Wang 2022）。さらに、更新世のヨルダン南部のカルハ山麓の遺跡では、ダチョウ卵殻は見つかっているが、現時点では穴のあいた卵殻の破片は発見されていない（門脇 私信）。その後、ダチョウの卵殻製のビーズは、インド亜大陸、中国の華北（松藤 一九九四）、モンゴル北部などの各地で見つかっている。こ

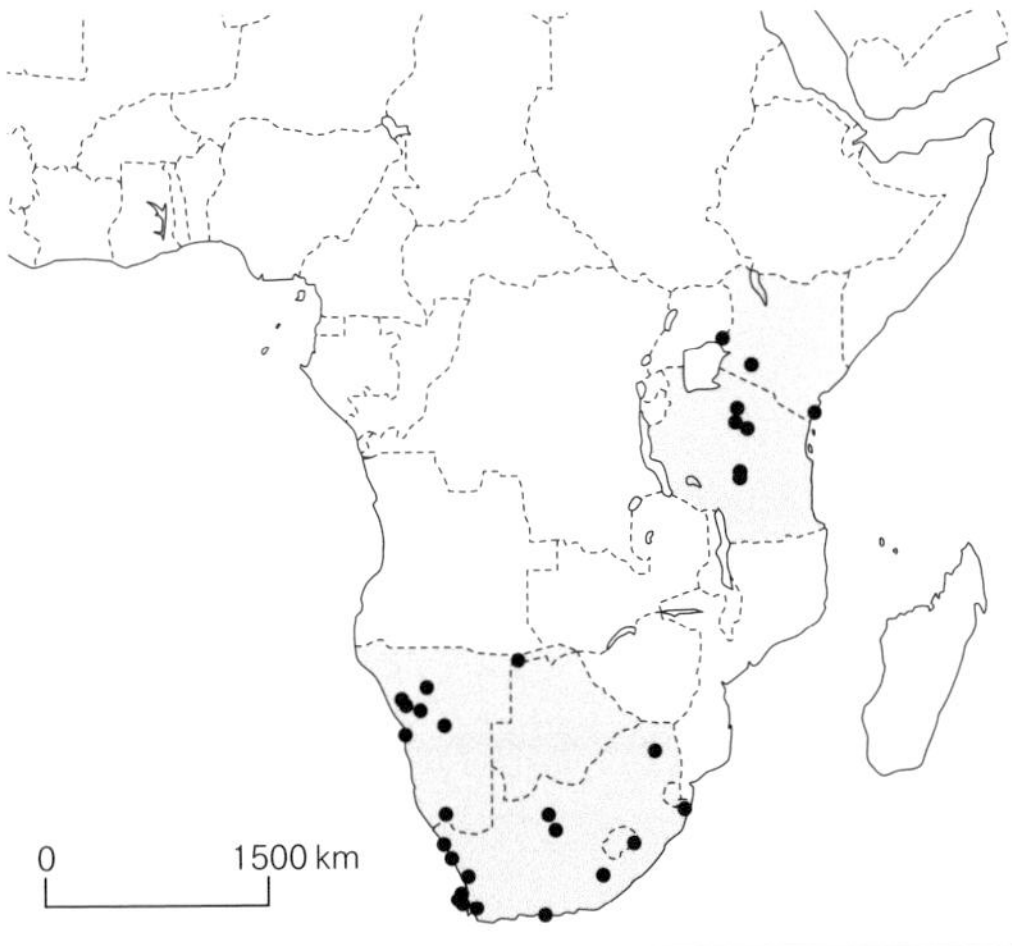

図1 東アフリカおよび南部アフリカにおけるダチョウの卵殻ビーズの出土した遺跡
（Miller M. J. and Wang V. Y. 2022 をもとに作成）

れらの素材の分布は、石器の有無で分類されるモビウス・ラインの東と西での地域差とは無関係であると思われる。個々の卵殻破片の大きさや量はダチョウの生息環境に対応しているとみなされるであろう。

さらに、これらの北側に位置するシベリアや北東アジアにおいては、マンモスやトナカイの骨が、当時、大陸と陸続きであったという北海道では石製やコハクのビーズがみつかっている［図2］。たとえば、北極海に接するヤナ遺跡においては、部材の中心部に穴のあいたものと動物の牙の根元側に穴のあいたものとがみられる。また、ロシアのデニソワ洞窟では、だるま状の部材に二つの穴があいているものがみられる。これは、部材全体の中でも独特の形にみえる。さらに、クラスヌイヤルでは、多数の円状の部材を中心にして個々のデザインが緩やかであると同時にユニークである。ま

図2　旧石器時代のビーズが出土している北東アジア大陸部から北海道にかけての遺跡の分布（高倉 2022: 42）

た、北海道では四遺跡すべてから、かんらん岩の部材が出土している（池谷編 二〇二二）。当時の北海道には、マンモスや大型の哺乳類であるヒグマがいたと推察されるが、生き物の身体から得られた部材は使われていない。なお、当時のインドネシアのスラウェシ島では、イノシシの仲間であるバビルサ（pig-deer）などの動物の骨が利用されている（Brumm et al. 2017）。

ここで注目されるのは、紀元前二万八〇〇〇～二万五〇〇〇年といわれるモスクワ近郊に位置するスンギールの遺跡で見出されたビーズの存在である。墓の中の人骨は老年男性で、マンモスの牙のビーズが三五〇〇個以上、ホッキョクキツネの犬歯のものが二〇個など出土し、一方、帽子にはマンモスの牙が縫いつけてあったという。これらを埋葬された人がすべて身に着けていたとすると世界一の数になる。遺跡の写真をよくみると、頭飾り、首飾り、腕飾りを同時にしていた可能性がみられる。しかも、残されたその数の多さと覆われ方から、首飾りの場合においても、一列ではなくて数列の連、頭飾りの場合も二列からなっていたとも推察できる。

一方で、更新世における南アフリカ海岸部の洞窟遺跡であるクラシエス川河口洞窟も注目される。複数の貝殻のみならず数多くのダチョウの卵殻の部材を見出すことができる。特に卵殻の部材に二つの穴がみられることが興味深い。また、部材の配列から、頭部あるいは首にビーズがあったことがうかがえる。この場合は、貝殻とダチョウの卵殻が別の身体におのおの対応しているようにみえる。

スンギール遺跡の場合は、アフリカや西アジアにおけるダチョウの卵殻や貝殻製のビーズとは異なり、多数の牙製ビーズを製作した労力を考える必要がある。当時の先史狩猟採集民は平等社会と想定されやすいが、マンモスの牙やダチョウの卵殻を加工する労力を考えると、ビーズの多量利用が社会の複雑性を示している可能性がある。また、南アフリカの海岸部では貝殻とダチョウの卵殻という複数の素材の利用がされていた点も注目される。

3 動物・植物素材とビーズ――マレー半島の狩猟採集民

調査地の概観

前節では、パレオアジアのビーズを素材や形から広域的にみてきたが、それぞれの部材の入手方法や社会的役割については明らかになっていない。特に植物製のものがみられないのは、先史時代の植物が考古遺物として残存しにくいこととも関与しているであろう。ここでは、現在においても遊動生活を維持している集団に注目し、そこでのビーズの利用状況を示す。

調査地は、マレー半島のタイ南部地域である。マレー半島中央部の熱帯林にはオラン・アスリが広く暮らしていることで知られているが、対象とするマニはオラン・アスリの中では最北部に暮らす集団に分類される。現在、マニの中には定住化した集団、半定住化した集団、および遊動している集団がある。調査地は、現在においても遊動している集団の事例である。ここでは、キャンプAとキャンプBの事例を取り上げる。

素材と製作技術

まず、キャンプAの場合をみてみよう。ここのキャンプは数個の家屋で構成されていた。各家は、夫婦と子どもという核家族からなる家が多い。タイ人の暮らす近接の集落から、徒歩でアクセスすることができる。キャンプの周囲は森にかこまれているが、樹幹の太い樹木ではない。キャンプに在住するマニの人が、近隣の集落に行き、森林産物を販売するのをみたことがある。以下、ビーズの関与する五つの事例をみてみよう。

事例1：自分の子どもを抱えている成人女性が、ビーズを身に着けている［図3］。子どもは着けていない。細長い黄色の筒三個と黒い玉を半分にしたもの二個を組み合わせた首飾りを身に着けていた。おしゃれのためのビーズであると思われる。

ここで、同じ長さで切断された、表面が黄色の筒は動物の骨（ジャコウネコと同定）、半分に割られた黒色の球形は植物の実（学名は不明）である。黒色の実の裏側は空洞になっていることから、つやのある表側を見せるように使用している。彼女が、どうして数ある素材の中でこれら二種類の素材を選んだのかはわからない。

また、どうして三個の骨と二個の実という複数の素材を組み合わせたのかはわからない。彼女の装飾品に対する美しさへのまなざしがよく表れているものであろう。動物の骨は同じキャンプの男性ハンターからもらったもの、植物は自分が採集したものであるという入手過程の情報が得られた。骨はもともと穴があいていたが、植物の実は何らかの道具で穴をあけている。紐は現地の植物資源ではなく、外部から入手した麻製などのものを利用している。

図3　自然素材の首飾りを身に着ける女性
（撮影：池谷）

事例2：成人女性が、三種類の異なる素材を使った首飾りを身に着けている。事例1と同じ黒色の木の実一個のほかに、木の根が三個、そして薄い黄色のセンザンコウの甲羅の破片が一個である。部材数は合計五個で、素材は事例1にくらべて多様になっている。木の実と木の根はみずから採集したものであるが、センザンコウの甲羅の入手過程はわかっていない。

事例3：子ども（男の子）が、二個の黄色の骨に一個の木の根を組み合わせた首飾りを身に着けている。この場合は、事例1でみられた骨と事例2でみられた木の根との組み合わせになる。骨は、事例1の女性から与えられたものと思われる。

事例4：男の子が、二個の黄色の骨のみの首飾りを身に着けている。

事例5：男の子が、一個の木の根と二個のプラスティック製の部材を使った首飾りを身に着けている。

以上の五つの事例から、つぎのことが明らかになる。まず、ビーズを身に着けているのは二名の成人女性と三名の男の子であった。成人男性は、ビーズを身に着けていない。つぎに、さまざまな素材が部材に使われていた。ジャコウネコの骨、センザンコウの甲羅、木の根、木の実のような動植物に加えてプラスティックも含まれる。入手方法は、キャンプ内の男性ハンターから得た（動物の骨）、みずから採集した、キャンプ外からもたらされた、の三つに分かれる。最後に、五名がそれぞれの部材と組み合わせ方をしている。木の実や木の根や骨の断片のように共通の素材はあるものの、組み合わせ方はそれぞれの個性がでている。

つぎに、キャンプBの場合をみてみよう。このキャンプは、大部分の世帯が岩陰を利用しているので独立した家屋は多くはない。各世帯は、夫婦と子どもからなる核家族の家が多い。近接の集落から徒歩でアクセスすることができる。キャンプの周囲は森にかこまれている。このキャンプでは三名の成人女性と四名の子ども（男の子）がビーズを身に着けている。成人女性の事例のみ紹介する。

事例6：成人女性が、一五個の部材を使った首飾りを身に着けていた。一二個が上述したものと同じ木の実、二個が動物の歯、一個が骨（ジャコウネコと同定）から構成されている。木の実は、女性がみずから採集したものである。動物の歯はアナグマである。キャンプの男性ハンターが狩猟により獲得したものである。

キャンプ内では肉が食用にされて、犬歯の部分が装身具に使われたという。

利用・役割

二つのキャンプの六名の事例ではあるが、この地域のビーズの素材としては植物の実や根、および動物の骨や歯などの多様な素材が利用されていた。二つのキャンプのビーズを比較してみると、数のちがいはあるが、共通して木の実が広く利用されている。一方で、事例6のように、女性が動物の犬歯を部材にしていた点は興味深い。しかも、動物の肉は食用にされて、残されたものの中で犬歯が選ばれた点が注目される。これまで他の地域においてイノシシやペッカリー、ヒグマの犬歯が部材に利用されていたが、いずれも先が鋭く尖ったものである点で共通している。事例1と同様に、キャンプ内のハンターが獲得した点も注目できる。

キャンプの中のすべての女性がビーズを身に着けているわけではない。また、誰一人として同じ素材を組み合わせている人はいなかった。キャンプの全メンバーを確認したわけではないので数量的な把握はできないが、首飾りは個々人の素材の選択や組み合わせによることから、集団の特性をシンボル化するものではない。ビーズは美しさのためだけではなく、個性を示すもの、よい匂いのするもの（木の根の場合）などの目的のために身に着けていることがわかった。

4 ダチョウの卵殻とガラスビーズ――カラハリ狩猟採集民

ダチョウの卵殻ビーズは、人が製作したビーズに限定すると最古のビーズである。東アフリカでは五万二〇〇〇年前までさかのぼり、ボツワナやナミビアでは現在も生産されている。これは、現在の使用状況をみると、首飾りのみならず女性用衣装への刺繡に使われる素材である点にも注意する必要がある。

すでに第2節で述べたように、ダチョウの卵殻はアジア各地から出土している。ここでは、穴の開いた卵殻部材が出土した場合に、どのような社会と関わっているのかを民族誌やエスノヒストリーの視点から記述していく[4]。近現代のアジアではダチョウの卵殻の利用はみられない。そこで、アフリカのカラハリ砂漠に暮らすサン社会の事例を示す。ここでは、ダチョウの卵殻のほか多様な素材のビーズが、首飾りだけではなくブレスレットや頭飾りにも使用されている。

調査地の概観

カラハリ砂漠はアフリカ南部の内陸部に広がり、その面積は日本の国土の約二倍にあたる。調査地は、カラハリ砂漠の中央部のボツワナ・中央カラハリ動物保護区に位置する。サンは、カラハリ砂漠に暮らす狩猟採集民としてよく知られているが、言語集団によって分布が異なっている。調査地はガナやグィ語を話す集団である。現在、多くのサンは、井戸や小学校やクリニックのある集落で生活をしているが、少数はこれらのない保護区内にて半定住生活をしている（池谷 二〇〇二）。

本節では、一九三〇年から六〇年までに探検隊や植民地行政官、研究者が現地で撮影した装身具が関わる写真を利用する。ダチョウの卵殻を使用したビーズづくりは、一九九〇年代には民芸品生産の一環としておこなわれていた（池谷　二〇〇二）。

素材の変遷と製作技術

シカゴの自然史博物館には、一九三〇年にヴェルナイ・ランの探検隊がカラハリ砂漠で撮影した写真がある［図4］。撮影された場所は、その探検ルート図から、本節で対象としている言語集団の生活域と一致する。この写真では、調査対象地の水たまり（パン）でサンの女性が水汲みをしている。一〇個以上のダチョウの卵が水筒代わりに使われている。頭と首には飾りを着けている。［図5］は、一九五八年に植民地行政官G・シルバーバウアーが撮影した写真である。頭と首に飾りを着けている。白色のビーズは、ダチョウの卵殻製である。赤色のガラスビーズや鉄製イアリングおよびパイプは、他のバンドとの交易によって入手したものである（Silberbauer 1965: 107）。

ほかに、一九八三年のアルゼンチン人の調査からは、古老が首飾りを着けることに加えて、乳児の腰と首に飾りが着けられていることに気がつく。これは、ほかの世帯でもみられることで、子どもの安全を祈ったものとみなされている。一九八九年に撮影された写真では、儀礼の際の帽子にダチョウの卵殻を使った線状のビーズ、頭にガラスビーズで飾るという組み合わせがみられる。一九九〇年の写真では、ガラスビーズからなる首飾りとダチョウの卵殻とガラスを組み合わせた頭飾りが印象的である。

以上のことから、一九三〇年から九〇年にかけての写真から、サン社会において、女性のみがビーズを首

図4 窪地に貯まった雨水をダチョウの卵の水筒に入れる女性たち（1930年、池谷 2002）

や額に着けていることがわかる［表1］。素材はダチョウの卵殻からガラスまで多様である。一九九〇年前後に筆者が観察したところによると、卵殻の入手はむずかしかった。サンの人々が、ダチョウの卵を探しに行っても容易にみつかるものではない（池谷 二〇二三）。しかし、みつかる時は同時に数個かたまってみつかっていた。すべてを丸ごと獲得してから、中身は食用にし、殻は一九三〇年の写真のような水筒として利用することはなく、民芸品として販売するために装身具に使われていた。

ダチョウの卵殻からビーズの部材を製作する方法は、筆者の観察では以下のとおりである。①ダチョウの卵殻を石の上で大きく砕いて長さ二～三センチメートルの多数の破片をつくる。それぞれの形は四角に近く円形のものはない。②つぎに、それぞれの破片にキリを使って穴をあける。③ゲムズボックの腱からつくった紐を通す。④最後に、スティーンボックの角を使って石の上で破片の形を丸みを帯びるように整える。これらは女性の仕事になっている。なお、ガラスビーズは、サンが狩猟で獲得した毛皮などとの交換で外部社会からもたらされたものである（池谷 二〇〇二）。

利用・役割

ダチョウの卵殻のビーズは、すでに述べたように、現在では民芸品として作られているので直接みることはできるが、現在のサンで身に着けている人はほとんどいない。このビーズは、本来、女性が美しさを求めて身に着けるものであったと思われる。しか

図5　ダチョウの卵殻の首飾りや頭飾りを着けたサンの女性（1958年）
（Silberbauer 1965）

しながら、一九三〇年から九〇年にかけてのビーズの素材をみると［表1］、ダチョウの卵殻からガラスへと変化していることに注目してよいであろう。おそらくは世代も変わり個々人の好みによってガラスを求めることになったのであろう。その結果、素材の色合いがカラフルになり目立つようになった。社会の中でガラスは外来のものであることをみんなが知っているので、ガラスの保持が社会の中で意味をもつようになる。ただし、ガラス素材の色のちがいなどによって集団の差異を示すような社会的な機能はみられない。

そこで筆者は、「ダチョウ文化複合」と「ガラス文化複合」という概念を提唱する。前者は在来の素材、後者は外来の素材に対応する。「ダチョウ文化複合」は、ダチョウの卵殻の部材が遺跡から出土したら文化全体をセットで考えることのできる枠組みである。それは、ダチョウの卵の採取から、卵の利用をへて、卵殻の加工までをいっしょに理解するものである。同時に、ものとものとをつなぐには糸のようなものが欠かせない。これは、ゲムズボックを対象にした狩猟で得られた動物の腱から作られたものである。一方で「ガラス文化複合」は、外から入手するための交易が欠かせない。このため、生活域では入手できない素材のビーズが出土したならば、交易のような外と接合する生業内容を想定しなくてはならないであろう。

更新世の時代のビーズの場合、前節で述べたように、西アジアの内陸部に貝殻が運ばれているが、この場

表1　カラハリ中部におけるサンのビーズ素材の変遷：1930〜90年

年	素材	担い手	身体部位
1930	不明（自然素材）	女性	頭、首
1958	ダチョウ卵殻、赤色のガラス	女性	頭、首
1958	プラスティック	女性	頭
1983	赤・黄・水色のガラス	乳児	腰、首
1983	黄・青・白のガラス	老女	頭、首
1989	白のガラス	女性	頭
1990	ダチョウ卵殻、青・赤のプラスティック	女性	頭

（各時代の写真から池谷作成）

合、在来の素材によるビーズが存在した可能性がある。おそらくは考古資料に残りにくい植物素材などであるが、動物の肉は食用にしたと思われ、その骨は残存しているのに、骨製のビーズがあまり出土していない点は興味深い点である。

5 ビーズから読み解く新人文化の特徴

本章では、ここまでアフリカからアジアにかけてのビーズの素材と形のちがいに注目してきた。第2節では広域的な視野でビーズの部材の地域性をみたが、第3節と第4節ではアジアとアフリカという二つの狩猟採集民のビーズ利用の事例を詳細に紹介した。ここでは、これらの結果から、どのような社会をビーズから読みとることができるか、空間スケールに応じた社会的ネットワーク、そしてビーズの社会的役割について議論を進めてみよう。

空間のスケールと社会ネットワーク――贈与・交換・交易

これまで先史時代における狩猟採集民のビーズの社会的役割を考察するのに、民族誌の資料が利用されてきた。ジュ一ホワンのハロ一システムは、先史時代における狩猟採集民の交換に関する多くの類例やモデルの基礎となっている（Wiessner 1983）。これは、ボツワナ北西部に暮らすサンの言語集団の一つジュ一ホワンの事例である。ある集団とある集団のあいだでビーズ、矢、道具、衣装などの非食料品が贈られることは、長期間にわたる相互扶助の結果とみなしてきた。つまり、サンの交流ネットワークは、贈与交換によって裏打ちされた地域集団外との相互支援関係を構築することで、生計と繁殖があった場合のリスクを軽減しているというものである。

一方で、すでに言及してきたカラハリ中部の事例では、過去七〇年にわたるビーズの素材の変化をみてきたが［表1］、上述したようなダチョウの卵殻製ビーズの贈与は知られていない。それは、ガラスビーズが導入されたことで卵殻の利用が衰退したことによるのかもしれない。ガラスビーズの場合には、部材は毛皮との交換などで得られるもので、ほかの人に貸すようなことはみられなかった。在来の場合は交換、外来の場合は交易という入手方法のちがいによってビーズの社会的役割が異なる可能性がみられる。

最近、南部アフリカに位置するレソト高地で出土したダチョウの卵殻製ビーズのストロンチウム同位体分析を通して、このような慣習が中石器時代後期にさかのぼることの可能性が指摘されている（Stewart et al. 2020）。そして、ダチョウの卵殻が一〇〇〇キロメートル以上も離れたところへ運ばれた点は注目してよいであろう（池谷 二〇二二）。しかしながら、どのように運ばれたのかはむずかしい課題である。サンの社会では、南北で異なる気候帯にもよるが、直径で一〇〜二〇キロメートルのバンドの中で生活が完結するわけではない。数十年間という単位でみると、旱魃ほかの災害の際には数十キロメートル以上離れた井戸のある村に移動することもある（池谷 二〇二二）。ハローのようなローカルな交換と一〇〇〇キロメートル以上におよぶものが流通するグローバルな交換が、どのようにある特定の地域の中で共存していたのかは、今後の課題である。なお、このテーマでは、縄文時代の日本列島において、ヒスイが新潟県の糸魚川から北は北海道、南は沖縄本島まで運ばれた仕組みとの比較も必要であろう。

以上のようにダチョウの卵殻製ビーズは、個人的な装飾という人類の象徴行動とともに、広い社会ネットワークのための交換という二つの役割を提供してくれるものである。新人文化の中でマクロスケールの社会ネットワークの出現と持続を追跡することは、変動する環境下で必要な社会戦略の進化を明らかにすることになる（Stewart et al. 2020）。同時に、この戦略は三万三〇〇〇年以上にわたって持続している可能性があるのか否かの検証が必要になるだろう。

ビーズから読みとる三つの社会像——装飾・呪術・社会アイデンティティ

本章では、アジアの狩猟採集民マニやアフリカのサンにおけるビーズに関する基本資料を記述してきたが、冒頭で言及したように狩猟採集民の中で誰がビーズを身に着けて、どのような役割があるのか考えてみよう。まず、マニの事例では、ビーズを身に着けていたのは成人女性と子どもであった。成人男性の事例は見出せなかった。これは、筆者が現地で観察したカラハリ狩猟採集民（ガナやグィ）の事例とも類似している。成人女性は、ダチョウの卵殻や木の実やガラスなどの素材のビーズを首のみならず頭飾りとしても利用していた。子どもの場合は、誕生後に手首などにつけられる程度である。

一方で、キャンプの中のすべての女性がビーズを身に着けているわけではなかった。マニにおける二つのキャンプのビーズを比較すると、数にちがいはあるが、木の実の利用が広く共通してみられ、同時に誰一人として同じ素材を組み合わせていなかった。このことから、ビーズは美しさのためだけではなく、みずからの個性を示すものであり、よい匂いのするものなどの目的のために身に着けていることがわかった。

本章で言及した素材は、マニの場合には植物の実や根、動物の骨であった。これに貝類の素材を加えてビーズの製作技術について考えてみる。まず、貝類の中には人の手を加えることなしに穴があくものがある。また、動物の骨は、中に空洞がみられるのでその中に糸を通すことが可能である。木の実や根茎は穴をあけるための道具が必要である。それには、動物の角や石器などが使用された可能性が高い。これに対して、ダチョウの卵殻は、これらの素材との比較ではあるが、硬くて穴をあけるのが大変であるのでかなりの労力が必要になってくると推定される。

また、サン以外のアフリカの狩猟採集民でのビーズの役割をみてみよう。カメルーン南東部の森林地域で暮らすピグミー系狩猟採集民バカは、森の産物を素材に用いたビーズを身に着けている（戸田 二〇一七：七〇）。子どもが産まれると、親は「赤子が早く歩き出すように」「災難から守ってくれるように」と願いを込めて、森でみつけた木の実や枝、野生動物の骨や角に穴をあけ、首や腹、手首に巻きつける。また、重い病気の時のみ呪術が込められたお守りとしてのビーズも知られている。

さらに、本章で取り上げた事例の中で気になる点は、第二節で言及したスンギールの遺跡や南アフリカの海岸遺跡の事例において出土した多量のビーズである。特にスンギールの場合、マンモスの牙から三五〇〇個の部材を作りだす労力は多大なものであろう。一般に、標準化されたビーズを大量、組織的に生産するには、労働力のある程度の規模と社会の複雑化が増していることが必要である。これらのビーズは、埋葬されていた人が生前に所有していたものか否かはわからない。ダチョウの卵殻のような広範囲の社会的ネットワークの結果であるのかもわからない。ただ、そこには社会の中に少なからず階層差を見出すことができると推察している。

さらに、スンギールの遺跡において帽子にマンモスの牙製のものが縫い付けられていたことに注目している。これは現在のサンの衣装にもみられるが、毛皮に部材を縫い付ける文化である。今後、より詳細な検討が必要であるが、「貝殻や植物資源の段階」「ダチョウの卵殻の段階」「多量の部材の供給と部材を縫う（毛皮と組み合わせてものを飾る）段階」というように、ビーズの素材や量、製作技術からみて更新世の時代の狩猟採集社会を三つに分けられるのではないかと筆者は考えている。

以上のことから、つぎのようにまとめられる。ビーズを身に着ける目的ではあるが、当初は、みずからの美しさ、よい匂い、魔除け（ピグミーの事例、呪術的意味）などのために植物や動物の素材がビーズに使用されていた段階（タイのマニの事例）があったと推察している。続いて、ダチョウの卵殻や一部の貝の首飾りのように製作や交易に労力を費やすものが生まれて、集団間の社会関係や集団のアイデンティティのために用いられるようになった段階（ボツワナのサンの事例）があり、さらに人のみならずにものを飾るために利用され、ある程度は階層化された社会の段階（ロシアのスンギール遺跡の事例）がある。

最後に、考古資料と民族誌資料との関係について述べると、民族誌の事例から、複数の異なる素材を組み合わせて首飾りやものを飾るためのビーズが知られているが、初期人類の暮らしを示した考古資料からはあまりみつかっていない。これには植物製の素材が残りにくいことも関与しているのかもしれない。同時に、個々のビーズが、他の地域から伝播したものであるのか、個々に独立発生したものであるのか、十分に区別できていない場合もある。世界の諸文化の多様性と共通性を伝えるビーズの民族誌は、さらにどのようにしたら考古資料の解釈に有効であるのか否かは、今後の課題として残されている。

注

（1）モビウス・ラインは、前期旧石器時代の石器資料や石器製作技術のちがいから示した東西の二大文化圏の境界線を示す。現在でもこの線については論議が続いている。

（2）ネアンデルタール人の象徴行動の研究によると、六～三万年前を中心にして、複合的で象徴的な行動を示すものとして貝殻、クマの骨、鳥の羽根、鷲の爪などがみられる二六事例がまとめられている（Frayer et al. 2020）。これらは、ペンダントとして利用されていた可能性が高い。また、ネアンデルタール人のビーズ利用がイベリア半島の洞窟の事例から報告されている（門脇 二〇二〇：二五）。

（3）「カラハリ論争」とは、本質主義者と修正主義者との論争を示す。狩猟採集民サンを対象にした生態人類学の研究では、人類の初期的姿を復元することを目的とし、現存する狩猟採集社会には変化しがたい固有の本質があり、それが過去の復元につながると想定する本質主義の立場と、サンは前の時代の生き残りではなく、彼らは他民族によって支配された大きな政治経済システムのなかで辺地に住み、社会的に下位に位置する存在とみる修正主義の立場が知られている（池谷 二〇〇二：三）。

（4）ダチョウの卵殻製のビーズは、近現代の民族の中ではカラハリ砂漠の狩猟採集民サンの装身具でよく知られている。この他にもケニアの牧畜民トゥルカナやナミビア中部の牧畜民の物質文化の中でもみられる。首飾り以外にも衣装の飾りほかでも利用されている。

参考文献

J・ダイヤモンド　二〇一四『若い読者のための第三のチンパンジー―人間という動物の進化と未来―』R・ステフォフ編、秋山勝訳、草思社

池谷和信　二〇〇二『国家のなかでの狩猟採集民―カラハリ・サンにおける生業活動の歴史民族誌―』国立民族学博物館研究叢書四

池谷和信　二〇二二「狩猟採集民の生存戦略―移動と環境適応―」稲村哲也ほか編『レジリエンス人類史』京都大学学術出版会、二二七―二四二頁

池谷和信　二〇二三「アフリカのダチョウと人とのかかわり」『ビオストーリー』三九、四九―五四頁

池谷和信編　二〇一七『狩猟採集民からみた地球環境史―自然・隣人・文明との共生―』東京大学出版会

池谷和信編　二〇二〇『ビーズでたどるホモ・サピエンス史―美の起源に迫る―』昭和堂

池谷和信編　二〇二二『アイヌのビーズ―美と祈りの二万年―』平凡社

遠藤仁　二〇二〇「インダス文明のカーネリアン・ロード―古代西南アジアの交易ネットワーク―」池谷和信編『ビーズでたどるホモ・サピエンス史―美の起源に迫る―』昭和堂、九七―一一〇頁

門脇誠二　二〇一七「世界最古のビーズ」池谷和信編『ビーズ―つなぐ・かざる・みせる―』国立民族学博物館、三二頁
門脇誠二　二〇二〇「人類最古のビーズ利用とホモ・サピエンス―世界各地の発見から―」池谷和信編『ビーズでたどるホモ・サピエンス史―美の起源に迫る―』昭和堂、二三―三六頁
髙倉純　二〇二二「北東アジア大陸部と北海道の旧石器時代ビーズ」池谷和信編『アイヌのビーズ―美と祈りの二万年―』平凡社、四一―五四頁
髙倉純　二〇二三「人類によるダチョウの卵殻利用のはじまり」『ビオストーリー』三九、四三―四八頁
戸田美佳子　二〇一七「王国のビーズとピグミーのビーズ」池谷和信編『ビーズ―つなぐ・かざる・みせる―』国立民族学博物館、七〇―七一頁
戸田美佳子　二〇二〇「c」池谷和信編『ビーズでたどるホモ・サピエンス史―美の起源に迫る―』昭和堂、一六一―一七六頁
松藤和人　一九九四「東アジアの旧石器時代装身具」松藤和人編『考古学と信仰』（同志社大学考古学シリーズ6）六一書房、一七―四〇頁

Ambrose, S. H. 1998 Chronology and the Later Stone Age and Food Production in East Africa. *Journal of Archaeological Science* 25(4): 377-392.
Frayer D. W. et al. 2020 Krapina and the Case for Neandertal Symbolic Behavior. *Current Anthropology* 61(6): 713-731.
Hitchcock R. K. 2012 Ostrich Eggshell Jewelry Manufacturing and Use of Ostrich Products among San and Bakgalagadi in the Kalahari. *Botswana Notes and Records* 44: 93-105.
Ikeya, K. 2020 History of Human Culture Reflected in Beads: The Bead Research Framework. *Archivio per l'Antropologia e la Etnologia* CL: 171-183.
Ikeya, K. and Y. Nishiaki (eds.) 2021 *Hunter-Gatherers in Asia: From Prehistory to the Present* (Senri Ethnological Studies 106). Suita: National Museum of Ethnology.
McBrearty, S. and A. Brooks 2000 The Revolution That Wasn't: A New Interpretation of the Origin of Modern Human

Behavior. *Journal of Human Evolution* 39(5): 453-563.

Miller M. J. and V. Y. Wang 2022 Ostrich Eggshell Beads Reveal 50,000-year-old Social Network in Africa. *Nature* 601(7892): 234-239.

Silberbauer, G. 1965 *Report to the Government of Bechuanaland on the Bushman Survey*. Gaborone Bechuanaland Government.

Stewart, B. et al. 2020 Ostrich Eggshell Bead Strontium Isotopes Reveal Persistent Macroscale Social Networking across Late Quaternary Southern Africa. *PNAS* 117(12): 6453-6462.

Valiente-Noailles, C. 1993 *The Kua .Life and Soul of the Central Kalahari Bushmen.* Rotterdam A. A. Balkema.

Vanhaeren, M. et al. 2006 Middle Paleolithic Shell Beads in Israel and Algeria. *Science* 312: 1785-1788.

Wiessner, P. 1983 Style and Social Information in Kalahari San Projectile Points. *American Antiquity* 48(2): 253-276.

第17章
境界オブジェクトとしての獣人表象

山中由里子

1　人類最古の想像界の生物

人間の心の進化の指標の一つとされ、抽象的な概念を物質で表象するという新人類に特徴的な行為の最も早い例とされてきたのが、四万一〇〇〇〜三万九〇〇〇年前のいわゆる「ライオンマン」である。マンモスの右側の牙から彫り出された高さ三一・一センチメートルの像で、頭と前脚がホラアナライオン、下半身が人間とされる直立した獣人の表象である。

ドイツ軍がポーランドに侵入し第二次世界大戦が始まる直前の一九三九年八月二五日に、シュヴァーベン・アルプのホーレンシュタイン・シュターデル洞窟の奥から加工された複数の象牙破片が発見された。それらの破片は戦後になってウルム市の博物館に収蔵され、発見から三〇年たった一九六九年に初めて破片が組み立てられ、獣人の像であることがわかった。その後、何度か復元が試みられ、その獣がホラアナライオンらしいことがわかったが、性別については議論があった。二〇〇八〜二〇一三年の発掘で、ライオンマンがみつかった地層（第二次世界大戦の開始によって中断された発掘の最終日に、いったん掘り出されたが再度埋め戻された土）から、彫像の一部と考えられるマンモスの象牙の破片がさらにみつかり、二〇一二～二〇一三年にあらたな復元がなされ、男性の性器が象られていることが明らかになった（Wehrberger 2013）。出土した場所は、洞窟の入り口近くの居住空間からは遠い一番奥の空間で、隠し場所であったか、儀礼の場所であったのではないかと推察されている（Kind 2014: 144）。製作過程の再現実験の結果、石器を使って彫り上げるのに四〇〇時間かかったという（Cook 2013: 32-34）。

このライオンマンの表象は複製され、伝播もしていたようである。ホーレンシュタイン・シュターデルから五〇キロメートルほどの距離にあるホーレ・フェルス洞窟からもネコ科の動物と人を組み合わせた、三センチメートル弱のマンモスの象牙製の「小ライオンマン」がみつかっている。このことから、この地域にライオンと人を組み合わせた姿の霊的存在を信仰する文化があり、これらの象牙の彫像は何らかの呪術的道具であったと推察されている（Conard 2003）。

ライオンマンは山田仁史が「動物の主（ぬし）」と呼ぶ、狩猟採集民の間で広く信仰されてきた「野生動物のリーダーのような……人と獲物の関係を監視する」存在であったのかもしれない（山田 二〇一五：四二―四三、山中・山田編 二〇一九：三三八―三四〇）。集団が力を合わせて仕留めた獲物であるマンモスの牙という貴重な素材にこれだけの時間とエネルギーをかけて、後期更新世のヨーロッパで最も危険な肉食獣であったホラアナライオンと人を組み合わせた表象が彫り出されたということは、その物体が集団にとって非常に重要な存在であったことを物語っている。

ライオンマンをめぐってどのような儀礼の実践があったかは推測の域を出ないが、認知考古学においては、この彫像は「文化のビッグバン」「創造的爆発」などと呼ばれる心の進化過程の一つの指標とされてきた

(Mithen 1996: 176)。このような獣人像は、生物と無生物（加工可能な物質）の間の存在論的区分、環境に適応するために必要な分類学的思考と多感覚知覚、ライオンと人という異なる神経回路で発生した概念を接続する作動記憶という認知機能が備わって初めて可能になったとされる（Wynn et al. 2009）。その物質的な表象は、自然界には存在しない反直観的で抽象的なアイディアをダウンロードして保存し他者に伝えるための固定装置であり（Mithen 2007: 21）、また、夢や幻視を具象化し空間的にとどめたものであるという説もある（Lewis-Williams 2002）。

ライオンマンのほかにも三万七〇〇〇～三万三五〇〇年前にフランスのショーヴェ洞窟の壁面に描かれた「バイソン・ウーマン」や（Quiles et al. 2016）、イタリアのフマーネ洞窟で発見された三万五五〇〇年前のものとされる石灰岩片に描かれた「角が生えた人」（Broglio et al. 2009）も最古級の獣人像とされる。しかし、獣人表象の誕生はヨーロッパの環境で生じた特異な文化的現象ではないようである。ごく最近になって、これらよりも古い獣人表象がインドネシアのスラウェシ島でみつかった。

スラウェシ島南部マロスパンケップ一帯では、洞窟壁画がつぎつぎと発見されており、二〇一九年に国立インドネシア考古学研究センターと豪グリフィス大学の共同チームはレアン・ブルシポン4（Leang Bulu' Sipong4）と呼ばれる洞窟に描かれた壁画が、獣人の姿をした狩人たちが槍や縄とおぼしき道具を持ってイノシシやアノア（水牛のスラウェシ島固有種）を狩猟している場面であることを明らかにした（Aubert et al. 2019）。発掘チームがネイチャー誌に発表した報告によると、四万四〇〇〇年前のものとされ、人類最古の狩猟画であり、かつ最古の獣人表象である［図1］。

狩人たちはかなり単純化されており、動物の図像に比べると小さいながら、長い鼻先としっぽをもったものや、嘴を開いたような横顔が描かれている。カモフラージュとして動物の皮や仮面をかぶった人間である可能性も指摘されているが、動物たちに気づかれずに近づくために鳥のような小さな生き物に変装することは考えにくいため、意図的に獣人として描かれたものと推測されている。実世界での出来事でなく幻視的場面を描いているのか、獣人は狩人たちの守護精霊のようなものを表しているのか、その意味は明らかでないものの、人間と動物、捕食者と獲物の密接な関係性を伝える何らかの物語が背景にあることがうかがわれる（Aubert et al. 2019: 443-445）。

同じくスラウェシ島での考古調査に携わっている小野林太郎は、この発見は人間の心の進化の歴史を大きく塗り替えるものではないものの、「石器などの痕跡では

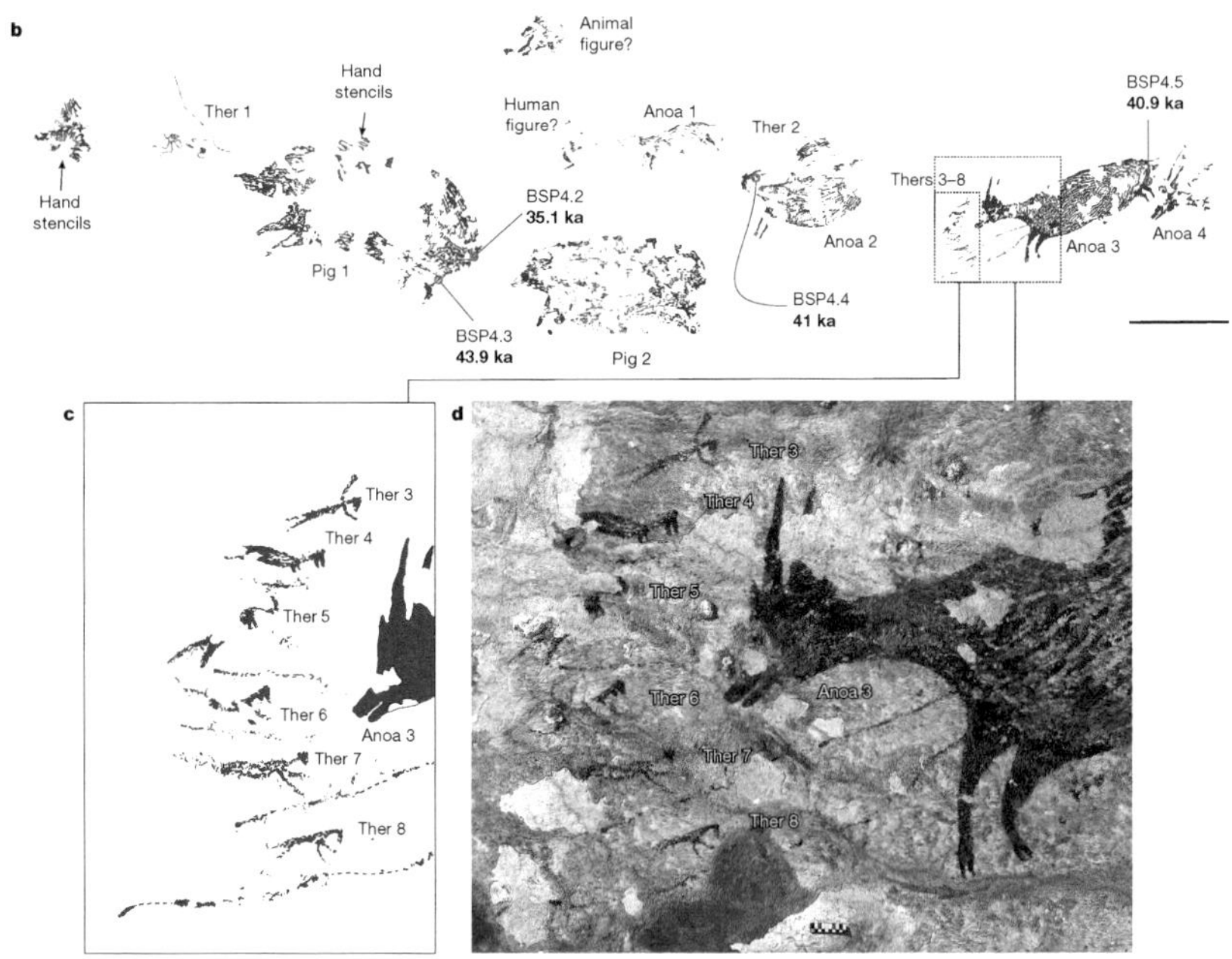

図1　レアン・ブルシポン4の岩絵
Ther 1 ～ Ther8 が獣人像。Anoa はアノア。BSP はサンゴ状堆積物のサンプルがとられた場所。
（Aubert et al. 2019 fig. 2 より引用。License to reprint obtained from Springer Nature）

ヨーロッパや西アジアよりもはるかに原始的な技術しか見いだせなかった東南アジアのサピエンスが、こうした象徴性や芸術の分野ではいかんなく、そのサピエンスとしての能力を発揮していたことを証明することにはなった」と述べており、「逆説的に、タケ仮説が示すように、東南アジアの石器に一見して発展した傾向がみられないのは、そもそもその必要がなかった可能性を改めて指摘できる」としている（二〇二一年一月二〇日 私信）。

東南アジアにおける獣人表象の考古学的エビデンスの登場は、ヨーロッパ中心的になりがちな「文化のビッグバン」説の再考につながっていくことはまちがいないであろう。抽象的な概念を具象化する現生人類的潜在能力はホモ・サピエンスが各地に拡散する以前にアフリカにおいてすでに萌芽していたと予測したルイス＝ウィリアムズの説を裏づける発見であり（Lewis-Williams 2002: 96-99）、ヨーロッパ中心的な人類史理解の相対化を謳うパレオアジア文化史学的にも重要なエビデンスである。

2 獣人表象の伝播性と発生の謎

では、はたしてインドネシアの獣人狩人とヨーロッパのライオンマンとの間には文化の伝播という関係性は見出せるのであろうか。旧石器時代に獣人表象が集団から集団へ、どのように、そしてどれほど伝播したのかを明らかにするのは、現存する直接の証拠が限定的であるためにむずかしい。

エジプト考古学者のD・ウェングロウによると、ライオンマンなどの獣人や異なる動物のパーツを組み合わせた合成獣の表象の登場は、旧石器時代にはむしろ例外的で単発的な出来事であり、象徴としての有効性の範囲は限られていたという。彼によると、こうした想像上の生きものの表象の反復性が本格的に高まったのは、定住化・農耕牧畜が進み、都市社会が発展し、それらを結ぶ交易ネットワークが形成されていった古代メソポタミア文明期であるという。規格化され、組み換え可能なモデュール化された合成獣の図像が交易、行政、儀礼的示威の場において象徴的効力を発揮し、印章や粘土製の人形などによって「機械的に」複製され、拡散しはじめたのは六〇〇〇年ほど前からであるというのが、ウェングロウの主張するところである(Wengrow 2014)。

ウェングロウは、D・スペルベルやP・ボワイエ(英語読みでボイヤーと表記されることもある)などが進化心理学、認知人類学の分野において提唱した「文化の疫学」モデルを合成獣図像の伝播の検証に応用している。ボワイエは、反直観的(counterintuitive)な特徴をもつ非物質的存在――すなわち霊、神などの超常的な主体(エージェント)――を想定する精神メカニズムを現生人類の特性とし、宗教の認知科学的な基盤を説明する「心の理論」を提唱した[1](Boyer 1994)。彼は人間の脳にモデュールごとにデフォルトで組み込まれている直観的な自然理解の前提と、その直観に反する特徴をもつ超常的な存在の関係性をつぎのように説いている。すなわち、反直観的な存在は、直観的な前提(自然の直観的理解)を背景に把握されるものであり、その前提に規定されるもののため、その土台から大幅にはずれることはない。つまり人間の想像界は、この直観的前提をもとに構築されたものだということである。そして、反直観的な存在の表象は、あらゆる人間が自然に思いつくものではなく、文化的に伝承されるものであり、その特定の表象が伝承されつづける認知的最適条件とは、想像力を刺激し、注意を喚起する突出した(salient)反直観的要素と、推定可能度と把握可能度の高い直観的で自然的な要素がバランスよく結合している場合だという。

一方、スペルベルは病理学のアプローチを文化研究にあてはめ、広い地域に伝わり、長期間にわたって維持されてきた文化的事象の「感染力」に注目する。彼が言うには、通常の疫学においては、病原体が伝染する過程でどのように変容してゆくかが研究されるが、文化の伝承を感染と捉える場合は逆に、特定の表象に永続性があるのはなぜなのかという点が検証される（Sperber 1996）。また、この疫学モデルからアプローチすると、言語・信仰・技術などの種々の文化的な情報の潮流がカバーする範囲は一様ではなく、むしろそれらは明確な境界などはない、密度に濃淡のある複数のゾーン（zones of greater or lesser intensities）としてみることができると述べている（Sperber and Hirschfeld 1999: cxxvii）。

ボワイエが提唱する反直観的要素を最小限に備えた表象のほうが生き残りやすいという説は、認知科学の分野においてはミニマル・カウンターイントゥイティブネス理論（Minimal counterintuitiveness〔MCI〕theory）と呼ばれ、心理実験を用いて検証する試みなどもされてきた。しかし、この理論では獣人表象がどのように伝わるかは説明されても、なぜそのような表象とそれをめぐる信仰がそもそも発生したのかは解明できないという批判もある（Guthrie 2021: 54）。

この「なぜ」という疑問に認知論的に光をあてようとするのが、S・ガスリーの擬人化論や（Guthrie 1993, 2021）、「過剰な動作主探知装置」（Hyperactive Agency Detecting Device〔HADD〕）という概念である（Barrett 2000）。人間は理解不能、制御不能な現象に出会った際に、その背後に何らかの意図的主体を敏感に感じとってしまう「探知装置」を備えているという。そして、その行為体が何であるか不確実な場合、自分に最も近い存在（すなわち人）の介在を想定することが生存戦略的に最も安全な選択肢であるため、神や霊といった人格的な意思をもった主体として察知するのだという。「超自然」的な存在はごく「自然」な脳の反応から生まれるということである。

何らかの存在を感じとる認知機能が備わっているとしても、人格化の傾向があらゆる宗教や信仰に普遍的にあてはまるのか、こうした人間中心的な思考はそれを担ってきた（主に西欧の）研究者自身がもっている文化的バイアスに則ったものなのではないかという疑問は残る。不可解な現象（災い・病気など）の背後に、意思をもった主体ではなく、万物の動的原理である「気の流れ」といったような目にみえない力の作用を見出す中国の陰陽五行説のような思想もある。超越者の存在を前提とせず、現象世界を法則性で理解しようとする最初期の仏教のような世界観もある。人間中心的ではなく、より生態学的な視点からの説明も可能なのではないだろうか。

近年の脳神経科学の分野では、扁桃体が危険に反応して起こる恐怖の念が想像を通した脅威の疑似体験によって緩和されるというような研究も現れている（Reddan et al. 2018）。脳科学は進化中のフロンティア領域であり、ニューロの迷路はまだまだ奥深い。しかし「神は脳の産物である」という無神論的な結論に行き着くだけではいかにも空しい。人間の五感で感知できないものは、人の脳では知り得ない。そうした不可知の世界は、その存在を否定することもできないのである。

3　境界オブジェクトとしての獣人表象

実在しない生きものが生み出され、その表象が拡散していったプロセスを、認知科学的な理論と限定的な物的証拠だけをもとに理解するには限界があるようである。最後に、集団と集団の文化接触の具体的な痕跡がより豊富に残る近世という時代に引き寄せて、集団間交渉のダイナミクスにおいて「境界オブジェクト」として機能する獣人表象について考察しよう。

「境界オブジェクト」とは、さまざまな集団（または個人）が接する場において、異なる視点に適応できる順応性をもちながらも、確固たる独自性を保ちつづけられるものを指す概念である。この概念が最初に提示されたのは、研究者、愛好家・収集家、パトロン、従業員、事務員といったさまざまな視点をもったアクターが接する博物館において、共通の関心の対象となり得るモノや情報が、協働の現場のインターフェースとしてどのような効力を発揮するかを分析した論文においてである（Star and Griesemer 1989）。その後、社会科学、情報科学、マネージメント、工学などさまざまな分野において応用されてきた（Trompette and Vinck 2009）。ここでは、異なる文化・知識体系・価値観をもつ個人や集団が接する境界領域において、それらの間の差異を仲介する、あるいは駆け引きの「駒」のように機能するモノという意味で使う。

獣人表象が集団同士の文化的駆け引きの駒として機能していることの非常にわかりやすく興味深い事例として、一七〜一八世紀のアンデス地域の聖堂装飾における人魚表象についての研究を紹介したい。以下、岡田祐成・齋藤晃らによる『南米キリスト教美術とコロニアリズム』（名古屋大学出版会 二〇〇七）の第二章「植民地的ヴィジョン」に含まれる「アンデスの人魚」（主に岡田が執筆担当した部分）に関する論考を、「境界オブジェクト」という視点から読み解いてみたい。

一六世紀、スペインによるアンデスの征服後、先住民の集住政策の一環としてつくられた社会空間レドゥクシオンの中核には、キリスト教への組織的改宗のための施設となる聖堂が建てられていった。岡田によると「それは、先住民たちの世界――先住民のレプブリカ――に突如出現したヨーロッパ文化の象徴的モニュメントであり、支配者の文化と先住民社会が、きわめて直接的なかたちで接触し交渉する場であった」（岡田・齋藤 二〇〇七：一一四）。ことに、聖堂の壁画装飾は、「効率的に宣教の装置にしていくための道具立て」（岡田・齋藤 二〇〇七：一二七）であり、そこには最後の審判、天国と地獄など死後の世界を描いた教義的な絵画だけでなく、先住民にとってはみたこともない色彩や不可思議な文様があふれており、新しい視覚体験が演出される場であったという。

つまり、これらの壁画はまさに集団間の相互作用の界面(インターフェイス)であったといえよう。それが双方向の作用であったことは、スペイン人が描いたものを先住民が一方的に享受するだけでなく、先住民社会のエリートである首長層がみずから画家としてあるいは寄進者として主体的に制作に関わる回路があったということからうかがうことができる。

このような境界領域で生まれた、「一見ヨーロッパ的なみかけの背後に、新たな意味と機能を宿した」「屈折したヴィジョン」（岡田・齋藤 二〇〇七：一四九）を表す格好の事例として、岡田は人魚のモチーフに注目している。岡田は南アンデスの聖堂の綿密な調査をもとに、ヨーロッパの教会建築においてはみられないような重要な位置（ファサードの扉口の上や祭壇衝立など）に、二体一対でしばしばギターのような弦楽器を持ったかたちで描かれている人魚のモチーフ［図2］がもつ象徴的な存在感について考察している（岡田・齋藤 二〇〇七：一五〇－一八七）。

この特徴的なアンデスの人魚モチーフを先スペイン期の「先住民的な」人魚伝説と結びつけてきたメスティソ美術論の先行研究を岡田は批判し、ヨーロッパ的でもなければ「先住民的」でもない、「植民地的ヴィジョン」を代表するよう

図2　アレキパのイエズス会聖堂
脇扉口の真上左右に対になっている人魚浮彫がみられる。
（Faitma Flores Vivar, CC BY-SA 4.0, via Wikimedia Commons）

なモチーフとみなしている。

植民地の支配者たちにとって人魚は、サル、オウムといったエキゾティックな生きものとともに「新世界アメリカ」の発見と征服を象徴するイメージであったという。それは大航海時代の絵地図・旅行書の挿絵や祝祭の山車の装飾において、新世界の驚異の発見を表す記号であり、異教徒の征服を記念する視覚的演出の一部であるエキゾティシズムの表象であった。

一方、征服者が描く「他者」の表象として持ち込まれた人魚イメージを、征服者たちとの交渉の接点に立っていた先住民のエリートたちは「支配の表象として巧みに学び」とり、「植民地社会のなかで、みずからの位置を再構築する手段のひとつ」(岡田・齋藤 二〇〇七:一八五)としていった。これを岡田は「転倒したエキゾティシズム」と呼んでいる。

そうした表象の操作が、単純に教会＝支配者の側の意思のみで完結したのではなく、その表象の〈力〉をわがものにしようとする先住民社会の側、とりわけそのエリート層の関与という、予期せぬかたちでのイメージ流通とそこに宿される力の「流用 appropriation」の回路もまた開かれていったということである。(岡田・齋藤 二〇〇七:一八七)

このように岡田は、「『融合』や『混血』の論理でとらえきれるものではない」(岡田・齋藤 二〇〇七:一八七)複雑で屈折した文化交渉のプロセスを征服者と被征服者の両方の視点から緻密に実証しているが、この人魚表象を「境界オブジェクト」としてみると、そのモノ自体がもつ操作性・順応性・固有性(岡田がいう「そこに宿される力」の内実)がさらに浮かび上がってくるのではないかと筆者は考える。先住民エリートが、権威の顕彰の手段として特に人魚のイメージを選んだのはなぜなのか。人魚がもつ「表象の〈力〉」とは何なのか。彼らが人魚という反直観的な獣人表象に〈力〉を見出したという点に、今一度「表象の疫学」のアプローチに立ち戻って注目したい。

想像力を刺激し、注意を喚起する反直観的要素と、直観的で自然的な要素がバランスよく結合している表象が伝播しやすく永続性をもつとボワイエが提唱したことは上述した通りであるが、人と魚を合成した人魚というモチーフは、このバランスが特によく、注意をひきやすい、記憶に残りやすいモチーフの一つであるのかもしれない。古くは紀元前六三〇〇～五五〇〇年頃の遺跡とされるセルビアのレペンスキ・ヴィルから複数の魚人や人面魚の石彫［図3］が出土しており、オオチョウザメのような口や背びれの形状と人面が組み合わさったような造形が見られる（Srejović 1981; Živaljević 2012）。また、紀元前一〇～九世紀のシリアのテル・ハラフ遺跡から出土した、腰から上が人間で、腰から下が魚の魚人［図4］になると、現代のわれわれが思い描く人魚像とほぼ変わりない。

この図像としての色褪せない「キャッチーさ」すなわち注意喚起力ゆえに、人魚はモチーフ自体が非常に強い伝播力をもった境界オブジェクトとなり得るのだろう。

また、先述のウェングロウが合成獣の文化生態学について言及している以下の一節は、非常に示唆深い。

古来幾度となく、この世のものではない身体を持つ生き物たちは、「自己」と「非自己」の間の緊迫した文化的交錯の場を提供してきた。そこでは、予期される何らかの危険が、既存の意味論の枠組みの中に位置づけられ、処理可能なイメージに凝縮される。合成獣たちの住む宇宙は今にも分裂するかのような脆いもので、制御の効かない変化の脅威に晒され、内在する腐敗・周縁化・崩壊の危機に面している。

生物学的なアナロジーでその伝播の特性を説明するなら、疫学でなくむしろ身体（ひいてはその延長である統治体）の外からの危険を見抜き、中和する有効な方法をめぐる学問である免疫学に目を向けないといけないのかもしれない。（Wengrow 2014: 106-107）

植民地とは、征服者と先住民の両サイドにとってまさに制御不能な変化の脅威に晒された、緊張をはらんだ、危うい世界であったのであろう。人魚像はその境界域でのせめぎ合いによって生じる可能性のある分裂や崩壊の危険を「処理可能なイメージに凝縮」したもので、脅威をかろうじて中和する抗体もしくはワクチンのような役割をはたしていたのかもしれない。先住民のエリートたちが積極的にこのモチーフを取り入れたのも、この人間界と自然界のはざまの生きものが、自己と他者の境界の駆け引きにおいて発揮する効力を目ざとく見抜いていたからだと

図3　通称 Danubius（ドナウ川）と呼ばれる石彫
レペンスキ・ヴィル遺跡より出土。セルビア国立博物館蔵。（砂岩、紀元前6300~5500年頃、51 × 33cm, inv. no. LV_38, photo courtesy of the National Museum of Serbia）

図4　テル・ハラフ遺跡の魚人（紀元前10~9世紀）
ペルガモン博物館蔵。（Genealogist, CC BY-SA 3.0 <https://creativecommons.org/licenses/by-sa/3.0>, via Wikimedia Commons）

は言えないだろうか。

この「植民地的」人魚モチーフは、植民地時代が終わりを告げて久しい今日もメキシコの民衆芸術である「生命の木」に息づいている。「生命の木」とは、手の込んだ色鮮やかな素焼きの飾り燭台で、アダムとイブなど聖書的なモチーフ、皿や壺などの日常生活品が所狭しと詰め込まれている。それらに混ざって、聖書的でもなく日常的でもない、頭に先住民風の羽根冠をかぶりギター系の弦楽器を奏でる人魚がまぎれていることが多い(2)。国立民族学博物館が所蔵する生命の木にも人魚が三体みられ［図5］、その内一体は羽根冠をかぶっている。この凝縮された小宇宙の中でも人魚は境界の生きものである。ただしここでは、先住民的世界とヨーロッパ的世界の境界というよりも、木の上部

図5　エリベルト・オルテガ・ゴンザレス制作「生命の木」
メキシコ、1980年代制作。国立民族学博物館蔵、標本番号H 0153926
（全体写真は国立民族学博物館提供、細部の写真は筆者撮影）

に展開する神の世界と下部の人間の世界のあわいに人魚（sirena）たちは漂い、生と死、太陽と月、男と女をめぐる命の物語を朗らかに弾き語っているかのようである。植民地時代の名残であるギターを弾く人魚の造形は、その「キャッチーさ」ゆえにこうして複製されつづけるが、歴史的文脈の変遷にともない征服者と被征服者の間の政治的な力学からは解放され、ラテンアメリカの生（せい）そのものの象徴になっているようにみえる。

注

（1）人類には、進化の過程で備わった生得的な神経構造が「モデュール」ごとに独立してあると認知科学者たちはいう。学習の影響を受けにくい、人間の脳に「配線済み」のそれらの思考回路は、認知する対象によって「直観生物学（Intuitive Biology）」（Atran 1990; Atran 1999）、「直観物理学（Intuitive Physics）」（Proffitt 1999）、「直観心理学（Intuitive Psychology）」などと呼ばれる。脳のモデュール的神経構造については特に、Fodor 1983; Hirschfeld and Gelman 1994; Sperber 1996: 119-150 参照。

（2）この頭飾りをつけた人魚像の由来については岡田が触れている（岡田・齋藤 二〇〇七：一七七）。これも、もともとはヨーロッパ人が思い描いたアメリカ先住民のステレオタイプの一つの要素であったようである。

参考文献

岡田祐成・齋藤晃　二〇〇七『南米キリスト教美術とコロニアリズム』名古屋大学出版会
山田仁史　二〇一五『首狩の宗教民族学』筑摩書房
山中由里子　二〇一七「捏造された人魚―イカサマ商売とその源泉をさぐる―」稲賀繁美編『海賊史観からみた世界史の再構築―公益と情報流通の現在を問い直す―』思文閣、一七〇－一九五頁
山中由里子・山田仁史編　二〇一九『この世のキワ―〈自然〉の内と外―』勉誠出版

Atran, S. 1990 *Cognitive Foundations of Natural History: Towards an Anthropology of Science*. Cambridge: Cambridge University Press.

Atran, S 1999 Folk Biology. In R. A. Wilson and F. C. Keil (eds.) *The MIT Encyclopedia of the Cognitive Sciences*, pp. 317-319. Cambridge: MIT Press.

Aubert, M. et al. 2019 Earliest Hunting Scene in Prehistoric Art. *Nature* 576 (7787): 442-445.

Barrett, J. L. 2000 Exploring the Natural Foundations of Religion. *Trends in Cognitive Sciences* 4(1): 29-34.

Blackmore, S. 2007 Memes, Minds, and Imagination. In I. Roth (ed.) *Imaginative Minds* (Proceedings of the British Academy 147), pp. 60-78. Oxford and New York: Oxford University Press.

Borić, D. 2005 Body Metamorphosis and Animality: Volatile Bodies and Boulder Artworks from Lepenski Vir. *Cambridge Archaeological Journal* 15(1): 35-69.

Boyer, P. 1994 *The Naturalness of Religious Ideas: A Cognitive Theory of Religion*. Los Angeles: University of California Press.

Boyer, P. 2006 What Makes Anthropomorphism Natural: Intuitive Ontology and Cultural Representations. *Journal of the Royal Anthropological Institute* (n.s.) 2(1): 83-97.

Boyer, P. and C. Ramble 2001 Cognitive Templates for Religious Concepts: Cross-Cultural Evidence for Recall of Counter-Intuitive Representations. *Cognitive Science* 25(4): 535-564.

Broglio, A. et al. 2009 L'art Aurignacien dans la décoration de la grotte De Fumane. *L'Anthropologie* 113 (5) Part 1: 753-761.

Conard, N. 2003 Palaeolithic Ivory Sculptures from Southwestern Germany and the Origins of Figurative Art. *Nature* 426: 830-832.

Cook, J. 2013 *Ice Age Art: Arrival of the Modern Mind*. London: The British Museum.

Dor, D. 2015 *The Instruction of Imagination: Language as a Social Communication Technology*. New York: Oxford University Press.

Fodor, J. A. 1983 *The Modularity of Mind*. Cambridge, Mass.: MIT Press.

Guthrie, S. 1993 *Faces in the Clouds:.A New Theory of Religion.* New York: Oxford University Press.

Guthrie, S. 2021 Religion as Anthropomorphism: A Cognitive Theory. In J. R. Liddle and T. K. Shackelford (eds.) *The Oxford Handbook of Evolutionary Psychology and Religion* pp. 48-68. New York: Oxford University Press,

Hirschfeld, L. A. and S. A. Gelman (eds.) 1994 *Mapping the Mind: Domain Specificity in Cognition and Culture.* New York: Cambridge University Press.

Kind, C.-J. et al. 2014 The Smile of the Lion Man: Recent Excavations in Stadel Cave (Baden-Württemberg, Southwestern Germany) and the Restoration of the Famous Upper Palaeolithic Figurine. *Quartär* 61: 129-145.

Lewis-Williams, D. 2002 *The Mind in the Cave: Consciousness and the Origins of Art.* London: Thames & Hudson.

Mithen, S. 1996 *The Prehistory of the Mind: A Search for the Origins of Art, Religion, and Science.* London: Thames and Hudson.

Mithen, S. 1998 The Supernatural Beings of Prehistory and the External Storage of Religious Ideas. In C. Renfrew and Ch. Scarre (eds.) *Cognition and Material Culture: The Archaeology of Symbolic Storage,* pp. 97-106. Cambridge: Cambridge University Press.

Mithen, S. 2007 Seven Steps in the Evolution of the Human Imagination. In I. Roth (ed.) *Imaginative Minds* (Proceedings of the British Academy 147), pp. 3-29 Oxford and New York: Oxford University Press.

Proffitt, D. 1999 Naive Physics. In R. A. Wilson and F. C. Keil (eds.) *The MIT Encyclopedia of the Cognitive Sciences,* pp. 577-579. Cambridge: MIT Press.

Quiles, A. et al. 2016 A High-Precision Chronological Model for the Decorated Upper Paleolithic Cave of Chauvet-Pont D'arc, Ardèche, France. *Proceedings of the National Academy of Sciences* 113(17): 4670-4675.

Reddan, M. et al. 2018 Attenuating Neural Threat Expression with Imagination. *Neuron* 100(4): 994-1005.e1-e4.

Salmon, E. 2000 Kincentric Ecology: Indigenous Perceptions of the Human-nature Relationship. *Ecological Applications* 10(5): 1327-1332.

Sperber, D. 1996 *Explaining Culture: A Naturalistic Approach.* Oxford-Cambridge, MA.: Blackwell.

Sperber, D and L. Hirschfeld. 1999 Culture, Cognition, and Evolution. In R. A. Wilson and F. C. Keil (ed.) *The MIT Encyclopedia of the Cognitive Sciences*, pp. cxi-cxxxii. Cambridge, MA.: MIT Press.

Srejović, D. 1981 *Lepenski Vir. Neue Entdeckungen Der Archäologie.* (translated from English by J. Rehork) Bergisch Gladbach: G. Lübbe.

Star, S. L. and J. R. Griesemer. 1989 Institutional Ecology, 'Translations' and Boundary Objects: Amateurs and Professionals in Berkeley's Museum of Vertebrate Zoology, 1907-39. *Social Studies of Science* 19(3): 387-420.

Trompette, P. and D. Vinck. 2009 Revisiting the Notion of Boundary Object. *Revue d'anthropologie des connaissances* 3(1) : 3-25. https://doi.org/10.3917/rac.006.0003.（二〇二一年一月五日閲覧）

Wehrberger, K. (ed.) 2013 *Die Rückkehr des Löwenmenschen. Geschichte, Mythos, Magie.* (Begleitpublikation zur Ausstellung im Ulmer Museum 15.11.2013 – 09.06.2014). Ostfildern: Thorbeke.

Wengrow, D. 2014 *The Origins of Monsters: Image and Cognition in the First Age of Mechanical Reproduction.* Princeton and Oxford: Princeton University Press.

Wynn, T. et al. 2009 Hohlenstein-Stadel and the Evolution of Human Conceptual Thought. *Cambridge Archaeological Journal* 19(1): 73-84.

Živaljević, I. 2012 Big Fish Hunting: Interpretation of Stone Clubs from Lepenski Vir. In N. Vasić (ed.) *Harmony of Nature and Spirituality in Stone* (Proceedings of the 2nd International Conference in Kragujevac, Serbia, March 15-16, 2012), pp. 195-206. Belgrade: Stone Studio Association.

第18章

墓制からみる集団と社会
――中央アジア草原地帯の事例を中心として

藤本透子

1　人類史における墓制への視座

人類史において、社会の形成を考えるうえで子育てや結婚とならんで重要なテーマのひとつが、死者への接し方とその変遷である。本章は中央アジア[1]の事例から、複数の人々の埋葬により墓地が形成される経緯と、集団間の接触にともなう墓の分布や立地、形状などの変化について、文化人類学（民族学）調査にもとづいて明らかにすることを目的としている。

死者の弔いにかかわる習慣（葬制）や墓をめぐる習慣（墓制）は、アジアに限ってみても多様である。たとえば、亜熱帯に位置する琉球列島では、かつては風葬がおこなわれ、崖の洞窟などが遺体の置かれる場所であった。洞窟や崖下を墓域とする習慣は先史時代にさかのぼり、石灰岩地形が卓越する島々でさかんにおこなわれてきたと考えられるという（小野 二〇二〇：一八）。一方、チベット高原では、魂が肉体から抜け出して転生するので遺体は抜け殻にすぎず、執着すべきでないと考えられており、遺体を特定の場所に運んで猛禽類に食べさせる鳥葬がおこなわれている（小西 二〇一九：一五二－一五六）。このように遺体は必ずしも埋葬されるとは限らない。後述するように、中央アジアでも歴史的にさまざまな葬送のかたちがあったが、現在では土葬が主流となっている。

そもそも人は死者をなぜ弔い、何のために埋葬するのだろうか。旧石器時代における埋葬の起源について詳細な研究をおこなったP・ペティットによれば、中期旧石器時代に遺体を置く場所がしだいに定められ、やがて遺体を埋葬するという行為が発展した。後期旧石器時代には、複数の遺体を埋葬する場所が明確となり、副葬品の事例も増加する。しかし、複数の人々が同じ場所に恒常的に埋葬されて明確な「墓地」が形成されるようになるのは後期旧石器時代末以降であり、農耕の開始とも関連していると考えられるという（Pettitt 2011: 264-269）。

また、旧石器時代における弔いの証拠を検討したM・スタイナーは、埋葬は中期旧石器時代の一二万年前頃以降に現れ、後期旧石器時代の二万八〇〇〇年前以降に一般化したと述べたうえで、早い時期から人類の文化において埋葬の習慣がみられることは、親しみある場所が社会的紐帯と記憶のメタファーになっていたことを示すものだと指摘している。彼女によれば、後期旧石器時代の狩猟採集民は季節のリズムにしたがってキャンプを移動し、いくつかの場所は数年ごとに、あるいは世代を超えて再訪されていた。埋葬地は広い地域に点在するが、その多くはキャンプしていた場所である。墓には日常的活動から出るがらくたも含まれており、生者にとって重要な社会空間の中か、近くに遺体が埋葬されていたことを示している。埋葬は死肉を食べる動物から遺体を保護する、つまり死者をケアする動機からなされたと考えるのが自然だという（Stiner 2017: 252-255）。

中央アジアで埋葬の可能性がある旧石器時代の遺跡としては、ウズベキスタンのテシク・タシュ洞窟がある。ソ連の考古学者A・オクラドニコフは、一九三八年にこの洞窟を発掘し、ネアンデルタール人の少年の化石を発見した。再調査をおこなった西秋によれば、テシク・タシュ洞窟は恒常的な住処ではなく、狩猟などのため一時的に訪れて滞在する場所であった。ネアンデルタール人の少年の遺体は、野生ヤギの角で覆われた状態でみつかり、埋葬かどうかについては議論があるが、特別な意味が込められていた可能性が高いと考えられている。ネアンデルタール人の社会では、埋葬は子どもの場合に集中しているという指摘もあるという（西秋 二〇二二：一九七–二〇五）。

一方、ホモ・サピエンスに関しては、非常に念入りな埋葬がおこなわれた事例がロシアでみつかっている。後期旧石器時代のグラヴェット文化に属するスンギール1遺跡には、赤いオーカーが使われ、骨製ビーズを大量に身に着けた、脊椎骨に損傷のある男性が埋葬されていた（Trinkaus and Buzhilova 2010）。後期旧石器時代のホモ・サピエンスの埋葬の中でも特別な事例だが、弔うことへの強い関心があったことがうかがわれる。

人類史を明らかにするための試みとして、民族誌の考古学への応用をめざし二六三の狩猟採集民社会の事例を分析したL・ビンフォードは、死因に関する観念、遺体への態度、遺体の処置、社会形態、人口密度、年間移動距離などの相関関係を幅広く検討している（Binford 2004）。狩猟採集民の移動パターンは、居住地を頻繁に移動して食料を獲得し保存しないフォレジャーと、主要な居住地の間を季節的に移動し食料を保存するコレクターの二つに大きく分けられ（Binford 1980）、フォレジャーは個々人で遺体が置かれる場所が異なる割合が非常に高く、一般的なコレクターは拡大家族を超えた社会単位の墓地が形成される割合が比較的高いという（Binford 2004: 10）。現在では中央アジアに狩猟採集民はいないため直接的に応用することはできないものの、この議論は草原地帯の季節移動と墓地形成について考えるうえでも示唆的である。

霊長類学や人類学における弔いの起源に関する研究をふまえ、狩猟採集民に限定することなく民族誌から「弔い」の意味を分析した山田孝子は、他者の死を哀しむ心が文化を超えて共通して存在すること、遺体への処置や葬儀、服喪、供養などの行為には祖先との絆を記憶する意味があり、「一つの集団への帰属意識とともに、その集団の永続への祈りが込められている」ことを指摘している（山田 二〇一九：六二）。葬制や墓制を通して意識される集団とは、どの範囲なのだろうか。また、墓制は人と土地とのいかなる結びつきのうえに成り立っているのか。さらに、集団同士が接触する時、墓制にはどのような変化がみられるのだろうか。

続く第2節では、中央アジアにおける人の移動と集団形成の過程を、墓制に着目しながら歴史的に概観する。第3節から第6節では、中央アジアの草原地帯、具体的にはカザフスタン北東部のパヴロダル州バヤナウル地区S村管区で二〇〇二〜二〇一九年におこなった文化人類学調査にもとづき、テュルク系のカザフ人の墓制について検討する。S村管区の面積は約一〇八九平方キロメートル、人口は二〇一九年時点で一二三七人、住民の九九パーセントはカザフ人で、村管区内の三村落のうち一村落（人口六二〇人）を中心にデータを収集した［図1］。第7節では、山岳地帯およびオアシス地帯の事例との比較検討を試みる。最後に、墓制についてまとめるとともに、生者と死者のつながりを基盤とした社会とその変化について述べる。

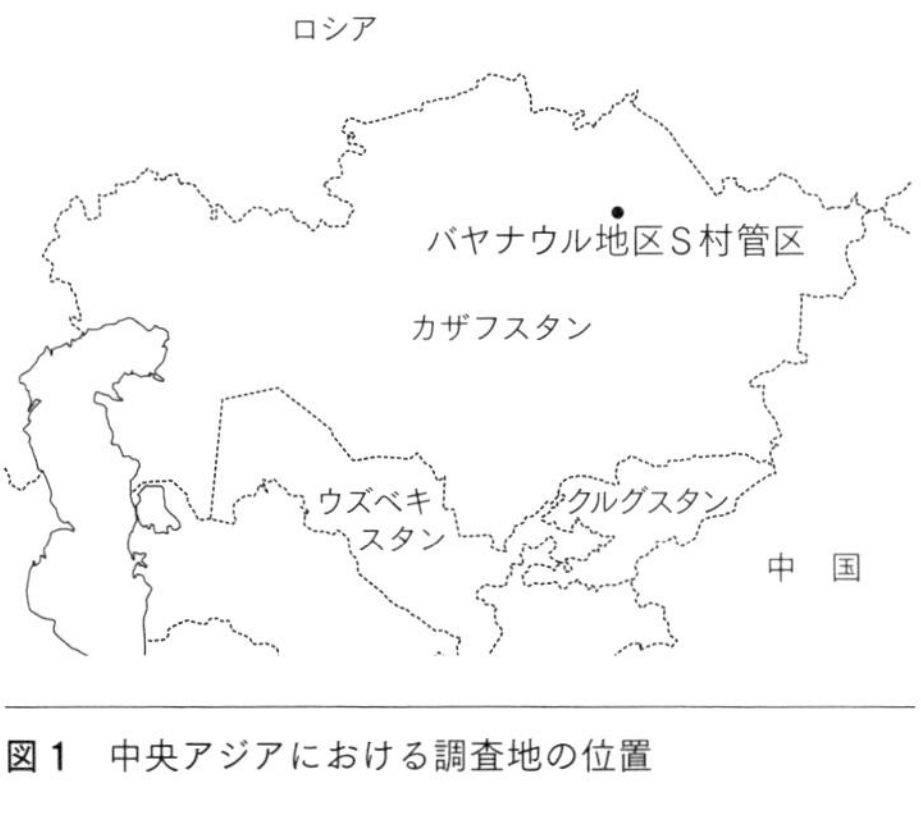

図1　中央アジアにおける調査地の位置

2 中央アジアにおける人の移動と集団形成

中央アジアの墓制を人類史に位置づけるため、本節では人の移動と集団形成を概観しておきたい。遺伝学の知見によれば、アフリカを出て中東に到達したホモ・サピエンスは、四万七〇〇〇年前に西ユーラシア集団と東ユーラシア集団に分かれた。西ユーラシア集団の一部は、北廻りルートでアジアに拡散し、東ユーラシア集団は南廻りルートをたどってアジアに拡散した（高畑 二〇二〇：三〇－三二）。西ユーラシア集団にかかわる古人骨の解析結果によれば、ユーラシアの草原地帯西部に紀元前三三〇〇年頃に現れたヤームナヤ文化の人々が、ヨーロッパと南アジアに進出して遺伝的に大きな影響を残したとされ、彼らがインド・ヨーロッパ語の祖語を話していた可能性が高いという（Narashimhan et al. 2019）。

さらに、青銅器時代（紀元前二五〇〇年頃）から中世（紀元後一五〇〇年頃）にいたる一三七体の古人骨のゲノム解析によると、ユーラシアの草原地帯における住民の大部分は、西ユーラシア集団のアンセストリーをもつインド・ヨーロッパ語族から、東ユーラシア集団の一部である東アジア集団のアンセストリーをもつ今日のテュルク系集団へと変化したとされる（de Barros Damgaard et al. 2018: 370-372）。現代人のゲノム解析からは、集団の混淆によって中央アジアの人々が形成されたこと、その混淆には地域的偏りがあり、インド・ヨーロッパ語族のイラン系住民が多い地域と、言語系統が異なるテュルク系住民が多い地域では祖先集団の比率が異なることが示された（de Barros Damgaard et al. 2018: 372）。集団の混淆に関して、古人骨と現代人の両方でY染色体のほうがミトコンドリアDNAより偏りが大きいこと（Djansugurova 2020: 38-44）は、「集団の混じり合いにおける性的バイアス」（ライク 二〇一八：三三一－三四四）を示しており、男性が特定の集団に偏り、女性はより複数の集団の出自であることを示唆している。

一方、考古学的証拠から推定される生業や集団の移動に関してはどうであろうか。中央アジアに到達したホモ・サピエンスは、旧石器時代には小規模な集団が移動しながら狩猟採集の生活を送っていたと考えられ、カザフスタン、ウズベキスタン、クルグズスタンなどの複数の遺跡で、石器、動物骨、炉跡などが発掘されている（国武 二〇一九）。やがて新石器時代に西アジアで開始された農耕牧畜は、紀元前六〇〇〇年頃に中央アジアに伝播し、農牧複合の定住生活が営まれるようになった（林 二〇一二：一七二－一七三）。前述のヤームナヤ文化はその後の時期に現れたものであり、墳丘をともなう古墳や車輌墓が発見され、初期を除いて集落がみつからないことから移動式牧畜をおこなっていたと考えられている（荒 二〇一九：五〇－五三）。考古学的証拠によれば、気候の乾燥化が徐々に進んだことにより、紀元前一〇〇〇年頃になると草原で牧畜に特化し季節移動する遊牧民と、河川や泉などを中心とするオアシスで農耕をおこなう定住民が分かれたとされる（林 二〇〇〇：二三；二〇一二：一七九－一八八）。一方、狩猟採集民の集団が動物の集団と共生するなかで遊牧が開始されたという見解が、人類学のフィールドデータの詳細な分析からは提示されている（松原 二〇二一：一二八－一八二）。このように起源について完全には解明されていないが、ユーラシアの草原地帯では紀元前一〇〇〇年頃から遊牧民の活動が活発になる。

たとえば、紀元前一〇〇〇年紀にユーラシアの草原地帯に居住していたイラン系遊牧民サカの遺跡としては、カザフスタン東部のアルタイ山麓に位置するベレル古墳群がある。この遺跡（一一号墳）からみつかった夫婦とみられる男女は、男性にはエウロペオイド的な（ヨーロッパ型の）特徴があり、女性はモンゴロイドであった（雪嶋 二〇一九：三三三）。また、馬具と鞍を装着されたウマが陪葬され、うち何頭かには山岳山羊の角を模した木製の角つきのマスクも被せられていた（雪嶋 二〇一九：三三五－三三六）。こうした初期遊牧民の墳墓の発掘からは、集団が混淆しながら社会が形成されていった様相がうかがわれる。

時代を下って、紀元後六〜八世紀にはテュルク系遊牧民である突厥がモンゴル高原を中心に活動し、中央アジアの草原地帯にも進出した。突厥は死者を火葬して一定期間を経て埋葬したとされ、石人を墓に立てる習慣があり、それは死者の像と考えられている（鈴木 二〇一九：二二〇－二二二）。また、墓で死者のためにウマやヒツジを供犠し共同会食した痕跡があることなどが指摘されている（大澤 二〇〇二：一九八－一九九）。一方で、中央アジアのオアシス地帯を中心に定住していたイラン系のソグド人は、ゾロアスター教を信仰し、遺体を小高い丘に置いて「悪」の部分とされる肉体を鳥や犬などの動物に食べさせた後に、「善」の部分とされる骨のみをオッスアリと呼ばれる容器に入れて墓に収める習慣があった（荒井 二〇〇五：一三八－一四一）。このように、テュルク系遊牧民とイラン系定住民で異なる葬制と墓制があったことが確認される。

中央アジアにおける諸集団の形成と接触の歴史をここで詳細にたどることはできないが、住民がおもにイラン系からテュルク系へと混淆しながら徐々に変化したことは重要である。この変化は、モンゴル高原から中央アジアへのテュルク系遊牧民の移動によって引き起こされ、草原地帯からオアシス地帯におよんだ。歴史資料にもとづく研究によれば、パミール以東のオアシスでは紀元後九〜一一世紀頃に、パミール以西のオアシスではそれより遅く一〇世紀頃から長期にわたって徐々に、住民の言語がテュルク化した（濱田 二〇〇〇：一六九－一七三）。また、これに先立って、西方から到来したアラブ人との接触によって中央アジアにもたらされたイスラームは、八世紀後半にオアシス都市の定住民に浸透した後、数世紀かけて草原地帯のテュルク系遊牧民にも広まっていった（濱田 二〇〇〇：一四四－一六九）。

イスラーム受容後は、イラン系かテュルク系かを問わず、定住民も遊牧民もメッカの方角にむけて土葬し副葬品はないという共通の墓制が、長い時間をかけて徐々に形成されていったと考えられる。一三世紀におけるモンゴル帝国の中央アジア進出時には、モンゴル君主が副葬品や殉死者と共に埋葬されたが、やがてイスラームを受容すると埋葬方法が改められた（濱田 二〇二〇：九八－一〇二）。一五世紀後半には、チンギスの長子ジュチの後裔をハンとして、テュルク系遊牧民が中央アジア草原地帯にカザフ・ハン国を形成し、ハンの埋葬地には墓廟が建てられたことが指摘されている（野田 二〇〇七：三－九）。このように社会上層部の人々については明らかにされてきたが、一般の人々の葬制や墓制についてはなお不明な点も多い。

一八世紀以降には、ロシア人をはじめスラヴ系の人々が中央アジアに進出し、さまざまな社会文化的変化を引き起こしたことが特筆される。中央アジア（パミール以西）の住民の大多数が一九世紀後半までにロシア帝国の支配下におかれ、二〇世紀にはソ連邦に組み込まれた。その影響は中央アジア全体におよんだが、中でも北部の草原地帯（現在のカザフスタンに相当する地域）は、一九世紀から二〇世紀にかけてスラヴ系人口が増加し続け、二〇世紀末に減少に転じるという人口比率の大きな変化を経験した(2)。以上のような歴史的経緯をふまえたうえで、テュルク系の遊牧民であったカザフ人の墓制について検討していくこととする。

3　季節移動と埋葬地

カザフ人の墓制について特に取り上げるのは、季節移動しながら生活していた人々にとって埋葬地がどのような意味をもっていたのか考察するためである。まず、その移動の形態について検討する。民族考古学の手法を用いてカザフスタン南東部でカザフ人世帯の移動を調査したC・チャンは、食料源としての家畜とともに移動する遊牧民の移動パターンは、全体としては狩猟採集民のフォレジャーよりコレクターに類似していると述べている。そのうえで、冬季にくらべ夏季の居住地や放牧地は、フレキシブルに変更され得ることを指摘している（Chang 2006: 186-188）。

カザフスタン北東部の筆者の調査地では、季節移動しながら牧畜に従事する形態はすでにみられなくなっているが、村人たちの間ではかつての冬営地が夏営地よりも明確に記憶されていた。これは夏営地では比較的広い範囲で放牧していたのに対し、冬営地では一地点にとどまる傾向が強かったためと考えられる。夏季は天幕に居住したが、冬営地には天幕のほかに、石や日干しレンガ、木などで造った家屋が建てられることもあった。季節による居住形態のちがいから、当時の居住の痕跡は夏営地には残りにくく、特定の場所に限定される冬営地に残りやすい。

カザフ人の季節移動は一八世紀には南北約一〇〇〇キロメートル以上におよんでいた例があるが（Kanafina and Artykbaev 2000: 6）、一九世紀から二〇世紀にはロシア人を中心とするスラヴ系の人々が多く到来したことの影響を受けて移動距離が短くなっていった。森林地帯で暮らしていたスラヴ系の人々は、草原地帯に点在する湖や森林の近くに居住地を設けて農耕に従事することが多かった。それによって、カザフ人の季節移動ルートは寸断されることとなった。聞き取りによれば、一九世紀後半から二〇世紀初頭までの冬営地と夏営地は、直線距離にして約一〇〇～二〇〇キロメートルの範囲にあった。調査地は、標高四〇〇～五〇〇メートル前後の起伏のある草原が広がり、ところどころに標高六〇〇～八〇〇メートルの岩山が点在する地域にある。北緯五一度付近のこの地域では、夏は三〇度以上まで気温が上がるものの比較的冷涼である。一方、冬は零下四〇度に達する厳しい寒さとなり、吹雪が続くこともある。このため、冬営地は岩山のかげなど風雪をさえぎることができる場所に設けられていた(3)。

聞き取りで確認できた冬営地は一八カ所、その中で実際に観察できたのは五カ所で、そのうち四カ所には付近に複数の人が埋葬された墓地があった［図2］。冬営地近くに墓地が多いのはなぜだろうか。聞き取りによれば、人が亡くなると、その時に移動している場所に埋葬する場合と、冬営地まで運んで埋葬する場合があったという。前者の場合は夏営地や、夏営地と冬営地の移動ルート上に葬られることもあったと考えられる。しかし、現在わかっている墓の多くは冬営地に集中している。冬営地は立地条件が限定され、滞在期間が長かった。さらに、厳しい寒さが続く冬季には亡くなる人も多かったであろう。このため、冬営地近くに複数の人が埋葬されて墓地が形成されていったと考えられる。

一九世紀のバヤナウル地域におけるカザフ人有力者M・ショルマノフ(4)（Mūsa Shormanov, 1819-1885）は、「冬営地は、ひとりひとりのキルギズ（カザフ）(5)人にとって神聖な遺産であり、最も大切な記憶と結びついている」と述べている（Chormanov 2000 [1883]: 15）。「最も大切な記憶」が冬営地と結びつくのは、冬営地が貴重な生活の場であり、共に暮らした人々がその近くに埋葬されているからであろう。埋葬地は季節移動する人々がくり返し訪れる拠点の近くに集中しやすく、世代を超えて意識されていたと考えられる。

ところで、一九二〇年代末になると、草原地帯ではソ連政府によって定住化政策が実施され、カザフ遊牧民の定住化が急激に推し進められた。調査地では、冬営地のひとつに村落が形成されはじめたが、そこは狭いという理由で、それまで冬営地がなかった場所に村落が移された。次節で詳述するように、この村落から川を越えたところにある丘には有力者一族の冬営地と墓地があり、それがしだいに村落の共同墓地に変化していくこととなったのである。

図2　19世紀～20世紀初頭の冬営地近くにある墓地
盛り土を低い石積みでかこっている。
（パヴロダル州、2016年撮影）

4 埋葬される人々の範囲

季節移動していた時期、そして定住へと居住形態が変化していった時期に、どのような人々が同じ場所に埋葬されたのかという点について、本節ではくわしく検討していく[表1]。まず、二〇世紀初頭までの冬営地近くに埋葬された人々は、父系の親族関係にあることが多い。父系出自にもとづく人々の集合を、カザフ語でルゥと呼ぶ。ルゥはその内部で複数の分節に分かれ、上位レベルでは父系クラン、下位レベルで系譜関係が明確な場合は父系リネージに相当する。父系七世代をさかのぼって共通の祖先がいる場合は結婚しない、つまり七世代の深度をもつ父系リネージの内部では結婚しないという規範がある(外婚制)。夫方居住が

表1 中央アジア草原地帯におけるカザフ人の墓制とその変遷

年　代	居住形態	埋葬地	埋葬される人々の範囲	墓の形状	
				盛り土の囲い	墓標[墓碑銘の主な内容]
19世紀～20世紀初頭	季節移動	冬営地	父系出自集団	石積み 日干しレンガ (有力者のみ)	石[墓碑銘なし] 石材の墓碑(有力者のみ) [名前、生没年、職名等]
1930年代	定住	村落の共同墓地 (有力者の冬営地近くの墓地から発展)	村落の住民 (複数の父系出自集団)		石[墓碑銘なし]
1950年代					コンクリート製の墓碑 [三日月、名前、生没年、父系出自集団名]
1970年代				鉄柵	
1980年代				鉄柵、焼成レンガ	石材の墓碑[三日月、名前、生没年、父系出自集団名、肖像(写真プレート)]
1990年代				鉄柵、焼成レンガ、石積み(ドーム付き)	石材の墓碑[三日月、名前、生没年、父系出自集団名、肖像(刻印)]
2000年代				鉄柵、焼成レンガ、石積み	石材の墓碑[三日月、名前、生没年、父系出自集団名]
2010年代				鉄柵、焼成レンガ、石積み、ドームのある墓廟(19世紀の有力者)	

注1) カザフスタン北東部(パヴロダル州バヤナウル地区S村管区)での調査にもとづく。
注2) 変化があった年代のみ表記。墓廟はカザフスタン全体としてはソ連成立以前から存在するが、S村管区では2010年代に建設された。

一般的で、女性のルゥは結婚後も変わらないことが特徴である。ここではルゥを、父系出自集団と呼ぶことにする。[6]

たとえば、ある父系出自集団の人々が二〇世紀初頭まで冬営地としていた場所の近くには、二三人が埋葬されていることが聞き取りからわかっている。性別による内訳は、男性一八人、女性五人である。男性一八人と女性一人は父系親族であった。そのほかの女性四人は、男性一八人中四人の配偶者であった。[7] このほかにも、子孫にすでに記憶されていない配偶者や未婚の死者が埋葬されている可能性がある。記憶されている埋葬者が五世代にわたっていることから、約一〇〇年間この場所で埋葬が繰り返されてきたと考えられる。埋葬者の範囲は、父系をたどって冬営地が継承されるという、カザフ社会の居住形態と合致していた。

季節移動をおこなっていた二〇世紀初頭までは、このような冬営地と墓地のセットが広い範囲に分散し、同じ父系出自集団に属する数世帯が冬営地および墓地を共有していた。しかし、一九二〇年代末に村落が形成された際には、複数の父系出自集団が集まって定住した。[8] 筆者が調査した村落は、前述の有力者ショルマノフ一族が属する父系出自集団Aと、この地域に多く居住していた父系出自集団Bが中心となった。その後、有力者一族が政治的な事情から追放されて、父系出自集団Aに属する世帯は減少した。二〇〇五年の時点で確認できたかぎりで、この村落の世帯主たちは一九の父系出自集団に分かれており、世帯主の半数近くが父系出自集団Bの出身であった。AとBを含む四つの父系出自集団は、起点となった父祖まで九～一〇世代の深度があり、起点の父祖同士が兄弟であった。それ以外の一〇の父系出自集団は、一四～一五世代さかのぼった父祖がAやBと共通で、残り五つは明確な系譜関係をたどることができなかった。血縁関係にある複数の父系出自集団の出身者が大半を占め、血縁関係にないほかの父系出自集団の出身者も少数ながら同じ村落に居住していることがわかる。

定住化にともなって、有力者一族であった父系出自集団Aの墓地は、新たに形成された村落の共同墓地となって大規模化した。その際、埋葬される人々の範囲も、単独の父系出自集団から複数の父系出自集団へと拡大された。二〇一九年の時点で、共同墓地はほぼ東西に約一一〇〜一二〇メートル、南北に約二六〇〜二八〇メートルの幅で広がっていた。埋葬者数を特定することは困難だが、村落形成の歴史をふまえると一〇〇〇人以上が埋葬されていると推定される。この共同墓地は、複数の父系出自集団の集合体としての居住集団を反映し、現在の村落のまとまりを示すものである。なお、幹線道路に面した単独の墓もあるが、一般的に単独で墓を設けることはあまり好まれていない。

5　墓の形状とその変化

埋葬地と埋葬される人々の範囲の変化をふまえて、つぎに墓の形状について検討する〔表1参照〕。カザフ人民族学者のA・トレウバエフによると、冬季に凍った土を掘るのは困難なため、かつては約二メートルの木の台を作って皮革にくるんだ死者をその上に置き、雪解けを待って埋葬することもあった。しかし、こうした一時的で例外的な場合を除けば、死者は数日以内に土葬される習わしであった。一八世紀末までは死者の持ち物（馬具など）を副葬したが、一九世紀以降はイスラームが浸透したことにより副葬しなくなった（Toleubaev 1991: 100-103）。

墓の地上部分には、さまざまな墓標が設置されてきた。カザフ人の墓地を一九世紀前半に観察したロシア人のA・リョーフシンは、槍にウマのタテガミと布を結び付けた墓、天幕を構成する木の棒を立てた墓、石を積んだだけの墓などがあり、勇士の墓には鞍と槍と弓矢、ワシを使って狩りをしていた人の墓にはワシの飼育用具類、幼児の墓にはゆりかごが置かれていたと記している（Levshin 1996 [1832]: 341）。つまり、生前のその人物の特徴を示すものが墓に置かれていた。前述のトレウバエフによると、槍が立てられた墓は男性のものであり、女性の場合は棒（天幕の天窓を支える棒や乳製品作りに用いる攪拌棒など）を立てた。また、墓標として置かれた石には、父系出自集団の印であるタムガがしばしば刻まれた。天幕の天窓を上部にもつ墓も造られたことは、生者の住居と死者の住居の類似性を示しており、墓はしばしばウイすなわち「家」と呼ばれた。特に、裕福な者の墓には「丸天井付きの建物」が建てられたという（Toleubaev 1991: 101）。このことから、男女によって墓標が異なり、父系出自集団への帰属意識が強く、墓は死後の家とみなされ、富裕層の場合は建物に近い構造であったことがわかる。

筆者の調査にもとづくと、二〇世紀初頭までの冬営地近くの墓の多くは盛り土のみで、そのまわりを石でかこっている。盛り土のそばに墓標として石を置いたと思われるが、わからなくなっていることがほとんどである。また、石のかこいは低く、崩れかけていることも多い。父系出自集団Aの冬営地付近の墓地は現在では村落の共同墓地となっていて、年代の異なる多様な墓があるため判別がやや困難であるが、最も古い時期に属するのが日干しレンガを積んだかこいのある墓である［図3］。埋葬者は不明ながら、一八～一九世紀の裕福で有力な人物の墓と村人の間で語り伝えられている。現在まで倒壊していないのは、馬の毛を混ぜて作った堅固なレンガを用いているためだという。

図3　盛り土を日干しレンガでかこった古い墓（パヴロダル州、2007年撮影）

この墓地でつぎに古いのは、一九世紀の有力者であったショルマノフ一族の墓である。この墓に特徴的なのは、墓碑が建てられていることである。一八八五年に没したショルマノフは生前にロシアとの間を行き来しており、墓碑［図4］もロシアで製作されて現地まで運ばれたと伝えられている。彼の墓碑銘には、名前と生没年のほか職名も刻まれている。これが墓碑導入の先駆けといえるが、地域の人々にすぐに普及したわけではなかった。

村落の共同墓地が形成された後、一九三〇年代初頭の大規模な飢餓で死去した人々の墓は、石を墓標とした簡素なものであった。使われている灰色や黄土色の石は、近くを流れるアシ川の河原で採取したものであろう。その後、新しい素材であったコンクリート製の墓碑が一九五〇～一九六〇年代までに一般化した［図5］。墓碑には、ムスリムであることを示す三日月のほかに、星も刻印されたものや、クルアーン（コーラン）を示すと思われる本の形が刻まれたものもある。碑文の内容は、故人の名前と生没年に加えて、父系出自集団名が記されている。これは死者の帰属を示しており、一九世紀に父系出自集団の印であるタム

図5　1950年代の墓（中央）
コンクリート製の墓碑に三日月の印と碑文が刻まれている。（パヴロダル州、2007年撮影）

図4　19世紀の有力者の墓と墓碑
（パヴロダル州、2002年撮影）

ガが墓石に刻まれたことと同様の意味をもつと考えられる。女性の場合は、誰の妻であるかが墓碑に記されていることも多い。

一九八〇年代になると、石材の墓碑が一般化した。また、陶製の肖像写真プレートを取り付けた墓碑も多くみられるようになった。石材の墓碑と肖像写真プレートは、町で注文して製作してもらったものである。肖像写真プレートはスラヴ系住民の墓にもみられ、彼らを通してテュルク系のカザフ人の間に導入されたと考えられる。また、町から持ち込まれた鉄製の柵が、盛り土をかこうために使われるようになった。鉄柵は一九六〇年代末以降にみられ、一九八〇年代の墓に多い。鉄柵の四隅に三日月型の金属が取り付けられる場合もある［図6］。このように新たな素材を取り込みながら墓碑やかこいが作られていった。

一九九〇年代以降は、盛り土のかこいが大規模化するとともに、墓碑にも変化が生じた。まずかこいについてみていくと、一九九〇年代には緑がかった層状の石を一～二メートルの高さまで積むことで壁を作って盛り土をかこい、そのかこいの上部にさらにドーム型に石を積み上げ、金属製の三日月の飾りをつけた墓が造られるようになった［図7］。ドームや三日月はムスリムであることの表現である。層状に剝離する緑がかった石は、約八〇キロメートル離れた地点の露頭から採取したものであるという。二〇〇〇年代に入って緑がかった石が採取できなくなった後は、石積

図6　1980年代の墓
左の墓碑には肖像写真プレート、右の墓碑には三日月の印がある。鉄柵の四隅にも、三日月形の金属が付けられている。（パヴロダル州、2019年撮影）

みのドーム型の飾りはあまりみられなくなるが、赤みがかった石を約一〇キロメートル離れた地点から採取してかこいの壁に使用するようになった。また、焼成レンガを積み上げてかこいを作る場合もある。村人たちは、レンガを積んで家を建て、石を積んで家畜小屋を建てる技術を有し、それを応用して石やレンガで墓のかこいを作っているのである。

一方、墓碑については、つぎのような経過をたどった。まず、一九八〇年代末から故人の肖像を石に直に刻印したものがみられるようになった。これは、故人の肖像付き墓碑という点で前述の肖像写真プレートと共通しており、スラヴ系住民の人口が減少した一九九〇年代以降もしばらくは肖像付き墓碑をつくる習慣が継続した(9)。しかし、二〇〇〇年代後半から二〇一〇年代にかけて、故人の肖像がない墓碑が増えた。カザフ人を含むテュルク系住民の間で、イスラームの教義上は肖像が偶像崇拝につながるため禁じられているという知識が広まり、三日月と文字のみが刻まれた墓碑が作られるようになったのである。

新しい墓にかこいや墓碑を設置するだけでなく、二〇世紀初頭までの冬営地近くにある墓地に改めて墓碑を設置する動きも一九九〇年代に生じた。冬営地の墓碑には、父系出自集団名のほか、そこに葬られている複数の人の名前がまとめて記されることが多い。また、碑文の末尾にはしばしば「子孫より」と記され、子孫が祖先のために墓碑を建てたことが明示されている。さらに二〇一八年には、前述のショルマノフとその

図7 1990年代の墓
盛り土の周囲に石片を積み上げて壁とドームを建設。
（パヴロダル州、2003年撮影）

一族を地域の偉人として顕彰する目的で、カザフスタン西部から白色の巨大な石灰岩を運び、専門家がそれを積んで大きなドーム状の建造物（墓廟）を建てる公的プロジェクトがおこなわれた［図8］。このように、古い墓に改めて石碑やかこい、墓廟が建設されて、次世代への継承が目指されたのである。

以上述べてきた墓の形状とその変化から、第一にその地域にある素材を用いて墓を造るという自然環境への適応、第二にコンクリート、肖像写真プレート、鉄柵などの新たな素材の導入を指摘できる。第三に、集団間の接触の影響についてみていくと、新たな素材はスラヴ系の人口が増加し接触がさかんだった時期（一九五〇～一九八〇年代）に多く導入されたが、全体としてみれば同じ素材を利用しながらも異なる様式が定着した。スラヴ系のロシア人が墓に十字架を立てるのに対し、テュルク系のカザフ人はムスリムとして三日月の印を墓碑やかこいに付ける。また、父系出自集団名を墓碑に記すことは、かつて季節移動していたカザフ人の帰属意識を反映しており、中央アジアの定住民とも、中央アジアに移住したスラヴ系の人々とも異なる特徴である。さらに、スラヴ系の人口が減少していく一九九〇年代以降には、ドーム付きの墓のかこいを特徴的な石で作るなど地域独自の様式がみられるようになった。それと同時期に、定住化以前の古い墓に石碑などを建てる行為がさかんになったのであった。

図8　19世紀の有力者を顕彰して2018年に建設された墓廟
図4の墓をかこむように建てられた。
（パヴロダル州、2019年撮影）

6　墓をめぐる行為がもつ意味

ここまで埋葬地、埋葬者の範囲、墓の形状の変化について述べてきたが、本節では改めて二〇〇〇～二〇一〇年代の観察および聞き取りから、墓をめぐる行為の意味について考えてみたい。そのためには、埋葬の前までさかのぼって、死者への接し方について検討する必要がある。

まず、死の当日には、カザフ語でクゼトゥ（見張る）と表現される通夜をする。これは、親族が夜通し見張って遺体を悪霊から守ることを意味している。死の翌日か翌々日に葬儀がおこなわれるので、その日までに男性たちが墓穴を掘っておく。冬季は土が凍るため、地面を掘ることは重労働で、親族だけでなく隣人が手伝うこともある。集団礼拝の指導者（イマーム）によって葬儀がおこなわれた後、死者を埋葬するため男性のみが墓地に赴く。死者は白い布で作られた死装束を身に着けた姿で、レンガを枕として、西の方角（正確にはメッカの方角）に顔を向けて葬られる。故人の家では葬儀にあたってウマが屠られ、参列者に馬肉料理と茶が供される。参列者たちはもてなしを受けた後、死者の安寧を願って祈り、帰宅する。

死後四〇日間の毎週金曜日と、死後四〇日目にも、死者の家族や親族、友人、隣人らが集まり、死者のために儀礼をおこなう。死者は「四〇日間で骨と肉が分かれる」とされ、「死後四〇日間は、死者の霊魂は自分の家のまわりをまわっている」ともいう。つまり、死後四〇日が移行期間と認識されている。死者の息子たち、特に家を継いだ末息子が中心となって、墓碑もなるべく死後四〇日までに建てる。死後四〇日を過ぎると、死者の子どもやキョウダイは慶事をおこなってよい。ただし、死者が男性の場合、妻は一年間喪に服す。死後一年たつと、葬儀の際と同様にウマが屠られ、一年忌の参加者に食事として供され、参加者たちは死者の安寧を願って祈る。一年忌をおこなうと、死者の家族の義務ははたされたとみなされる。

葬儀から埋葬、そして四〇日、一年という期間をへることで、生と死、生者と死者との間には区切りがつけられていく。しかし、生者と死者とのつながりは、死後一年で完全に切れるわけではない。むしろ、各世帯における儀礼、墓参などの行為を通して一定のつながりが保たれる。たとえば、死者の霊魂は金曜日と断食月に家に戻るとされ、各世帯で揚げパンをつくって油脂の香りが死者の霊魂に届くよう祈る。イスラームの犠牲祭や断食月明けの祭りの際にも、各世帯で死者の霊魂のためアッラーに祈る。また、子孫が遠くに暮らしている場合は、村落に帰省した時に墓参する［図9］。墓参する対象は父系の祖先が中心だが、母方（母親の父系）の祖先の墓なども訪れる。

居住地のみで死者のための儀礼をすることもできるが、わざわざ墓地に行くのは、墓の状態を確かめるためである。「（死者が）寝ている場所は明るく、（死者の上の）土は軽いものでありますように」という祈りの言葉を、村人たちはしばしば口にしていた。墓を保つことは子孫の役目とされ、人や家畜が墓を踏まないよう、かこいの石などが崩れていれば積みなおす。また、墓碑を建てることは、死者の記憶を子孫に引き継ぐための行為である。稀ではあるが、生者から死者へ語りかける言葉を墓碑に記すこともある。たとえば、一九九七年に若くして死去した男性の墓碑には、「生まれ故郷の土地の胸に抱かれ輝いて眠れ／あなたはすべての人の心の中で永遠（に生きる）／（命の）灯りは消えたが（その）火の後には／息子が残った、（その息子

図9　墓参する人々
（パヴロダル州、2013年撮影）

によって）続いていく人生の宿営地に」という詩が刻まれた。炉の火は家族の象徴とされ、宿営地の炉の火が継承されていくことが、子孫への命の継承と重ね合わされてうたわれたのである。

死者との関係を保つことは、じつは生者同士の関係を保つことにもつながっている。「死者が満ち足りなければ、生者は豊かにならない」というカザフ語のことわざは、死者を忘れずたびたび思い出すことによって、死者の霊魂が満ち足りて生者を守るとみなされていることを示している[10]。死者と生者の関係の中でも、父系の祖先と子孫の関係が特に重視される。カザフ人はもともと口頭で父系の系譜を継承し、祖先を意識することで父系出自集団のまとまりを保ってきた。記憶される世代深度が深いほど、多くの人をまとめることになる。前述のように一九二〇年代末には複数の父系出自集団が同じ村落に集住したが、集住する以前の冬営地にある祖先の墓に集まって大規模な儀礼をおこなう動きが一九九〇年代以降に観察された。ふだんの墓参は家族単位のことが多いが、こうした大規模な儀礼では、墓参するという行為を通して父系出自集団の輪郭が現れてくる。冬営地近くの墓地での儀礼は、祖先の土地の記憶を子孫に継承する意図のもとにおこなわれるようになっている。埋葬地や墓の形状は変化してきたが、墓はその土地に祖先が暮らしていた証であり、現在はその土地から離れた人々にとってもひとつの拠点として意識されている。

7 比較検討

中央アジア草原地帯（特にカザフスタン北東部）におけるテュルク系のカザフ人の墓制に関する調査結果を、前節まで分析してきた。本節では、第2節で述べた歴史的経緯をふまえ、山岳地帯（クルグズスタン北部）におけるテュルク系のクルグズ人に関する吉田世津子の研究と、フェルガナ盆地のオアシス（ウズベキスタン東部）におけるイラン系のタジク人とテュルク系のウズベク人に関する菊田悠の研究を参照して、比較検討を試みる。

まず、草原・山岳地帯で季節移動していたテュルク系の人々の墓制には共通点が多い。吉田によると、二〇世紀初頭までクルグズ人は季節的に垂直移動し、夏営地は標高三〇〇〇〜三五〇〇メートル前後の高山、冬営地は標高二〇〇〇メートル前後の山麓にあった。ウルックと呼ばれる父系出自集団[11]に属する数世帯が、ひとつの冬営地を利用していた。死者を夏営地で埋葬することはなく、夏営地で死亡した場合は冬営地近くの墓地まで遺体を運んでいた。一九三〇年代には、定住化政策により標高一九〇〇メートル前後の平原・川岸に複数の小集落が形成された。これらの小集落は単独あるいは複数の父系出自集団で構成され、死者は各集落の比較的近くに埋葬された。一九五〇年代には小集落が統合され、標高一九〇〇メートル前後の平原地帯に、より大きな村落が形成された。一九七〇年代前半までは旧集落の墓地に埋葬していたが、各墓地が手狭となったため、複数の父系出自集団が合同で村落近くに新たに墓地を形成した（吉田 二〇一八：二五一―二六）。

この事例から、クルグズ人の間でも冬営地近くに墓地が設けられていたこと、二〇世紀前半に草原地帯のカザフ人が水平方向に移動して集住したのに対し、山岳地帯のクルグズ人は垂直方向に山を下ってしだいに大きな集落を形成したことがわかる。居住形態の変化により、小規模な墓地が点在する状態からより大きな共同墓地へとまとまっていき、埋葬される人々の範囲が複数の父系出自集団の集合体に拡大された点で二つの事例は共通する。

一方、オアシス地帯の定住民に関してはやや状況が異なる。菊田が調査したフェルガナ盆地の町では、イラン系の定住民であるタジク人が約八割を占め、周辺農村から移住したテュルク系のウズベク人や、中央アジアに移住したスラヴ系のロシア人も暮らしている。イラン系およびテュルク系の定住民の間では、マハッラと呼ばれる街区、つまり町の中の居住区が生活基盤である。かつてはマハッラ内で結婚するのが理想とされ、親族・姻戚関係と近隣関係が相互に結び付いていた。こうした状況下で、墓地も基本的にマハッラごとに形成された。スラヴ系の人々が到来した後には、従来の墓地に近接してスラヴ系住民の墓地が設けられた（菊田 二〇一三：五六－六四、二〇一六：六三－六五、藤本・菊田・吉田 二〇二一：二〇－二二）。

このようにオアシス地帯と草原・山岳地帯とでは、埋葬地と埋葬される人々の範囲にちがいがあるが、スラヴ系住民がイラン系およびテュルク系住民と別に墓地を形成する場合が多かったことは三事例に共通する。イラン系住民とテュルク系住民は一〇〇〇年以上におよぶ接触の歴史の中で信仰を共有し、特にオアシス地帯では地縁にもとづく意識が醸成されてきた。これに対し、スラヴ系住民はイラン系・テュルク系住民との接触期間が一〇〇～二〇〇年程度と比較的短く、信仰も共有していないために、墓地が分けられたと考えられる。

墓の形状は、地域差をともないながらも、中央アジア全体で変化の傾向が共通している。山岳地帯での吉田の調査によれば、二〇世紀初頭の冬営地の墓は盛り土のみで、一九四〇年代には少数の墓碑がみられた。一九七〇年代になると男性の墓は四角形の鉄柵でかこい、女性には細い鉄棒で天幕をかたどった墓が造られた。一九七〇年代後半から墓碑も多くなり、碑文や三日月の印に加えて肖像写真プレートが取り付けられた。この肖像写真プレートは、ロシアから移住した男性が導入した技術によって都市部で作られ、村落部のクルグズ人にも受容された。最初に導入したのは都市と村落を行き来する村人で、導入の理由は誰のために死後の平安と冥福を祈るか明確にするためであった。一九九〇年代半ば以降になると、イスラームの影響により、肖像をともなわない墓碑も現れた（吉田 二〇一八、二〇一九）。

オアシス地帯での菊田の調査でも、肖像写真プレートが受容された後に、文字と三日月の印のみの墓碑となったことが指摘されている。また、二〇〇〇年代には地元特産の陶器で飾った墓のかこいを陶工が設置するなど、地域の特性を反映した墓も造られているという（藤本・菊田・吉田 二〇二一：二二）。三地点の事例を総合すると、二〇世紀にはスラヴ系住民と共通する肖像付き墓碑や鉄柵が普及したが、多くの場合においてスラヴ系住民は十字架、イラン系・テュルク系住民は三日月の印によって墓が区別された。また、特に二〇世紀末から二一世紀初頭に、地域的特徴の強い墓の形状が再びみられるようになっている。

墓をめぐる行為に着目すると、オアシス地帯ではイスラームに関わる特定の日にマハッラの住民が墓の掃除をしたり、女性が親族の墓に詣でて故人を思い出して泣く習慣がある（菊田 二〇一三：七二–七三）。一方、山岳地帯では、父系出自集団の人々が二〇世紀初頭まで墓地で供犠をして祈っており、ソ連政府による禁止期間をはさんで、一九九〇年代以降に再び祖先の墓地で儀礼がおこなわれるようになった。その際、集団の輪郭がどの程度明確になるかは、集住の経緯を反映して父系出自集団ごとに異なる（吉田 二〇〇四：二四八–二四九、二八九–三〇一）。草原地帯でも、前述のように父系出自集団の人々が祖先の墓地に集合して儀礼をしていた。このように草原・山岳地帯とオアシス地帯で差異があるが、イラン系・テュルク系住民は死者の霊魂のためにアッラーに祈る儀礼を重視しており、墓参もその一環としておこなっている点では共通している。

以上、限られた事例ではあるが、埋葬地、埋葬される人々の範囲、墓の形状、墓をめぐる行為について比較検討した。草原・山岳地帯とオアシス地帯でみられた差異は、自然環境への適応による居住形態のちがいに起因している。スラヴ系の人々との接触は、草原・山岳地帯で季節移動していたテュルク系の人々の居住形態と居住集団を変化させ、それが埋葬地や埋葬される人々の範囲の変化につながった。全体として、墓の形状にはスラヴ系の人々との接触にともなう新素材の受容とその再文脈化、地域の素材や様式の再評価という過程が反映されており、墓参の形態にはイラン系およびテュルク系の人々の信仰の特徴が強く表れていた。

8 生者と死者のつながりを基盤とした社会の展開

本章では、中央アジアにおける人の移動と接触の歴史をふまえ、草原地帯の墓制を中心に分析してきた。その結果、明らかになったことはつぎの通りである。

第一に、草原地帯での文化人類学調査にもとづくデータは、一定の時間をかけて死者を弔い埋葬することで生者と死者が明確に区切られ、そのうえで生者と死者のつながりが特定のかたちで保たれることを示していた。季節移動する人々が盛り土のそばに石を置く行為は、埋葬した場所を再訪することを想定している。さらにその近くに親族を埋葬することで墓地が形成されていったと考えられ、季節移動する人々が埋葬地に特別な意味を付与しながら世代を超えて社会を継承してきた過程を読みとることができる。

第二に、複数の人々の埋葬により形成される墓地は、草原および山岳とオアシスで、それぞれに特徴的な居住形態と居住集団を反映していた。つまり、墓地はそれぞれの集団としての輪郭を可視化させていた。草原・山岳地帯では、同じ父系出自集団に属する世帯が共に季節移動し、特に長く滞在する冬営地に墓地を形成した。これに対し、フェルガナ盆地のオアシスでは定住地のそばに墓地が形成され、ひとつの居住区に暮らす人々が同じ墓地に葬られる場合が多かった。草原・山岳地帯で季節移動していた人々の冬営地近くの墓地は、オアシス地帯の定住地近くの墓地よりも規模が小さく、広範囲に点在していた特徴も明らかとなった。

これに関連して第三に、スラヴ系住民との接触を契機として、草原・山岳地帯で季節移動から定住へと居住形態が変化すると、埋葬地と埋葬される人々の範囲も変化した。草原地帯では複数の冬営地からほぼ水平に移動して集住し、山岳地帯では山麓から低地へと下りながら段階的に集住して、複数の父系出自集団が集まって新たな居住地の近くに共同墓地を形成したのであった。その結果、かつて季節移動していたテュルク系の人々の間で、村落と父系出自集団への二重の帰属意識が生じていることが、定住した村落の共同墓地と定住化以前の祖先の墓地の双方で儀礼をおこなっていることからわかる。定住化にともなう居住集団の漸次的変化をへて、墓を通して改めて祖先と子孫のつながりが意識されているといえよう。

第四に、より大きな集団レベルに再び着目すれば、イラン系・テュルク系住民が同じ墓地に葬られる一方で、スラヴ系住民の墓地が多くの場合において分けられていたことは、接触期間の長短と信仰の差異によるものと考えられる。そのうえで墓自体を詳細にみていくと、特に草原地帯におけるスラヴ系住民の増加と減少の時期は、テュルク系のカザフ人の墓の形状の変遷とゆるやかな対応関係にあった。比較検討もふまえると、スラヴ系住民との接触の影響を受けて新素材が導入され、それがイラン系およびテュルク系住民の社会・文化的文脈に沿って定着し、再び地域の素材も活用されて独自の形態となってきた過程が、墓の形状の変遷から読みとれる。

最後に、人類史において中央アジアでは多様な墓制が展開されてきたが、死者のため共に祈ることで生者同士の関係が確認されてきたことが文化人類学調査にもとづくデータから浮かび上がる。広範に季節移動していた人々が定住化した後、現在では都市への移住などの異なるかたちで再び移動性が増している。そうした中で、どのように死に向き合い死者を弔っていくのかは新たな課題である。死者とその墓にかかわる行為は、新たな変化の中で社会を成り立たせ継承していくための重要な要素でありつづけている。

謝辞

本章の基盤となった現地調査は、カザフスタン教育科学省R・B・スレイメノフ東洋学研究所の協力により可能となった。M・アブセイトヴァ先生、J・シャイマルダノフ、B・シャイマルダノヴァご夫妻、M・

ヌルセイトヴァ氏にはたいへんお世話になった。また、四国学院大学の吉田世津子氏、北海学園大学の菊田悠氏との共同研究をふまえて本章を執筆することができた。心から感謝申し上げたい。なお、本稿の責任はひとえに筆者自身にある。

注

(1) 中央アジアはパミール以東と以西に分けられ、前者は中国新疆ウイグル自治区、後者は旧ソ連領中央アジア五カ国におおよそ相当する地理的範囲を指す。本章でおもに取り上げるのはパミール以西である。

(2) 岡奈津子によれば、現在のカザフスタンに相当する地域の人口はつぎのように変遷した。ソ連時代の一九二六年には全人口約六〇二万五〇〇〇人のうち、カザフ人が約三六三万人、ロシア人が約一二七万五〇〇〇人であった。一九三〇年代初頭の大規模な飢餓をへて、一九三九年には全人口約六〇八万人のうちカザフ人は約二三三万人にすぎず、ロシア人が約二四六万人となった。人口比率が再び逆転するのは一九八九年になってからで、全人口約一六五三万人のうちカザフ人が約六五三万人、ロシア人が約六二三万人であった（岡 一九九八）。一九九一年、ソ連邦が解体しカザフスタンは独立した。一九九〇年代にはおもにスラヴ系の人々の流出により全人口が約一四九五万人となり、カザフ人は約七九九万人と増加したのに対し、ロシア人は約四四八万人と減少した(Agenstvo Respubliki Kazakhstan po statistike 1999)。

(3) 一九世紀から二〇世紀初頭の冬営地に関して、くわしくは（藤本 二〇一一：二二〇－二二六）参照。

(4) ロシア帝国支配下で上席スルタンとなったカザフ人で、ロシア帝国の陸軍中佐も務めた。なお、ロシア語文献ではShormanov は Chormanov と表記される。

(5) 当時、ロシア人によってカザフ人はキルギズ人と呼ばれ、現在のクルグズ人はカラ・キルギズ人と呼ばれていた。

(6) ルゥは分節的体系をもち、最上位レベルのルゥは、歴史的には部族に相当する。バヤナウル地域のルゥに関して、くわしくは（藤本 二〇一一：五〇－五二、六五－六九）参照。

（7）二〇〇三年に子孫たちが建てた墓碑をもとに聞き取りし、埋葬者の人数と関係を特定した。
（8）父系出自集団の集住と村落形成について、くわしくは（藤本 二〇一一：四九－五二、二二〇－二二六）参照。
（9）パヴロダル州はカザフスタンの中でもロシア人などスラヴ系人口の割合が多く、一九八九年の州人口に占める割合は、ロシア人四五パーセント、カザフ人二九パーセント、その他二六パーセントであったが、二〇一六年にはカザフ人五一パーセント、ロシア人三六パーセント、その他一三パーセントとなった（Agenstvo Respubliki Kazakhstan po statistike 1999; Komitet po statistike ministerstva natsional'noi ekonomiki Respubliki Kazakhstan 2016）。
（10）ただし、イスラームの教義では、死者が生者に影響を与えることはない。カザフの死者儀礼とイスラームの関係については（藤本 二〇一一）参照。
（11）吉田は、ウルックを父系出自分節と暫定的に定義し、系譜関係の明確度や通婚禁止の有無などによって、父系出自集団から父系出自カテゴリーまでの幅をもつと述べている（吉田 二〇〇四：七五－七六、八六－九一、一四六－一四九）。そのうえで、パレオアジア文化史学B01班報告書では簡潔に父系クランと表記している（吉田 二〇一八）。クルグズのウルックもカザフのルゥも父系出自を同じくする人々の集合としての性格をもつため、本章では共に父系出自集団と表記する。ただし、結婚によってクルグズ女性は夫のウルックに属する（吉田 二〇〇四：一五三）のに対し、カザフ女性のルゥは変化しないというちがいがある点には注意が必要である。

参考文献

D・ライク　二〇一八『交雑する人類―古代DNAが解き明かす新サピエンス史―』（日向やよい訳）NHK出版

荒友里子　二〇一九「青銅器時代の草原文化」草原考古研究会『ユーラシアの大草原を掘る―草原考古学への道標―』勉誠出版、五〇－六三頁

荒井信貴　二〇〇五「シルクロードの交易―ソグド人とゾロアスター教―」加藤久祚監修『偉大なるシルクロードの遺産』キュレイターズ、一三二－一四一頁

大澤孝　二〇〇二「古代テュルク系遊牧民の埋葬儀礼における動物供犠―石人・石囲い遺跡における関連遺物を中心に

—」小長谷有紀編『北アジアにおける人と動物のあいだ』東方書店、一五九－二〇六頁

岡奈津子　一九九八「カザフスタンの人口変動」『アジア長期経済統計』一橋大学経済研究所　Discussion Papers. http://www.ier.hit-u.ac.jp/COE/Japanese/discussionpapers/DP98.16/98_16.html（二〇一八年七月一三日閲覧）

小野林太郎　二〇二〇「サピエンスによる葬送行為を島という視点から探る」『民博通信Online』一、一八－一九頁 https://www.minpaku.ac.jp/tsushin/one/?pNo=1（二〇二三年二月一三日閲覧）

菊田悠　二〇一三『ウズベキスタンの聖者崇敬——陶器の町とポスト・ソヴィエト時代のイスラーム——』風響社

菊田悠　二〇一六「ウズベキスタンのマハッラにおける経済・社会変化とイスラーム—二〇〇〇年代を中心に—」藤本透子編『現代アジアの宗教—社会主義を経た地域を読む—』春風社、三七－七一頁

国武貞克編　二〇一九『天山山脈から古日本列島へ—ユーラシア旧石器広域編年の可能性—』奈良文化財研究所

小西賢吾　二〇一九「『あの世』が照らし出す『この世』—弔いの比較文化からみえるもの—」小西賢吾・山田孝子編『弔いにみる世界の死生観』英明企画編集、一四九－一六二頁

鈴木宏節　二〇一九「石人」草原考古研究会『ユーラシアの大草原を掘る—草原考古学への道標—』勉誠出版、二一五－二二八頁

高畑尚之　二〇二〇「ゲノム研究から見た現生人類の拡散ルートとその各地点での年代に関する文献一覧と簡単なコメント」若野友一郎編『パレオアジア文化史学B02班二〇一九年度報告書』三〇－一〇五頁

西秋良宏編　二〇二一『中央アジアのネアンデルタール人—テシク・タシュ洞窟発掘をめぐって—』同成社

野田仁　二〇〇七「カザフ・ハン国とトルキスタン—遊牧民の君主埋葬と墓廟崇拝からの考察—」『イスラム世界』六八、一－二四頁

濱田正美　二〇〇〇「中央ユーラシアの『イスラーム化』と『テュルク化』」小松久男編『中央ユーラシア史』山川出版社、一四三－一七三頁

濱田正美　二〇二〇「聖者の執り成し—何故ティムールは聖者の足許に葬られたのか」松原正毅編『中央アジアの歴史と現在—草原の叡智—』勉誠出版、九四－一一七頁

林俊雄　二〇〇〇「草原世界の展開」小松久男編『中央ユーラシア史』山川出版社、一五－八八頁

林俊雄　二〇二二「ユーラシアにおける人間集団の移動と文化の伝播」窪田順平監修・奈良間千之編『中央ユーラシア環境史一　環境変動と人間』臨川書店、一六四－二〇八頁

藤本透子　二〇一一『よみがえる死者儀礼―現代カザフのイスラーム復興―』風響社

藤本透子・菊田悠・吉田世津子　二〇二一「中央アジアにおける移動と接触―ものの形態に反映される人の行動パターン―」野林厚志編『パレオアジア文化史学B02班二〇二〇年度研究報告』一五－二三頁

松原正毅　二〇二一『遊牧の人類史―構造とその起源―』岩波書店

山田孝子　二〇一九「人はなぜ弔うのか―『弔い』の宗教的・社会的意味の比較文化―」小西賢吾・山田孝子編『弔いにみる世界の死生観』英明企画編集、三九－六四頁

雪嶋宏一　二〇一九「サカの遺跡―ベレル古墳群について―」草原考古研究会『ユーラシアの大草原を掘る―草原考古学への道標―』勉誠出版、三二六－三四一頁

吉田世津子　二〇〇四『中央アジア農村の親族ネットワーク―クルグズスタン・経済移行の人類学的研究』風響社

吉田世津子　二〇一八「墓の形態変化と集団間接触に関する一考察―中央アジア・クルグズスタン調査から―」野林厚志編『パレオアジア文化史学B01班二〇一七年度研究報告』二三－三三頁

吉田世津子　二〇一九「技術と接触―中央アジア・クルグズスタンの墓碑調査から―」野林厚志編『パレオアジア文化史学B01班二〇一八年度研究報告』四九－五九頁

Agenstvo Respubliki Kazakhstan po statistike 1999 *Kratkie itogi perepisi naseleniya 1999 goda v Respublike Kazakhstan.* Almaty: Agenstvo Respbliki Kazakhstan po statiskike.

Binford, L. R. 1980 Willow Smoke and Dog's Tail: Hunter-Gatherer Settlement System and Archaeological Site Formation. *American Antiquity* 45(1): 4-20.

Binford, L. R. 2004 Beliefs about Death, Behaviour, and Mortuary Practices among Hunter-gatherers: A Search for Causal Structure. In: J. Cherry, C. Scarre, and S. Shennen (eds.) *Explaining Social Change: Studies in Honour of Colin Renfreu,* pp. 1-15. Cambridge: McDonald Institute for Archaeological Research.

Chang, C. 2006 The Grass is Greener on the Other Side: A Study of Pastoral Mobility on the Eurasian Steppe of Southern Kazakhstan. In: F. Sellet, R. Greaves, and P.-L. Yu (eds.) *Archaeology and Ethnoarchaeology of Mobility*, pp. 184-200. Gainesville: University Press of Florida.

Chormanov, M. 2000[1883] O skotovodstve u kirgiz Zapodnoi Sibiri. In: Zh. O. Artykbaev (ed.) *Musa Chormanov. Kazakhskie narodnye obychai*, pp. 23-33. Karaganda: Arko.

de Barros Damgaard, P. et al. 2018 137 Ancient Human Genomes from across the Eurasian Steppes. *Nature* 557: 369-374.

Djansugurova, L. B. 2020 Paleogeneticheskii analiz znakovykh fenomenov, predstavlyayushchikh rannyuyu istoriyu velikoi stepi. In M. Kh. Abusseitova (ed.) *Istoriya i kul'tura velikoi stepi. Materialy mezhdunarodnoi nauchno-prakticheskoi konferentsii*, pp. 36-46. Almaty: Shygys pen Batys.

Kanafina, A. M. and Zh. O. Artykbaev 2000 Zhizn' i deyatel'nost' M.Chormanova. In: Zh. O. Artykbaev (ed.) *Musa Chormanov: Kazakhskie narodnye obychai*, pp. 3-14. Karaganda: Arko.

Komitet po statistike ministerstva natsional'noi ekonomiki Respubliki Kazakhstan 2016 *Chislennost' naseleniya Respubliki Kazakhstan po otdel'nym etnosam na nachalo 2016 goda.* http://stat.gov.kz/（二〇一八年一〇月一日閲覧）

Levshin, A. I. 1996[1832] *Opisanie kirgiz-kazach'ikh, ili kirgiz-kaisatskikh, ord i stepei.* Almaty: Sanat.

Narashimhan, V. M. et al. 2019 The genomic formation of South and Central Asia. *Science* 365, eaat7487. https://www.science.org/doi/10.1126/science.aat7487（二〇二三年一一月一四日閲覧）

Pettitt, P. 2011 *Paleolithic Origin of Human Burial.* London and New York: Routledge.

Stiner, M. C. 2017 Love and Death in the Stone Age: What Constitute First Evidence of Mortuary Treatment of the Human Body? *Biological Theory* 12: 248-261.

Toleubaev, A. T. 1991 *Relikty doislamskikh verovanii v semeinoi obryadnosti kazakhov (XIX – nachalo XX v.).* Alma-Ata: Gylym.

Trinkaus, E. and A. P. Buzhilova 2010 The Death and Burial of Sunghir 1. *International Journal of Osteoarchaeology* 22(6): 655-666.

第3部

パレオアジア　新人文化の形成

第19章 アジア旧石器時代の石器技術と新人の拡散

西秋良宏

1 アジア旧石器文化の俯瞰的分析

狩猟採集民は、かつてアジアの隅々にまで広く居住していた。一万年前頃、西アジアでうまれた農耕牧畜社会が拡散して以降、その姿は消えつつあるが、現在にいたるわれわれホモ・サピエンス社会の基盤の一部を構築したのは彼らである。考古学的に言えば、中期旧石器時代から後期旧石器時代にかけて新人ホモ・サピエンスがアフリカからアジア各地に拡散、定着したことが基盤成立の契機となった。そのプロセスを調べるにあたって最も頼りになるのは考古学的記録、中でも石器に関する証拠である。われわれの身のまわりを見てもわかるように、道具の多くは腐敗してしまう材料でできている。だが、石の道具は腐敗しない。したがって、世界各地で均しく、かつ長期にわたって遺存している。また、それらは狩猟採集を中心とした食料・資源獲得に用いる中心的利器であったし、さらには、製作、使用にあたって学習を通した習熟を要したはずであるから、遺跡から見つかる石器が示す特徴は担い手集団の文化伝統や適応の内実を雄弁に語りうる。

筆者らは旧石器時代のホモ・サピエンスが各地で残した石器証拠をアジア規模で分析し、彼らの拡散や適応を探るためのデータベースを構築してきた。当初はアフリカやヨーロッパの遺跡に焦点をあてた「ネアンデルＤＢ（NeanderDB）」として出発したプロジェクトだが、その後、アジアを主眼とした「パレオアジアＤＢ（PaleoAsiaDB）」として発展し、いっそう充実したものとなっている（Nishiaki and Kondo 2023）。

これを用いた研究成果の一部、および、このようなアプローチがアジア新人文化形成プロセスを解釈するうえでどのように有効かについて以下、述べる。

2　石器証拠で新人の拡散を追うためのデータベース

新人、旧人の石器技術

アジアにホモ・サピエンス集団が進出したのは、中期旧石器時代から後期旧石器時代前半にかけてのことである。上記データベースは、その頃の集団や文化の動態に関わる考古学的記録を登載するため、約二〇〜二万年前の遺跡を対象として制作した。構築開始は二〇一〇年にさかのぼる。当時、筆者は、ネアンデルタール人がいかに絶滅し、ホモ・サピエンスに取って代わられたかの背景を調べる「交替劇」プロジェクトに加わっていた（西秋 二〇一三、赤澤・西秋 二〇一六）。旧人ネアンデルタールが、なぜ新人ホモ・サピエンスに取って代わられたのかについては広く関心を集めてきたところであるが、「交替劇」プロジェクトでは、両集団の間で学習能力に違いがあったことが主因ではなかったかという仮説をかかげていた（Akazawa et al. 2013）。過去の学習を知るための考古学的な手がかりは、何と言っても、学習の産物たる過去の文化である。そこで、ネアンデルタールとホモ・サピエンスの文化に関わる考古学的記録をデータベース化し、比較検討のうえ、その仮説を検証することを試みた（ネアンデルDB）。当時の人類学の教科書では、ネアンデルタール人の文化は停滞的であったのに対し、ホモ・サピエンスの文化は革新性に富んでいた、それは両者の認知能力の差による、という説明が一般的であった（ルーウィン 二〇〇二、クライン 二〇〇四、Klein 2009）。つまり、認知能力に違いがあったため、新たな文化の創造（個体学習）やその定着（社会学習）、双方において新人が生まれながらにして優れていたのであろうとの見方が優勢であった。

この理解は現在も優勢なのかも知れないが、考古学的に裏付けられているのかと言えば、じつは必ずしもそうではない。最大の問題は、旧人と新人の文化についての言説の多くが同じ時代の証拠の比較にもとづいていないことにある。ネアンデルタール人とホモ・サピエンスは、それぞれヨーロッパとアフリカで約三〇〜二〇万年前頃に誕生したとされる。彼らはともに中期旧石器時代（中期石器時代）の担い手であったが、その後、交替劇をへて約五〜四万年前以降の後期旧石器時代（後期石器時代）にはホモ・サピエンスだけの世界になった。両集団の文化を比較する際には、同じ時代、つまり中期旧石器時代（中期石器時代）における両者の考古学的証拠を比較するのが妥当である。異なる時代における集団の文化、つまり中期旧石器時代のネアンデルタール人と後期旧石器時代のホモ・サピエンスを比較するのはフェアではない（西秋 二〇二二）。文化は蓄積されていくものだから、後の時代のほうがより「発展」していることは普通のことだからである。ところが、一般の人類学教科書においては研究が進んだヨーロッパの中期旧石器時代と後期旧石器時代を比較して違いを述べたものが大半のようにみえる。

そこで、両集団の中期旧石器（中期石器）文化をデータベースによって比較してみることにした。データに組み込んだのは、関係遺跡の地層や理化学年代、海洋酸素同位体ステージ、さらには石器インダストリーの種別、骨角器や装身具、顔料、芸術作品など特殊遺物出土の有無、動植物遺存体の特徴など文化的革新を示すかも知れない情報などである。まず制作したのは、初期新人が分布していたアフリカや、ネアンデルタール人の足跡が残るユーラシアを対象としたデータベース「ネアンデルＤＢ」である。

この研究を通して明らかになったことの一つは、両集団の同時代石器文化の消長や地理的変異のパターンには、一般に信じられているほどの大きな違いはないということであった（Kadowaki 2013; 西秋 二〇一四・二〇一五）。停滞的あるいは地域による文化伝統の形成が弱いと言われたネアンデルタール人集団にあっても、ヨーロッパのカイルメッサー石器群やキーナ型石器群、さらには地中海沿岸に展開したマイクロ・ムステリアンや貝器をともなうムステリアン石器群など多様な文化が創造されていたことを確認できた。一方で、ホモ・サピエンスは、それを圧倒的に上まわるほどさまざまな石器文化をつぎつぎに生み出し、かつ、年代的にもめまぐるしい変化を示していたのかと言えば、ネアンデルタール人が生きていたのと同じ頃のアフリカや西アジアでは、ネアンデルタール人集団の文化進化と顕著な違いはないようにも思われた。

この見方は、両集団の認知能力には大きな差異はなかったという根強い主張（Hayden 2012; Villa and Roebroeks 2014 など）とも一致するし、いわゆる現代人的行動は革命的ではなく徐々に進化したのだとする説とも矛盾しない（McBrearty and Brooks 2010）。

もちろん、両集団の残した遺跡間で考古学的証拠がまったく同じだったというわけではない。ネアンデルタール人遺跡ではまれにしか見られない文化要素で、ホモ・サピエンス遺跡では高頻度で見られるという知見も得られた（Nishiaki and Kondo 2023）。それは認知能力の違いと関わるのかも知れないが、違いは喧伝されるほど大きくなかったように見えるということである。だとすると、ネアンデルタール人が絶滅した頃、つまり、後期旧石器時代が始まって以降にあっては新人社会が急速な文化進化を起こしたことに、あらためて興味がわく。この頃のホモ・サピエンスの行動で過去になく顕著だったのは分布拡大である。つまり、生息域を人類史からみたらきわめて短期間に大きく拡げた。拡散先の自然環境が故地と違った場合は学習環境も大きく変わったものになったと推定できる。これは言い換えれば、先住集団との文化的交替劇である。ヒトの拡散にともない、いったい、どんな経緯でどんな新人文化が各地でうまれたのだろう。生物学的なヒトの交替劇研究を引き継いだつぎのプロジェクト「パレオアジア」では、文化の交替劇を大陸規模で調べることとした。

石器技術の多様性を考古学でどうとらえるか

ターゲットにしたのは「交替劇」プロジェクトでは本格的に調べていなかったアジアである。広大なアジアにホモ・サピエンスが展開した頃の石器証拠をデータベース化（パレオアジアDB）する仕事に取り組んだ。そこで、まず直面したのは各国、各地で得られるデータの質がそろっていないという問題である。ネアンデルDBが対象とした西ユーラシアやアフリカでは、ほとんどの場合、個々の石器文化が「インダストリー」（後述）として定義されていたのだが、アジアでは、研究伝統の違いもあって、それが定義されていない場合が多々みられた。そのため、個々の遺跡から出土した石器群をどのような単位で記述したらいいのかという根本的な問題を解決する必要があった。

そこで、筆者らが採用したのは、石器群の特徴を「モード」という概念で表現する方法である。この発想を最初に提示したのは、G・クラークである（Clark 1961）。クラークは世界の旧石器文化をながめ、その発展段階を代表する技術体系を五つ定義した。すなわち、礫石器技術（モード1）、両面加工石器技術（モード2）、調整石核技術（モード3）、石刃製作技術（モード4）、細石刃製作技術（モード5）の五つである。遺物で言えば、それぞれ、チョッパー＝チョッピング・トゥール、ハンドアックス、ルヴァロワ石核、石刃、細石刃といった石器で代表される［図1］。非常に単純な分類方式であって、出版物の記載や図面のみからも同定可能のため、地球規模で旧石器時代石器文化の進展を概観するには便利な概念であった。事実、これをもとに、クラークはアフリカを出た集団が異なる技術モードを携えて各地に拡がっていくさまの見取り図を提出している。

個々の技術単位（モード）に着目して石器群を特徴づける方針は確かにわかりやすい。ただし、クラークの提案は、技術の拡散や地理的変異を現代的視点から語るには多くの問題があることを近年、J・シェーが指摘している（Shea 2013, 2017）。その最大のポイントは、個々の石器群を五つのモードのうちの一つで代表させたのでは、個別石器群にみられる多様性を表現できないという点である。たとえば、調整石核技術は前期旧石器時代で用いられた単純なものから後期旧石器時代のきわめてローカルかつ複雑なものまでさまざまあったことがわかっているが、それらをモード3として一括してしまうとその変異はまったく表現できない。また、石刃製作技術は中期旧石器時代にも後期旧石器時代にもあるが、どちらもモード2に同定してしまうと打ち欠きで作られたのか押圧によるものなのかといった進化的に重要な剥離技術そのものの違いが考察できない。さらには、後期旧石器時代以降、石刃製作技術が各地でさまざまな発展をとげ、それぞれの地域において工程が異なる〇〇技法、〇〇方式などの技術が定義されてきたことへの考慮もまったくで

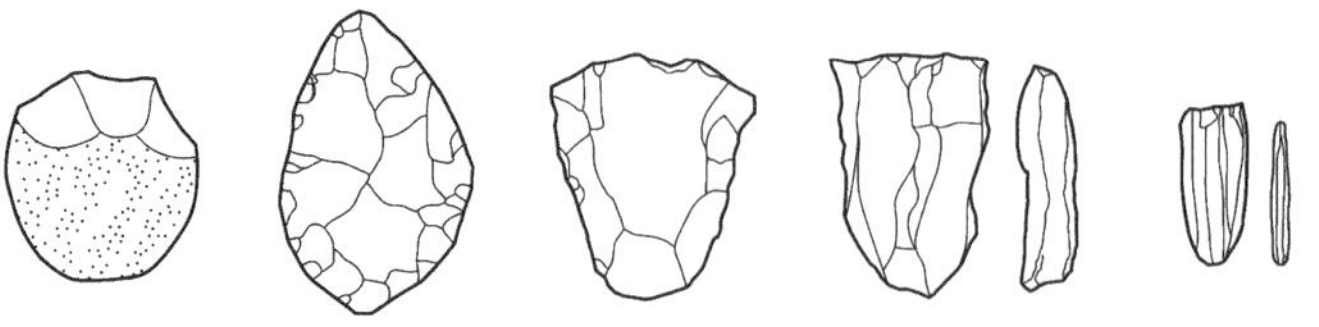

図1　G. クラークが定義した5つの石器技術モード
西秋による実測図を簡略化して示した。

きない。

クラークのモードがそうした問題をもつのは、そもそも石器技術が累積的に発展したことを仮定していたことにある。つまり、モード2の石器群はモード1の技術も備えていると想定し、以後、順次、新モードの出現はそれ以前のモードがあってのことと仮定していた。そのため、モード5石器群ならモード1～4のすべての技術をふまえたものだという単純化がなされていた（Shea 2013）。実際にはモード1からモード3に進んだ地域もあったかも知れないし、モード2からモード4に転換した地域もあったであろう。逆もまたしかり。各地で多様に展開したことがわかってきた現在の研究状況においては、石器製作技術を表現する方法として用いるのにクラークのモード設定は単純すぎるのである。

では、石器群ごとに技術を検討し、従来どおり、定性的記述的方法でインダストリーとして定義すればいいのかと言えば、そうでもない。定義が融通無碍であるため、インダストリーがどのような人間集団（バンド、血縁集団、地域集団……）を表しているのかはっきりしないからである。また、定量性を欠いているから同じインダストリー石器群の間の類縁性をはかることもできない。シェー（Shea 2013）の指摘は、インダストリーを基礎単位としてネアンデルタール人とホモ・サピエンスの文化を比較検討した「交替劇」プロジェクトの成果に直接、関わるから、筆者らにとっても要注目であった。

そもそもインダストリー（industry）とは何か。考古学では、石や骨、土など道具作りの材料別に定義された技術体系をさす用語として用いられている。石器ならば、原石入手から石核剝離、素材選択、石器加工、着柄、道具整備など同じ動作連鎖を共有している石器群を代表させる概念である。しかしながら、定義があいまいであることは事実である。『世界考古学事典』をひもといてみると「……適当な訳語はない。その意味内容は一遺跡の一石器群の全容、すなわちそのアッセンブリッジのみならず剝片剝離技術・二次加工技術などの石器加工技術体系までを含めた総体をさしていう。さらに、……一人間集団の……石器群の全容、さらにまた、……ある時間幅をもち、かつある程度までの地域的変異をも含めた、一群の石器群の総体をさすものとして用いられる場合もある……」とされる（大井 一九七九）。たとえば、筆者が研究に関わってきたシリアのネアンデルタール人遺跡、デデリエ洞窟の石器群を取り上げれば、それはデデリエ・インダストリーとも言うし、レヴァント地方後期ムステリアン・インダストリーとも言いうる。さらには、ヨーロッパのネアンデルタール人を中心に広く用いられていたムステリアン・インダストリーと呼ぶこともある。それらの重層的関係、あるいは、共時的にみられる多数の地域的石器群との関係を問われれば、インダストリー名のみではにわかに考察できないというのが実状である。

こうしたインダストリー法への疑念、および、アジアではインダストリーがそもそも各地で十分に設定されていないという実態をふまえ、パレオアジアＤＢにおいては、シェーが提案した新モードを基礎として石器群の技術的特徴を記録することにした。シェーは、クラークとは別の基準によって二二のモード（ないしサブモード）を定義した（Shea 2013）。それらは技術論にもとづいて「理論的」に定義したのだという。モードは個別の地域の実情に合わせて設定するものではないという指摘には賛同するが、彼が定義したモードが実際にはアフリカやヨーロッパで顕著な技術にもとづいていたことは明らかであって、西側世界に知られていないアジアに固有な技術がないことも目につく。今後、彼の定義の妥当性については検討していく必要があろう。

当面、アジアの中期、後期旧石器時代に特徴的でありながらシェーが定義していなかった二つの技術、すなわち石核の鈍角剝離、およびその敲打による剝離を加えることにした。単純な石核剝離（モードＣ）［図2］のサブモードとして、鈍角剝離をＣ２、敲打をＣ３としてモードＣを細分することにしたのである。こ

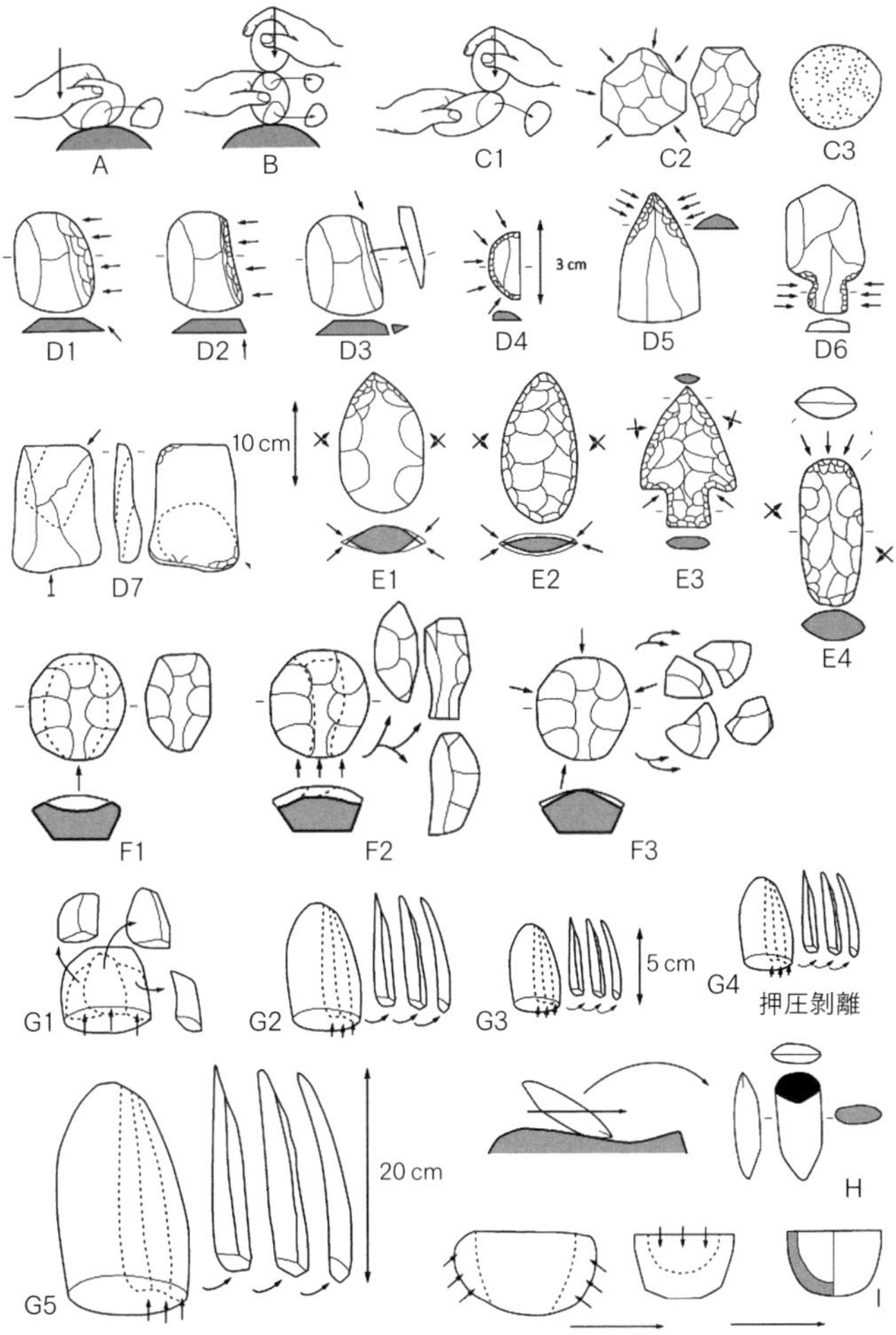

図2　分析に使用した石器技術モード
A：台石剝離、B：両極剝離、C1：単純剝離、C2：鈍角剝離、C3：敲打剝離、D1：削器加工、D2：背付加工、D3：彫器加工、D4：細石器加工、D5：尖頭加工、D6：柄付加工、D7：剝片加工、E1：大型両面加工、E2：精細両面加工、E3：柄付両面加工、E4：斧型両面加工、F1：単一ルヴァロワ剝離、F2：複数単軸ルヴァロワ剝離、F3：複数求心ルヴァロワ剝離、G1：剝片剝離、G2：石刃剝離、G3：小石刃剝離、G4：細石刃剝離（押圧剝離）、G5：大形石刃剝離、H：磨製刃部加工、I：磨製石器加工。
（Shea 2013 に C2 と C3 を追加）

れにしたがって、パレオアジアDBにおいては、アジア各地の石器群について全部で二四の技術モード個々が見られるかどうかを一つひとつ入力した。これまでに、四五三遺跡、八九五の石器群について蓄積されている。その後もアップデイトを続け新たな提案も発表しているが（加藤 二〇一九）、ここでは公式データベースで公開しているモードの分析結果について述べていく。

3　石器技術の地理的な多様性と新人の拡散

このデータベースにもとづいて、アフリカを出たホモ・サピエンスのユーラシアへの拡散と、各地における文化形成プロセスについて調べた。まず、定めるべきはホモ・サピエンスが、いつ、どこを通ってユーラシア各地に定着したのかである。各地の人骨化石の出土年代からすると、約二〇万年前に西アジアに進出し、そこでしばらくとどまった後、より広範な地域に拡散したらしい。五万年前頃に本格的拡散が起きたことは確かだが、その前、たとえば二〇～一〇万年前頃にも拡がりはじめていたのかどうかが長らく話題となっている（Bae et al. 2017）。筆者は石器の点から、その可能性は高いと思っている。ただ、人骨化石の点ではなかなかはっきりしないのが実情である（西秋 二〇二〇）。一方、拡散の契機はともかく、そのルートはインターネットを調べてみてもわかるように、無数に提案されている。それぞれ少しずつ違うものの、西アジアを起点としてヒマラヤの北と南、二つのルートを通ってアジア各地に拡散・定着したとみる点は共通している（高畑 二〇二〇）。新人は西から東に向かったことは確かであり、その際、東西に走るヒマラヤ山脈が地理的難壁であったであろうから、このことは首肯できるところである。

では、新人は拡散先でどのような技術を創出し、先住集団と対峙したのか。パレオアジアDBに入力した技術モードの分析でそのプロセスを定量的にたどれれば望ましい。技術モードは二四あって、対象となる石器群は八九五ある。したがって、個々のモードのあるなしの組み合わせで個々の石器群の特徴を表現しようとすれば、二の二四乗だから莫大な組み合わせ数になる。言葉で語るのはまったく無理であるから、統計的に処理することとなった（Nishiaki et al. 2021）。統計分析の概略について、以下に述べる。

「創始者効果」

生物学の分野においては、集団が起源地から拡散していく際、往々にして遺伝的浮動が起きることが知られている。多様な遺伝的構成をもつ集団のすべてが均しく同じ割合で移住先に拡散するわけではないからである。昨今の政情不安による諸国の移民状況をみても、この点は大いに納得できる。移住した先の集団の性別、年齢構成が故地の集団と違ってしまったことは普通にあっただろう。特定の構成をもつ集団のみが進出したとすると、進出先の集団の遺伝的多様性は起源地集団より小さくなる。これを繰り返すと、最終的な到達点の集団は起源地集団のような多様性を失い、より均質な集団になるというわけである。

これは生物の拡散で知られているパタンであるが、文化の拡散においてはどうなのだろう。前期旧石器時代の原人文化の拡散について、それに類する事象があったことが指摘されている。ハンドアックスの形態的多様性について調べたS・ライセットらの研究である（Lycett and Gowlett 2008）。新人誕生よりもはるか前、一〇〇万年以上も前にアフリカで生まれた原人もユーラシア各地に拡散した。その過程を知る考古学的な手がかりの一つが、彼らの作ったハンドアックスという石器の分布である。この石器伝統（モード2）は一七五万年前頃の東アフリカで誕生し、やがて、ユーラシア各地に拡がった。分布の東限は南アジアあたりで、それより東には、ハンドアックス製作以前に拡がった集団の技術である古式の礫器伝統（モード1）が残っていたのではないかというのが伝統的な考えであった。しかし、近年の調査によって、中国はもとより朝鮮半島においてもハンドアックスが製作されていたことは確実となっている（第2章）。ただし、出現頻度という点では、東アジアにおけるこの石器の発見頻度は著しく低い。

東アジアのハンドアックスは西の集団の拡散によってもたらされたものなのか、それとも、それ以前に進出していた礫器（モード1）製作集団が在地で創出したのだろうか。この問題への回答はなかなかにむずかしいが、ライセットらは、ハンドアックスの形態を統計的手法をもって比較し、アフリカやヨーロッパ、アジアで地理的勾配をもったパタンがみられることを明らかにした。すなわち、故地である東アフリカから離れるにつれ、石器の形態的多様性が減じていくことを見出した。そのメカニズムは、ヒトの生物学的拡散と遺伝的構成の顚末とくらべられるのではないかという。

新人が東方に拡散するにあたっても、同じような現象が石器文化に生じた可能性をC・クラークソン（Clarkson 2014）が指摘している。東アフリカから南アジアを経由してオーストラリアまでヒマラヤ山脈の南を通る、いわゆる南ルート沿いの遺跡でみられる初期新人石器群の技術を比較した研究の成果である。ルヴァロワ技術や尖頭器製作など故地と推定される東アフリカの中期石器時代にみられる一一の技術要素が、各地でどう現れているかを全部で五七の遺跡をもとに調べたところ、東に行くにつれ技術構成が単純である傾向が明らかになったという。これをもって「創始者効果（founder effect）」と呼ばれる生物の遺伝的多様性の変化と同じような現象が石器文化にも起こっていたのではないかと示唆している。

では、筆者らのデータではどうだろう。パレオアジアDBは、はるかに多くの遺跡、詳細な技術モードのあるなしのデータを含んでいるから、クラークソンの指摘を検証するには好個である。［図3］には、西から東へ地域ごとのモード数の変遷を示した（Nishiaki et al. 2021）。ヒマラヤ山脈の北と南で分けて示している。

やはり、東に行くにつれて、モード数、すなわち石器製作の技術的レパートリーが減っているように見える。ここでは、出発点とされるアフリカのデータは示していないが、既存の研究によれば、新人拡散期の東アフリカでは技術がきわめて多様であったことが指摘されている(Tyron and Faith 2013; Blinkhorn and Grove 2018)。そのいくらかが西アジアに持ち込まれ、さらに、そのいくらかが東に持ち込まれ、その繰り返しが東方での技術の単純さにつながったのだろうか。

ヒトの拡散と技術の拡散は、ヒトの拡散しか考慮しない生物学的パタンより複雑であったに違いない。技術はヒトの生物学的形質よりはるかに容易に変化したはずであるから、東アジアにみられる技術の単純さは遺伝的な地域性とは別に考察すべきものである。また、ここで議論しているのは、新人拡散期の技術分布であって、彼らが各地に定着した後、在地で発展させた技術のあり方もあわせて分析していく必要がある。しかしながら、前期旧石器時代に始まり、旧石器時代の各期において技術の東西差が繰り返し指摘されている現状は無視できない研究観点のように思われる。

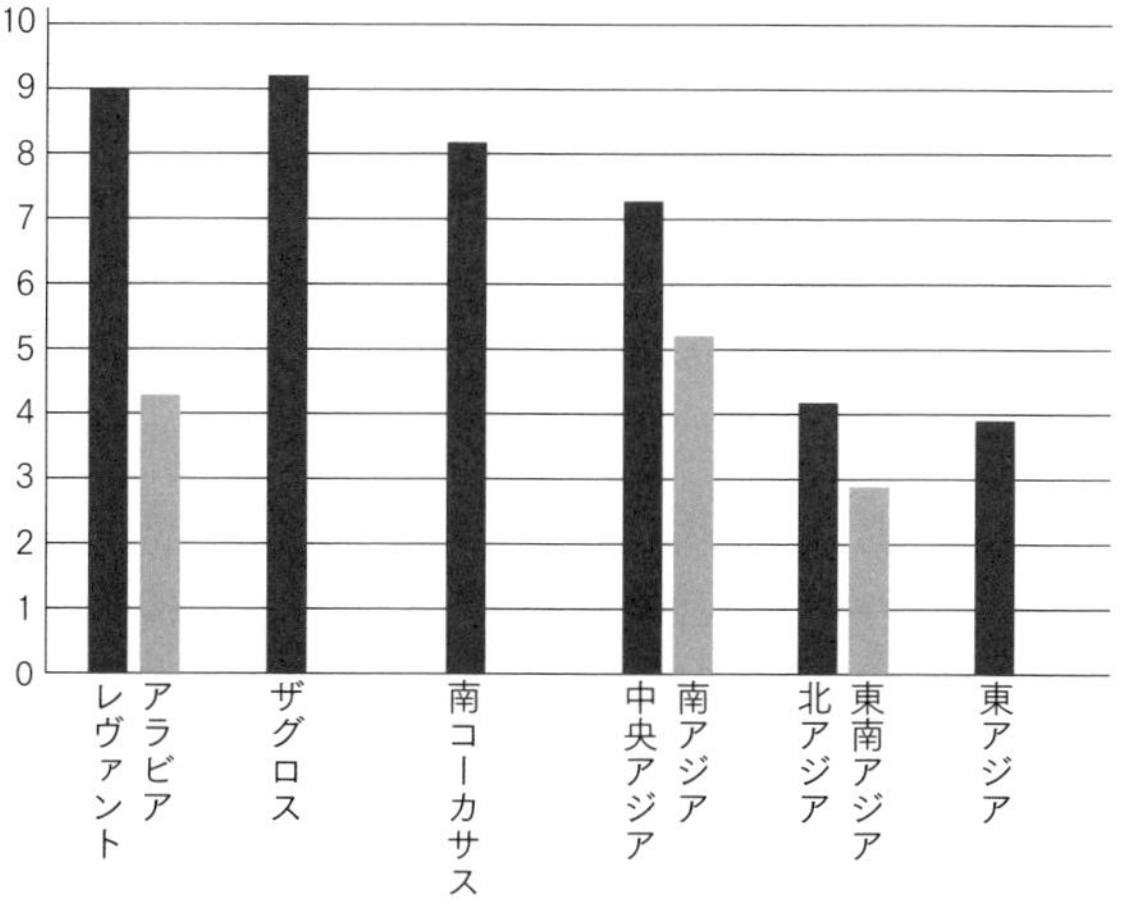

図3 中期旧石器時代後半から後期旧石器時代初めにかけての石器技術モード数平均の地理的比較
濃い色が北回り拡散、薄い色が南回り拡散に相当。
(Nishiaki et al. 2021 の Table 3)

時代的変遷

つぎに、新人拡散のプロセスが石器技術モードの地理的な違いで追えるかどうかを見てみよう。すでに書いたようにモードの組み合わせの数は無数であり、言葉では語れない。そのため、多変量解析のスコアで表現することとした（Nishiaki et al. 2021）。石器群の類縁度は、ルヴァロワ技術（モードのF1－3）など定型的な石核剝離技術（第一主成分）と、石刃（G2）や細石刃（G4）などの細長い石器素材の生産（第二主成分）という二つの成分で主として説明できることがわかった。これらをスコア化して地理的分布を示したのが［図4］である。濃いドットで示した遺跡ではルヴァロワ剝片や石刃・細石刃など定型的素材をつくる技術が特徴的で、薄いドットで示した遺跡では、単純石核や礫器（C1）、剝片素材（G1）生産が目立つことを示している。結果は、おおまかに、中期旧石器時代［図4－1］（～約四万八〇〇〇年前）、中・後期旧石器時代「移行期」［図4－2］（約四万八〇〇〇～四万年前）、後期旧石器時代前葉［図4－3］（約四万年前～）に分けて示してある。それぞれ、新人のアジア本格拡散以前、本格拡散期、定着期と呼ぶこともできよう。年代は目安である。約四・八万年前という細かい年代は、最も編年がしっかりしているレヴァント地方の中期・後期旧石器時代の境の年代にもとづいている（Abadi et al. 2020）。約五～四万年前とみても差し支えない。

［図4］を見ると、それぞれの時期で技術的な地域差があったこと、そのあり方が時期を追って変化したことがわかる。中期旧石器時代後半においては、東西の技術の違いが顕著である［図4－1］。濃いドットが西アジアから中央アジアに偏っている。一方、東アジアや東南アジアには、薄いドットや白ドットが分布している。つまり、定型的なルヴァロワ技術が西方で一般的であったのに対し、東方では単純石核による剝片生産や礫器による道具生産が主であったことがわかる。このことは、考古学者の伝統的な感覚にも合致している。ヒマラヤ山脈の南では、その境界は前期旧石器時代の、いわゆるモヴィウス・ライン（第3章）とほぼ

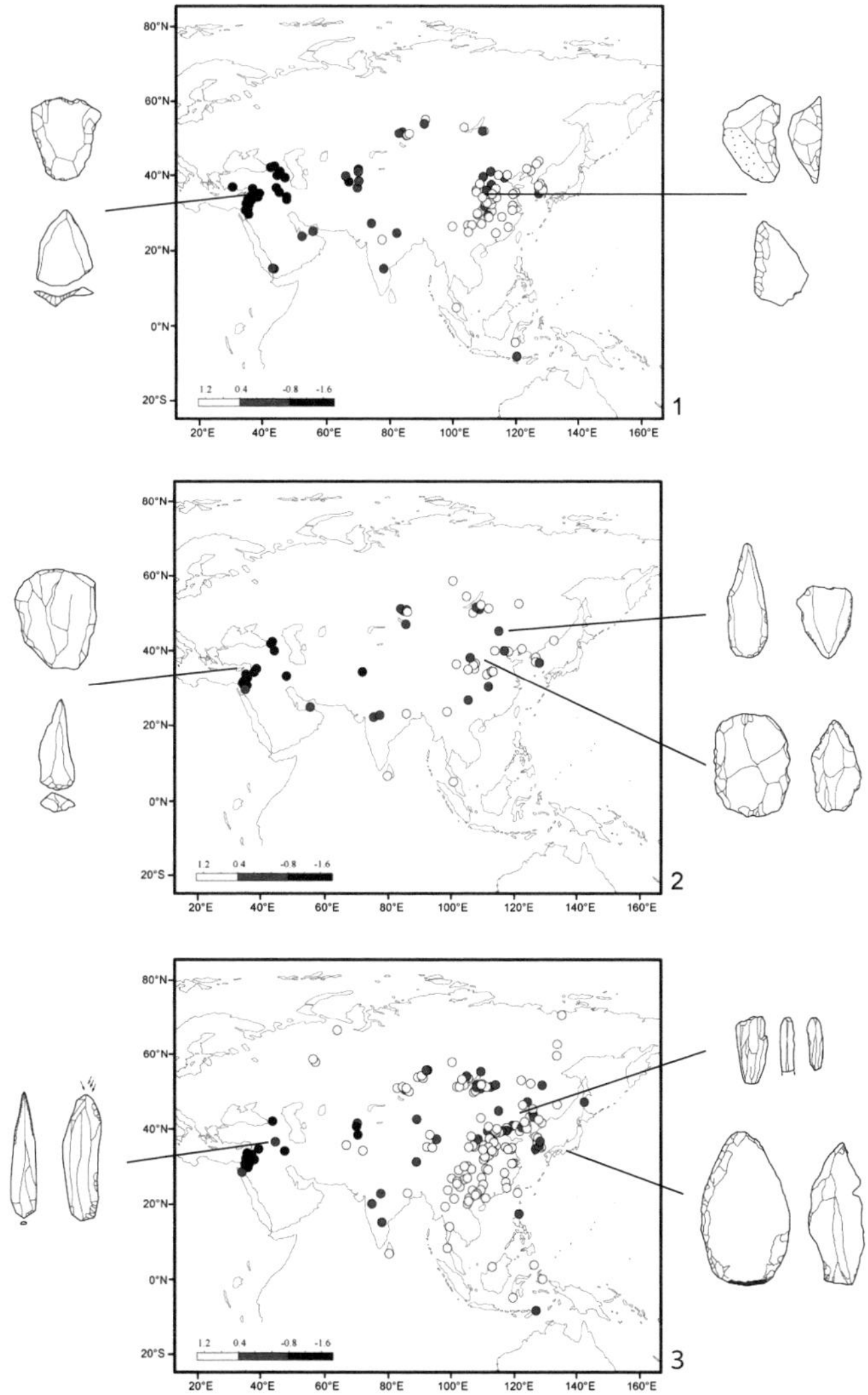

図4　中期旧石器時代後半から後期旧石器時代初めにかけての石器技術の多様性
1：中期旧石器時代後半、2：中・後期旧石器時代移行期、3：後期旧石器時代初頭
（Nishiaki et al. 2021 を改変）

一致しているようである。ただし、ヒマラヤの北側でのモヴィウス・ラインは元来、西アジアと中央アジアの境に引かれていたのだから（Movius 1948）、中期旧石器時代の技術的境界は一致しない。境界は、そのはるか東、アルタイ山脈あたりにみられる。

この東西の違いがヒト集団の分布と関係しているかどうかが問題になるが、中期旧石器時代後半における西側文化の東方への拡がりは、ルヴァロワ技術を得意としていたネアンデルタール人の分布域を反映しているのだろう。たんにルヴァロワ技術のみであれば独立創案であったかも知れないが、削器や尖頭器をはじめとする剥片石器主体の型式学的特徴の類似をふまえれば無関係とは思われがたい。一方、東ユーラシアを分布の中心としていたデニソワ人は、西のアルタイ山脈あたりではルヴァロワ技術を利用していたことがわかっているが、東南アジアなどではそうではなかったらしい（Li et al. 2019）。両集団の接触地域での文化伝統のあり方ははなはだ興味深い。新人こそが柔軟な技術的対応能力をもっていたとしばしば言われるが（Roberts and Amano 2019）、必ずしもそうではなかったのだとも思われる。

さて、つぎの約五万年前以降の中期旧石器時代末期〜後期旧石器時代初め、つまり新人拡散期には石器技術にみる東西の境界が変化した［図4－2］。ヒマラヤ山脈の北では、ルヴァロワ技術や石刃生産の目立つ石器群が、さらに東にも現れる。中国東北部でもネアンデルタール人に典型的なムステリアン遺跡が見つかっている（Li et al. 2018）。また、西アジアの後期旧石器時代初頭石器群との類似が喧伝されている中国甘粛省の水洞溝遺跡の居住が始まるのも、この時期である（Kuhn and Zwyns 2014）。さらには韓国のスヤンゲ遺跡の後期旧石器時代初頭石器群も西側的な特徴を帯びている（Bae 2017）。化石証拠は足りていないものの、旧人ネアンデルタール人がさらに東漸したこと、そして新人の急速な分布拡大が起こったことを示唆しているようにみえる。

一方、ヒマラヤ山脈の南においては、前代と同様、やはり西側伝統の東漸をはっきりとは確認することができない［図4－2］。東南アジアでは、この頃、ボルネオのニア洞窟において新人が到達していた証拠が報告されているし（Reynold and Barker 2015）、オーストラリアではもっと早くに新人が進出していたとの言説が後を絶たない（Bae et al. 2017）。しかしながら、そうした証拠は単発的であって、われわれの技術モード分析ではとらえられていない。

その後、約四万年前以降、完全な後期旧石器時代に入ってからは、石器技術の地理的分布パタンはふたたび大きく変わる［図4－3］。西側的な定型的石器伝統、つまり石刃や細石刃技術がさらに東に拡がる。その証拠がみられる遺跡は濃いドットで表現されている。それが西アジアに集中していることは前代と変わらないが、ヒマラヤ山脈の北においては、さらに東方にかなり拡がっていたことがわかる。日本列島の大半もそれに含まれる。しかし、なお、違う傾向を示すのはヒマラヤ南部、中国の南部から東南アジアにかけてである。日本列島においても琉球諸島など南方の集団は東南アジア的な石器文化伝統に含まれている可能性が高い（山崎ほか 二〇一二）。

新人文化形成期のアジア石器群

以上、大型データベースにもとづき、石器技術という観点から新人拡散期のアジア旧石器文化の地理的多様性について述べてきた。技術モードに着目した定量的分析は、多様性の同定に有効であると思われる。また、さほど厳格なものではないことは認めつつも、石器技術モードのスコア分布が、ある程度はヒト集団の分布と対応しているとの推察も可能である。

［図4］においては、西側に濃いドットが集中し、それと類似した遺跡が東への傾斜をもって分布している。

ネアンデルタール、新人ホモ・サピエンスどちらもが西から到来したことはほぼ疑いないのだから、石器技術の分布も途中、変遷しつつもヒト集団の動きを反映していると考えるのが自然であろう。先に述べた「創始者効果」説もそうした見方に矛盾しない。

加えて、興味深いのは、細かく地域別、時代別に見た時の技術変異のあり方である。新人拡散期のデータ[図4－2・3]は、周囲に中期旧石器群を用いている集団がいた中に新規な技術をもった集団が進出したらしいことを示している。このことはたいへん興味深い。本プロジェクトが言う二重波モデル、つまり先住集団がいる地域に後続集団が進出する場合、まずは先住集団が利用していなかった生態環境に進出し(生態的拡散)、ついで、先住集団の利用環境をも優越的に利用できる技術をもった後続集団が本格的な拡散(文化的拡散)を達成するという二重のプロセスを想定した仮説に合致するからである(Wakano et al. 2018; Wakano and Kadowaki 2021)。要は、生態的拡散と文化的拡散の組み合わせによってヒトの拡散プロセスの変異、たとえば、二つの集団の交替劇の時間的長短や成否を説明できるのだろうという考えである。同一地域であっても異なるニッチが存在しているような生態環境であれば、異なる集団の共存が長期にわたって可能となったかも知れないが、均質な生態環境への進出を後発集団が試みる場合には先住集団との競合に勝ち抜く必要があるから文化的な適応力が問われる。それいかんによっては、速やかな交替が起きたかもしれないし進出自体がむずかしかったかも知れない。

モード分析の結果は、ヒマラヤ山脈の北においては東に一気に進出したことを示すようにみえる。東西方向に類似した自然環境の地域に拡がったのであろう(ダイアモンド 二〇〇〇)。しかしながら、ヒマラヤの南では、その動きが追えていない。この地域の中期旧石器時代にはデニソワ人以外にも、ルソン人やフローレス人さらにはホモ・エレクトスもいた可能性が指摘されている(Détroit et al. 2019)。ヒト集団はさまざまであったはずであるのに、そのモザイク的状況が今回のモード分析の結果では読み取れない［図4］。また、少なくとも約五万年前以降、新人が進出していたことは確実であるが、その痕跡は考古学的記録では明示できていない。

その理由を二重波モデルをもって考察すれば、ニッチの問題であったのかも知れない。東南アジアが含まれるモンスーン地帯は、西側から到来した集団にとっては経験したことのない環境であったに違いない（西秋 二〇二〇）。そこには西方平原地帯のように明瞭なニッチ区分がなく細切れの環境が密に展開していた。そこでの適応には、従来型の石器技術に遺存しないやり方で実施されたのではなかろうか。だとすれば、それには時間がかかったと思われる

4　今後の課題

アジア規模で旧石器時代の狩猟採集民の適応をみる場合、石器技術に着目するのはまずは有効なアプローチだと思う。石器技術には個々の集団の歴史的伝統、個別社会の構造や学習、さらには自然環境への適応等々、背後にある旧石器時代人のさまざまな行動の違いを反映しているに違いないからである。

本章では、石器技術と集団の対応、自然環境との対応について、大型データベースを用いた俯瞰的な見方を示した。ヒト集団の移動との関連が容易に推定できる場合と、そうでない場合があることが改めて浮き彫りになった。対応が不明瞭な地域とは主として東南アジア以東である。中期、後期旧石器時代を通じて、石器技術の点で集団と技術の対応が見出しがたい。このことは、前期旧石器時代にモヴィウス・ラインが指摘されて以来、考古学者を悩ませてきたことである。なぜ、このような違いが生じたのか。現代の生物地理学

的研究が示唆する、各地の利用資源の違いが参考になるだろう。モンスーン気候、熱帯・亜熱帯森林地帯、西アジアのように乾燥ステップ地帯から東漸した新人集団の適応は相当に異なったものであったに違いない。その内実は民族誌を援用するなどして、石器以外の証拠も蓄積して本格的に調べていく必要があろう。

参考文献

J・ダイアモンド　二〇〇〇『銃・病原菌・鉄―一万三〇〇〇年にわたる人類史の謎―』倉骨彰訳、草思社
R・クライン／B・エドガー　二〇〇四『5万年前に人類に何が起きたか？』鈴木淑美訳、新書館
R・ルーウィン　二〇〇二『ここまでわかった人類の起源と進化』保志宏訳、てらぺいあ
赤澤威・西秋良宏　二〇一六「旧人新人交替劇の真相を探る」『現代思想』四四巻一〇号、八三－一〇五頁
大井晴男　一九七九「インダストリー」藤本強ほか編『世界考古学事典』平凡社
加藤真二　二〇一九「中国の旧石器―その石器群類型と編年―」『旧石器研究』一五、九一－一〇五頁
高畑尚之　二〇二〇「私たちの祖先と旧人たちとの関わり」西秋良宏編『アフリカからアジアへ―現生人類はどう拡散したか―』朝日新聞出版、一五一－一九八頁
西秋良宏編　二〇一三『ホモ・サピエンスと旧人―旧石器考古学からみた交替劇―』六一書房
西秋良宏編　二〇一四『ホモ・サピエンスと旧人2―考古学からみた学習―』六一書房
西秋良宏編　二〇一五『ホモ・サピエンスと旧人3―ヒトと文化の交替劇―』六一書房
西秋良宏編　二〇二〇『アフリカからアジアへ―現生人類はどう拡散したか―』朝日新聞出版
西秋良宏　二〇二一「旧人と新人の文化」井原泰雄・梅﨑昌裕・米田穣編『人間の本質にせまる科学―自然人類学の挑戦―』東京大学出版会
山崎真治・西秋良宏・赤嶺信哉・片桐千亜紀・仲里健・大城逸朗　二〇一二「沖縄県南城市サキタリ洞遺跡の後期更新世堆積中より産出した石英標本に関する考古学的研究」『日本考古学』三四、七一－八五頁

Abadi, I., O. Bar-Yosef and A. Belfer-Cohen 2020 Kebara V—a contribution for the study of the Middle-Upper Paleolithic transition in the Levant. *PaleoAnthropology* 2020: 1-28.

Akazawa, T. et al. 2013 *Dynamics of Learning in Neanderthals and Modern Humans. Vol. 1: Cultural Perspectives*. New York: Springer.

Bae, K. 2017 Paleolithic archaeology in Korea. In J. Habu, P. V. Lape and J. W. Olsen (eds.) *Handbook of East and Southeast Asian Archaeology*, pp. 219-239. New York: Springer

Bae, C. J. et al. 2017 On the origin of modern humans: Asian perspectives. *Science* 358 (6368): eaai9067.

Blinkhorn, J. and M. Grove 2018 The structure of the Middle Stone Age of eastern Africa. *Quaternary Science Reviews* 195: 1-20.

Clark, G. 1961 *World Prehistory: An Outline*. Cambridge: Cambridge University Press.

Clarkson, C. 2014 East of Eden: founder effects and the archaeological signature of modern human dispersal. In R. Dennell and M. Porr (eds.) *Southern Asia, Australia and the Search for Human Origins*, pp. 76–89. Cambridge: Cambridge University Press.

Détroit, F. et al. 2019 A new species of Homo from the Late Pleistocene of the Philippines. *Nature* 568(7751): 181–186.

Hayden, B. 2012 Neanderthal social structure. *Oxford Journal of Archaeology* 31(1): 1-26.

Kadowaki, S. 2013 Issues of chronological and geographical distributions of Middle and Upper Palaeolithic cultural variability in the Levant and implications for the learning behavior of Neanderthals and Homo sapiens. In T. Akazawa, Y. Nishiaki and K. Aoki (eds.) *Dynamics of Learning in Neanderthals and Modern Humans, Volume 1*, pp. 59–91. Tokyo: Springer.

Kuhn, S. L. and N. Zwyns 2014 Rethinking the Initial Upper Paleolithic. *Quaternary International* 347: 29-38.

Klein, R. G. 2009 *The Human Career: Human Biological and Cultural Origins*. Chicago: University of Chicago Press.

Li, F., S. L. Kuhn, F. Chen, Y. Wang, J. Southon, F. Peng, M. Shao, C. Wang, J. Ge, X. Wang, T. Yun and X. Gao 2018 The easternmost middle paleolithic (Mousterian) from Jinsitai cave, north China. *Journal of Human Evolution* 114: 76–84.

Li, F. et al. 2019 A refutation of reported Levallois technology from Guanyindong Cave in south China. *National Science Review* 6(6), 1094-1096.

Lycett, S. J. and J. A. Gowlett 2008 On questions surrounding the Acheulean 'tradition'. *World Archaeology* 40(3): 295-315.

McBrearty, S. and A. S. Brooks 2000 The revolution that wasn't: a new interpretation of the origin of modern human behavior. *Journal of Human Evolution* 39(5): 453–563.

Movius, H. L. 1948 The Lower Palaeolithic cultures of Southern and Eastern Asia. *Transactions of the American Philosophical Society* 38 (4): 329-420.

Nishiaki, Y. et al. 2021 A spatiotemporal variability in lithic technology of Middle-to-Upper Paleolithic Asia: A new dataset and its statistical analyses. *Quaternary International* 596: 144-154.

Nishiaki, Y. and Y. Kondo 2023 *Middle and Upper Palaeolithic Sites in the Eastern Semisphere: A Database (PaleoAsoiaDB).* Springer Nature.

Reynold, T. and G. Barker 2015 Reconstructing Late Pleistocene climates, landscapes, and human activities in Northern Borneo from excavations in the Niah Caves. In Y. Kaifu, M. Izuho, T. Goebel, H. Sato and A. Ono (eds.) *Emergence and Diversity of Modern Human Behavior in Paleolithic Asia*, pp. 140–157. Texas: Texas A & M University Press.

Roberts, P. and N. Amano 2019 Plastic pioneers: Hominin biogeography east of the Movius Line during the Pleistocene. *Archaeological Research in Asia* 17: 181–192.

Villa, P. and W. Roebroeks 2014 Neandertal demise: an archaeological analysis of the modern human superiority complex. *PLOS ONE* 9(4): e96424

Shea, J. J. 2013 Lithic modes A–I: a new framework for describing global-scale variation in stone tool technology illustrated with evidence from the East Mediterranean Levant. *Journal of Archaeological Method and Theory* 20 (1): 151-186.

Shea, J. J. 2017 *Stone tools in human evolution: behavioral differences among technological primates.* New York: Cambridge University Press.

Tyron, C. A. and J. T. Faith 2013 Variability in the middle stone age of eastern Africa. *Current Anthropology* 54(S8): S234–

S254.
Wakano, J. Y. et al. 2018 Ecocultural range-expansion scenarios for the replacement or assimilation of Neanderthals by modern humans. *Theoretical Population Biology* 119: 3–14.
Wakano, J.Y. and S. Kadowaki 2021 Application of the ecocultural range expansion model to modern human dispersals in Asia. *Quaternary International* 596: 171–184.

第20章

民族誌データの定量分析と考古学への援用

――帰納的解釈と生業類型のプロジェクション

野林厚志

1 考古学における民族誌の役割

本章の目的は、自然資源の収奪に依存した人類集団が多様な自然環境に適応するうえで採用する生業類型を民族誌データにもとづきモデル化することである。具体的には、ニュー・アーケオロジーを先導したL・ビンフォードが集積した世界の狩猟採集集団に関わるデータセットから、狩猟採集集団の生態資源の利用形態と移動や集団規模との関係を帰納的に概観する。つぎに、ビンフォードが共同研究者とともに気候や土壌等の自然条件から自然資源の利用形態を予測するために構築した生態-民族誌プログラムを活用し、アジアの各地域における自然資源利用のパターンを、狩猟、採集、漁労の組み合わせによる生業類型として予測し、その地理的分布をアジア世界に投射する。そのうえで、パレオアジア世界における集団の移動や拡散についての民族誌的な仮説を示してみたい。

民族誌の記述やデータを考古学の解釈に用いることの是非は、ＫＣ・チャンとビンフォードの議論から本格的に始まり（Chang 1967; Binford 1967）、最近では、極端な警戒心や完全な否定（Hiscock 2007; McCall 2007; Bednarik 2011）から、遺物の具体的な解釈や地域の考古学的課題の取り組みに役立てようとする寛容な議論が交わされてきた（Gonzalez-Urquijo et al. 2015; Ravn 2011; Whittaker and Tushingham 2014）。こうした議論をふまえたうえで、筆者は文化人類学や民族誌研究が考古学にはたす役割は大きく分けて二つあると考えている。

一つは考古学的な現象を説明するための材料を提供することである。考古学的調査からは過去の人々の生活の痕跡は発見されるが、その生活がどのような社会的、文化的脈絡の中で営まれていたかということに関する情報はともなわない。一方で、参与観察や聞き取り調査にもとづいて記述される民族誌では、人間の行動の社会的、文化的脈絡や行動にともなう物質的記録の両方を把握することができる。さらに、その行動に関わる人々からは、行動そのものに関する情報を得ることも可能である。すなわち、民族誌は人間の行動が「なぜ」「どのように」とられ、その結果、どのような物質文化が生じていくかという現象を説明することを可能とする。これは、考古学資料に関わる人間の行動を想像したり説明したりするための情報を与えることにつながる。

民族誌データのもう一つの役割は考古学的に検証可能な人間の行動モデルを示すことである。Ｐ・ペレグリンは、考古学上の課題への民族誌の情報の利用を民族誌類推とは異なる比較民族学のアプローチでおこなうことを提唱している（Peregrine 2004）。ペレグリンの意味する比較民族学とは、大規模（多くの場合、世界規模）かつ明確に定義された文化のサンプルから得られたデータを用いて、理論や仮説を統計的に評価することであり（Ember and Ember 2009）、世界中の文化の事例に強い関連性を見出すことができれば、その関連性は、特定の文化や歴史的に関連した文化のグループの習慣だけでなく、人間の行動全般にあてはめることが可能であるとする考え方である（Sanderson 1990: 211-212）。ただし、考古学者が関心をよせる時間軸は、観察や聞き取り調査が可能な時代よりもはるかに過去のしかも長期にわたることを十分に留意しておく必要がある。現在の現象から過去のできごとを類推することは容易ではなく、先史時代の現象そのものも相応の変化を重ねてきている可能性は十分に考えられる。

とはいえ、方法論的な制限はあるものの、民族誌の情報を利用することは、考古学上の人間行動に対する理解を深めるための一つの手段として期待されることはまちがいない。そして、考古学に文化人類学もしくは民族誌学が連結されるためには、（一）人間の行動と文化との関係の民族誌データの収集、（二）民族誌データの集成と標準化が必要となる。

本章では、特に（二）に重点をおき、特定の生態学的変数（生息地や人口密度の側面を含む）が特定の適応形態（自給自足戦略、移動性）とどのように相関するかという定量的な関係論にもとづいた議論を進めることにしたい。基準となるデータに含まれる変数間のパターン化された関係を利用して、同じような生態学的条件の下で、自然資源に依拠した生活をしている集団がいたとしたら、どのようなことが予想されるかをアジア全般で議論する。そのうえで、人類進化の全体の見取り図としてのパレオアジアの自然資源利用の集団分布を考えることが本章の狙いである。

2 *Constructing Frames of Reference* のデータ属性

本章で扱う民族誌のデータは、先述したビンフォードが二〇〇一年に上梓した『参照のための枠組の構築—民族誌と環境のデータを用いた考古学理論の確立のための分析手法—』（*Constructing Frames of Reference: An*

Analytical Method for Archaeological Theory Building Using Ethnographic and Environmental Data Sets）で用いられたものである。

この書籍は、ビンフォードが狩猟採集集団の民族誌データを考古学的な課題へ活かすことを総括したものであり、一九七〇年代から蓄積してきた講義のための資料、学生や研究生と渉猟した世界の狩猟採集民に関するデータと、その統計的解析の結果、そこから引き出される一般則を示した大著である。ただし、A４の版面で五六三頁にもおよぶ本書はアメリカの考古学者でさえも舌をまく量と質を有し、日本語訳もまだ刊行されていない。

ビンフォードの業績そのものについてはここではくわしくふれないが、彼が強調したミドルレンジセオリーと呼ばれる、考古学資料と人間の行動とを連結させるための理論的な枠組については若干の説明をしておこう。

ミドルレンジセオリーは考古学資料と人間の行動、換言すれば文化の動態との対応関係に関する理論である。そのため、それら両者を同時に観察することが理論化のために必要となる。たとえば、ある狩猟採集民が採食中に動物の骨を落としたり、あるいは投げ捨てたり、または道具を紛失したり、壊したりして、それらが地面に残される。そうした地面に残された痕跡、すなわち残存物の組成や散乱情況と類似したパターンが考古学遺跡中に見出せたとしたら、それを残した過去の人間は、比較の対象となった狩猟採集民と同じような行動をとったと類推することが可能となるわけである。そして、両者を観察する具体的な方法として、ビンフォードは民族考古学（エスノアーケオロジー）を提唱した。

ビンフォード自身はアラスカのヌナミウトがおこなう季節性が顕著な生業活動に着目し、その狩猟形態、動物の解体、分配、貯蔵などの各活動のプロセスと同時に、これらの活動によって生じる現在の遺跡の分布とそこに残されていく動物遺存体の組成や破損状況などを克明に記録、分析した（Binford 1978）。ビンフォードの一連の調査からは、いまでもしばしば使われる、フォレジャーとコレクターという、生態資源の獲得や利用と人類集団の移動様式に関わるモデルが提唱されている。

この調査や研究の過程でビンフォードが集積していったのが、三三九の狩猟採集民の集団の二〇〇あまりの文化項目（居住地、居住形態、人口、セツルメント、経済、政治、戦争、信仰等）に関する民族誌データである。ビンフォードは同書の中で、これらのデータを駆使し、生業、移動性、集団規模、集団密度に焦点をあてた線型的な分析、すなわち相関関係の抽出を狩猟採集集団の居住する自然環境の条件をもとにしながら進めた。その結果、考古学的に検証が可能な人間の行動に関わる一三〇あまりの一般則、一一の問題、九〇の命題、八のシナリオが示された。

出版後も、データの拡充や整理が続けられ、ビンフォードとその周囲の研究者たちは、同書で使用されたデータを公開、オープンリソース化した。これは、世界中の研究者が使用可能であり、たとえば、マックス・プランク研究所では、D-Place（https://d-place.org/）と称されるウェブ上のプラットフォームにマードックの民族誌地図（Ethnographic Atlas）等とともに収録し、通文化比較を誰でもおこなえるような環境を整えている。

このデータセットは基本的には、以下に述べる（一）狩猟採集民の民族誌データ、（二）世界各地の気象データ、（三）（一）の文化要素の記号の説明をするコード表で構成されている。

狩猟採集民の民族誌データ

三三九の狩猟採集集団に関する民族誌データがおさめられている。これらのデータは基本的には、選択された特定の民族誌に記載された事項が根拠となっている。たとえば、アイヌのデータ出典は、「Watanabe 1972」とされていることから、渡辺仁が一九七二年に上梓した、*Ainu Ecosystem* が文献として用いられていることが理解できる。このことが意味するのは、データの内容は該当する民族集団を一般化したものではないということである。

これについては、該当する民族集団内の多様性が特定の民族誌的記述によって代表されてしまうという批判が考えられる一方で、該当する民族の民族誌を集めて平均的な「値」をデータとすることにより、個々の民族誌の脈絡を無視してしまうという問題を回避させる。重要なのは民族誌の原典が明確にされているということであり、このデータセットの分析をおこなう者が原典の属性を把握し、批判的な解釈を可能にしておくことが重要となる。(1)

このデータセットの属性で指摘しておかなければいけないもう一つの批判点は、用いられている文献が基本的には英語で公刊されたものに限られていることである。データセットで提供されている民族誌データを世界地図上に落とし込んだものから理解できることは、アジアにおけるデータが他の地域に比して少ないことと、中緯度湿潤地域におけるデータが少ないこと等である［図1］。前者の背景には、先に述べたように英語で公刊された民族誌や資料の多寡が、後者の背景には、同地域で適応的である農耕集団の拡大により、狩猟採集を生業基盤とする集団が居住しなくなった可能性が考えられる。

データには名義尺度も含まれているが、順序尺度や間隔尺度のかたちで民族誌データを扱っているものが少なくない。特に、力点がおかれているのは、主要な生業、移動性、集団サイズ、人口密度などである。これらは、遺跡から出土する動物遺存体、植物遺存体、遺跡の分布や規模と関連の強いデータであり、集団を考古学的に理解するための定量的・生態学的モデル構築が強く意識されていることが理解できる。ただし、順序尺度や間隔尺度はその使い方によっては社会進化論的なラベルを生じさせてしまう危険性があることも理解しておく必要がある。社会の仕組みの複雑さを個々の要素の数値の大小で解釈するといったことである。

ビンフォードはしばしば環境決定主義者のように評されることがあるが、民族考古学の調査を通じて、「生きた社会」を経験しており、社会的な脈絡の重要性を十分に認識していた。それがこのデータセット中に社会関係に関わるデータを充実させようとしたことにつながっている。たとえば、居住形式、リーダーシップ、交易、戦争等の対外関係、葬制や信仰、シャーマニズムの有無、婚姻の様式、親族名称（MZC、FBC）等がデータの中に含まれていることがそのことを物語っている。

エスニシティとも深く関わるデータについて特定、個別の民族誌の中の記述をどのように用いるかは選択する民族誌の信頼性に深く依存する。評価の定まった民族誌に記述された社会的、文化的特徴はエ

図１　ビンフォードが民族誌を収集、データ化した狩猟採集集団の分布

スニシティの基本と見なせるであろう。たとえば、同一の民族集団と考えられる人たちの中で親族名称や構造が大きく異なるということは考えにくい。エスニシティを性格づける社会の仕組や特徴を、信頼のできる民族誌から代表的に引き出すことは許容してもよいであろう。

世界各地の気象データ

ビンフォードのデータセットを構成するもう一つの核が、世界の各地の環境観測データである。これは、狩猟採集集団が居住している地域において利用可能な植物と動物の資源の豊富さとアクセスのしやすさを評価することをねらいとして集成されたものである。

これらのデータは厳密にいえば、この後にいくつかの例を紹介する民族誌上の現象の帰納的な説明には直接は必要ない。その後に紹介するプロジェクションのために準備されたものである。対象となった民族誌の地域で利用可能な気象データや土壌データ、地勢に関するデータが含まれており、とりわけ、人間が利用できる植物資源の量を見積もるという観点から加えられるデータには、居住している地域に最も近い排水域やその水源までの距離、気温や降水量、土壌の性質から算出できる蒸散量や保水量といったデータが入力されている。

こうした微小環境への関心をビンフォードらがもち得たのは、やはり民族考古学調査によって、人間の日常について、微に入り細をうがつ観察をおこなった経験があるからであろう。

データコード表

ビンフォードのデータシートは基本的には項目が英語の略語で書かれていることから、それぞれの意味が何かを参照するためのコード表が必需となる。それ以上に重要なのが、項目内でのパターン分類の決定過程である。

たとえば、「sed」は、Degree of sedentismという項目であるが、これに対応する民族誌のパターンは、一：Fully nomadic、二：Semi-nomadic、三：Semi-sedentary、四：Seasonal permanence、と分類されている。これらの分類を決定する過程は個々の民族誌からのデータ抽出も含めて必ずしも明確にはされておらず、特定の民族誌からの情報にすぎないということと、分類されたパターンが実際の集団の移動形態と整合するか否かについても分析者は留意しておく必要がある。

3　狩猟採集集団の生業類型と集団形態との関係

こうしたデータ属性の条件や留意点はあるものの、同じ観点で規格化された民族誌データを用いて、狩猟採集集団の行動の傾向や各項目の相関関係を分析し、より広い地域における狩猟採集集団の動向について見通しを与えることは可能である。Binford（2001）では、この相関関係の抽出に多くの頁が割かれている。一方で、これらのデータはすべて地理情報を有することから、GISを用いた地理的な可視化が可能となる。民族誌の情報は個々の民族集団の居住地におけるものであるが、地理的に展開することによって、集団の属性の傾向を分布という観点から理解することが容易となる。これは、パレオアジアの課題の一つである、遺跡の性格と分布パターン、集団の移動といった課題につながるものとなる。ここでは、狩猟採集集団の自然資源の利用形態として採用される生業の類型と人口規模、移動との関係について、ビンフォードのデータセットから考えてみる。

先述したように、三三九の集団のデータがビンフォードの狩猟採集民のデータセットには含まれているが、ここでは、ビンフォードが「本研究で採用した二八の異なる植物群落に覆われた地球表面の割合にできるだけ近い形で対応するようにデザインされたケースのサブセット」(Binford 2001: 144) とされる一四二の集団のデータを使用して説明していく。(2)

資源収奪の類型と生業類型（狩猟・採集・漁労の依存比）との関係

ビンフォードの狩猟採集民の生業・移動パターンのモデルでは渉猟（フォレジャー）型、集積（コレクター）型がよく知られてきたが、このデータセットでは、（一）Generalized collecting、（二）Foraging、（三）Tethered foraging、（四）Differentiated collecting、（五）Central place collecting、（六）Central place foraging、の六つの収奪パターンの類型が提示されている。一方、各集団の生業の依存比が民族誌の記述から判断、算出したものがデータ

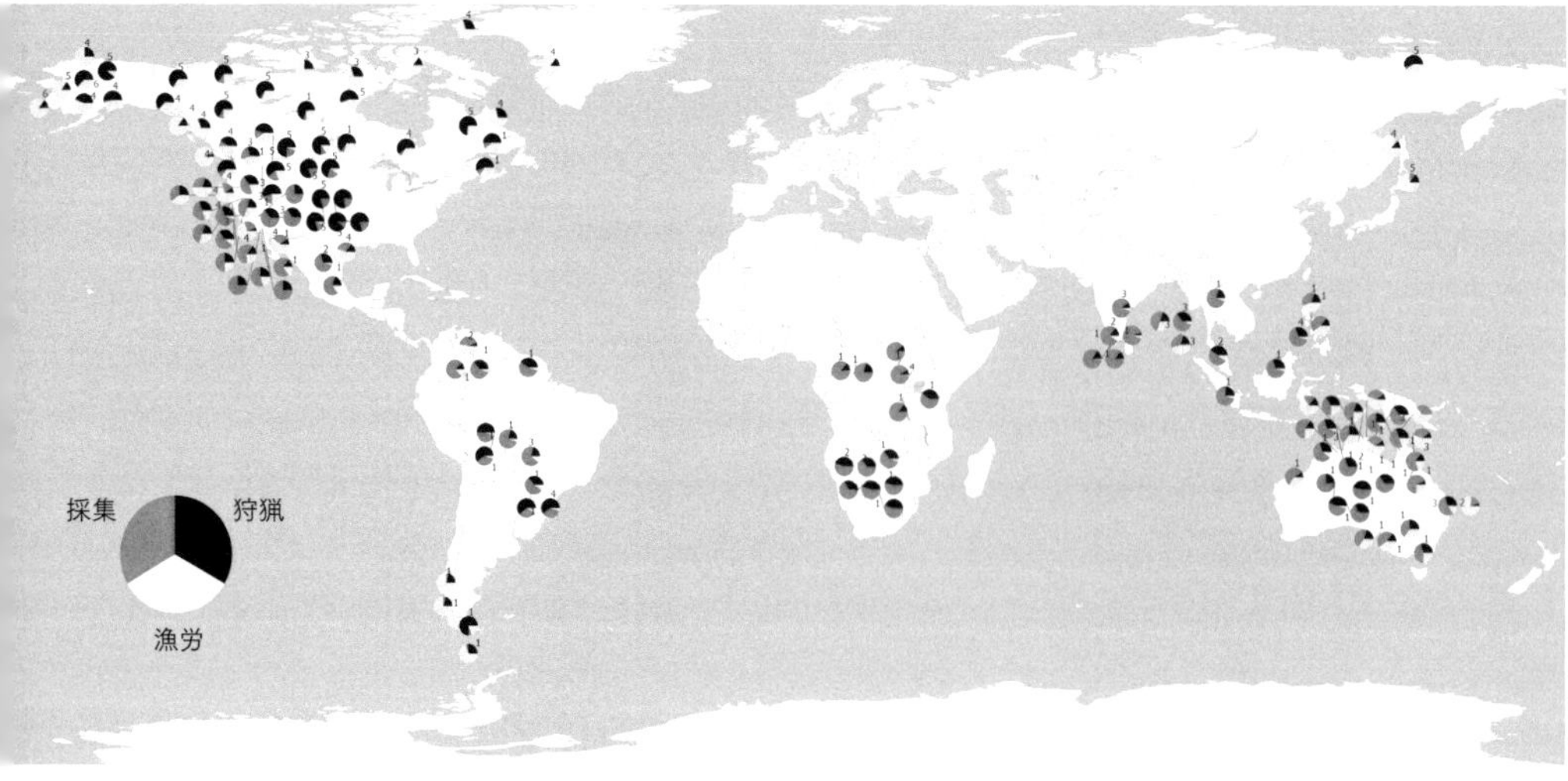

図2　資源収奪の類型と生業類型

セット中に与えられている。これらをもとに資源収奪のパターンに生業類型を対応させたのが［図2］である。

各地域の特徴は、北米の極北を中心として狩猟に依存する割合が高い集団が多く、北西海岸では漁労の割合が高い傾向がみられる。南米の中低緯度地域は採集への依存度が高く、高緯度では狩猟もしくは漁労に依存していることが理解できる。アフリカは採集への依存が目立ち、緯度が高くなるにつれ狩猟への依存度が上昇している。インド亜大陸とオーストラリア内陸部では採集への依存度がかなり高く、オーストラリア北部からトレス海峡の地域では漁労が目立つほか、東南アジアでも沿岸部以外は採集の割合が高い。東アジア高緯度地域はアイヌも含めて漁労へ依存する類型となっている。資源収奪の地理的分布の特徴は、狩猟依存度が相対的に高い寒冷・乾燥地域（北半球高緯度）では、渉猟型と準渉猟型が混在し、採集依存度が高い温暖・乾燥地域（南半球中緯度）では渉猟型が優勢であること、熱帯湿潤

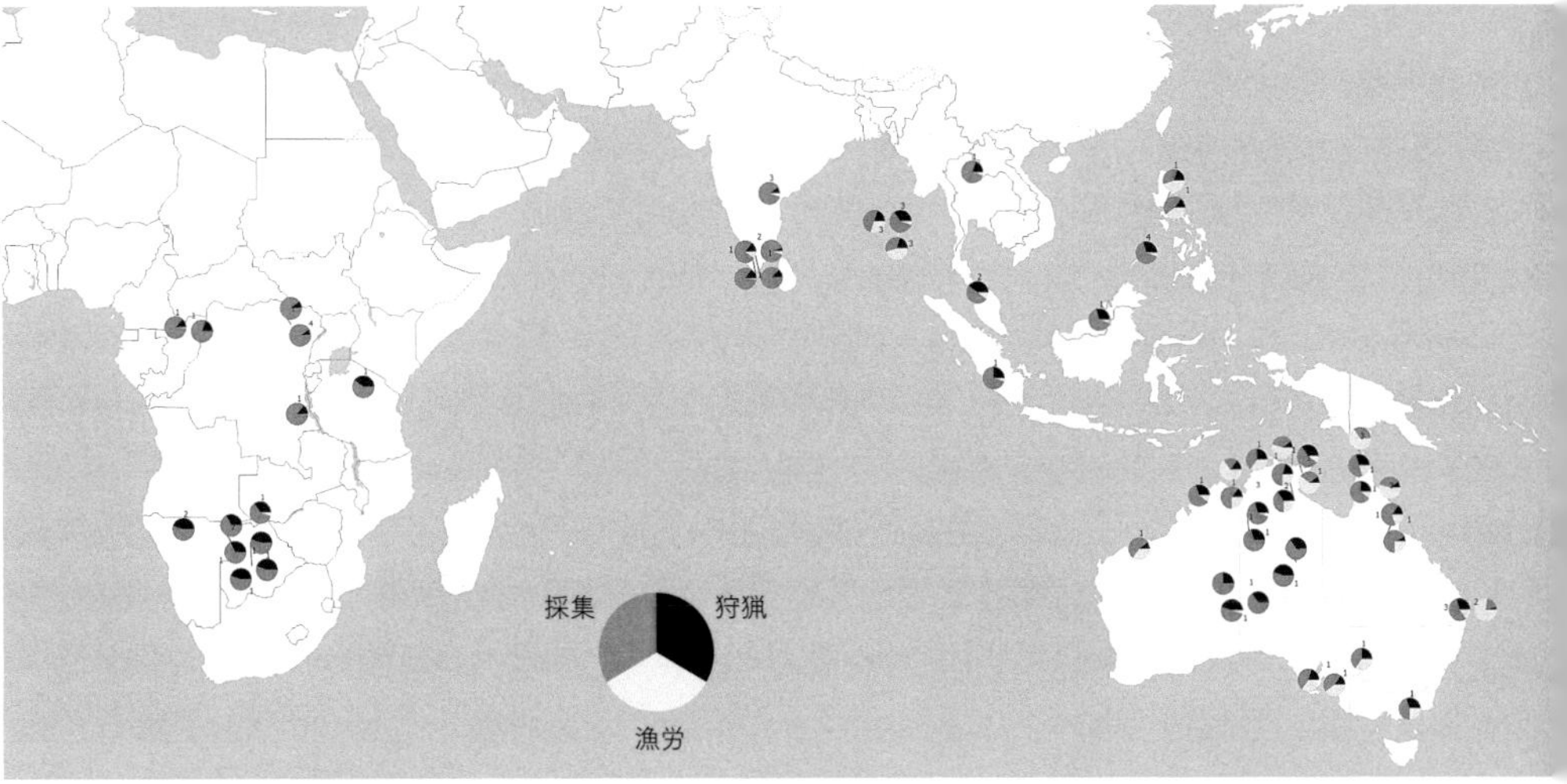

図3　中・低緯度地域における資源収奪の類型と生業類型

地域では渉猟・準渉猟型が混在していることである。これらを、もう少していねいにみていくと別の傾向がみえてくることもある。たとえば、中低緯度地域、オーストラリア中部や南部アフリカでは、狩猟依存度が二五パーセントを超えると渉猟型になる傾向がみられる［図3］。

従前の六つの収奪パターンそれぞれがどのような生業類型をとるのかをみた場合［図4］、採集の依存度がおおむね六〇パーセントを超えると、一般的にフォレジャーと呼ばれる資源収奪のパターン(1)〜(3)をとるのに対し、採集の割合が相対的に低いものは活動の拠点をもったコレクター型の傾向(5)や(6)がみられる。

生業類型（狩猟・採集・漁労の依存比）と移動との関係

生業類型と世帯あたりの一年間の移動回数との相対比を示したのが［図5］、生業類型と移動距離との相対比を示したのが［図6］である。移動回

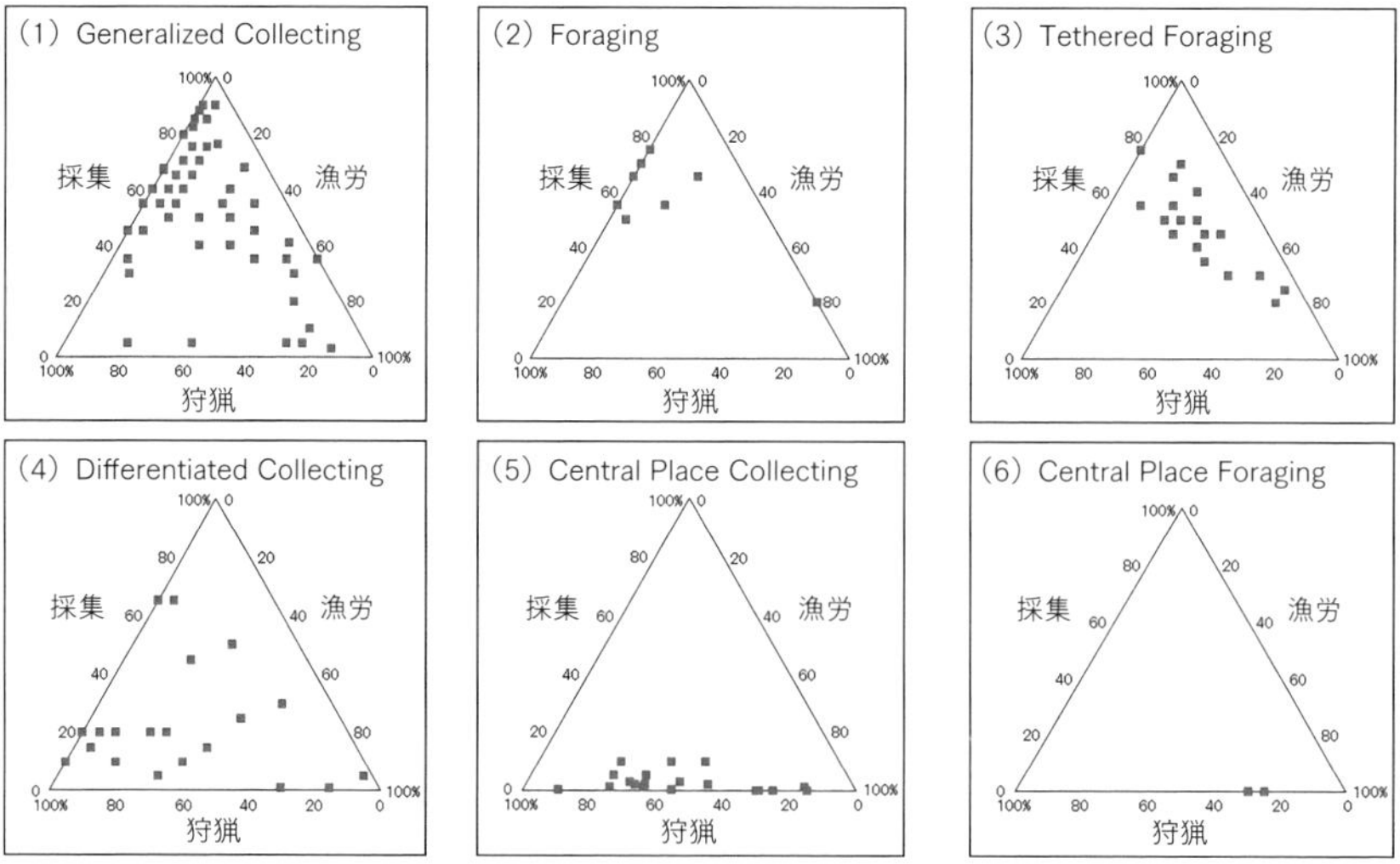

図4　資源収奪の類型ごとに示した集団の生業類型

数が相対的に多い集団が南米と一部の東南アジア、南アジアにみられる。一方で、移動距離が相対的に長い集団は北米、とりわけ極北地域の集団やオーストラリア内陸部、南部アフリカにみられる。

生業類型との関連でこれらをみてみると、移動回数と移動距離には少なからず多様性がみられることが理解できる。たとえば、(一)採集にほとんど依存していない極北地域の集団は年間の移動回数はそれほど多くないものの全体の移動距離は長い、(二)採集に依存している低・中緯度地域の集団では、中部アフリカと東南アジア、オーストラリアの集団は一部を除き移動回数に顕著な差はみられないが、移動距離は中部アフリカの集団が相対的に小さい傾向がみられる、(三)狩猟と採集の割合が類似しているオーストラリア内陸部の集団と南部アフリカの集団では移動回数、移動距離ともに同じような動態を示す、(四)東南アジアや南アジアには、移動回数が多いが移動距離はそれほど大きくない集団が存在する、(五)比

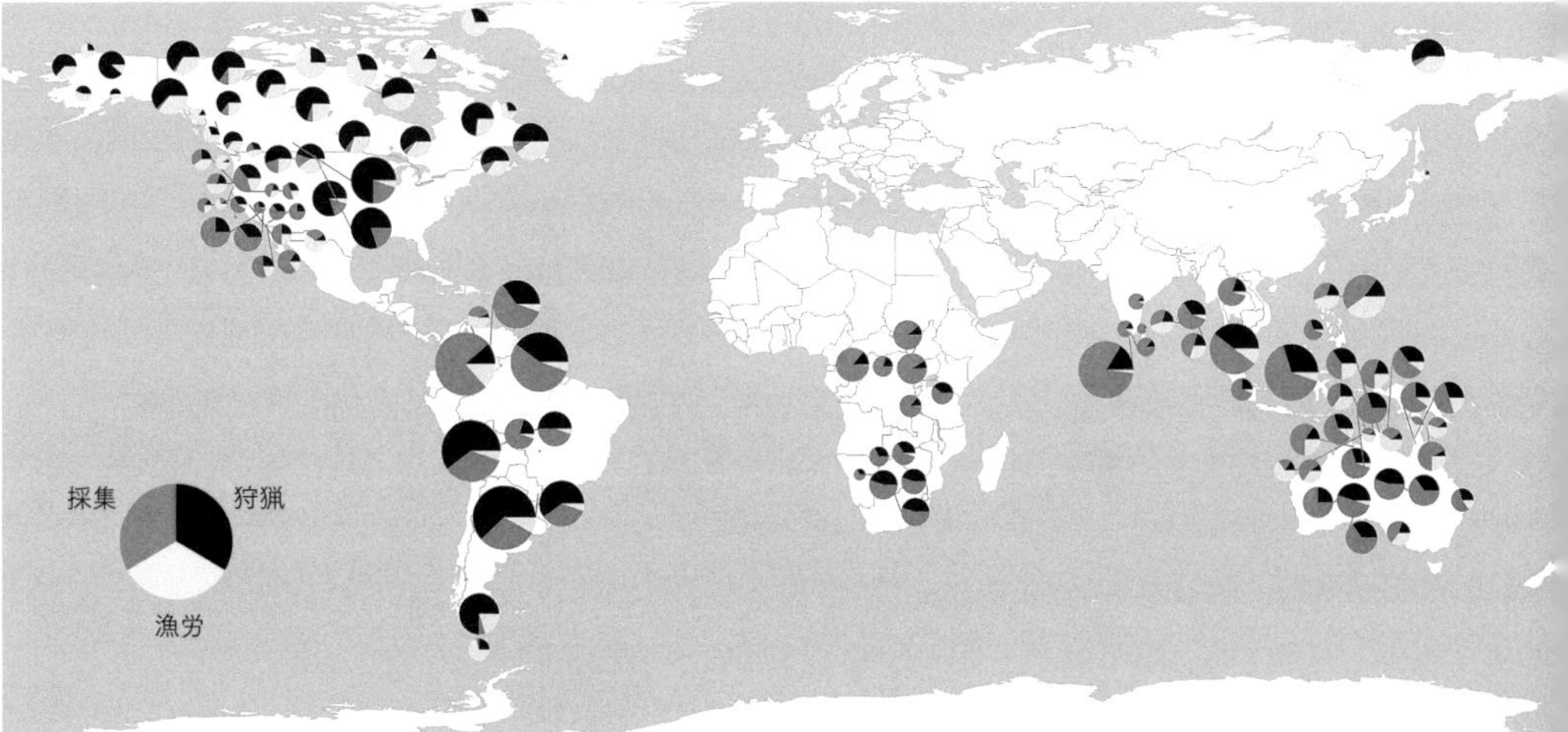

図5　生業類型と世帯あたりの一年間の移動回数
円が大きいほど、移動回数が多い。

率は異なるが、狩猟と採集を主にする南米の集団は、移動回数は多いが移動距離は小さい、といったものである。

こうした現象は個々の集団が存在するミクロな生態環境が影響を与えている可能性が少なくない。中部アフリカや南米の森林地域に居住している集団は、移動回数に対して移動距離が短いといった行動上の特徴を民族誌から読み取ることができる。

一〇〇平方キロメートルあたりの人口と生業比（狩猟・採集・漁労）との関係

集団の維持や拡大に関わる人口と生業との関係について示したものが、［図7］である。海岸地域の漁労適応は巨大な人口密度を支えるという従来の経験則も全体の傾向とは一致している。興味深い点の一つは南アジアのいくつかの集団が限られた地域の中で人口密度を高めていることである。該当する民族誌の質的な検証が必要であるが、これらはパッチ状の環境を集約的に利用する形態に

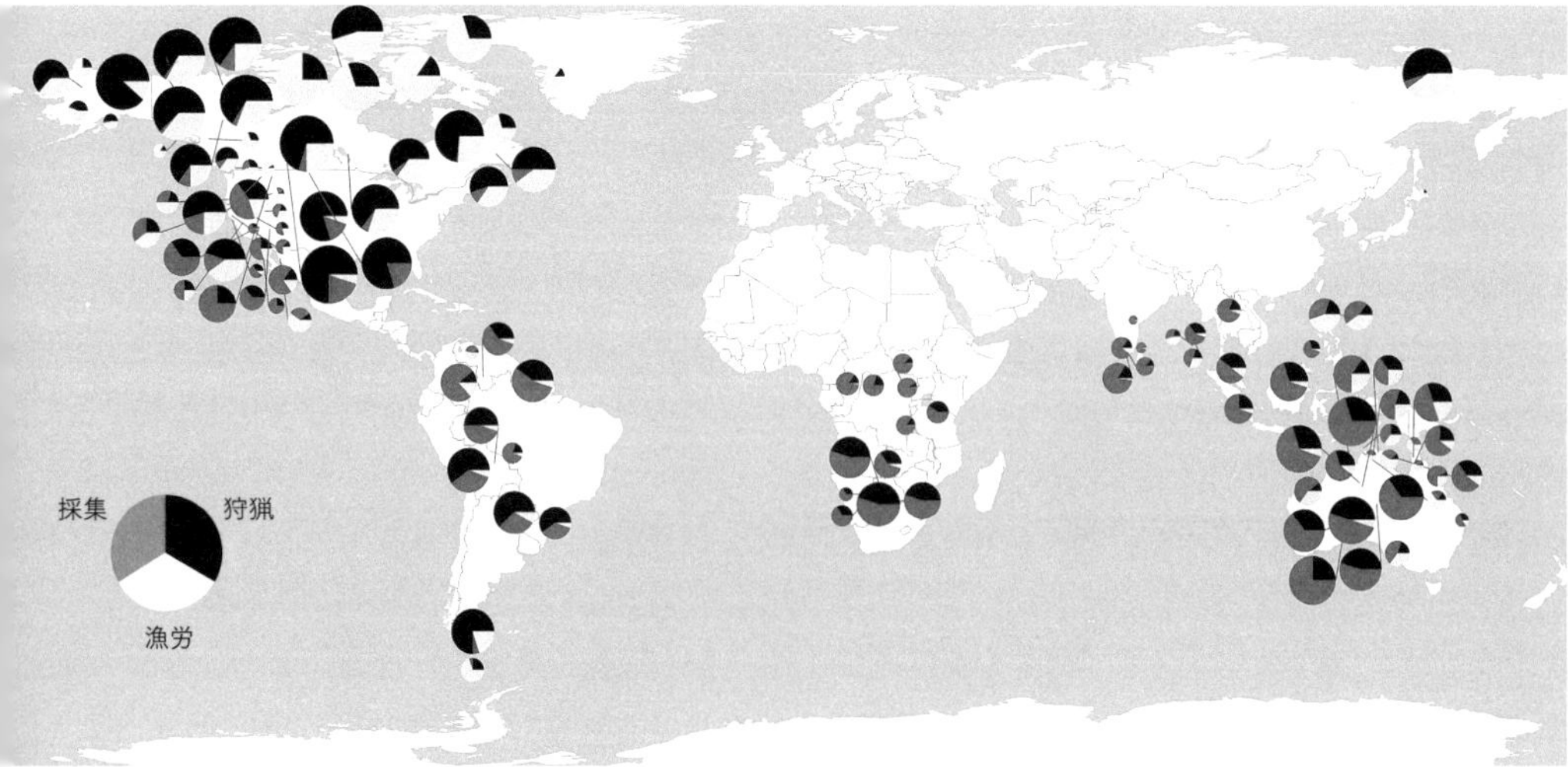

図6　生業類型と移動距離との関係
円が大きいほど移動距離が長い。

該当するかもしれない。すなわち、利用できる土地の範囲が狭い場合には相対的に人口密度が高くなるということである。

このことは遺跡の規模を集団の規模や人口と直結させることには検討の余地があることを意味する。すなわち、一定の場所に居住する集団がどれくらいの人口であるかを相対的に比較するためには、個々の遺跡の規模だけではなく、その遺跡が生態学的に成立する範囲、すなわち人口密度という観点が必要となってくる。

「集合閾値」(Packing threshold)

ビンフォードは、これまでに述べてきたデータの分析から少なからぬ数の一般則（Generalization）を示しており、特に具体的な集団像を想定するための「集合閾値」（Packing threshold）を人口密度で示している（Binford 2001: 443）。

前提となる了解事項は、移動する狩猟採集集団は、移動のコストを最小限にするような規模の自

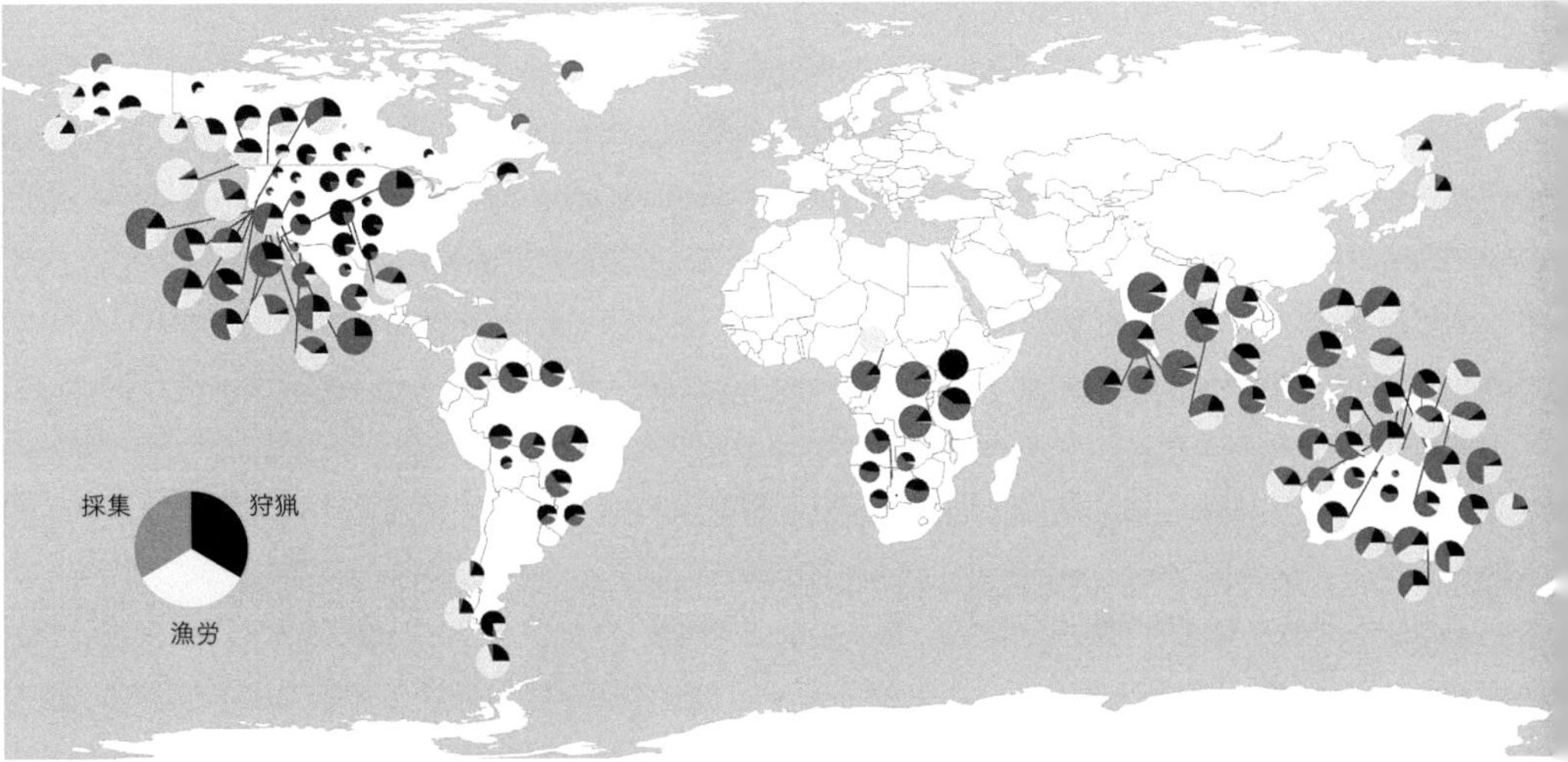

図7 生業類型と人口密度との関係
円が大きいほど人口密度が高い。

律的集団であるということ、基本的には陸生資源に依存した集団を想定したモデルとなっている。それは、一〇〇平方キロメートルあたりの人口が一・五七人を越えたときに、集団には適応行動が必要となり、移動による動物資源の確保が可能な状況が生じるとされている。さらに、一〇〇平方キロメートルあたりの人口が九・〇九八人を越えたときに、移動は生態資源の収奪に関する効果的な戦略ではなくなるとする。

　ビンフォードのこのモデルから考えられる人類集団の移動様式の変化は「図8」のように示すことができる。これは進化史的な順序を示しているものではなく、あくまで人口変動と移動様式との関係であることには留意しておく必要がある。着目すべき点は、移動の少ない小規模集団（sedentary1）の存在である。換言すれば、移動をしなくても周囲の環境利用のみでも生き抜ける集団ということになる。こうした集団がどれくらいの期間、存続可能なのかはさらなる議論を要するが、性格の異なる定住を有する集団が採用するセツルメントパターンや生態資源の獲得様式のちがいは、異なる考古学的証拠を残す可能性がある。たとえば、sedentary2/collectingを採用する集団では、陸生動物の狩猟だけではなく、内水面、海産資源の利用、資源の集積といった、人口を維持するための別の戦略が採用されていることを考慮に入れた遺跡の解釈が必要になってくる。

図8　人類集団の移動様式のモデル

4　Env.Calc2.0にもとづくアジアでの自然資源利用の投射

ここまで述べてきたことは、民族誌データを帰納的に分析しGISによって狩猟採集集団の資源利用の形態と移動距離や人口密度の関係を地図上で可視化させた結果の概観であった。

一方で、こうしてデータを扱うことのもう一つの意義は、得られたデータを手がかりにして、失われた、もしくは、未発見の集団の姿を想像（予測）することである。これはしばしば投射（Projection）と呼ばれる。この言葉は、日本人にとってはあまり馴染みのない言葉かもしれない。卑近な例でたとえるならば、大型建造物に映像を投影するプロジェクションマッピングを想像するとよいかもしれない。同じ映像コンテンツでも、たとえば、東京タワーと通天閣では映し出される像影は形が異なってみえるであろう。民族誌データの投射は、民族誌データと環境データとの間にある関係性を異なる環境データに外挿するというものである。たとえば、筆者が住んでいる京都府の南部に狩猟採集集団が存在していた場合、それらはどのような生活・居住様式をとりうるのかを予測することである。

こうした予測のためにビンフォードが開発したプログラムがEnv.calc2.0である。ビンフォードが最初にこのプログラムの原型を作ったのは一九九〇年代の半ばであり（A・ジョンソン私信）、その後、プログラムの言語を変えながら発展させ、現在はJavaスクリプトで作動するプログラムとして公開されている。

このプログラムに入力するのは、自分が投射したい場所の緯度と経度、月ごとの平均気温と降水量、標高、土壌の種類、最短の海岸線までの距離、植生帯である。土壌にたくわえられる水分と日射量から基本的な植物の生産量が算出される。陸生動物の資源量は位置情報にもとづき、そこで候補となる野生動物の身体サイズから推定した資源量が算出されている（Binford 2001: 102-104）。すなわち、これらのデータから算出されるのは、基本的には陸生資源（陸生動物と植物）の収奪によって自給自足をおこなってきた集団の仮想的な動態であると考えてよいであろう。

一方で、自然資源の収奪に依存した集団には漁労を生業として発達させてきたものも多い。ビンフォードが対象とした狩猟採集集団の少なからずが、北米北西部沿岸やカリフォルニアなどで漁労活動を発達させてきた集団である。このバイアスを減じさせるためにビンフォードは、地球上の植生帯の割合に近い集団を選択的に一四二個選んだ場合と、すべての集団を選んだ場合の両方で関係式を作り平均化させている。

Env.calc2.0を使った、集団の自然資源利用のパターンを推測した研究はこれまでも進められてきており、その有効性については一定の評価が得られてきた。プログラムの基盤となる民族誌データの代表性や普遍性に対す

図9　Env.calc2.0によって予想された主要生業の分布

る批判はあるが、マクロな視点で、自然資源収奪の経済基盤をもった集団の基礎的なデータとして利用することには一定の意義があると考えてよい。むしろ、重要なのは考古学的に検証可能であるモデルを提示することである。そこで、パレオアジアの世界で集団が拡散した地域における現在の環境データをもとに、自然資源の利用形態がどのように展開したかを考えることにする。

新人のアジア拡散の過程で形成された三つの類型

[図9] は世界の各地における気候ステーションの位置において優勢であるとEnv.Calc2.0が判断した主たる自然資源の利用を示しており、Hが陸生動物の利用（狩猟）、Gが野生植物の利用（採集）、Fが海洋資源の利用（漁労）を表している。

明確な傾向として理解できるのは、ユーラシア中央部の高山地帯を境界とし、北側は狩猟が優勢となり、南側は採集が優勢となり、ユーラシア東端から東南アジア島嶼部にかけて漁労が優勢となることである。ヒマラヤ以北の中央・北アジアから中国北部では、狩猟を主体とし動物資源への依存と技術適応に特徴をもつ自然資源の利用形態、西アジアから南アジア、そして東南アジアはそれぞれの地域の植生に対応した植物資源の多角的利用が展開される可能性が、東ユーラシア東端から東南アジア島嶼部では海産資源の利用を取り込む、という三つの類型が地域ごとに認められることになる。

もちろん、このことは、ヒマラヤ以北の中央・北アジアから中国北部では植物の利用がおこなわれないことを意味しているのではない。あくまで植生や気候条件から想定される植物資源の量と陸生動物資源の量、それを補うかたちで見積もられた海産資源の量から考えたとき、そこで人間がおこなう自然資源の利用が、狩猟、採集、漁労のいずれを主にするかを推測しているのである。

興味深いことは、特にこの三類型の境界には、モビウスライン、そしてパレオアジア文化史の中でつねに議論されてきた、新人のアジアにおける二つの拡散ルートである北ルートと南ルートが対応していることである［図10］。

また、出発点となる北部アフリカから西アジアにかけての地域では、狩猟と採集の両方のパターンがみられることにも留意をしておきたい。すなわち、これらの地域ではいずれの自然資源利用型も適応的であるということになる。

人類が西から東に向かって移動した場合、より高緯度地域に拡散した集団は動物性資源の利用に適応的であり、植物性資源の利用に適応的にニッチを形成するための技術を採用した中低緯度地域の集団とは、資源利用の範囲、物質文化、維持できる集団の規模にはちがいが生じていった可能性は十分に考えられ

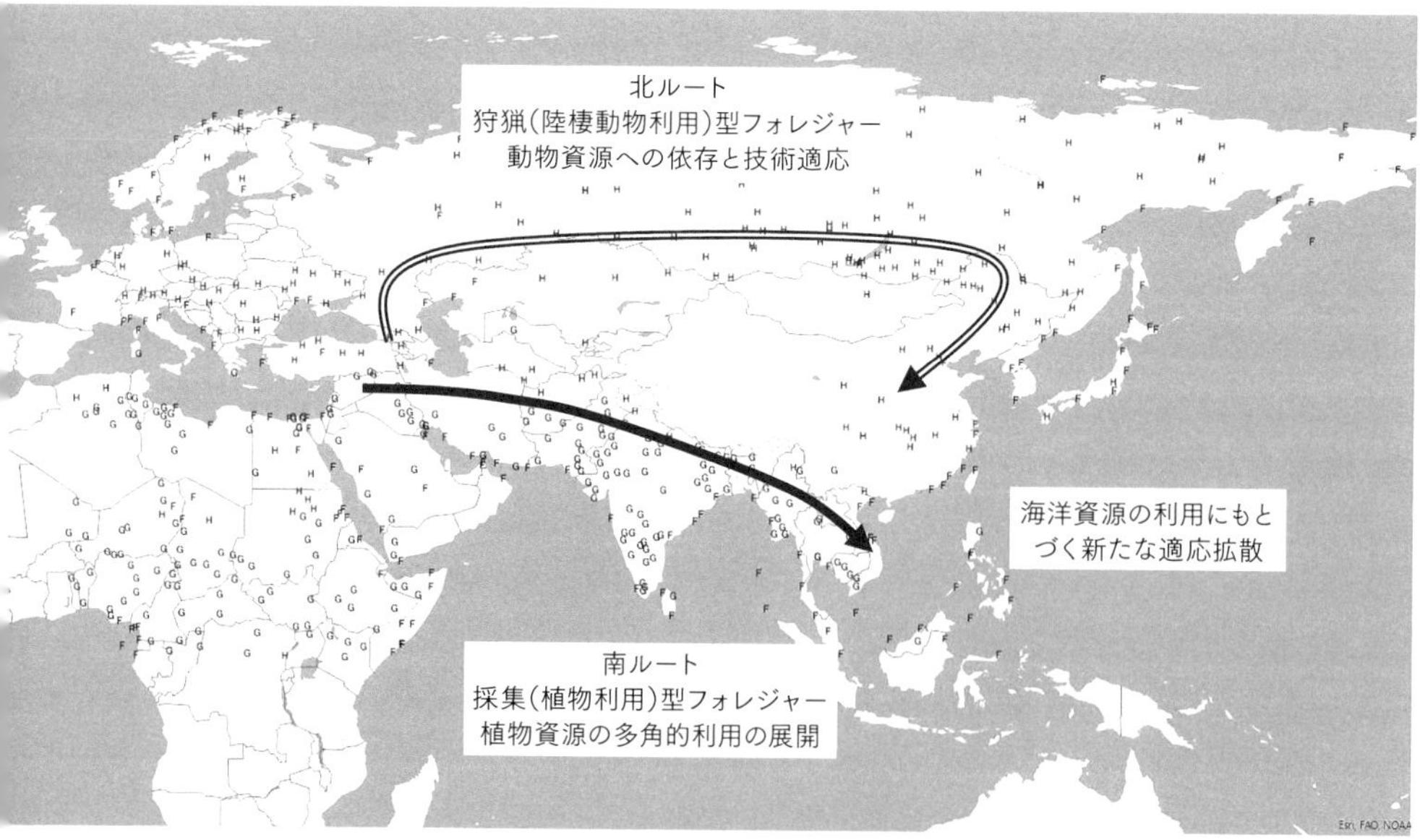

図10　民族誌データからみたパレオアジア世界おける人類集団の適応的拡散モデル

る。この過程において集団の多様性が生まれたと仮定するならば、パレオアジア世界における集団の多様性を検証する出発点に、ユーラシアの北回りルートと南回りルートとの二つを想定するのは、マクロな生態学―民族誌モデルという点においても妥当であるだろう。

以上のことから、新人の拡散は、アジアへの移動の出発点では、狩猟と採集の両方に適応した集団が、北回りで動物資源への依存と技術適応を進めた「狩猟（陸棲動物利用）型フォレジャー」、南回りで植物資源の多角的利用を進めた「採集（植物利用）型フォレジャー」の二類型で、アジア各地の多様な集団を形成していったことを仮説として示しておきたい。さらに、これらの集団は東・東南アジア海域に到達し、海洋資源の利用に適応しながら、北方や太平洋の各地域に進出していった可能性は十分考えられるであろう。

5　先史社会の見取り図のための民族誌

少なからぬ文化人類学者がその成否はともかく、C・ギアツが厚い記述と呼ぶものに焦点をあてた戦略を追究していることは事実である。これは、特定の脈絡における特定の出来事について、微に入り細をうがつ理解を発展させる。また、これらの戦略は、抽象化や一般化が容易ではない人間の経験に特に焦点をあてている。一方で、詳細な情報に立ち入ることはできるが、事例を束ねたうえでその傾向を把握したり、対象を集団として扱い大規模なパターンをみることには必ずしも適していない。

もちろん個別化を深める議論と一般化させようとする努力は相反するものではなく、何を明らかにしたいかという目的によって、取り組む方向性や採用する方法が異なると理解してよい。ただし、文化の定義もしくは属性が、水平方向への伝達と垂直方向への継承であることを認め、それらの動態を考えるのであれば、個別化された事例もまた集団の中で説明される必要があり、それがまさに文化的な主体としての人間が集まった集団を考えることにほかならない。

こうした文化的な主体性は、人類を他の動物と区別する独特なものである。年齢、性別、社会的地位や社会的役割にもとづいて予測可能な方法で行動する人々が、ある一定の同意や条件のもとで存在しているのが集団であり、その集団の行動則を抽出することが、先述した事例を束ねたうえでの傾向の把握といってもよい。もちろん、これは社会のすべての成員がつねに期待通りに行動するという意味ではなく、環境変動や社会的な相互作用の理解にもとづく行動則が認識され抽出されることにより、文化的、社会的な単位としての集団の存在をとらえることが可能となる。

考古学の記録を読みとくためには、遺跡内、遺跡間、地域間、時間的、世界的、どのレベルにおいても人工物や特徴の分布にパターンを見つけていくことになる。考古学者の多くは、特定の時代や場所に焦点をあてて研究しているため、最もよく知っているパターンは、ローカルか、せいぜい地域的な規模となる。民族誌学者や文化人類学者が自分の研究対象である文化的文脈の専門家になるように、考古学者はこれらの時代や場所の専門家になる。これに対し、ビンフォードのデータは、世界的な比較を容易にするために設計されており、時間の経過や世界の変化のプロセスについて、さまざまな想定をするための見取り図を与えてくれる。パレオアジアのようなグローバルスケールの課題を考えるうえでの一つの戦略として有効なのである。

注

（1）データの精確さについては、たとえば生業の比率をどのように決めたのかについての明確なデータが欠ける点等の指摘がなされているが、巨大なデータの収集につきものの多少のエラーは調査が必要とされている（Kelly 2021）。

（2）本章で用いた狩猟採集民データと世界の気候データは、米国トルーマン大学のアンバー・ジョンソン博士、米国ボイジー大学のユー・ペイリン博士から提供いただいた。これらは、ビンフォードと共同研究者たちが長年にわたり収集、精査してきたものであり、これらのデータをもとにした多くの分析的先行研究が蓄積されている。ただし、本章で示した分析結果は筆者が全面的な責任をもつものである。

参考文献

Bednarik, R. 2011 Ethnographic Analogy in Rock Art Interpretation. *Man in India* 91(2): 223-234.

Binford, L. 1967 Comments on K. C. Chang's Major Aspects of the Interrelationship of Archaeology and Ethnology. *Current Anthropology* 8(3): 234-235.

Binford, L. 1978 *Nunamiut Ethnoarchaeology*. New York: Academic Press.

Binford, L. 1980 Willow Smoke and Dogs' Tails: Hunter-Gatherer Settlement Systems and Archaeological Site Formation. *American Antiquity* 45(1): 4-20.

Binford, L. 2001 *Constructing Frames of Reference: An Analytical Method for Archaeological Theory Building Using Ethnographic and Environmental Data Sets*. Berkley: University of California Press.

Chang, K. C. 1967 Major Aspects of the Interrelationship of Archaeology and Ethnology. *Current Anthropology* 8(3): 227-243.

Collard, M. et al. 2011 Niche Construction and the Toolkits of Hunter-Gatherers and Food Producers. *Biological Theory* 6(3): 251-259.

Collard, M. et al. 2005 Causes of Toolkit Variation among Hunter-Gatherers: A Test of Four Competing Hypotheses. *Canadian Journal of Archaeology* 29: 1-19.

Ember, C. 2020 Hunter-Gathers(Foragers) https://hraf.yale.edu/ehc/assets/summaries/pdfs/hunter-gatherers.pdf.（二〇二一年四月一日閲覧）

Ember, C. and M. Ember 2009 *Cross-Cultural Research Methods*. Lanham: AltaMira Press. Kindle版

González-Urquijo, J. et al. 2015 Ethnoarchaeology and Functional Analysis. In J. M. Marreiros, J. F. G. Bao, and N. F. Bicho (eds.) *Use-Wear and Residue Analysis in Archaeology*, pp. 27-40. New York: Springer International Publishing.

Hiscock, P. 2007 *Archaeology of Ancient Australia*. Oxford: Routledge.

Kelly, R. L. 2021 New Discoveries and Theoretical Implications for the Last Foraging and First Farming in East Asia. *Quaternary* 4(4).

McCall, G. S. 2007 Add Shamans and Stir? A Critical Review of the Shamanism Model of Forager Rock Art Production. *Journal of Anthropological Archaeology* 26(2): 224-233.

Peregrine, P. N. 2004 Cross-Cultural Approaches in Archaeology: Comparative Ethnology, Comparative Archaeology, and Archaeoethnology. *Journal of Archaeological Research* 12(3): 281-309.

Ravn, M. 2011 Ethnographic Analogy from the Pacific: Just as Analogical as Any Other Analogy. *World Archaeology* 43(4): 716-725.

Sanderson, S. K. 1990 *Social Evolutionism: A Critical History*. Oxford: Blackwell.

Watanabe, H. 1972 *The Ainu Ecosystem: Environment and Group Structure*. Tokyo: University of Tokyo Press.

Whitaker, A. R. and S. Tushingham 2014 A Quantitative Assessment of Ethnographically-Identified Activity Areas at the Point Saint George Site (CA-DNO-11) and the Validity of Ethnographic Analogy. *Journal of California and Great Basin Anthropology* 34(1): 1-15.

おわりに

冒頭に述べたように、本書は文部科学省科学研究費補助金新学術領域研究「パレオアジア文化史学―アジア新人文化形成プロセスの総合的研究―」（以下「パレオアジア」）の成果の一部ある。この研究は、二〇一六年度から五年間で実施する予定であったが、いわゆるコロナ禍の影響を受け、最終的には二〇二三年三月まで続いた。

「パレオアジア」プロジェクトの目的は、新人（ホモ・サピエンス）がユーラシアへ拡散、定着していく過程において生じた文化的現象、すなわち、新たな自然環境への適応、先住者集団との接触や交流、集団の発展や衰退の動態を実証的、理論的に論じることであった。そのため、先史考古学、先史人類学、古環境学、現象数理学、文化人類学、各班を中核として、それらを束ね推進するための総括班、国際活動支援班をもって研究チームを組織した。これらに加えて、特定の研究課題をになう公募研究を一五件実施したから、領域全体で一〇〇人をこえる研究者が参画する大規模な国際研究となった。その成果たる出版物は、領域ホームページ（https://paleoasia.jp/）や文部科学省科学研究費助成事業データベース（https://kaken.nii.ac.jp/ja/index/）等で参照することができる。

特筆すべき成果は、アジアにおける旧人と新人の拡散と定着を検証するための基盤となる「パレオアジア遺跡データベース」（https://umdb.um.u-tokyo.ac.jp/fmi/webd/PaleoAsiaDB）の構築、新人の定着プロセスを数理的に説明した「二重波モデル」の提唱、「アジア旧石器の空間的特性」の解明等であった（Nishiaki and

Kadowaki eds., 2021 *Quaternary International* 596)。

ただし、いずれも石器や遺跡という過去の人類の行動痕跡を直接、解析して得られた過去の行動（製作技術、使用過程、環境への適応、集団の移動等）の解釈にもとづいている点には注意を要する。今回に限ったことではなく、考古学記録は過去の行動をそのまま反映しているわけではない。両者をつなぐ中位理論を構成する研究が、解釈の妥当性検証には必須である。第1章（序論）でふれたJ・シェーの述べるところの考古学者と行動生態学者との協働、あるいは、現代社会におけるヒト×モノ、ヒト×ヒト、モノ×モノとの絡まり合いに目を向けるべしと言うI・ホッダーの近年の指摘も同義である。

本書では、技術、集団、精神という三つの側面につき得られる個別の考古学的記録（第1部）と文化人類学的観察（第2部）を、まず提示し、それらを連結して総括する研究（第3部）をもって一書を編んだ。

技術の点では、特に道具の形態、製作技術を中心に旧石器時代における主要な生業である狩猟活動だけではなく、考古学的記録としては残りにくい植物利用の論証も進めた（第2章：佐野、第3章：山岡、第11章：中谷・上羽・金谷、第13章：彭）。集団については、道具の製作技術と集団の動態（第6章：加藤、第8章：髙倉、第12章：菊田）、遺跡周囲の環境から移動も視野にいれた集団のあり方（第4章：小野、第5章：西秋、第14章：高木、第15章：大西）、道具を通した集団の紐帯（第7章：門脇、第16章：池谷）を議論の対象とした。精神活動の分野では、新人に特有の象徴的行為にともなう物質文化についての論考を集めた（第9章：竹花、第10章：前田、第17章：山中、第18章：藤本）。同じ視点で過去と現在を扱う論考が組み合わさっているのが特徴である。

これら個別の人類行動についての所見を、いかに一般的な説明にするかは半世紀以上にもわたって議論されてきた。そのための一つの方法としてしばしば取り上げられてきたのが定量化である。同時代の細部の観察が可能な文化人類学に特有の質的データを、数百年、数千年単位でしか把握できない旧石器考古学データの解釈に参照するうえで、細部を均した定量化、パタン化が相応の有効性をもつことは間違いない。その際、本書で採用した技術、集団、精神（世界観）という三つの視点は伝統的な考古学的手法にもとづくものではあるが、「パレオアジア」のような太古の時代の人類適応を考察するための有効な戦略であると思われる。

もちろん、いずれの考察においても、変動しつつあった古環境への適応という観点からも慎重に解釈する必要がある。これをふまえて、第3部においては、過去と現在の人類集団の分布とその背景、解釈（第19章：西秋）、ヒト集団の拡散と適応の動態についての探究を進めていくための定量的解析法の一端を示した（第20章：野林）。

本書においては定量化による総括を試みた一方、個別の考古学資料や現代の人間行動一つ一つの中に、それらが全体の性質を示すような、いわば形而上学のトロープのようなものが存在するらしいことも無視すべきではない。偶発的でその場かぎりのものではなく、模倣、参照、再生産を経て継承されていくものや、伝達、伝承といった過程による連続性がなくても、再発明が繰り返され、結果として全体の性質を特徴づけるような行動が存在していたことは実感としても想像しうる。定量化しがたい行動の存在を、定量化しうる行動からどのように推定、復原するのかは「パレオアジア」も含めた先史学の一つの課題である。それは、人類の文化体系の全体像を解明し、人間とは何かという人文学の大きな問いにどう答えるかにも関わる。本書をその通過点と位置づけたい。

さて、「パレオアジア」は今回の新学術領域研究において独自に開始したプロジェクトではない。同じ新学術領域研究「ネアンデルタールとサピエンス交替劇の真相―学習能力の進化に基づく実証的研究―」（二〇一〇～二〇一四年度、領域代表・赤澤威）を発展させたものである。「交替劇」と略称した先行領域においては、旧人が新人に取って代わられた最大の原因は、両者が生まれながらにして備えていた学習能力の違いであったとの仮説を検証することを目的としていた。この仮説は、欧米研究者による既存の進化仮説とは異なる独創的な提案として大いに国際的関心をよんだ。しかしながら、同時に、それを検証していくには、生得的能力だけでなく、ヒトの適応に固有な文化的、歴史的観点が不可欠であることも、われわれ、当時の研究参加者は十分に理解したところである。そして、そのことが「パレオアジア」プロジェクトを着想せしめた。「交替劇」を通じて得がたいご指南をいただいた赤澤威先生には深甚の謝意を表する次第である。

加えて、「パレオアジア」の評価委員として研究の諸側面で有益なご助言をくださった小野昭（東京都立大学名誉教授）、木村賛（東京大学名誉教授）、内堀基光（一橋大学・放送大学名誉教授）、故オファー・バル＝ヨーセフ（元ハーヴァード大学教授）、ロビン・デネル（英国エクスター大学名誉教授）の諸先生方のお名前も記して謝辞としたい。

本書の刊行にあたっては、新泉社の竹内将彦氏に、さまざまな事情をもって長期化した編集作業に忍耐強くお付き合いいただいた。「パレオアジア」に参加してくださった多くの研究者のみなさまに対してと同じく、篤く御礼申し上げる。

二〇二四年一二月一七日

編者　西秋良宏・野林厚志

編者・執筆者紹介

●編者

【1・5・19章】
西秋良宏（にしあき・よしひろ）
ロンドン大学大学院考古学研究所先史考古学修了　Ph.D.
東京大学総合研究博物館教授・館長
主な著作　『中央アジアのネアンデルタール人―テシク・タシュ洞窟発掘をめぐって―』同成社、二〇二一年／『アフリカからアジアへ―現生人類はどう拡散したか―』編著、朝日新聞出版、二〇二〇年

【1・20章】
野林厚志（のばやし・あつし）
東京大学大学院理学系研究科博士課程中退　博士（学術）
国立民族学博物館・総合研究大学院大学教授
主な著作　『タイワンイノシシを追う―民族学と考古学の出会い―』臨川書店、二〇一四年／「台湾における先住民身分の動向―『原住民身分法』の違憲判決に関する予備的考察―」『国立民族学博物館研究報告』四八(三)、二〇二四年、三三七‐三八一頁

●執筆者

【2章】
佐野勝宏（さの・かつひろ）
ケルン大学先史・原史学研究所博士課程修了　Ph.D.
東北大学東北アジア研究センター教授
主な著作　Sano, K. et al. 2019 The earliest evidence for mechanically delivered projectile weapons in Europe. *Nature Ecology & Evolution* 3(10): 1409-1414. ／Iovita, R. and Sano, K. (eds.) 2016 *Multidisciplinary Approaches to the Study of Stone Age Weaponry*. Dordrecht: Springer.

【3章】
山岡拓也（やまおか・たくや）
東京都立大学大学院人文科学研究科博士課程修了
博士（史学）
静岡大学人文社会科学部教授
主な著作　『後期旧石器時代前半期石器群の研究―南関東武蔵野台地からの展望―』六一書房、二〇一二年／「道具資源利用に関する人類の行動的現代性―武蔵野台地の後期旧石器時代前半期資料の含意―」『旧石器研究』八号、二〇一二年、九一‐一〇四頁

【4章】
小野林太郎（おの・りんたろう）
上智大学大学院外国語学研究科地域研究専攻修了
博士（地域研究）
国立民族学博物館教授
主な著作　『海の人類史—東南アジア・オセアニア海域の考古学—』雄山閣、二〇一八年／『島世界の葬墓制—琉球・海域アジア・オセアニア—』編著、雄山閣、二〇二四年

【6章】
加藤真二（かとう・しんじ）
筑波大学大学院博士課程歴史・人類学研究科中退
博士（歴史学）
独立行政法人国立文化財機構奈良文化財研究所副所長
主な著作　『中国北部の旧石器文化』同成社、二〇〇〇年／「中国の旧石器—その石器群類型と編年—」『旧石器研究』一五号、二〇一九年、九一－一〇五頁

【7章】
門脇誠二（かどわき・せいじ）
トロント大学大学院人類学部博士課程修了　Ph.D.
名古屋大学博物館教授
主な著作　Kadowaki, S. et al. 2024 Delayed increase in stone tool cutting-edge productivity at the Middle-Upper Paleolithic transition in southern Jordan. *Nature Communications* 15: 610. ／「現生人類の出アフリカと西アジアでの出来事」西秋良宏編『アフリカからアジアへ—現生人類はどう拡散したか—』朝日新聞出版、二〇二〇年、七－五二頁

【8章】
髙倉純（たかくら・じゅん）
北海道大学大学院文学研究科博士課程修了　博士（文学）
北海道大学埋蔵文化財調査センター助教
主な著作　「細石刃石器群にみる広域分布現象とその背景」『考古学研究』七〇巻三号、二〇二三年／「峠下型細石刃核再考」『日本考古学』五〇号、二〇二〇年、一－二六頁

【9章】
竹花和晴（たけはな・かずはる）
フランス教育省国立自然史博物館・人類古生物学研究所統一博士課程修了　フランス大学省統一博士号
人類古生物学研究所通信会員
主な著作　『グラヴェット文化のヴィーナスの像—旧石器時代最大の美と知のネットワーク—』雄山閣、二〇一八年／Takehana, K. 2021 Le Paléolithique supérieur dans l'île d'Hokkaïdô, Numéro-Spécial : Paléolithique du Japon. *L'Anthroplogie* Vol.125-No.5: 1-27.

【10章】

前田修（まえだ・おさむ）
マンチェスター大学大学院芸術・歴史・文化学研究科博士課程修了　Ph.D.
筑波大学人文社会系准教授
主な著作　Maeda, O. 2018 Lithic analysis and the transition to the Neolithic in the upper Tigris valley: recent excavations at Hasankeyf Höyük. *Antiquity* 92 (361): 56-73.／「石器のマテリアリティ―西アジア新石器時代における黒曜石の意味と役割について―」『オリエント』五二巻一号、二〇〇九年、一－二六頁

【11章】

中谷文美（なかたに・あやみ）
オックスフォード大学大学院社会人類学博士課程修了
Ph.D.
関西学院大学社会学部教授
主な著作　『オランダ流ワーク・ライフ・バランス―「人生のラッシュアワー」を生き抜く人々の技法―』世界思想社、二〇一五年／Nakatani, A.（ed.）2020 *Fashionable Traditions: Asian Handmade Textiles in Motion.* Lanham: Lexington Books.

上羽陽子（うえば・ようこ）
大阪芸術大学大学院芸術文化研究科博士課程後期修了
博士（芸術文化学）
国立民族学博物館准教授
主な著作　『インド、ラバーリー社会の染織と儀礼―ラクダとともに生きる人びと―』昭和堂、二〇〇六年／『インド染織の現場―つくり手たちに学ぶ―』臨川書店、二〇一五年

金谷美和（かねたに・みわ）
京都大学大学院人間・環境学研究科博士課程修了
博士（人間・環境学）
国際ファッション専門職大学教授
主な著作　『布がつくる社会関係―インド絞り染め布とムスリム職人の民族誌―』思文閣出版、二〇〇七年／Kanetani, M. 2020 Inheriting Weaving Knowledge in Depopulated Communities: Conservation of Wisteria Fiber Textiles in Kyoto, Japan. In Nakatani, A.（ed.）*Fashionable Traditions: Asian Handmade Textiles in Motion.* Lanham: Lexington Books, 137-153.

【12章】

菊田悠（きくた・はるか）
東京大学大学院総合文化研究科博士課程修了
博士（学術）
北海学園大学経済学部教授
主な著作　Kikuta, H. 2019 Mobile Phones and Self-Determination among Muslim Youth in Uzbekistan.

Central Asian Survey 38 (2): 181-196.／Kikuta, H. 2023 The Differentiated Authenticities of Rishton Pottery in Uzbekistan. In Jeanne Féaux de la Croix and Madeleine Reeves (eds.) *The Central Asian World.* London: Routledge, pp.642-657.

【13章】
彭宇潔（パン・ユージエ）
京都大学大学院アジア・アフリカ地域研究研究科博士課程修了　博士（地域研究）
静岡大学人文社会科学部准教授
主な著作　Peng, Y. 2024 Communication on the move among the Baka people. *Hunter Gatherer Research.*／Peng, Y. 2017 *Inscribing the Body: An Anthropological Study on the Tattoo Practice among the Baka Hunter-Gatherers in Southeastern Cameroon.* 松香堂

【14章】
高木仁（たかぎ・ひとし）
総合研究大学院大学文化科学研究科地域文化学専攻修了
博士（文学）
日本財団オーシャンネクサス研究員
主な著作　『人とウミガメの民族誌―ニカラグア先住民の商業的ウミガメ漁―』明石書店、二〇一九年／Takagi, H. 2023 Historical Ecology of Sea Turtle Fishing by the Indigenous Lowland Peoples of Eastern Nicaragua: A 40-Year Record. In Ikeya, K. and Balee, W. (eds) *Global Ecology in Historical Perspective: Monsoon Asia and Beyond.* Springer, pp.223-240.

【15章】
大西秀之（おおにし・ひでゆき）
北海道大学大学院文学研究科博士課程中退　博士（文学）
同志社女子大学現代社会学部教授
主な著作　『技術と身体の民族誌―フィリピン・ルソン島山地民社会に息づく民俗工芸―』昭和堂、二〇一四年／『トビニタイ文化からのアイヌ文化史』同成社、二〇〇九年

【16章】
池谷和信（いけや・かずのぶ）
東北大学大学院理学研究科博士課程修了　博士（理学）
博士（文学）
国立民族学博物館名誉教授
主な著作　『トナカイの大地、クジラの海の民族誌―ツンドラに生きるロシアの先住民チュクチ―』明石書店、二〇二二年／『ビーズでたどるホモ・サピエンス史―美の起源に迫る―』編著、昭和堂、二〇二〇年

【17章】
山中由里子（やまなか・ゆりこ）
東京大学大学院総合文化研究科比較文学比較文化博士課程

中退　博士（学術）
国立民族学博物館・総合研究大学院大学教授
主な著作　『アレクサンドロス変相—古代から中世イスラームへ—』名古屋大学出版会、二〇〇九年／Yamanaka, Y. 2018 Authenticating the Incredible: Comparative Study of Narrative Strategies in Arabic and Persian ʿAjāʾib Literature. *Jerusalem Studies in Arabic and Islam* (45) : 303-353.

【18章】
藤本透子（ふじもと・とうこ）
京都大学大学院人間・環境学研究科博士課程修了
博士（人間・環境学）
国立民族学博物館准教授
主な著作　『よみがえる死者儀礼—現代カザフのイスラーム復興—』風響社、二〇一一年／『現代アジアの宗教—社会主義を経た地域を読む—』編著、春風社、二〇一五年

◎装幀　コバヤシタケシ
◎図版　あおく企画

パレオアジア　新人文化の形成
―考古学・文化人類学からのアプローチ―

2025年　3月　3日　第1版第1刷発行

編　者＝西秋良宏・野林厚志
発　行＝新 泉 社
東京都文京区湯島1－2－5　聖堂前ビル
TEL 03（5296）9620 ／ FAX 03（5296）9621
印刷・製本／萩原印刷

ISBN978－4－7877－2416－8　C1022